Obedeceré a Dios

PAIDÓS EMPRESA

Obedeceré a Dios

El crimen que puso la fe a prueba

Jon Krakauer

Traducción de José Manuel Álvarez Flórez

PAIDÓS EMPRESA

Obra editada en colaboración con Editorial Planeta - España

Título original: *Under the Banner of Heaven. A Story of Violent Faith*

© 2003, Jon Krakauer

© 2004, Traducción del inglés: José Manuel Álvarez Flórez

© 2022, Edicions 62, S.A.- Barcelona, España

Derechos reservados

© 2023, Ediciones Culturales Paidós, S.A. de C.V.
Bajo el sello editorial CRÍTICA M.R.
Avenida Presidente Masarik núm. 111,
Piso 2, Polanco V Sección, Miguel Hidalgo
C.P. 11560, Ciudad de México
www.planetadelibros.com.mx
www.paidos.com.mx

Primera edición impresa en España: septiembre de 2004
Primera edición impresa en España en esta presentación: junio de 2022
ISBN: 978-84-1100-088-8

Primera edición impresa en México: febrero de 2023
ISBN: 978-607-569-396-5

Esta traducción se publica de acuerdo con Doubleday, una sección de Random
House, Inc.

Impreso en los talleres de Impresora Tauro, S.A. de C.V.
Av. Año de Juárez 343, colonia Granjas San Antonio, Ciudad de México
Impreso en México – *Printed in Mexico*

Para Linda

Creemos en la honradez, la moralidad y la pureza; pero cuando se promulgan leyes tiránicas que nos prohíben el libre ejercicio de nuestra religión, no podemos someternos. Dios es más grande que Estados Unidos, y si el Gobierno choca con el cielo, nos alinearemos bajo el estandarte del cielo y contra el Gobierno [...]. La poligamia es una institución divina. Ha sido transmitida directamente por Dios. Estados Unidos no puede abolirla. Ninguna nación de la Tierra puede impedirla, ni siquiera todas las naciones de la Tierra juntas [...]. No obedeceré a Estados Unidos. Obedeceré a Dios.

JOHN TAYLOR (4 de enero de 1880),
presidente, profeta, vidente y revelador,
Iglesia de Jesucristo de los Santos de los Últimos Días

Ningún país occidental está tan empapado de religión como el nuestro, en el que nueve de cada diez amamos a Dios y somos a cambio amados por él. Esta pasión mutua centra nuestra sociedad y exige alguna interpretación, si es que se quiere llegar a entender esta sociedad nuestra ávida de fatalismo.

HAROLD BLOOM,
La religión en los Estados Unidos

Índice

Prólogo   13

PRIMERA PARTE

1. La ciudad de los santos   35
2. Short Creek   42
3. Bountiful   68
4. Elizabeth y Ruby   83
5. El Segundo Gran Despertar   97
6. Cumorah   110
7. Una voz aún pequeña   121
8. *El Pacificador*   137

SEGUNDA PARTE

9. Haun's Mill   147
10. Nauvoo   158
11. El principio   170
12. Carthage   180
13. Los hermanos Lafferty   193
14. Brenda   203
15. El uno poderoso y fuerte   219
16. Eliminación   239

TERCERA PARTE

17. Éxodo 263
18. Mountain Meadow 287
19. Chivos expiatorios 308
20. Bajo el estandarte del cielo 337

CUARTA PARTE

21. Evangeline 349
22. Reno 373
23. Juicio en Provo 387
24. El Día Grande y Terrible 414
25. La religión estadounidense 427
26. La montaña de Canaán 436

Comentarios del autor 445
Apéndice a la segunda edición en inglés 455
Agradecimientos 483
Notas 487
Bibliografía 497

Prólogo

En el condado de Utah casi todo el mundo ha oído hablar de los hermanos Lafferty. Aunque es evidente que eso se debe sobre todo a los estremecedores asesinatos, ese apellido gozaba de una cierta prominencia en el condado antes incluso de que Brenda y Erica Lafferty fuesen asesinadas. Watson Lafferty, el patriarca del clan, era un quiropráctico que tenía un próspero consultorio en su propia casa del centro del barrio histórico de Provo. Él y su esposa Claudine tuvieron seis hijos y dos hijas, a quienes inculcaron una ética del trabajo excepcionalmente fuerte y una profunda devoción por la Iglesia mormona. Toda la familia era admirada por su laboriosidad y su probidad.

Allen (el más pequeño de los Lafferty, que tiene ahora cuarenta y tantos años) trabaja como soldador, oficio que lleva ejerciendo desde la adolescencia. En el verano de 1984 vivía con su esposa, de veinticuatro años, y su hijita en American Fork, una tranquila zona residencial de clase media blanca que se extiende junto a la autopista que va de Provo a Salt Lake City. Brenda, su esposa, fue en tiempos reina de la belleza, y toda la ciudad la conocía por el periodo en que fue presentadora de un programa de noticias del canal 11, que es la filial local del PBS. Aunque había abandonado su carrera en ciernes como presentadora para casarse con Allen y crear una familia, Brenda no había perdido la exuberancia que le había granjeado el cariño de los televidentes. Cordial y extravertida, causaba una profunda impresión.

El día 24 de julio de 1984 por la mañana, Allen abandonó su pequeño dúplex antes de que amaneciese y condujo 130 kilómetros por la interestatal para ir a trabajar a una obra situada al este de Ogdem. Durante el almuerzo llamó a Brenda, que charló un momento con él y luego puso al teléfono a su hijita Erica, de quince meses. Erica gorgoteó unas cuantas palabras de bebé. Luego Brenda explicó a su marido que todo iba bien y se despidió de él.

Allen llegó a casa aquella noche a las ocho, cansado de la larga jornada de trabajo. Subió hasta la puerta de entrada y se quedó sorprendido al ver que estaba cerrada con llave; ellos casi nunca cerraban las puertas con llave. Abrió con la suya. Luego, volvió a sorprenderse al ver el partido de béisbol parpadeando en la televisión de la sala. Ni a él ni a Brenda les gustaba el béisbol, nunca lo veían. Apagó la tele y el apartamento le pareció extrañamente silencioso, como si no hubiese nadie en casa. Allen pensó que Brenda habría salido a dar una vuelta con la niña. «Me volví para salir a ver si estaba con los vecinos —explicaría más tarde—, y vi que había sangre en un interruptor de la luz, junto a la puerta.» Luego encontró a Brenda en la cocina, tendida en el suelo en un charco de sangre.

Después de pronunciar su nombre sin obtener respuesta, se arrodilló a su lado y le puso una mano en el hombro. «La toqué —dijo— y el cuerpo estaba frío [...]. Tenía la cara manchada de sangre y había sangre por todas partes.» Allen cogió el teléfono de la cocina, que estaba en el suelo junto a Brenda, y marcó el 911 antes de darse cuenta de que el aparato no daba la señal. Habían arrancado el cable de la pared. Cuando se dirigió al dormitorio para llamar desde allí, miró en la habitación de la niña y vio a Erica en la cuna, en una posición extraña, inmóvil. Solo llevaba puesto un pañal, estaba empapado de sangre, lo mismo que las sábanas a su alrededor.

Allen corrió al dormitorio principal y descubrió que también allí habían inutilizado el teléfono, así que fue al apartamento de los vecinos, desde donde puedo llamar por fin y pedir ayuda. Describió la carnicería al 911; luego llamó a su madre.

Allen regresó a su apartamento a esperar que apareciera la policía. «Me acerqué a Brenda y recé —dijo—. Y entonces, cuando estaba allí, examiné un poco más la situación y me di cuenta de que había habido una fuerte lucha.» Se dio cuenta por primera vez en que no solo había sangre en la cocina: había manchas de sangre en las paredes del salón, en el suelo, en las puertas, en las cortinas. Estaba claro quién había sido el responsable. Se había dado cuenta de ello en el mismo momento en que había visto el cuerpo de Brenda en el suelo de la cocina.

Los policías llevaron a Allen a la comisaría de American Fork y le estuvieron interrogando toda la noche. Suponían que el asesino era él; los maridos suelen serlo. Pero Allen acabó convenciéndoles de que el principal sospechoso era en realidad el mayor de sus cinco hermanos, Ron Lafferty. Ron acababa de regresar al condado de Utah después de haber pasado la mayor parte de los tres meses anteriores viajando por el Oeste con otro de los hermanos Lafferty, Dan. La policía emitió un aviso general de búsqueda con los datos del coche de Ron, una ranchera Impala de 1974 color verde claro, con matrícula de Utah.

Los asesinatos parecían rituales, lo que atrajo una extraordinaria atención de los medios y puso nerviosa a la opinión pública. Los asesinatos de los Lafferty presidieron los noticiarios vespertinos de todo el estado. El jueves 26 de julio, un titular de la primera página del *Salt Lake Tribune* proclamaba:

INTENSA BÚSQUEDA DEL SOSPECHOSO DEL ASESINATO
DE AMERICAN FORK,
por Mike Gorrell, reportero del *Tribune*,
y Ann Shields, corresponsal del *Tribune*

AMERICAN FORK. Agentes de la policía de Utah y de los estados limítrofes buscaron el miércoles a un antiguo concejal de Highland, condado de Utah, y fundamentalista religioso acusado de los asesinatos del martes de su cuñada y su sobrina de quince meses.

Ronald Watson Lafferty, cuarenta y dos años, sin domicilio fijo, fue acusado de dos delitos de asesinato por las muertes de Brenda Wright Lafferty, de veinticuatro años, y de su hija Erica Lafferty [...].

La policía de American Fork no ha establecido un motivo de los asesinatos y se ha negado a comentar los rumores de que el sospechoso, miembro excomulgado de la Iglesia de Jesucristo de los Santos de los Últimos Días, estaba relacionado con sectas religiosas polígamas o fundamentalistas, y que esos vínculos pueden haber contribuido a los asesinatos.

Los vecinos declararon que no creían que «ese tipo de cosas pudiesen suceder en su zona».

Toda la ciudad está conmocionada por el hecho de que pudiese suceder algo así en una comunidad tranquila y normal como American Fork. La gente que decía que nunca había cerrado con llave la puerta de casa dice que ahora lo harán, explicó un vecino que pidió que no se le identificase.

Ken Beck, obispo de la parroquia de los Santos de los Últimos Días de American Fork, a la que pertenecían Allen y Brenda Lafferty, dijo que eran «una pareja normal y decente», que participaba en los asuntos de la iglesia.

También en primera página y a continuación de esa información, había la siguiente:

LOS VECINOS RECUERDAN CAMBIOS EN SOSPECHOSO
DE ASESINATO
Especial para *The Tribune*

AMERICAN FORK. Un hombre decidido que experimentó una evolución en la que pasó de ser un mormón activo y un republicano conservador a ser un constitucionalista estricto y un fundamentalista excomulgado, así es como recuerdan los vecinos a Ronald Watson Lafferty [...].

El señor Lafferty formó parte del primer consejo municipal de Highland cuando esta pequeña población del norte del estado de Utah se incorporó a él en 1977. Por entonces, el señor Lafferty dirigió con éxito un movimiento para prohibir la venta de cerveza en la única tienda de la población, donde los viajeros que van al cañón de American Fork aún no pueden comprarla.

«Hace dos años, parecía una persona limpia, un americano cien por cien incluso por las mañanas, después de ordeñar la vaca de la familia», comentó un vecino que reside en una parcela de un acre llena de niños, caballos, cabras, gallinas y grandes huertas, donde vivió en tiempos el señor Lafferty.

El año pasado, él y su esposa, que llevaban casados varios años, se divorciaron. Hace un año que no se ha visto al señor Lafferty en la zona.

Poco después de Navidad la señora Diana Lafferty, descrita como «un pilar de la parroquia mormona», abandonó el estado con los seis hijos de la pareja.

Los vecinos explicaron que el divorcio se debió a diferencias de opinión sobre religión y política.

«Él hablaba de defender lo que era justo [...], sin pensar en las consecuencias», dijo un vecino.

Amigos suyos explicaron que las ideas políticas del señor Lafferty también habían cambiado (o tal vez evolucionado), pasando de ser un republicano conservador a ser un fundamentalista estricto. Durante los doce años que vivió en Highland acabó creyendo en una vuelta al patrón oro, en el constitucionalismo estricto y en no cumplir más que las «leyes justas», según dijo un vecino.

«Tenía un ferviente deseo de defender la Constitución y el país —comentó un viejo amigo suyo—. Eso se convirtió en una obsesión religiosa.»

La policía interrogó a todos los hermanos de Allen que pudo localizar, y también a su madre y a varios amigos. Como reveló la primera página del *Tribune* del sábado, estaban empezando a determinar cuál había sido el motivo de aquellos actos brutales:

¿DOS ASESINATOS POR UNA REVELACIÓN RELIGIOSA?

TRES ACUSADOS DE MATAR A MADRE E HIJA,

por Ann Shields, corresponsal del *Tribune*

AMERICAN FORK. —El sábado fueron acusados de asesinato en primer grado otros dos hombres, en relación con la muerte el 24 de julio en American Fork de una mujer y de su hijita de quince meses, después de que la policía declarara que los asesinatos podrían estar relacionados con una «revelación» religiosa.

El viernes fueron acusados de asesinato Dan Lafferty, de edad desconocida, Salem, antiguo candidato a *sheriff* del condado de Utah y cuñado de la víctima, y Richard M. Knapp, de veinticuatro años, que residía anteriormente en Wichita (Kansas).

Ronald Lafferty, hermano de Dan Lafferty, de 42 años, Highland, condado de Utah, fue acusado el miércoles de dos delitos de asesinato en primer grado [...].

El jefe de policía Randy Johnson [...] reveló el viernes que la investigación de los asesinatos ha llevado a la policía a creer

[...] que Ron tenía una revelación escrita que le había dicho que cometiese ese crimen. «Si ese documento existe, es una prueba vital y nos gustaría verlo.» Pidió que todo el que tenga información relacionada con el documento se ponga en contacto con el Departamento de Policía de American Fork o con el FBI [...].

Johnson dijo que cree que los acusados están armados y deberían considerarse peligrosos, sobre todo para los agentes de la ley [...].

Vecinos y amigos de los sospechosos y de las víctimas comentaron que Ron Lafferty estaba afiliado, al parecer, o había fundado, una secta religiosa fundamentalista o polígama, lo que ha llevado a pensar que los crímenes pueden haberse debido a un enfrentamiento de carácter religioso dentro de la familia.

El 30 de julio, la destartalada ranchera Impala de Ron fue localizada delante de una casa de Cheyenne (Wyoming). Cuando la policía entró en la casa no encontró a los hermanos Lafferty, pero detuvo a Richard «Ricky» Knapp y a Chip Carnes, dos vagabundos que habían estado viajando por el Oeste con los Lafferty desde principios del verano. La información facilitada por Knapp y Carnes condujo a las autoridades a Reno (Nevada), donde la policía detuvo el 7 de agosto a Ron y a Dan cuando hacían cola en el bufé del casino Circus Circus.

Desde la cárcel, antes del juicio, los hermanos lanzaron una campaña mediática nada convincente defendiendo su inocencia. Ron insistió en que las acusaciones contra ellos eran falsas y que la Iglesia mormona, que «lo controlaba todo en Utah», impediría que su hermano y él tuviesen un juicio justo. Confesó que creía en la rectitud del «matrimonio plural», pero aseguró que no había practicado nunca la poligamia ni pertenecido a una secta extremista. Luego proclamó su amor a la Iglesia mormona, advirtiendo al mismo tiempo que los actuales dirigentes de los santos de los Últimos Días se habían apartado de las doctrinas sagradas del profeta fundador de la religión, Joseph Smith.

Cuatro días después, Dan Lafferty facilitó una declaración escrita a los medios de información en la que afirmaba que Ron y él «no eran culpables de ninguno de los crímenes de los que les acusaban», y añadía que pronto «se sabrá quiénes son los verdaderos asesinos».

El 29 de diciembre, cinco días antes de que se iniciase el juicio en Provo, el teniente Jerry Scott, director de la cárcel del condado de Utah, sacó a Dan de su celda para hacerle unas preguntas. Cuando Dan regresó, se encontró a su hermano mayor colgado de un estante de toallas de una celda contigua, inconsciente y sin respiración; Ron había usado una camiseta de manga corta para colgarse.

«Pulsé el botón del interfono y les dije que sería mejor que bajaran», explica Dan. El teniente Scott llegó enseguida, pero comprobó que Ron ya no tenía pulso. Aunque él y dos agentes más le hicieron el boca a boca y la reanimación cardiopulmonar, no consiguieron que reaccionara. Cuando llegaron los enfermeros, el preso, según Scott, «parecía muerto».

A pesar de que Ron llevaba sin respirar unos quince minutos, los enfermeros consiguieron que volviera a latirle el corazón y le conectaron un respirador en la unidad de cuidados intensivos del Centro Médico Regional del Valle de Utah. Tras permanecer en estado de coma dos días, recuperó la conciencia... una recuperación asombrosa, que Dan atribuye a la intervención divina. Aunque estaba previsto que los hermanos Lafferty fueran juzgados juntos tres días después de que Ron saliese del coma, el juez J. Robert Bullock decidió que debía juzgarse solo a Dan, según lo programado, dando tiempo a Ron para recuperarse y someterse a un minucioso reconocimiento psiquiátrico que determinase si había sufrido lesiones cerebrales.

El tribunal nombró a dos abogados de oficio para que defendieran a Dan, pero él insistió en defenderse él mismo, relegando a los abogados a tareas de asesoramiento. Cinco días después de iniciarse el juicio, el jurado se retiró a deliberar y, al cabo de nueve horas, declaró a Dan culpable de dos delitos de asesinato en primer grado. Durante la sesión siguiente, en que debía determinarse si se le condenaba a muerte por sus crímenes, Dan aseguró a los miembros del jurado que «si yo estuviese en vuestra situación, impondría la pena de muerte», y prometió no apelar si era esa la sentencia.

«El juez flipó cuando yo dije eso —explicaría Dan más tarde—. Pensó que estaba expresando el deseo de muerte, y advirtió al jurado de que no podían votar a favor de la ejecución solo porque yo tuviese ganas de morir. Pero lo único que yo quería era que se sintiesen libres para hacer lo que les dictase su conciencia. No quería que se preocupasen o se sintiesen culpables por aplicarme una sentencia de muerte si creían que era eso lo que yo merecía. Yo estaba dispuesto a eliminar una vida por Dios, así que consideraba que también debía estar dispuesto a dar la mía por Él. Si Dios quería que me ejecutaran, me parecía bien.»

Diez miembros del jurado votaron a favor de la pena de muerte, pero los otros dos no siguieron el criterio de la mayoría. Como para imponer la pena capital era necesario que hubiese unanimidad, Dan salvó la vida. Según el presidente del jurado, uno de los miembros que se negó a votar la pena máxima para Dan era una mujer a quien él había manipulado mediante el «contacto ocular, sonrisas y otros vínculos carismáticos no verbales y seducción psicosexual», consiguiendo que pasara por alto las pruebas y las instrucciones del juez. El presidente del jurado, convencido de que Dan había evitado la pena de muerte de ese modo, estaba furioso.

Dan dice que también él se quedó «un poco decepcionado de que no me ejecutasen, de una forma extraña».

El juez Bullock recordó a Dan, dirigiéndose a él con un tono de burla nada disimulado, que había sido «la ley del hombre, que usted desprecia, la que le ha salvado la vida».

Luego, incapaz de controlar la indignación, añadió: «En los doce años que llevo de juez, no he presidido nunca un juicio por un crimen tan cruel, tan odioso, tan absurdo e insensato como los asesinatos de Brenda y Erica Lafferty. Ni he visto nunca un acusado que demostrase tan poco remordimiento y tan poco sentimiento».

Esta amonestación procedía del mismo juez curtido que había presidido en 1976 un juicio tristemente célebre que hizo historia, el de Gary Mark Gilmore por el asesinato sin provocación de dos jóvenes mormones.[1] Después de explicar a los presentes en este juicio de 1985 que el jurado había sido incapaz de ponerse de acuerdo unánimemente en una sentencia de muerte, el juez Bullock se volvió hacia Dan y le dijo: «Quiero que pase usted todos los minutos que le quedan de vida detrás de las rejas de la Prisión del Estado de Utah, y así lo ordeno». Condenó a Dan a dos cadenas perpetuas.

El juicio de Ron empezó casi cuatro meses después, en abril de 1985, después de que un equipo de psiquiatras y psicólogos determinara que era mentalmente capaz para comparecer en juicio. Los abogados de oficio que le designaron confiaban en conseguir que las acusaciones de asesinato se

1. Gary Gilmore, el primer convicto ejecutado en Estados Unidos en más de diez años, vino a simbolizar la nueva aceptación en el país de la pena capital en la década de 1970. Su historia la han explicado de forma memorable su hermano Mikal Gilmore, en *Shot in the Heart*, y Norman Mailer en su obra *La canción del verdugo*, que ganó un premio Pulitzer. Dio la casualidad, además, de que los juicios de Gilmore y de Lafferty compartieron una serie de protagonistas, aparte del juez J. Robert Bullock: uno de los abogados de oficio de Gary Gilmore fue Mike Esplin, a quien se asignaría más tarde la representación de Ron y Dan Lafferty en sus juicios por asesinato. Y fue el fiscal del condado de Utah Noall T. Wootton el que acusó a Gilmore y también a los dos hermanos Lafferty.

redujesen a homicidio, alegando que Ron padecía una enfermedad mental cuando él y Dan habían asesinado a Brenda Lafferty y a su hijita. Pero Ron se negó a permitirles montar esa defensa. «Da la impresión de que sería una admisión de culpa —le dijo al juez Bullock—. No estoy dispuesto a hacerlo.»

Ron fue declarado culpable de asesinato en primer grado y en esta ocasión el jurado no vaciló en imponer la pena capital. Le condenaron a morir o mediante inyección letal o mediante cuatro disparos en el corazón a corta distancia. Ron eligió lo último.

El 15 de enero de 1985, inmediatamente después de que el juez Bullock dictaminase que el resto de la vida de Dan Lafferty transcurriese en prisión, lo trasladaron a la cárcel estatal de Point of the Mountain, cerca de Draper (Utah), donde un funcionario le cortó el pelo y le afeitó las patillas. Eso fue hace diecisiete años. Y Dan no ha vuelto a afeitarse ni a cortarse el pelo desde entonces. La barba, recogida con cintas elásticas, le llega ahora al vientre. Tiene el pelo blanco y le cae suelto por la espalda del mono color naranja de la prisión. Tiene cincuenta y cuatro años y patas de gallo, pero hay algo inconfundiblemente infantil en su porte. Tiene la piel tan pálida que parece translúcida.

Le irradia del codo izquierdo un tosco tatuaje de una tela de araña, que le envuelve la articulación del brazo en un entramado irregular color añil. Va esposado y los grilletes de los tobillos están encadenados a una argolla sujeta al suelo de hormigón. Calza chancletas de goma baratas sin calcetines. Es un individuo corpulento y llama alegremente a la unidad de máxima seguridad de la prisión «mi monasterio».

Todas las mañanas resuena por los pasillos de la unidad a las 6:30 un despertador al que sigue el recuento. La puerta de su celda permanece cerrada veinte horas al día, e incluso cuando no está cerrada, dice Dan, «casi siempre estoy en la celda. Solo salgo para ducharme o para servir comidas [...]. Tengo ese trabajo de servir comidas. Pero en realidad no me relaciono apenas con la gente. Procuro no salir de la celda más que cuando es absolutamente imprescindible. Aquí dentro hay mucho gilipollas. Te meten en sus pequeños dramas y acabas teniendo que joder a alguien. Y cuando te das cuenta, te has quedado sin privilegios. Tengo demasiado que perder. En este momento estoy en una situación muy cómoda. He conseguido un compañero de celda muy bueno, y no quiero perderlo».

El compañero de celda es Mark Hofmann, quien fue en tiempos un mormón devoto y que perdió la fe cuando servía como misionero en Inglaterra y se hizo secretamente ateo, pero siguió fingiéndose un santo de los Últimos Días ejemplar cuando regresó a Utah. Poco después descubrió que tenía un talento especial para las falsificaciones. Empezó a fabricar documentos históricos falsos, magníficamente hechos, con los que consiguió sacar grandes sumas a los coleccionistas. En octubre de 1985, tras haber llegado a la conclusión de que los investigadores estaban a punto de descubrir que algunos documentos mormones antiguos que él había vendido eran falsos, hizo estallar una serie de bombas de tubería para desviar a los policías que seguían su rastro, matando en el proceso a otros dos santos inocentes.[2] Muchas falsificaciones de Hofmann tenían como objetivo desacreditar a Joseph Smith y la historia sagrada del mormonismo; más de cuatrocientos de sus documentos falsos los adquirió la Iglesia de los Santos de los Últimos Días (que los creyó auténticos) y los ocultó luego para evitar su difusión pública.

---

2. Las actividades delictivas de Mark Hofmann las han descrito muy bien Robert Lindsey en *A Gathering of Saints*; y Linda Sillitoe y Allen Roberts en *Salamander*.

Hofmann muestra ahora desprecio por la religión en general y por el mormonismo en particular, pero no parece que su ateísmo le impida ser amigo de Dan Lafferty, pese al hecho de que Dan siga siendo, según su propia y orgullosa caracterización, un fanático religioso.

«Mis creencias son irrelevantes para el compañero de celda —afirma Dan—. Somos hermanos especiales de todos modos. Estamos unidos por el corazón.»

Antes de su condena, y después de ella durante más de un decenio, Dan sostuvo firmemente que era inocente de los asesinatos de Brenda y de Erica Lafferty. Cuando fue detenido en Reno, en agosto de 1984, dijo a los agentes que lo detuvieron: «Creéis que he cometido un delito de homicidio, pero no es así». Sigue insistiendo en que no ha cometido ningún crimen, pero, paradójicamente, no niega que matara a Brenda y a Erica. Cuando le piden que explique cómo pueden ser ciertas ambas afirmaciones aparentemente contradictorias, dice: «Yo estaba cumpliendo la voluntad de Dios, y eso no es un crimen».

Lafferty no tiene inconveniente en describir exactamente lo que sucedió el 24 de julio de 1984. Dice que poco después del mediodía, él, Ron y los dos vagabundos que viajaban con ellos, Ricky Knapp y Chip Carnes, fueron al apartamento de Allen, su hermano pequeño, que quedaba en American Fork, a veinte minutos por la interestatal de donde está preso ahora. En el dúplex de ladrillo encontró a su sobrina de quince meses Erica, estaba de pie en la cuna y le miraba sonriendo.

«Hablé un momento con ella. Le dije: "Mira, yo no sé muy bien de qué va todo esto, pero parece ser que es voluntad de Dios que dejes este mundo; es posible que podamos hablar de ello más tarde".»

Y luego puso fin a su vida con un cuchillo de carnicero de 25 centímetros.

Después de despachar a Erica, entró tranquilamente en la cocina y mató con el mismo cuchillo a la madre de la niña; ahora, diecisiete años después de cometer esos dos asesinatos, asegura muy convencido que no ha sentido nunca remordimiento ni vergüenza por lo que hizo.

Dan Lafferty fue educado, lo mismo que su hermano mayor Ron, como un mormón piadoso.

«Siempre me han interesado Dios y el Reino de Dios —dice—. Ha sido mi centro focal desde la infancia.»

Y está convencido de que Dios quería que matase a Brenda y a Erica Lafferty.

«Fue como si alguien me hubiese cogido aquel día de la mano y me hubiese guiado tranquilamente para hacer lo que hice. Ron había recibido una revelación de Dios de que había que acabar con aquellas vidas. Era yo quien tenía que hacerlo. Y si Dios quiere que se haga algo, tiene que hacerse. No quieres ofenderle negándote a hacer su obra.»

Estos asesinatos son estremecedores por muchas razones. Pero ningún aspecto de los crímenes es más inquietante que la falta absoluta y clara de remordimiento. ¿Cómo podía un hombre en apariencia cuerdo y que se decía piadoso matar a una mujer sin tacha y a su hija tan malévolamente, sin el menor atisbo de emoción? ¿De dónde sacaba la justificación moral? ¿Qué era lo que le llenaba de aquella certidumbre? Cualquier intento de contestar a estas preguntas debe sondear esos oscuros sectores del corazón y de la mente que a la mayoría nos impulsan a creer en Dios... y que suelen impulsar a algunos apasionados a llevar esa creencia irracional a su conclusión lógica.

Hay un aspecto oscuro en la devoción religiosa que suele pasarse por alto o negarse con demasiada frecuencia. Tal vez no haya fuerza más poderosa para impulsar a la gente a ser cruel e inhumana (para incitar al mal, por emplear el vocabulario del devoto) que la religión. Cuando surge el tema del derramamiento de sangre de inspiración religiosa, muchos estadounidenses piensan enseguida en el fundamentalismo islámico, cosa natural, debido a los ataques del 11 de septiembre en Nueva York y Washington. Pero los hombres cometen actos odiosos en nombre de Dios desde que la humanidad empezó a creer en deidades, y existen extremistas en todas las religiones. Mahoma no es el único profeta cuyas palabras se han empleado para sancionar la barbarie. La historia no carece de cristianos, judíos, hinduistas, sijs e incluso budistas a quienes sus Sagradas Escrituras hayan impulsado a asesinar a inocentes. Muchos de esos extremistas religiosos han sido estadounidenses autóctonos bien alimentados.

La violencia basada en la fe existía mucho antes de Osama bin Laden, y seguirá con nosotros mucho después de su fallecimiento. Los fanáticos religiosos como Bin Laden, David Koresh, Jim Jones, Shoko Asahara[3] y Dan Lafferty son frecuentes en todas las épocas, lo mismo que lo son los fanáticos de otros sectores. En toda empresa humana habrá siempre una fracción de los que participan en ella que se verá impulsada a realizar esa actividad de una forma tan concentrada y con una pasión tan pura que les consumirá por completo. No hay más que pensar en individuos que se sienten impulsados a

3. Asahara es el carismático «Papa sagrado» y «maestro venerado» de Aum Shinrikyo, la secta japonesa del mortífero atentado de 1995 con gas sarín en el metro de Tokio. Los principios teológicos de la secta Aum Shinrikyo (que significa 'verdad suprema') proceden del budismo, el cristianismo y el hinduismo. En la época del atentado del metro, el número de miembros de la secta en todo el mundo se calculaba que llegaba a los cuarenta mil, aunque ahora se haya reducido a tal vez unos mil. Según el experto en terrorismo Kyle B. Olson, aún se puede ver a seguidores de Asahara «en casas propiedad de Aum, con extraños artilugios eléctricos en la cabeza, teóricamente destinados a sintonizar sus ondas cerebrales con las del dirigente del culto», que está encarcelado en Japón.

consagrar sus vidas, a convertirse en concertistas de piano, por ejemplo, o a escalar el monte Everest. El mundo de los extremos ejerce una atracción irresistible en algunas personas. Es inevitable que un porcentaje de esos fanáticos se concentre en las cuestiones espirituales.

Al fanático puede motivarle la previsión de una gran recompensa final (riqueza, fama, salvación eterna), pero la verdadera recompensa probablemente sea la propia obsesión. Esto se cumple tanto en el fanático religioso como en el pianista fanático o el escalador fanático. Su apasionamiento hace que la existencia se impregne de propósito y de finalidad. En la concepción del mundo del fanático desaparece la ambigüedad. Hay un sentimiento narcisista de seguridad en sí mismo que disipa las dudas. Acelera su pulso una cólera grata, alimentada por los pecados y debilidades de los mortales inferiores que andan contaminando el mundo dondequiera que mira. Su perspectiva va reduciéndose hasta que llega un momento en que desaparecen de su vida los últimos restos de sentido de la proporción. Y a través de su ausencia de moderación, experimenta algo parecido al éxtasis.

Aunque el territorio lejano del extremo pueda ejercer una atracción embriagadora en los individuos susceptibles de todas las tendencias, el extremismo parece predominar sobre todo entre los inclinados por temperamento o por educación a los objetivos religiosos. La fe es la antítesis misma de la razón; la exaltación es un elemento básico de la devoción espiritual. Y cuando el fanatismo religioso suplanta al raciocinio, todo es posible de pronto. Puede suceder cualquier cosa. Absolutamente cualquier cosa. El sentido común no significa nada frente a la voz de Dios... como atestiguan vívidamente los actos de Dan Lafferty.

Este libro se propone arrojar un poco de luz sobre Lafferty y los de su clase. Aunque intentar comprender a personas como ellos sea un ejercicio difícil, también parece un ejercicio útil, por lo que quizá puede explicarnos sobre las raíces de la brutalidad. Pero más aún por lo que podría enseñarnos sobre la naturaleza de la fe.

© 2003 Jeffrey L. Ward

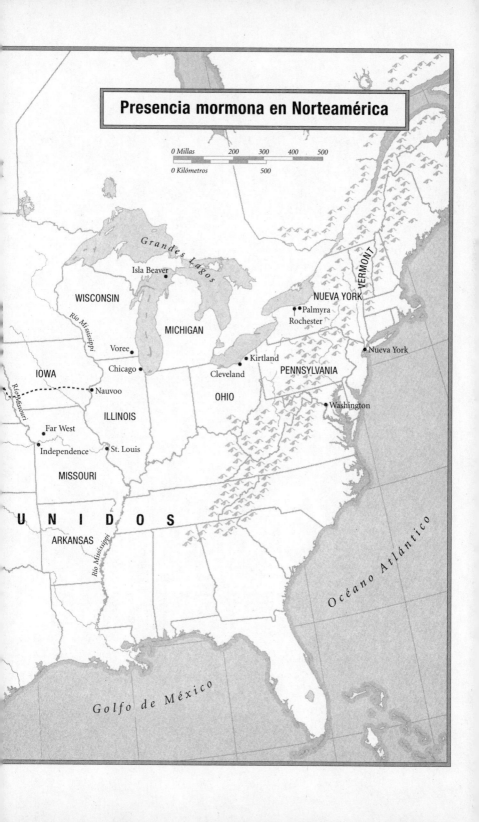

Presencia mormona en Norteamérica

0 Millas   200   300   400   500

0 Kilómetros   500

Grandes Lagos

Isla Beaver

WISCONSIN

MICHIGAN

Vdoree

Chicago

Rio Mississippi

IOWA

Nauvoo

ILLINOIS

Far West

Independence   St. Louis

MISSOURI

Rio Missouri

U   N   I   D   O   S

ARKANSAS

Rio Mississippi

VERMONT

NUEVA YORK

Palmyra
Rochester

Nueva York

Kirtland

Cleveland

PENNSYLVANIA

OHIO

Washington

Océano Atlántico

Golfo de México

PRIMERA PARTE

Los cismas que estremecieron el mormonismo una y otra vez, más críticos que los ataques desde fuera, solo atestiguan su fuerza. Fueron pruebas de lo en serio que se tomaron su salvación conversos y disidentes, dispuestos a poner el alma en cuestiones de doctrina que una generación posterior menos bíblica podría tratar con indiferencia.

WILLIAM MULDER y A. RUSSELL MORTENSEN,
Among the Mormons

I

La ciudad de los santos

Porque tú eres un pueblo consagrado al Señor tu Dios, y el
Señor tu Dios te ha elegido para que seas su pueblo singular de
entre todos los pueblos que hay sobre la faz de la Tierra.

Deuteronomio 14, 2

Y llegará a suceder que yo, el Señor Dios, enviaré a uno
fuerte y poderoso, que empuñará en su mano el cetro del poder,
vestido de luz como túnica, cuya boca pronunciará palabras, palabras eternas. Mientras que sus entrañas serán un manantial de
verdad, para poner en orden la casa de Dios.

Doctrina y convenios, sección 85,
revelado a Joseph Smith el 27 de noviembre de 1832

En equilibrio sobre la aguja más alta del Templo del Lago
Salado, que brilla al sol de Utah, con la trompeta dorada en
alto, monta guardia sobre Salt Lake City, que se extiende abajo, una estatua del ángel Moroni. Este enorme edificio de granito es el nexo espiritual y temporal de la Iglesia de Jesucristo
de los Santos de los Últimos Días, que se presenta como la
única religión verdadera del mundo. La plaza del Templo es

para los mormones lo que el Vaticano para los católicos o la Kaaba de La Meca para los musulmanes. Según el último cálculo, había más de once millones de santos en el mundo; y el mormonismo es la fe en más rápido crecimiento del hemisferio occidental. En Estados Unidos hay en la actualidad más mormones que presbiterianos o episcopalianos. En la totalidad del planeta hay hoy más mormones que judíos. En algunos círculos académicos serios, se considera que los mormones van claramente camino de convertirse en una religión mundial importante, la primera fe de ese nivel que ha surgido desde el islam.

Junto al Templo, las 325 voces del Coro del Tabernáculo Mormón se dilatan para llenar el vasto interior con los robustos acordes, evocadores e inquietantes, del «Himno de batalla de la República», emblema característico del coro: «Mis ojos han visto la gloria del advenimiento del Señor...».

Para gran parte del mundo, este coro y sus armonías, interpretadas de forma impecable, son emblemáticos de los mormones como pueblo: castos, optimistas, extravertidos, cumplidores. Cuando Dan Lafferty cita las Escrituras mormonas para justificar el asesinato, la yuxtaposición es tan incongruente que llega a parecer surreal.

Los asuntos de la mormonidad los rige un grupo de varones blancos ya de edad, de trajes oscuros, que cumplen sus deberes sagrados en una torre de oficinas de veintiséis plantas situada junto a la plaza del Templo.[1] La jefatura de los Santos

---

[1]. El control de la Iglesia de los Santos de los Últimos Días reside en las manos de quince hombres. En la cúspide de la pirámide jerárquica está el «presidente, profeta, vidente y revelador», a quien se considera portavoz directo de Dios en la Tierra. El presidente nombra a dos apóstoles de confianza para que le sirvan como primer y segundo consejeros; los tres actúan colectivamente como la Primera Presidencia. Inmediatamente por debajo de la Primera Presidencia está el Quórum de los Doce Apóstoles, y estos quince hombres juntos (siempre son hombres; en la Iglesia mormona las

de los Últimos Días insiste de forma inflexible y unánime en que Lafferty no debería ser considerado mormón bajo ninguna circunstancia. La fe que le impulsó a matar a su sobrina y a su cuñada es una rama de la religión conocida como «fundamentalismo mormón»; las autoridades de la Iglesia de los Santos de los Últimos Días se encrespan visiblemente solo con que se mencionen juntos mormones y fundamentalistas mormones. Como subrayó Gordon B. Hinckley, profeta y presidente de los mormones, que tenía por entonces ochenta y ocho años, durante una entrevista en televisión de 1998, en el programa *Larry King Live*: «No tienen absolutamente ninguna relación con nosotros. No pertenecen a la Iglesia. No hay, en realidad, fundamentalistas mormones».

Sin embargo, los mormones y los que se llaman fundamentalistas mormones creen en los mismos textos sagrados y en la misma historia sagrada. Creen ambos que Joseph Smith, que fundó el mormonismo en 1830, desempeñó un papel vital en los planes de Dios para la humanidad; unos y otros le consideran un profeta de talla comparable a Moisés y a Isaías. Tanto los mormones como los fundamentalistas mormones están convencidos de que Dios les considera a ellos y solo a ellos sus hijos predilectos: «Un tesoro especial para mí por encima de todas las gentes». Pero aunque ambos se atribuyan la condición de los elegidos del Señor, difieren en un punto de la doctrina religiosa que inflama especialmente los ánimos: a diferencia de sus compatriotas mormones actuales, los fundamentalistas mormones creen apasionadamente que los santos tienen que tomar esposas múltiples por mandato divino. Los

---

mujeres están excluidas de los cargos de autoridad) controlan la institución y a sus miembros con absoluto poder. Los cargos de estos quince hombres son vitalicios. Cuando muere el presidente, el Quórum de los Doce nombra nuevo presidente al apóstol de sus filas que ha servido en el cargo durante más tiempo. De ahí la edad excesivamente avanzada de casi todos los presidentes mormones.

seguidores de la fe fundamentalista practican la poligamia, según dicen, porque la consideran un deber religioso.

Hay más de treinta mil fundamentalistas polígamos que viven en Canadá, México y el Oeste de Estados Unidos. Algunos especialistas calculan que puede haber hasta cien mil. Aunque esta cifra mayor equivalga a menos del 1 % de los miembros de la Iglesia mormona a escala mundial, a los dirigentes de esta les preocupan muchísimo esas legiones de hermanos polígamos. Las autoridades mormonas tratan a los fundamentalistas como se trataría a un tío loco, intentan mantenerlos ocultos en el desván, donde nadie los vea; pero los fundamentalistas se las arreglan siempre para escapar y presentarse en público en momentos inoportunos y montar escenas desagradables que dejan en situación embarazosa a todo el clan mormón.

La Iglesia mormona suele ser muy quisquillosa con su breve historia (una historia excepcionalmente rica), y no hay aspecto de ella que ponga a la iglesia más a la defensiva que el matrimonio plural. Las jerarquías eclesiásticas se han esforzado mucho por convencer tanto a los miembros de la Iglesia moderna como a la generalidad del país de que la poligamia fue una peculiaridad pintoresca, abandonada hace mucho tiempo y practicada solo por un puñado de mormones del siglo XIX. La literatura religiosa transmitida por los jóvenes y esforzados misioneros de la plaza del Templo no menciona para nada el hecho de que Joseph Smith (que sigue siendo el personaje central de la religión) se casó como mínimo con treinta y tres mujeres, y probablemente con cuarenta y ocho. Tampoco cuentan que la más joven de esas mujeres solo tenía catorce años cuando Joseph le explicó que Dios había ordenado que se casase con él y que se enfrentaría, si no lo hacía, a la condenación eterna.

La poligamia fue, de hecho, uno de los principios más sagrados de la iglesia de Joseph, un principio tan importante que se canonizó para siempre como la sección 132 de *Doctrina y convenios*, uno de los textos escriturales primordiales del mormonismo.[2] El venerado profeta describió el matrimonio plural como una parte de la «doctrina más sagrada e importante que se haya revelado al hombre en la Tierra», y enseñó que un hombre necesita tres esposas por lo menos para alcanzar la «plenitud de la exaltación» en la otra vida. Advirtió de que Dios había ordenado explícitamente que «todos aquellos a quienes se ha revelado esta ley deben obedecerla [...] y si no cumplen ese pacto, están condenados, pues a nadie que rechace este pacto se le permitirá entrar en mi gloria».

A Joseph lo mató en Illinois una turba de enemigos de los mormones en 1844. Asumió entonces la jefatura de la iglesia Brigham Young, que condujo a los santos a los páramos desiertos de la Gran Cuenca, donde no tardaron en crear un notable imperio y en adoptar sin tapujos el pacto del «matrimonio espiritual». Esto asombró y estremeció la sensibilidad de los estadounidenses del siglo xix, que consideraban la poligamia una práctica brutal, comparable a la esclavitud.[3] En 1856, reconociendo la fuerza del voto antipolígamo, el candidato republicano a la presidencia del país, John C. Frémont, se presentó a las elecciones con un programa en el que prometía «prohibir en los territorios esas dos reliquias gemelas de la barbarie: la poligamia y la esclavitud». Frémont perdió las eleciones, pero un año después el hombre que las ganó, el presidente James Buchanan, envió al Ejército a invadir Utah,

2. Los mormones estiman tres libros de Escrituras por encima de todos los demás: *Libro de Mormón*, *Doctrina y convenios* (que suele llamarse simplemente *D & C*) y *La perla de gran precio*.

3. En realidad, es probable que en el siglo xix fuesen más los estadounidenses contrarios a la poligamia que los contrarios a la esclavitud. Después de todo, esta última tenía partidarios en muchos estados, mientras que era difícil encontrar muchos defensores de la primera fuera del territorio de Utah.

desmantelar la teocracia de Brigham Young y erradicar la poligamia.

La llamada «Guerra de Utah» no privó sin embargo a Brigham del poder ni acabó con la doctrina del matrimonio plural, para irritación y desconcierto de toda una serie de presidentes del país. Siguieron a esto enfrentamientos judiciales y legislativos crecientes con la poligamia que culminaron con la Ley Edmunds-Tucker de 1887, que disolvió la Iglesia mormona y confiscó y entregó al Gobierno federal todas sus propiedades a partir de un mínimo exento de cincuenta mil dólares. Ante esa presión, los santos ya no tenían más remedio que renunciar a la poligamia. Pero, aunque los dirigentes de la iglesia proclamasen públicamente en 1890 que habían abandonado la práctica, enviaban discretamente grupos de mormones a fundar colonias polígamas en México y en Canadá, y algunas jerarquías de la iglesia de más alto rango siguieron en secreto tomando esposas múltiples y celebrando matrimonios múltiples hasta bien entrado el siglo xx.

Pero, aunque los dirigentes de la iglesia se resistiesen en principio a abandonar el matrimonio plural, acabaron adoptando un enfoque más pragmático de la política del país y rechazando enérgicamente la práctica, empezando a instar de verdad a los departamentos del Gobierno a que persiguiesen a los polígamos. Ese único cambio en la política eclesial fue, más que ninguna otra cosa, lo que convirtió la Iglesia mormona en esa nueva versión actual, que goza de un éxito tan asombroso. Los mormones, después de tirar por la borda la poligamia, dejaron de ser considerados una secta de chiflados. La Iglesia mormona asumió con tanto éxito la condición de un credo convencional más, que son muchos los que la consideran hoy la religión estadounidense quintaesencial.

Sin embargo, los fundamentalistas mormones creen que se pagó un precio demasiado alto por conseguir que la opinión pública del país los aceptase. Sostienen que las jerarquías de la iglesia llegaron a un compromiso imperdonable al capitular ante el Gobierno del país hace un siglo en la cuestión de la poligamia. Insisten en que la iglesia los vendió, en que la jerarquía abandonó uno de los principios teológicos más importantes de la religión por oportunismo político. Estos polígamos actuales se consideran, por tanto, los mantenedores de la llama (los únicos mormones justos y verdaderos). Al renunciar a la sección 132 (el principio sagrado del matrimonio plural), la Iglesia mormona se ha extraviado gravemente, advierten. Los profetas fundamentalistas claman desde sus púlpitos que la Iglesia moderna se ha convertido en «la prostituta más vil de la Tierra».

Los fundamentalistas probablemente citen la sección 132 de *Doctrina y convenios* más que ningún otro fragmento de sus Sagradas Escrituras. La cita que sigue a esta en popularidad quizá sea la sección 85, en la que se revelaba a Joseph que «[...] yo, el Señor Dios, enviaré a uno fuerte y poderoso [...] para poner en orden la casa de Dios». Muchos fundamentalistas están convencidos de que ese uno fuerte y poderoso ya está en la Tierra entre ellos, «empuñando el cetro del poder», y que muy pronto volverá a guiar a la Iglesia mormona por el buen camino y a restaurar la «doctrina más sagrada y más importante» de Joseph.

2

Short Creek

Las ideas religiosas extrañas y extremas son tan frecuentes en la historia de Estados Unidos que es difícil calificarlas de «marginales». Hablar de un margen entraña la existencia de una corriente general, pero en términos numéricos, es posible que el componente mayoritario del espectro religioso de Estados Unidos contemporáneos siga siendo el que ha sido desde la época colonial: un evangelismo fundamentalista con potentes vetas milenaristas. El tema del Juicio Final ha estado siempre próximo al centro del pensamiento religioso del país. La nación ha contado siempre con creyentes que reaccionaban a esa amenaza decidiendo huir de la cólera que se avecinaba, abandonar la Ciudad de la Destrucción, aunque eso supusiera afrontar conflictos con la justicia y con sus comunidades o familias [...]. Podemos hallar a lo largo de toda la historia del país grupos selectos y separatistas dispuestos a seguir a un individuo profético que afirma recibir revelaciones divinas, en un marco que repudia las ideas convencionales sobre la propiedad, la vida familiar y la sexualidad. Eran grupos marginales, gente peculiar, gente diferente del resto del mundo: los *shakers* y la comunidad de Ephrata, las comunas de Oneida y Amana, los seguidores de Joseph Smith y Brigham Young.

PHILIP JENKINS,
Mystics and Messiahs

El Gran Cañón, serpenteando en diagonal por el sector norte de Arizona, forma una tremenda grieta de 365 kilómetros en la piel del planeta, que opera como una formidable barrera natural que separa eficazmente del resto del estado su rincón noroccidental. Esta cuña aislada de territorio (casi tan extensa como Nueva Jersey pero atravesada por una sola carretera asfaltada) se conoce como «la Franja de Arizona», y tiene una de las densidades demográficas más bajas de los cuarenta y ocho estados del país.

Hay allí, sin embargo, una población relativamente grande, Colorado City. Con unas nueve mil almas, es más de cinco veces más populosa que cualquier otra población de la zona. Los automovilistas que se dirigen hacia el Oeste por la autopista 389, cruzando los páramos resecos de la meseta de Uinkaret, puede que se sorprendan cuando, unos cuarenta kilómetros después de Fredonia (1.036 habitantes, la segunda población por su tamaño de la Franja), se materializa de pronto en medio de la nada Colorado City: una extensión urbana de pequeños negocios y casas insólitamente grandes que se extiende bajo una elevada escarpadura de piedra arenisca bermeja llamada montaña de Canaán. Los habitantes de la población son fundamentalistas mormones, a excepción de una pequeña minoría. Viven en este trozo de desierto con la esperanza de poder cumplir así en paz con el sagrado principio del matrimonio plural sin interferencias de las autoridades del Gobierno ni de la Iglesia mormona.

A caballo entre la frontera de Utah y Arizona, Colorado City alberga tres sectas fundamentalistas mormonas como mínimo, incluida la mayor del mundo: la Iglesia Fundamentalista de Jesucristo de los Santos de los Últimos Días. Más conocida como el Plan de Esfuerzo Unido, o PEU, exige a sus miembros que vivan ateniéndose rigurosamente a las órdenes de un frágil técnico fiscal de noventa y dos años convertido en profeta llamado Rulon T. Jeffs.[1] Tío Rulon, que es como le llaman sus seguidores, remonta su jefatura de origen divino a una cadena ininterrumpida que conduce directamente hasta el propio Joseph Smith. Aunque su frágil porte parecería hacerle poco adecuado para el papel, los habitantes de Colorado City creen que Tío Rulon es el «uno poderoso y fuerte» cuyo advenimiento profetizó Joseph en 1832.

«Aquí hay un montón de gente que está convencida de que Tío Rulon vivirá eternamente», dice DeLoy Bateman, un profesor de ciencias de cuarenta y ocho años que da clases en el instituto de Colorado City. DeLoy no solo nació y se crio en esta fe, sino que sus antepasados fueron algunos de los personajes más ilustres de la religión: su abuelo y su tatarabuelo figuraron entre los trece miembros fundadores de la Iglesia Fundamentalista Mormona, y su abuelo adoptivo, LeRoy Johnson, fue el profeta que precedió a Tío Rulon como dirigente en Colorado City. En este momento, DeLoy conduce su furgoneta Chevrolet de tercera mano por una carretera sin asfaltar de las afueras de la población. En la parte de atrás de la furgoneta viajan una de sus esposas y ocho de sus diecisiete hijos. De pronto pisa el freno y la furgoneta se detiene bruscamente en el arcén.

«Mira, aquí hay una cosa interesante —proclama, alzando los restos de una antena parabólica que está detrás de unas matas de salvia al borde de la carretera—. Parece que alguien

1. La parte de la población que queda en la parte de Arizona se llama oficialmente Colorado City, y la parte que queda en Utah se llama oficialmente Hildale, aunque los veteranos prescinden de ambos apelativos y prefieren llamarla Short Creek, que fue el nombre de la población hasta 1962, en que se constituyó legalmente y se rebautizó. El Plan de Esfuerzo Unido es el nombre legal de la entidad financiera propietaria de todos los bienes de la iglesia, entre los que se incluye casi todo el terreno de la población.

ha tenido que librarse del televisor. Lo sacó de la ciudad y lo tiró aquí.»

Los fieles de la Iglesia fundamentalista, explica, tienen prohibido ver la televisión y leer revistas y periódicos. Pero las tentaciones del mundo exterior son muy fuertes y es inevitable que algunos sucumban a ellas.

«En cuanto prohíbes algo —comenta DeLoy—, lo haces increíblemente atractivo. La gente se va a escondidas a St. George o a Cedar City y se compra una parabólica, la pone donde no se pueda ver fácilmente y ve la tele en secreto en cuanto tiene un momento libre. Luego, un domingo Tío Rulon lanza uno de sus sermones sobre los males de la televisión, proclama que sabe exactamente quién tiene una y advierte de que todo el que la ve pone en grave peligro su alma inmortal.

»Cada vez que lo hace, aparecen abandonadas en el desierto un montón de antenas parabólicas como esta. Luego, durante dos o tres años, no hay televisores en el pueblo, hasta que, poco a poco, empiezan a aparecer otra vez las parabólicas y llega la siguiente campaña. La gente intenta hacer lo que se debe hacer, pero son solo humanos.»

Como indica la prohibición de la tele, la vida en Colorado City bajo el mando de Rulon Jeffs guarda más de una semejanza pasajera con la vida en Kabul bajo los talibanes. La palabra de Tío Rulon ostenta el peso de la ley. El alcalde y todos los demás empleados municipales responden ante él, lo mismo que la fuerza policial y el inspector de las escuelas públicas. Hasta los animales están sometidos a sus caprichos. Hace dos años un rottweiler mató a un niño. Se emitió acto seguido un bando por el que se prohibía la presencia de perros dentro de los límites de la población. A continuación, se envió a un grupo de jóvenes a recoger todos los perros y, luego, los confiados animales de compañía fueron transportados hasta el lecho seco de un torrente donde se acabó con ellos a tiro limpio.

Se calcula que Tío Rulon se ha casado con setenta y cinco mujeres, con quienes ha tenido un mínimo de sesenta y cinco hijos; a varias de sus esposas se las dieron en matrimonio cuando tenían quince años y él, ochenta y tantos. En sus sermones suele insistir en que es imprescindible la sumisión total. «Quiero deciros que la libertad más grande de la que podéis gozar está en la obediencia —ha predicado—. La obediencia perfecta produce fe perfecta.» Sus enseñanzas, como las de la mayoría de los profetas de la Iglesia fundamentalista, están firmemente basadas en las fogosas y numerosas páginas que escribieron en el siglo XIX Joseph Smith y Brigham Young. A Tío Rulon le gusta recordar a sus seguidores la advertencia de Brigham de que para los que cometen pecados tan atroces como el de la homosexualidad o el de tener relaciones sexuales con un miembro de la raza africana «la pena, según la ley divina, es la muerte en el acto. Esto será así siempre».

La poligamia es ilegal tanto en Utah como en Arizona. Lo que suelen hacer los hombres de Colorado City para evitar un procesamiento es casarse legalmente solo con la primera esposa; las esposas siguientes, aunque Tío Rulon las casa «espiritualmente» con sus maridos, pasan a ser madres solteras conforme a las leyes del estado. Esto tiene el beneficio añadido de que las familias numerosísimas de la población reciben prestaciones de la ayuda social y demás formas de asistencia pública. Pese al hecho de que Tío Rulon y sus seguidores consideran a los Gobiernos de Arizona, Utah y Estados Unidos fuerzas satánicas que quieren destruir el PEU, su comunidad polígama recibe más de seis millones de dólares anuales de fondos públicos. Más de cuatro millones de la generosidad gubernamental afluyen todos los años al distrito escolar público de Colorado City, que, según el *Phoenix New Times*, «funciona primordialmente para beneficio económico de la Iglesia fundamentalista y para el enriquecimiento personal de los dirigentes del distrito escolar de dicha iglesia». El periodista John Dougherty calculó que los administradores escolares han «saqueado el tesoro del distrito dedicando miles de dólares a gastos personales cargados a tarjetas de crédito oficiales, comprando vehículos caros para su uso personal y dedicándose a viajar profusamente. Estos gastos culminaron en diciembre [del año 2000] cuando el distrito compró por 220.000 dólares un avión Cessna 210 para facilitar los viajes del personal del distrito a las poblaciones de Arizona».

Colorado City ha recibido 1,9 millones de dólares del Departamento de Vivienda y Desarrollo Urbano federal para pavimentar sus calles, mejorar el servicio de extinción de incendios y modernizar el sistema de suministro de agua. El Gobierno federal construyó inmediatamente después del límite sur de la población un aeropuerto que costó 2,8 millones de dólares y que no sirve prácticamente a nadie más que a la comunidad fundamentalista. En el año 2002 el 78 % de los residentes que viven en la parte de Arizona recibieron vales de alimentos. En la actualidad, los habitantes de Colorado City reciben ocho dólares en servicios del Gobierno por cada dólar de impuestos que pagan. Sin embargo, los habitantes del resto del condado de Mohave (Arizona) reciben solo un dólar de servicios por cada dólar de impuestos.

«Tío Rulon justifica toda esa ayuda de un Gobierno malvado diciendo que el dinero procede en realidad del Señor —explica DeLoy Bateman—. Se nos enseña que es el modo que tiene el Señor de manipular al sistema para ayudar al pueblo elegido.»

Los fundamentalistas llaman a defraudar al Gobierno «sangrar a la bestia», y lo consideran un acto virtuoso.

Tío Rulon y sus seguidores creen que la Tierra tiene siete mil años de antigüedad y que los hombres nunca han puesto el pie en la Luna. Las filmaciones de los astronautas del Apolo en la superficie lunar forman parte, según ellos, de un complejo fraude con el que el Gobierno estadounidense está en-

gañando al mundo. Además del edicto que prohíbe ver la
televisión y leer los periódicos, los habitantes de Colorado
City tienen prohibido todo contacto con personas que no
pertenezcan al PEU... lo que incluye a cualquier miembro de
la familia que haya abandonado la religión. Da la casualidad
de que DeLoy es uno de estos apóstatas.

DeLoy y su inmensa familia viven en una casa correspon-
dientemente inmensa (es, con sus 1.440 metros cuadrados,
cinco veces mayor que la vivienda típica de tres dormitorios).
La edificó él con sus propias manos en el centro de la ciudad.
Su hermano David vive en una casa de dimensiones similares
a pocos metros de distancia, al otro lado de una valla de dos
metros de altura.

«Mi hermano está ahí, al otro lado de la valla —me dice,
indicando con la barbilla—. Él y yo estamos lo más cerca que
pueden estar dos personas en el planeta. Nuestro padre se
quedó inválido cuando éramos pequeños, así que David y yo
nos cuidábamos el uno al otro. Pero ahora no le está permitido hablar conmigo, porque ya no pertenezco a la iglesia. Si su
mujer le sorprende hablando conmigo, se llevará a todos los
niños y Tío Rulon la casará con otro en cuestión de horas.
Y David será entonces lo que aquí llaman un "eunuco", un hombre al que le está permitido seguir en la religión, pero a quien
le han quitado la familia... como lo que se suponía que iba a
sucederme a mí cuando dejé la Obra.»

DeLoy era un miembro respetable de la iglesia, no había
probado en su vida el alcohol ni el café, no había fumado nunca, jamás había pronunciado una palabra irreverente. Era inquebrantable en su obediencia y procuraba mantener la cabeza baja. Luego, en 1996, unos parientes de su segunda esposa
empezaron a hacer circular rumores difamatorios sobre él.
Alguien fue con los rumores al profeta y, como consecuencia
de ello, se lamenta DeLoy, «Tío Rulon me llamó a su despacho y lanzó todo tipo de acusaciones contra mí».

«El profeta —dice DeLoy— estaba furiosísimo, tanto que temblaba y escupía al hablar. El proceder normal cuando el profeta se pone así contigo es decir: "Lamento haber hecho eso que te ha disgustado. ¿Qué quieres que haga?". Pero esta vez no pude hacerlo. Sencillamente no fui capaz de decírselo. Porque en lo que me acusaba de haber hecho no había nada cierto.

»Así que me acerqué a él hasta que mi cara estuvo muy cerca de la suya, y entonces le dije con voz muy suave: "Tío Rulon, todo lo que has dicho es mentira, una mentira absoluta". Y él se recostó en la silla completamente atónito. Aquello era algo que no había hecho nadie nunca.»

DeLoy consideró al llegar a su casa la enormidad de lo que acababa de ocurrir:

«Tío Rulon hablaba con Dios constantemente. En teoría, toda su sabiduría y sus conocimientos procedían directamente del Señor. Pero, en unos instantes, había quedado absolutamente claro para mí que aquel hombre en realidad no estaba en comunicación con Dios, porque si no habría sabido que aquello de lo que me acusaba era mentira. En el momento en que me di cuenta de eso, decidí abandonar la Obra, aunque sabía que significaría el fin de mi vida tal como la conocía.»

Cuando DeLoy no apareció en la reunión semanal de los sacerdotes el domingo siguiente, Tío Rulon envió en el plazo de veinticuatro horas a una persona a casa de DeLoy para que se llevase a sus mujeres y a sus hijos. De acuerdo con el dogma del PEU, las esposas no pertenecen a sus maridos ni los hijos a sus padres: son todos propiedad de la comunidad de sacerdotes, que los puede reclamar en cualquier momento. Tío Rulon decretó que las esposas y los hijos de DeLoy se entregasen de inmediato a otro hombre más digno.

Pero las dos esposas de DeLoy no quisieron dejarle. Tío Rulon se quedó estupefacto.

«La comunidad de sacerdotes significa mucho más que la familia y que cualquier otra cosa —explica DeLoy—. El que mis esposas desafiasen a Tío Rulon y se quedasen conmigo, a pesar de que iba a ir derecho al infierno, era algo inaudito.» Las esposas de DeLoy y todos sus hijos, salvo los tres mayores, se convirtieron así también en apóstatas.

En Colorado City se enseña a los fieles que los apóstatas son más perversos que los gentiles, e incluso que los mormones de la iglesia oficial.[2] En un sermón predicado el 16 de julio del año 2000, el obispo Warren Jeffs (hijo y presunto heredero de Tío Rulon) subrayó que un apóstata «es la persona más sombría de la Tierra». Explicó que los apóstatas «se han convertido en traidores al sacerdocio y a su propia existencia, y quien los guía es su amo: Lucifer [...]. Los apóstatas son literalmente instrumentos del diablo».

Cuando DeLoy apostató, a los parientes que siguieron en la religión se les prohibió volver a hablar con él, con sus esposas y con sus hijos apóstatas. Y aunque DeLoy había construido y pagado su casa, el PEU es propietario de todo el terreno de la ciudad, incluida la parcela donde está construida la casa de DeLoy. Tío Rulon y el PEU han iniciado una acción legal para tomar posesión de la casa de DeLoy y están intentando en este momento expulsarlo de Colorado City.

No es ninguna casualidad que Colorado City esté tan apartado del mundo. Short Creek, que así se llamaba entonces la población, la fundaron en la década de 1920 media docena de

---

2. En el léxico peculiar que comparten los mormones y los fundamentalistas mormones, todos aquellos que no han estado nunca adscritos a las enseñanzas de Joseph Smith se denominan «gentiles» (es decir, entre los mormones, hasta a los judíos se les llama «gentiles»). Los que fueron devotos pero abandonaron la fe son apóstatas. Los santos no practicantes son «mormones nominales».

familias fundamentalistas que querían vivir donde pudiesen seguir libremente el Principio Más Sagrado de Joseph Smith, sin interferencias exteriores. Pero el PEU no supo valorar hasta qué punto la poligamia ha agitado periódicamente las pasiones de la opinión pública estadounidense.

A principios de la década de 1950 la población de Short Creek superaba los cuatrocientos habitantes. Esto alarmó tanto a los funcionarios del Gobierno y a las altas jerarquías de la Iglesia mormona oficial de Salt Lake City que Howard Pyle, gobernador de Arizona, con el estímulo y el respaldo económico de la Iglesia, tramó un plan detallado para efectuar una redada en la población y acabar con la poligamia.[3] El 26 de julio de 1953 (pocos meses antes de que naciera DeLoy Bateman), unos cuatrocientos agentes de la policía estatal, cuarenta ayudantes del *sheriff* del condado y docenas de soldados de la Guardia Nacional de Arizona entraron en Short Creek poco antes del amanecer y detuvieron a 122 hombres y mujeres polígamos, incluido el padre de DeLoy. A los 263 niños de las familias detenidas se les puso bajo la tutela del estado; los llevaron en autobús a Kingman (Arizona), a 640 kilómetros de distancia, y los entregaron a familias de acogida.

El gobernador Pyle, en una declaración de muchas páginas cuidadosamente redactada en la que justificaba la redada, la calificaba como una «actuación policial trascendental contra la insurrección dentro de nuestras fronteras [de Arizona]». Y explicaba:

> Los dirigentes de esta violación masiva de tantas de nuestras leyes se habían ufanado directamente ante los funcionarios del condado de Mohave de que sus acciones habían alcanzado

---

3. El gobernador Pyle dijo acerca de la redada: «No hicimos ni un solo movimiento que no hubiéramos acordado con el consejo de los doce [el Quórum de los Doce Apóstoles, que gobierna la Iglesia mormona]. Cooperaron al mil por cien, nos respaldaron al cien por cien».

ya tal envergadura que el estado de Arizona no tenía fuerza para intervenir.

Se han estado amparando, como sabéis, en las condiciones geográficas especiales del territorio más septentrional de Arizona [...], esa región situada más allá del Gran Cañón y más conocida como la Franja.

Se trata de un territorio de altiplanicies, densos bosques, grandes precipicios y gargantas, tierras áridas y onduladas de intenso colorido [...], un territorio encajonado entre las altiplanicies aún más altas de Utah y el Gran Cañón de Arizona.

La comunidad de Short Creek se halla a 640 kilómetros por la ruta más corta de Kingman, la capital del condado de Mohave [...].

Las paredes cortadas a pico de las montañas que se alzan al norte de la callecita central de Short Creek proporcionan una barrera rocosa natural. Hacia el este y el oeste, hay extensiones de mesetas secas y casi desérticas antes de que empiecen los bosques. Al sur, se halla el Gran Cañón.

Es en esta comunidad, la más aislada de todas las de Arizona, donde ha florecido y se ha expandido en progresión geométrica aterradora la más loca de las conspiraciones. Se trata de una comunidad totalmente consagrada a la filosofía extraviada de que un puñado de hombres licenciosos y avarientos deben tener el derecho y el poder de controlar el destino de todos los seres humanos de la comunidad.

Se trata de una comunidad (desgraciadamente participan en ello muchas mujeres, además de los hombres) irrevocablemente fiel a la perversa teoría de que todas las niñas deben someterse al alcanzar el desarrollo a la servidumbre del matrimonio múltiple con hombres de todas las edades, con la única finalidad de tener más hijos, que una vez criados se convierten en más pertenencias de esa empresa completamente ilícita.

Al día siguiente de la redada, el *Deseret News*, un diario propiedad de la Iglesia mormona oficial, publicó un editorial apoyando la operación: «Utah y Arizona han contraído una deuda de gratitud con el gobernador Howard Pyle [...]. Tenemos la esperanza de que las lamentables actividades que tenían lugar en Short Creek hayan quedado erradicadas de una vez por todas».

La redada ocupó los titulares de los periódicos de todo el país; apareció incluso en la primera página del *New York Times*, que lo destacaba al mismo nivel que un reportaje que comunicaba la firma del armisticio que ponía fin a la Guerra de Corea. Pero, para decepción de las jerarquías de la Iglesia mormona oficial, la mayor parte de la prensa presentaba a los polígamos con una luz favorable. Las fotografías de los niños llorando cuando los arrancaban de los brazos de sus madres despertaron simpatías en todo el país hacia los fundamentalistas, que alegaban que eran mormones íntegros y respetuosos de la ley, que lo único que pretendían era ejercer las libertades garantizadas por la Constitución.

La redada se consideró en general una forma de persecución religiosa por parte de unos organismos oficiales excesivamente celosos y dio lugar a muchas protestas en apoyo de los polígamos. El *Arizona Republic*, por ejemplo, criticó la operación como un «uso impropio de fondos públicos». En 1954, el gobernador Pyle perdió las elecciones debido principalmente a la redada y a la mala fama que le creó. Las detenciones y los juicios posteriores costaron a los contribuyentes seiscientos mil dólares, pero en 1956 todos los polígamos que habían sido detenidos estaban ya en libertad y se habían reunido con sus familias en Short Creek. Los miembros del PEU volvieron a vivir conforme al Principio tal como lo enseñó Joseph Smith sin el menor arrepentimiento, y la población local siguió aumentando a más del doble en cada decenio, como consecuencia de las familias gigantes y la tasa de natalidad astronómica de la comunidad.

La redada de Short Creek resultó ser, paradójicamente, una gran ayuda para la Iglesia fundamentalista. Gracias a la reacción adversa que provocó, los fundamentalistas pudieron seguir practicando la poligamia durante el medio siglo siguiente en la zona del Oeste situada entre las montañas, con escasa intromisión estatal... hasta mayo de 1998, en que una adolescente maltrecha y magullada marcó el 911 en un teléfono público de una parada de camiones del norte de Utah.

La chica informó a la policía de que nada más cumplir los dieciséis años, su padre, un hombre de negocios llamado John Kingston, la había sacado del instituto y la había obligado a convertirse en la decimoquinta esposa de su hermano David Kingston, un tío de la joven de treinta y dos años. John Daniel, David Ortell y Mary Ann son unos de los mil doscientos miembros del llamado «clan Kingston», una secta fundamentalista mormona particularmente reservada que tiene su sede en el condado de Salt Lake, conocida oficialmente como Iglesia de Cristo de los Últimos Días, dirigida por el patriarca Paul Kingston, un abogado que se ha casado con veinticinco mujeres como mínimo y ha tenido unos doscientos vástagos.

Los Kingston poseen numerosos negocios en, por lo menos, siete estados del oeste del país, una oscura red de corporaciones y sociedades limitadas por valor de 150 millones de dólares como mínimo. Pese a la gran riqueza del clan, muchas de las esposas y de los hijos de sus miembros viven en la pobreza y reciben ayuda social. Se exige a todos los miembros de la secta, salvo los más privilegiados, trabajar hasta sesenta horas por semana por un salario casi mínimo en uno de los negocios del clan. En vez de recibir un cheque por el importe del salario, este se deposita en una cuenta bancaria del clan y se entrega al individuo un vale que le permite hacer compras en tiendas propiedad del clan. Se deducen de la cuenta de cada miembro el alquiler, las deudas y un diezmo obligatorio del 10 %. Según un artículo de Jennifer Gallagher y Susan Snyder publicado en *The Salt Lake City*, los jerarcas del clan «predican un evangelio de destrucción, creen que ningún miembro llegará al cielo a menos que tenga una hija casada con un dirigente del clan y procura controlar las vidas de sus miembros hasta el punto de decirles cómo tienen que lavar los envases de leche o conservar el champú».

La joven había intentado escaparse dos veces de David. Pero las dos veces la habían capturado. Después de la segunda fuga, intentó refugiarse con su madre... que la devolvió enseguida a su padre. John Kingston la llevó entonces a un rancho apartado, cerca de la frontera de Utah-Idaho, que los Kingston empleaban como «campamento de reeducación» para esposas díscolas y niños desobedientes. La encerró en un pajar, se quitó el cinturón y la azotó brutalmente en las nalgas, los muslos y la parte inferior de la espalda, causándole heridas espantosas. La chica le explicó más tarde al juez que, antes de empezar a pegarle, su padre le había advertido de que «iba a darle diez golpes por cada mala acción».

Después de pegar a su hija, John Kingston se marchó de allí y entonces ella se escapó del rancho y recorrió ocho kilómetros cojeando por una carretera sin asfaltar hasta que llegó a una gasolinera y llamó a la policía. John y David Kingston fueron detenidos y más tarde procesados en juicios a los que se dio mucha publicidad. John fue declarado culpable de malos tratos a una menor y pasó veintiocho semanas en la cárcel estatal. David fue condenado a diez años de cárcel por incesto y comportamiento sexual ilícito, pero después de cumplir solo cuatro años de condena salió en libertad por buena conducta. En agosto de 2003, considerando que no se había hecho justicia, Mary Ann Kingston inició un pleito civil en el que reclamó más de 110 millones de dólares de indemnización a los 242 miembros del clan Kingston «por el daño que han causado».

Tras las condenas de los Kingston en 1999, los fundamentalistas mormones de todo el Oeste quedaron expuestos de nuevo a la incómoda mirada de la opinión pública. Los habitantes de Colorado City figuraron entre los fundamentalistas a los que puso nerviosos el que se les prestara mayor atención, y aún se pondrían mucho más nerviosos en abril cuando fue acusado de bigamia y de violación de una menor otro polígamo de Utah (Thomas Arthur Green). El juicio de los Kingston, aunque se convirtió en noticia de primera página en Utah, no despertó demasiada atención en otros sitios. El proceso de Green se convirtió en un espectáculo público, debido sobre todo al propio Green, y todos los medios de información importantes desde Seattle hasta Miami dieron cuenta de sus matrimonios plurales.

Tom Green, de cincuenta y cuatro años, es un hombre grueso y barbudo con entradas crecientes, treinta y dos hijos y cinco esposas (se ha casado con diez mujeres por lo menos, pero las otras cinco le han abandonado). A la mayor de sus esposas actuales le lleva veintidós años. A la más joven, veintinueve. El domicilio de la enorme familia de Green es desde hace mucho tiempo una colección de maltrechos trailers aparcados en cuatro hectáreas desérticas del desolado Sneak Valley del condado de Juab, cerca de la frontera de Nevada, a unos 160 kilómetros de la carretera asfaltada más próxima. Green ha bautizado modestamente este pequeño reino con el nombre de Green Haven, 'el Refugio de Green'.

A diferencia de la mayoría de los polígamos, que procuran eludir con sumo cuidado el escrutinio exterior, Green tiene una sed insaciable de publicidad. Sus esposas y él han abierto sus vidas a numerosos periodistas y han aparecido de muy buen grado en programas de televisión como *Judge Judy*, *Jerry Springer*, *Queen Latifah*, *Sally Jessy Rafael* y *Dateline NBC*. Green explicó en una declaración pública que habían decidido buscar esta atención mediática al despertar una mañana y oír una voz «que me decía: "No seas modesto, deja que tu luz brille ante los hombres para que vean tus buenas palabras y glorifiquen a tu Padre del Cielo". Les conté a mis esposas lo que había oído y que entendía que con ello Dios quería que diéramos ejemplo de que el matrimonio plural podía funcionar [...], que no nos avergonzamos de nuestras creencias, y, por supuesto, tampoco de nuestra familia. [...] Solo queremos que la gente comprenda que los polígamos no son una amenaza, no somos fanáticos ni delincuentes».

Por desgracia para Tom Green, el fiscal del condado de Juab, David O. Leavitt (el hermano más pequeño del gobernador de Utah, Mike Leavitt), encendió por casualidad el televisor una noche en 1999, y vio a Green ufanándose de sus jóvenes esposas en *Dateline NBC*. Aunque Leavitt hacía mucho que sabía de la colonia polígama de Green en el desierto del Oeste, hasta que lo vio pontificando en el horario de máxima audiencia no había tenido intención de procesarlo. Leavitt había tenido de niño amigos que eran hijos de polígamos y su propio bisabuelo había tenido varias esposas. En 1993, recién salido de la Facultad de Derecho y trabajando como abogado de oficio, había defendido a un polígamo y había ganado el juicio alegando que la libertad religiosa garantizada en la Constitución estaba por encima de las leyes de los estados que criminalizaban el matrimonio plural.

Pero entonces Leavitt vio a Green ufanándose en la televisión nacional de que se había casado con todas sus esposas actuales cuando eran niñas. Una de ellas solo tenía trece años cuando él (con treinta y siete) la había dejado embarazada. De acuerdo con la legislación de Utah, cuando un varón adulto tiene relaciones sexuales con una niña de trece años, comete un delito grave. «Tom Green parecía a primera vista un individuo por el que nadie debía molestarse —explicó Leavitt, a la periodista Pauline Arriyaga, de la Associated Press, en noviembre de 2000—. Pero se trata de un hombre que ha cogido a niñas de trece y catorce años, les ha impedido estudiar, se ha casado con ellas, las ha dejado embarazadas y ha exigido que el estado pague la factura y ha violado a una niña de trece años.» Quince meses después de la emisión de ese programa, Leavitt presentó cargos contra Green, que mantenía a su descomunal familia a base de cheques de la ayuda social. Los investigadores de la oficina del fiscal general de Utah han demostrado documentalmente que entre 1989 y 1999 Tom Green y las personas a su cargo recibieron más de 647.000 dólares en ayuda federal y del estado, incluidos 203.000 dólares en vales canjeables por alimentos y casi trescientos mil en gastos dentales y médicos. Estos mismos investigadores calculan que si se les hubiera dado acceso completo a los archivos oficiales correspondientes hasta el año 1985, cuando Green inició su tipo de vida polígama, habrían podido demostrar que había recibido bastante más de un millón de dólares de la ayuda social.

Linda Kunz Green, que tiene ahora veintiocho años, tenía trece cuando se casó con Tom Green. Insiste en que él no ha hecho nada malo, en que ella no es ninguna víctima. Dice que disfruta siendo una esposa plural y comenta que casarse con Green fue idea suya y no de él. Leavitt responde a eso que Linda es simplemente una víctima de lo que los psicólogos llaman «Síndrome de Estocolmo», en el que los rehenes simpatizan con los secuestradores y los defienden. «La posibilidad de elegir es algo que Linda Green no ha tenido nunca», alega Leavitt.

Cuando Linda se casó con Green, su madre, Beth Cooke, también estaba casada con él, aunque más tarde lo dejó. (Siete de las diez mujeres con las que se ha casado Green y todas sus esposas actuales eran hijas de sus otras esposas cuando se casó con ellas. Ha convertido en costumbre casarse con sus hijastras, todas las cuales tenían como mucho dieciséis años cuando las condujo al lecho conyugal.) Cooke se crio en Short Creek, en una familia polígama. En 1953, cuando tenía nueve años, presenció cómo los ayudantes del *sheriff* del condado de Mohave detenían a su padre y a otros treinta hombres en la célebre redada. Tres años más tarde, cuando tenía doce, la casaron con su padrastro, Warren Johnson, hermano del profeta LeRoy Johnson. Cooke se convirtió en una de sus siete esposas.

En 1984, después de la muerte de Johnson y de que falleciera también el nuevo marido que le sucedió, Cooke y sus dos hijas fueron presentadas a Green en una reunión de la escuela dominical. «Le presté una atención especial —explicó Cooke a la periodista independiente Carolyn Campbell—, porque mi amiga me dijo que había conocido a Tom Green y que era el hombre más feo que había visto en su vida.» Cooke, que es cuatro años mayor que Green, no opinó lo mismo. Le pareció guapo y además muy inteligente. Le impresionó cómo controlaba la reunión. Él le pidió una cita, en la que le anunció que iba a casarse con ella... una profecía que no tardó en cumplirse. Los recién casados fueron de luna de miel a Bountiful (Canadá), una colonia de polígamos del PEU situada en el sureste de la Columbia Británica.

En 1985, Cooke no pudo evitar darse cuenta de que su hija de trece años Linda Kunz estaba «mostrando sentimientos» hacia Green. Le gustaba sentarse en las rodillas de su padrastro y se «colgaba de él todo el tiempo». Hablaba continuamente de él y acabó preguntándole a Cooke si podía casarse con Green. Cooke accedió y, en enero de 1986, Linda se casó con Tom Green en Los Molinos (México), una avanzadilla polígama de la Baja California. «Me sentía feliz por mi hija, porque ella estaba contenta y era lo que quería —diría más tarde Cooke—. Me sentía feliz compartiéndola con un hombre al que amaba profundamente y que me parecía una persona muy especial.» Linda Kunz Green se quedó embarazada de Green antes de cumplir catorce años.

Aunque Beth Cooke dejó a Green, defiende el matrimonio de su hija con él. «Quince años después —dijo en una entrevista que le hizo en 2001 la periodista Campbell—, creo que el tiempo ha demostrado que fue una buena decisión [...]. Están procesando a Tom basándose en la moral del siglo XIX. ¿A quién le importa ahora quién se acuesta con quién? Son todos adultos y están de acuerdo y consienten. En este momento hay lesbianas, homosexuales y solteros que viven juntos. Hay personas casadas que viven con otras con las que no están casadas.»

David Leavitt no considera los matrimonios plurales de Green una cuestión de libertad religiosa ni una relación sexual inofensiva entre adultos que actúan voluntariamente. Leavitt cree que Green es un pedófilo, ni más ni menos. «Se aprovechó de niñas que no conocían otra forma de vida más que la poligamia desde que habían nacido —le explicaba a Holly Mullen, una periodista del *Salt Lake Tribune* en agosto de 2002—. Les robó la infancia. Cuando contemplé aquella imagen, comprendí que se trataba de cinco mujeres, a todas las cuales las habían entregado en matrimonio sus madres, a quienes sus padres habían educado para casarse de niñas. Son víctimas de pedófilos, son víctimas del estado de Utah, que ha dado la espalda a la poligamia durante sesenta años.»

Las alegaciones de Leavitt resultaron convincentes en el juicio. En agosto de 2001, Green fue considerado culpable de cuatro delitos de bigamia y de no atender al mantenimiento de su familia. Fue condenado a cinco años de cárcel y a pagar 78.868 dólares de indemnización.

Un año después Leavitt volvió a llevar a Green ante los tribunales bajo la acusación adicional (y mucho más grave) de mantener relaciones sexuales con Linda Kunz cuando ella tenía trece años, un delito que podría haber significado cadena perpetua. Pero en esta ocasión, Green tuvo suerte: aunque lo declararon culpable del grave delito de violación de una menor, el juez lo condenó a la pena mínima de cinco años, a cumplir simultáneamente con la sentencia previa de cinco años por bigamia.

Esta sentencia relativamente indulgente irritó a muchos ciudadanos de Utah. Dos días después del fallo, un editorial del *Spectrum* (el diario de St. George, Utah, baluarte de la Iglesia oficial, que queda a menos de setenta kilómetros de Colorado City) decía:

> Los contribuyentes y (lo más importante, sin duda) las niñas fueron los que perdieron en la audiencia del martes en que se condenó al ya infausto polígamo Tom Green [...].
>
> En algunas relaciones polígamas, sobre todo en las que participan jovencitas, hay una cierta cuantía de lavado de cerebro que se produce antes y después de los «matrimonios» ilegales. Se induce a las muchachas a creer que esa relación es una vía para la salvación. Luego suelen tomarlas por esposas hombres que les doblan la edad.
>
> Sin el contexto del matrimonio espiritual, estos actos se considerarían pedofilia sin discusión posible [...].
>
> Un hombre ha cometido lo que equivale a corrupción de menores con una niña de trece años y no cumplirá prácticamente condena por ello.

La benévola sentencia de Green consternó a Leavitt. «La población del estado de Utah sencillamente no comprende —declaró—, y hace cincuenta años que no lo comprende, el efecto devastador que la práctica de la poligamia produce en las muchachas jóvenes de nuestra sociedad.» Leavitt añadía que la población de Utah había empezado a cambiar de opinión sobre la poligamia. «Se ha puesto en marcha un cambio. El tiempo demostrará que esta sociedad comprende que la práctica de la poligamia es un ultraje a los niños, es un ultraje a las mujeres, es un ultraje a la sociedad.»

Leavitt ganó el juicio contra Green y recibió el aplauso de la Iglesia mormona oficial y los editorialistas oficiales, pero como el gobernador de Arizona Howard Pyle, que perdió las elecciones por planear y organizar la redada de Short Creek en 1953, no tardaría en descubrir que su cruzada contra la poligamia no era popular entre los ciudadanos. En noviembre de 2002, los electores del condado de Juab reaccionaron a la condena de Tom Green despojando de su cargo al fiscal David Leavitt.

Desde la condena de los Kingston (antes incluso de la primera acusación contra Tom Green por bigamia) los fundamentalistas mormones han recibido apoyo en sus alegaciones de que son víctimas de una persecución religiosa de la American Civil Liberties Union y de los activistas de los derechos de los homosexuales. Ha sido una coalición especialmente curiosa e incómoda: la doctrina de los fundamentalistas proclama que la sodomía y la homosexualidad son delitos atroces contra Dios y contra la naturaleza, que deben castigarse con la muerte. Y, sin embargo, homosexuales y polígamos han unido fuerzas para mantener al Gobierno fuera del dormitorio. Esta unión resulta todavía más incongruente por el hecho de que, en la otra cara del asunto, las feministas radicales se han aliado con la Iglesia mormona oficial, resueltamente antifeminista, para presionar en favor de una actitud más firme y resuelta de la judicatura contra los polígamos.[4]

4. En 1993, el apóstol de la Iglesia mormona oficial Boyd K. Packer (en la actualidad el segundo en la línea sucesoria para el cargo de presidente y profeta de los mormones) proclamó que la iglesia se enfrenta a tres amenazas importantes: «El movimiento gays-lesbianas, el movimiento feminista y el desafío siempre presente de los llamados "intelectuales" o "académicos"». La jefatura mormona ha hecho durante muchos años demasiados pronunciamientos sobre los «peligros» del movimiento feminista y ha excomulgado a varias feministas declaradas. Pero la mayor gresca entre las autoridades oficiales mormonas y las defensoras de los derechos de las mujeres puede que haya sido la que se produjo cuando la Iglesia mormona oficial movilizó activa y eficazmente a sus fieles para que votasen en bloque

Al verse obligados a salir de las sombras a la luz intensa de los medios de información, los polígamos siguen insistiendo en que lo único que pretenden es vivir conforme a unas creencias profundamente arraigadas en ellos y protegidas por la Constitución.

«Lo que sucede en nuestros hogares no le importa a nadie —asegura Sam Roundy, jefe de policía polígamo de Colorado City—. No estamos agrediendo a nadie. ¿Acaso no tenemos derecho a practicar nuestra religión?»

Pero la poligamia es un delito en los cincuenta estados del país, así como en Canadá, y los funcionarios de policía juran que harán que se cumpla la ley cuando toman posesión de sus cargos. Esto resultó una cuestión problemática para el agente de policía Roundy el 6 de febrero del año 2002, cuando Ruth Stubbs (la tercera esposa de uno de sus agentes) huyó de Colorado City con sus dos hijos y apareció en el noticiario de la noche en Phoenix, quejándose de que su marido, Rodney Holm, le había pegado y de que la poligamia es en sí una forma de abuso.

A Ruth, que tenía diecinueve años cuando abandonó a Holm y estaba visiblemente embarazada de su tercer hijo, la habían sacado de la escuela después de sexto grado. Nada más cumplir los dieciséis años, la habían citado a una reunión con Tío Rulon y su hijo Warren Jeffs, que le comunicaron que se casaría en veinticuatro horas con el agente Holm, un hombre guapo y taciturno que tenía exactamente el doble de

---

contra la ratificación de la Enmienda de Igualdad de Derechos (pese al hecho de que en 1974 una encuesta publicada en el Deseret News, propiedad de la iglesia, indicase que el 63 % de los habitantes de Utah aprobaba la enmienda). Casi todos los comentaristas políticos creen que si la Iglesia mormona no hubiese adoptado una posición tan hostil hacia la enmienda, esta habría sido aprobada sin problema por los treinta y ocho estados necesarios para la ratificación, y formaría parte hoy de la Constitución del país.

años que ella. Ruth quería casarse con otro, con un muchacho de su edad. Cuando se mostró reacia a convertirse en la esposa plural de Holm y pidió un tiempo para considerar sus posibilidades, su hermana mayor Suzie Stubbs (una de las dos mujeres ya casadas con el agente) la llamó imbécil por hacerle aquello a Rod. La presionó para que se convirtiese en la tercera esposa de Rod hasta que Ruth acabó cediendo y casándose con él.

«Me dijeron con quién tenía que casarme —declaró Ruth después de escaparse de Colorado City—. Yo creo que las mujeres deberían tener derecho a decir sí o no. Deberían tener derecho a decir lo que quieren hacer con sus vidas.» Holm no solo había quebrantado la ley casándose con tres mujeres, sino que había cometido un delito de corrupción de menores (un delito grave, tanto en Utah como en Arizona) por tener relaciones sexuales con Ruth cuando ella tenía dieciséis años.

El departamento de policía de Colorado City no ha actuado hasta la fecha contra el agente Holm, que se presenta como la parte ofendida en esta disputa. Con la ayuda de los abogados del PEU está intentando en este momento obtener la custodia legal de los hijos de Ruth para que puedan «educarse en los valores fundamentalistas» en compañía de sus otros dieciocho hijos.

La oficina del fiscal general de Utah acusó a Holm del delito de bigamia y de otros dos cargos por relaciones sexuales ilícitas con Ruth en octubre de 2002. El proceso contra Holm está paralizado por un impedimento bastante significativo: en noviembre de 2002, Ruth Stubbs desapareció tras haber presentado una nota manuscrita firmada en el juzgado en la que declaraba que no quería que Holm fuese «a la cárcel», y que se negaba a declarar contra él. Como decía un editorial del *Spectrum* de St. George, «este giro en un caso ya raro de por sí demuestra lo complicado que es procesar a los miembros de la Iglesia Fundamentalista de Jesucristo de los Santos de los Últimos Días que se involucran en actividades ilícitas».[5]

Ruth Stubbs estaba viviendo en Phoenix antes de desaparecer, en casa de su tía Pennie Peterson, que también se había escapado de Colorado City a los catorce años, cuando el profeta le ordenó que se convirtiera en la quinta esposa de un hombre de cuarenta y ocho. Peterson sigue siendo muy crítica, a pesar de los dieciséis años transcurridos, con la cultura polígama del PEU. «Los polígamos dicen que les atacan por su religión —explicó al *Salt Lake Tribune*—, pero ¿dónde dice la Constitución que esté bien abusar de las niñas y dejarlas embarazadas?»

El alcalde de Colorado City, Dan Barlow, considera que apóstatas como Pennie Peterson están mal informadas y que el motivo de sus críticas es la venganza, y considera el procesamiento de Rodney Holm acoso por parte del Gobierno a una minoría religiosa heterodoxa pero honorable. En su opinión, el caso Holm recuerda de forma inquietante a la redada de 1953 en Short Creek. «Vienen otra vez contra nosotros —alega—. Utilizan incluso el mismo lenguaje.»

Pero hay una pauta documentada de abusos sexuales en Colorado City que socava gravemente el intento del alcalde Barlow de presentar el asunto como un caso de persecución religiosa. En abril de 2002, por ejemplo, el propio hijo y homónimo del alcalde, Dan Barlow hijo, fue acusado de abusar repetidamente de cinco de sus hijas durante un periodo de

---

5. El 14 de agosto de 2003, un jurado de St. George, Utah, tras deliberar menos de dos horas, consideró a Rodney Holm culpable de dos cargos de conducta sexual ilícita con una menor y otro de bigamia, todos los cuales constituyen delitos graves en Utah. Fue condenado a un año en un correccional del condado de Washington con privilegios de libertad para trabajar (lo que significaba que solo iría a dormir allí). Cuando llevaba una semana cumpliendo esa condena le concedieron un permiso de fin de semana de tres días para asistir al nacimiento de su vigésimo tercer hijo.

diez años. Barlow confesó que veía a sus hijas como «esposas», pero la población cerró filas en torno a él, y su padre, como alcalde, se presentó ante el tribunal y pidió indulgencia. Al final, cuatro de las hijas se negaron a declarar contra Barlow. El resultado del juicio fue una sentencia con suspensión de la ejecución de la condena, después de que el acusado aceptase firmar una declaración en la que decía: «Cometí un error. Quiero corregirlo. Lo siento mucho. Quiero ser una buena persona. He criado una buena familia, he sido un buen padre. Los quiero a todos, con amor paternal».

«Nadie que sepa algo de esta religión se sorprende de que Dan no fuese a la cárcel —dice Debbie Palmer, que perteneció a la rama canadiense de este credo y a quien le resulta difícil contener la repugnancia—. ¿Tienes idea del tipo de presión a que deben de haber estado sometidas las pobres niñas Barlow para que no declararan contra su padre, el hijo del alcalde? Estoy segura de que el profeta les dijo que si decían una palabra irían derechas al infierno. Es lo que me dijeron cuando abusaron de mí miembros destacados de la religión, todas las veces.»

Los habitantes de Colorado City hacen poco caso de estos comentarios blasfemos de gente como Palmer. Están convencidos de que los únicos responsables de los problemas del pueblo son Satanás y los nefandos apóstatas y gentiles que han caído bajo su influencia. «Satanás ha tenido envidia de Dios desde el primer día», explica un joven miembro del clero de ojos brillantes, muy devoto, después de mirar nervioso a un lado y a otro del lecho seco del torrente de Short Creek.

Después, tras mirar de nuevo a uno y otro lado del lecho seco del torrente, para asegurarse de que no hay nadie que pueda verlo hablando con un escritor gentil, añade:

«Satanás quiere mandar él. No quiere que mande Dios. Así que engaña a las personas débiles para que apostaten y se pasen al otro lado.»

Este joven, junto con la mayoría de la población de Colorado City, cree que el mundo quedará muy pronto libre de los adláteres de Satanás (apóstatas, mormones de la corriente principal y escritores gentiles por igual), porque el profeta se lo ha dicho muchas veces en los últimos años.

A finales de la década de 1990, mientras se acercaba el nuevo milenio, Tío Rulon aseguró a sus seguidores que pronto serían «elevados» al Reino Celestial, mientras «pestilencia, granizo, hambre y terremoto» barrerían a los malvados (es decir, a todos los demás) de la faz de la Tierra. Temiendo que a las mujeres solteras se las dejase atrás para que pereciesen en el apocalipsis porque aún no se les había dado la oportunidad de vivir el Principio, el profeta casó a una serie de adolescentes con hombres mayores ya casados. Ruth Stubbs fue una de esas muchachas. Cuando llegó el año 2000 y pasó sin que se produjera el Armagedón, y nadie fuese elevado al Reino de los Cielos, Tío Rulon explicó a sus fieles que la culpa la tenían ellos porque no habían sido todo lo obedientes que debían ser. Así que los habitantes de Colorado City prometieron contritos vivir más rectamente.

«Predecir el fin del mundo es una apuesta segura para Tío Rulon —comenta el apóstata DeLoy Bateman—. Siempre puedes, si no pasa nada, atribuirlo a las iniquidades de la gente y utilizarlo luego como un garrote que puedes mantener en el futuro sobre sus cabezas para controlarlos.»

3

Bountiful

El principio esencial del mormonismo no es ni mucho menos la poligamia, sino la ambición de una jerarquía eclesiástica de ostentar la soberanía; regir las almas y las vidas de sus súbditos con autoridad absoluta, sin freno de ningún poder civil.

Salt Lake Tribune,
15 de febrero de 1885

Mil cuatrocientos cincuenta kilómetros al norte de Colorado City, justo al otro lado de la frontera canadiense, las montañas Purcell se elevan abruptamente desde los verdes y anchos valles del río Kootenay. Allí, a unos cuantos kilómetros de Creston (Columbia Británica), en medio de los prados, al pie de las escarpadas y boscosas laderas del monte Thompson, se alza un grupo de casas y granjas. Este asentamiento de aspecto bucólico se llama Bountiful. Aunque su entorno empapado de lluvia no se parece en nada al paisaje reseco de Colorado City, los dos lugares están indisolublemente unidos. Bountiful es el hogar de unos setecientos fundamentalistas mormones que pertenecen al PEU y obedecen sin reservas al profeta Rulon Jeffs. Las chicas de Bountiful son enviadas regularmente al sur, al otro lado de la frontera internacional, a casarse con hombres de Colorado City, y un número aún mayor de muchachas de Colorado City son enviadas al norte a casarse con hombres de Bountiful.

Debbie Oler Blackmore Ralston Palmer pasó la mayor parte de su vida en Bountiful. En 1957, cuando tenía dos años, su padre, Dalmon Oler, trasladó a su familia a Creston Valley para unirse a un grupo fundamentalista que se había establecido allí unos años antes. Dirigía el grupo un hombre guapo y carismático llamado Ray Blackmore, que había aliado al grupo con los polígamos del PEU de Short Creek/Colorado, acaudillados por el profeta LeRoy Johnson.

Ray Blackmore, como muchos mormones canadienses, descendía de polígamos de Utah que habían sido enviados al norte de la frontera para continuar la práctica de la doctrina del matrimonio plural después de que la Iglesia oficial se viese obligada a renunciar a la poligamia en Estados Unidos. En la época en que Debbie se trasladó a Bountiful, se habían incorporado ya al clan de More y estaban practicando abiertamente el matrimonio plural familias dirigidas por Eldon Palmer y por Sam Ralston.[1]

El padre de Debbie se apresuró a adquirir su propia pluralidad de esposas una vez instalado en Bountiful, llegando a casarse con seis y a engendrar cuarenta y cinco hijos, de los cuales el mayor era Debbie. En un intento de seguir la pista de tantos vástagos, su padre recurrió a dar a todos los chicos nacidos en el mismo año un nombre que empezase por la misma letra. «Les llamamos los de la A o la C o la J o la letra que sea», explicó a una televisión canadiense. El año 1976, por ejemplo, fue el de la J: entre junio y octubre de ese año las esposas de Oler dieron a luz a Jaret, Jeannette, Julia y Jennifer.

Dalmon Oler se casó con su segunda esposa, Memory Blackmore, justo un año después de llegar a Bountiful. Era la

1. No es su verdadero nombre.

hija mayor de Ray Blackmore, y su matrimonio con el padre de Debbie dio a esta el primer indicio de que el matrimonio plural no siempre era tan maravilloso como le habían contado. Madre Mem era una persona insegura y celosísima, y pegaba a Debbie cuando su madre biológica no estaba delante. Cuando Debbie tenía seis años, murió su madre y Mem empezó a tratarla de una forma aún más violenta. Debbie era pequeña aún, pero demostró ser inteligente, obstinada y poco inclinada a someterse ciegamente a la autoridad. Solía hacer preguntas y pensar por su cuenta, cualidades que en la Iglesia fundamentalista no se consideraban tales.

Hasta 1986, año en que Rulon Jeffs asumió la jefatura del PEU, el profeta fue LeRoy Johnson, un granjero franco y sincero a quien sus seguidores llamaban Tío Roy. Muchos de sus sermones eran variaciones sobre el tema «el camino hacia el cielo es la obediencia total». Hoy el legado de Tío Roy es visible por todo Bountiful, donde el lema de la comunidad («Sé dulce, pase lo que pase») está colocado en las paredes y en las puertas de las neveras de todas las casas.

El mormonismo es una religión patriarcal, firmemente arraigada en las tradiciones del Antiguo Testamento. No se tolera la discrepancia. Poner en entredicho los edictos de las autoridades religiosas se considera un acto subversivo que socava la fe. Como dijo en una declaración célebre el eminente primer consejero de la Iglesia oficial N. Eldon Tanner en la revista oficial de la iglesia, *Ensign*, en agosto de 1979: «Cuando habla el profeta, se terminó el debate». Solo pueden ser sacerdotes los hombres, que son los únicos que ostentan cargos de autoridad eclesiástica, incluido el de profeta. Y solo los profetas pueden recibir las revelaciones que determinan cómo han de regir sus vidas los fieles, lo que incluye hasta el diseño de la ropa interior sagrada que se supone que los individuos deben llevar siempre. Todo esto es aplicable tanto a la Iglesia oficial como a la fundamentalista, aunque los fundamentalistas llevan a extremos de rigor mucho mayores estas ideas de obediencia, de control, de papeles distintos e inflexibles para hombres y mujeres. En las comunidades de la Iglesia fundamentalista la responsabilidad primordial de las mujeres es (más aún que en la cultura mormona oficial) servir a sus maridos, concebir el mayor número de hijos posible y criarlos de modo que se conviertan en miembros obedientes de la religión. Ha habido bastantes mujeres nacidas en la Iglesia fundamentalista a quienes esto les ha resultado problemático. Debbie Palmer es una de ellas.

Debbie intenta aclarar, trazando una serie laberíntica de líneas con el dedo índice, un diagrama esquemático increíblemente complejo que parece a primera vista cartografiar las complejidades de algún enorme proyecto de ingeniería, una central nuclear, por ejemplo. El diagrama, examinado más detenidamente, resulta ser su árbol genealógico.

Cuando Debbie tenía catorce años, se sintió «instada por el Señor» a casarse con Ray Blackmore, el jefe de la comunidad. Así que pidió a su padre que compartiese ese mensaje divino con el profeta LeRoy Johnson, que se acercaba periódicamente a Bountiful desde Short Creek para cumplir diversos deberes religiosos. Como Debbie era grácil y bella, Tío LeRoy aprobó el enlace. Un año después el profeta regresó a Canadá y la casó con Blackmore, un hombre enfermo de cincuenta y siete años. Debbie, como su sexta esposa, se convirtió en madrastra de los treinta y un hijos de Blackmore, casi todos mayores que ella. Y como además daba la casualidad de que él era el padre de la propia madrastra de Debbie, Mem, se convirtió inesperadamente en madrastra de su propia madrastra, y por lo tanto, en abuelastra de sí misma.

Tras la muerte en 1974 de Ray Blackmore, el padre de Debbie Dalmon Oler se convirtió en el jefe en Bountiful. Ostentó el cargo hasta que, en 1985, Winston Blackmore, el intrigante hijo de Ray, de veintinueve años, consiguió desplazarlo del poder, arruinarlo económicamente y maniobrar con gran habilidad para asumir él mismo la jefatura. Basándose en la simpatía, la coerción y una red de espías que la KGB habría envidiado, Winston consolidó su poder en los años siguientes. Es en la actualidad el obispo que preside la rama canadiense de la iglesia, el inspector de las escuelas de Bountiful (subvencionadas por los contribuyentes de la Columbia Británica), el director del periódico de la comunidad y el de todos los intereses mercantiles importantes de ella.[2] El control que ejerce sobre las vidas de sus seguidores es impresionante. Ha engendrado también unos cien vástagos, según las últimas cuentas, con más de treinta esposas. No responde más que ante Dios y ante el profeta de Colorado City.

Después de que Winston quitara de en medio al padre de Debbie, Winston y ella se convirtieron en acerbos enemigos, pero siguieron estrechamente vinculados por una alucinante red de relaciones familiares. Aunque Debbie solo le lleva a Winston un año, es su madrastra. Su hija mayor es hermanastra de Winston. La hermana real de Debbie se convirtió en la primera de las numerosas esposas de Winston.

Una de las hijastras de Debbie es Alaire Blackmore, siete años mayor que ella, que había sido adoptada al nacer por Ray Blackmore. Cuando Alaire tenía dieciocho años, la casaron con su padre adoptivo, Ray. Alaire era así coesposa de Debbie además de ser su hijastra. Cuando murió Ray, casaron a Alaire con el padre de Debbie; cuando Winston tomó el poder, se la quitaron al padre de Debbie y la casaron con Winston, que era hermano adoptivo suyo. Aunque se trata de relaciones a las que es casi imposible dar sentido sin una carta de navegación, semejantes permutaciones complejísimas son lo normal en Bountiful y en otras sociedades polígamas.

---

2. Fue en realidad Winston quien bautizó la comunidad con el nombre de Bountiful. Hasta que él se hizo con el control, se llamaba Lister.

Los fundamentalistas mormones, pese a toda su fecundidad, son extrañamente remilgados en lo que se refiere a la sexualidad. Se prohíbe que niños y niñas se citen y salgan juntos, o incluso que coqueteen, antes del matrimonio. La educación sexual consiste en enseñar a los niños que el cuerpo humano es un recipiente inmundo que debería estar siempre oculto a los ojos de los demás. «Nos decían que teníamos que tratarnos entre nosotros como serpientes», explica uno de los hijos de Debbie. Mujeres y muchachas tenían que llevar vestidos largos, incluso para bañarse y para nadar. Los hombres y los chicos tenían que llevar pantalones largos y camisas de manga larga. Ambos sexos deben vestir siempre ropa interior sagrada larga debajo de la otra, incluso en los días sofocantes del verano. Según la Ley de la Castidad, las relaciones sexuales están oficialmente prohibidas incluso entre marido y mujer a menos que la mujer esté ovulando.

Rechina la grava bajo las ruedas, el coche de Debbie dobla una curva y aparece de pronto ante nosotros la casa donde se crio, desmoronándose en el borde de una umbría ladera cubierta de helechos y de árboles de hoja perenne. Hacía muchos años que Debbie no venía por aquí.

«¿Ves dónde está aparcado aquel coche de allí? —me dice, señalando un vehículo viejo que se oxida bajo un bello dosel de cedros rojos—. Cuando yo tenía seis años, fue allí a donde me llevó Rennie Blackmore.[3] Dijo que iba a enseñarme a conducir.»

En vez de darle una lección de conducir, lo que Rennie (uno de los hermanos adolescentes de Winston) hizo fue agredirla sexualmente.

3. No es su verdadero nombre.

«Uf —recuerda, con una mueca—. Cuando pienso lo que me hizo en aquel coche aún me dan escalofríos.»

A pesar de la atmósfera de represión sexual de Bountiful (o más probablemente debido a ello), imperan allí el incesto y otras conductas inquietantes, aunque pasen aparentemente inadvertidas. Debbie recuerda que los chicos mayores cogían a niñas incluso de cuatro años y se las llevaban a un gran pajar blanco que había detrás de la escuela a jugar a «vacas y toros» entre las balas de heno. Un chico que de mayor se convirtió en un destacado miembro de la jerarquía eclesial había violado a una de las amigas de Debbie cuando él tenía doce años y la niña, siete. Debbie dice que cuando ella tenía cuatro años Andrew Blackmore,[4] el hermano de Winston, que tenía catorce, le metió «por la vagina un palo y lo dejó allí un rato, diciéndome que me quedara echada muy quieta sin moverme».

El padre de Debbie, que murió en 1998, construyó antes de morir una segunda casa mucho mayor justo encima de la modesta vivienda donde se había criado Debbie: una casa de listones blancos tipo pajar, con catorce cuartos de baño y quince dormitorios, donde residían unas cincuenta personas. Actualmente la casa está a cargo de Memory Blackmore (Madre Mem) y de su hijo Jimmy Oler, de cuarenta y un años, hermanastro de Debbie. Niguno de los dos está en este momento en casa, pero hay media docena de adolescentes que sostienen a bebés en las caderas en precario equilibrio en el inmenso salón de la entrada; son las esposas de Jimmy y de alguno de los otros hombres de Bountiful. Entre esas chicas hay una, sonriente y con los dientes muy separados, que parece la alumna de una escuela elemental, pero que está inmensamente embarazada.

En lo alto de las escaleras hay un largo pasillo en el que se alinean fotografías de la numerosa familia de Debbie. Apare-

4. No es su verdadero nombre.

ce en varias fotos ella misma. En una de ellas es una muchachita sonriente con un vestido rosa de volantes que le llega hasta los tobillos. La foto se tomó el día de su boda con Ray Blackmore, cuando solo tenía un año más que la chica de catorce embarazada que hemos visto abajo. El nuevo marido de Debbie está a su lado en la fotografía y es un hombre canoso y arrugado, casi cuatro veces más viejo que ella.

«Me quedé embarazada al poco tiempo, pero perdí el bebé. Me dijeron que era porque había violado la Ley de la Castidad al tener relaciones sexuales durante el embarazo. Ray me acusó de eso, e hizo sentirme mala.»

Este doble lío dejó desconcertada a Debbie.

«Ray casi no me dirigía la palabra —dice—. Se pasaba días y días sin hacerme caso. Solo me prestaba atención cuando teníamos relaciones sexuales. Llegó un momento en que si no tenía un pene dentro no me sentía querida. Y era solo una niña. ¡Me vi obligada a hacer todo eso! Me sentía como una puta, como alguien cuyo único valor era la vagina y el vientre. La gente empezó a hacer chistes malintencionados a mi costa.»

Ray Blackmore murió de leucemia en 1974, cuando Debbie, que tenía entonces diecinueve años, llevaba casada con él poco más de tres y había dado a luz a su hija. Poco después, y en contra de sus deseos, le ordenaron que se casase con Sam Ralston, uno de los patriarcas fundadores de Bountiful, un sociópata violento de cincuenta y cuatro años que ya tenía cuatro esposas. Después de dar a luz dos hijos de Ralston y de soportar años de crueldad, se sintió lo bastante desesperada como para huir y refugiarse en el único sitio en que se le ocurrió que podía hacerlo: la casa de su padre.

Pero en la siguiente ocasión en que el profeta LeRoy Johnson (Tío Roy) fue a Canadá, ordenó a Debbie que volviese con Sam Ralston.

«Le supliqué que no me obligase a hacerlo —dice—. Pero me dijo que cuando me habían casado con Sam lo habían hecho porque habían tenido la esperanza de que eso lo animase en el sacerdocio y lo ayudase a sentirse mejor con mi padre. Me quedé asombrada, porque me di cuenta por primera vez de que mi matrimonio con Sam era algo que querían los hombres, no Dios.»

Debbie regresó obedientemente con Ralston, y él le dijo, según explica ella, que era «una mala mujer y que me haría pagar mi maldad».

Debbie empezó a sentirse deprimida y a mostrar crecientes tendencias autodestructivas. Su padre se alarmó tanto ante su deterioro físico que la sacó de casa de Ralston junto con los niños y los instaló a todos en su propia casa, y convenció a Tío Roy de que la «liberase» del matrimonio. Pero el fracaso de ese segundo matrimonio reforzó la opinión que tenían de ella en Bountiful de que era una mujer díscola y estúpida que causaba demasiados problemas a la comunidad.

«Empecé a tomar pastillas —dice—, muchísimas pastillas: pastillas para dormir, contra el dolor, tranquilizantes.»

Cuando buscó la ayuda de su padre, este se limitó a citar las Escrituras. «Para conocer a Dios —le dijo— tienes que tener el corazón roto y el espíritu arrepentido.» En 1980, no mucho después de que le diese ese consejo, una noche que estaba llorando y en un estado semicomatoso por los medicamentos, su padre entró en su dormitorio y empezó a consolarla. Pero Debbie no tardó en darse cuenta vagamente, entre la bruma narcótica, de que las caricias de su padre se habían convertido en otra cosa: estaba manteniendo una relación sexual con ella. Se mantuvo pasiva sin hacer el menor esfuerzo por pararlo. Más tarde, se preguntó, sintiéndose culpable, si no habría hecho algo ella para incitarlo a aquella conducta incestuosa.

Los meses siguientes, Debbie intentó ahogarse en el río Goat (un riachuelo de aguas rápidas de montaña que pasa por Bountiful), pero fracasó en su intento. Tras otra tentativa de suicidio (esta vez con una sobredosis de sedantes), la enviaron a la sección de psiquiatría de un hospital cercano. Cuando se estaba recuperando fue a visitarla al hospital un conocido que se llamaba Michael Palmer.[5] Palmer (que tenía treinta y ocho años, era camionero y estaba casado con dos de las hermanas de Winston Blackmore) también pertenecía a la iglesia pero trabajaba fuera de Bountiful. Debbie recuerda que durante la visita «me acarició y me besó. Me hizo sentirme bella». Pero cuando la dieron de alta en el hospital, la comunidad seguía considerándola una mujer difícil e incontrolable y nadie sabía muy bien qué hacer con ella.

Tío Roy (que tenía entonces noventa y tres años y estaba muy enfermo y bastante senil) hizo una visita a Canadá y le preguntó a Debbie si había algún hombre que le gustase. «Michael Palmer», contestó ella.

«Así que el profeta le dijo a Michael que se casara conmigo —explica—. Me convertí en la tercera esposa de Michael. Al principio, la vida con Michael era maravillosa. Me apoyó y me ayudó a dejar las pastillas. Cuando tuve mi primera hija con él, se puso muy contento y jugaba con la niña. Me animaba a tener ideas. Me quería.»

Pero el matrimonio también tenía sus problemas. Las dos esposas anteriores de Michael, Marlene y Michelle Blackmore (que da la casualidad de que eran hijastras de Debbie), tenían muchos celos una de otra, y la instalación de Debbie en el hogar como nueva «esposa hermana» no hizo más que aumentar sus desgracias. Compartir a Michael le resultaba especialmente difícil a Michelle, su primera esposa. Las noches en que le tocaba a Michael dormir con Debbie, Michelle escuchaba desde la habitación situada justo debajo, alternando los llantos histéricos y los esfuerzos por oír sonidos de pasión que le demostrasen que Michael prefería a Debbie.

5. No es su verdadero nombre.

«Sorprendí a Michelle haciendo eso una noche que Michael y yo hicimos el amor y luego bajé a ver cómo estaban los niños —dice Debbie—. Cuando la vi me sentí como si estuviese atrapada en medio de una pesadilla. Me sentí violada, pero la vergüenza y el calvario que vi reflejado en su rostro hicieron que me resultara imposible decir nada.»

Michelle descubrió en determinado momento que Michael había tenido relaciones con Debbie cuando estaba embarazada, lo que era una grave violación de la Ley de Castidad. Debbie recuerda que Michelle la abordó después, «con la cara negra de rabia y de dolor, escupiendo sus celos venenosos: "Eres una puta y una cualquiera, y como tentaste a Michael para que tuviese relaciones contigo estando preñada, él es un adúltero ¡y ya no tiene posibilidad de ascender de grado! Y tú ya te puedes preparar, porque se lo voy a decir a Winston"». Lo hizo y Debbie tuvo problemas.

En 1986, murió Tío Roy y se convirtió en nuevo profeta del PEU Rulon Jeffs. En la atmósfera de agitación que siguió, hubo confusión y desconcierto tanto en Bountiful como en Colorado City. Como Michael trabajaba fuera de la comunidad, entre gentiles, cayó en desgracia y lo expulsaron del sacerdocio en una votación secreta. Al enterarse, se quedó hundido y la decepción activó un desequilibrio latente de su carácter. Michael se volvió emocionalmente retraído y colérico. Agredió sexualmente a uno de los hijos de Debbie y a otro muchacho que no era de la familia. El 27 de octubre de 1986 Sharon, hija de Debbie, estaba en la cama con mucha fiebre. Michael entró en su dormitorio, según Debbie, «y empezó a secarle la cara con un paño frío. Luego le quitó el camisón y empezó a lavarle el cuerpo, de trece años: la espalda, luego el pecho. Cuando ella le pidió que lo dejara, él siguió como si no la hubiese oído. La lavó toda, volvió a ponerle el camisón y luego la colocó entre sus piernas en la alfombra y siguió dándole masaje en los pechos y en la cabeza».

Sharon le explicó a su madre lo que le había hecho Michael y durante varias semanas rompía a llorar de pronto desconsoladamente. Le dijo que estaba «aterrada de tener que casarse con Michael, porque algunas amigas suyas de Colorado City habían tenido que casarse con sus padres después de que se metieran con ellas».

En diciembre de 1987, Winston ordenó a Sharon (que era hermanastra suya) que abandonase la casa de Debbie y se fuese a vivir con él. Cuando Debbie lo supo, dice, «me puse loca. Lo había visto quitarles sus hijas a muchas mujeres, y no estaba dispuesta a dejar que se llevase a Sharon. Fui a su casa y me enfrenté a él. Estaba en la cama. Irrumpí en su dormitorio y empecé a decirle a gritos que no estaba dispuesta a permitir que se llevara a Sharon».

Debbie recuerda bien la reacción de Winston, que no estaba acostumbrado a que una mujer le llevara la contraria.

«Me lanzó una amenaza clara e inconfundible —dice Debbie—. Me clavó aquella mirada fría suya y me dijo: "Más vale que te andes con cuidado... tengo por lo menos seis chicos que te harían una cara nueva en cuanto se lo pidiera".»

Pero Debbie se mantuvo en sus trece.

«Para que Sharon venga a vivir contigo tendrás que pasar por encima de mi cadáver», le dijo, y luego salió de allí y regresó a casa.

Por entonces, Winston había sacado a Michelle y a Marlene de casa de Michael y estaba acosando a Debbie para que se marchara también, y así poder tomar él posesión de la casa.

«Winston venía todos los días hasta la puerta y me gritaba —recuerda Debbie—. Me gritaba: "¡Tienes que irte! ¡Tienes que irte YA!". Pero yo no tenía ningún sitio a donde ir. Salvo a casa de mi padre. Y no podía volver allí. No podía hacerlo después de lo que me había pasado con él.»

Debbie se afianzó en su resolución obstinada y cada vez que aparecía Winston lo dejaba gritar y esperaba en silencio a que se fuese. Se negó a marcharse de allí. Su obstinación enfureció a Winston. Sola en la gran casa de Michael con sus hijos, Debbie pensaba en las mujeres que habían reunido el valor suficiente para abandonar Bountiful. Winston, Tío Roy y Tío Rulon habían advertido, en muchas ocasiones a lo largo de los años, de que los que fuesen tan locos como para renunciar a la religión se verían «arrojados a las tinieblas exteriores y se hundirían en el elemento nativo». Acabarían recorriendo las calles como putas, vendiendo sus cuerpos a sucios gentiles, condenadas hasta el final de los tiempos. Debbie nunca había dudado de que era eso exactamente lo que les pasaba a todas las mujeres que abandonaban Bountiful y dejaban la fe.

Pero la conducta de algunos de sus hermanos de religión empezó a parecerle cada vez más todo menos justa. Le resultaba cada vez más difícil creer que Dios comunicase su voluntad a través de las órdenes de supuestos profetas como aquellos dirigentes del PEU. Se dio cuenta de que estaba intentando «aclarar dónde se acaba Dios y empiezan los hombres». La posibilidad de abandonar todo lo que creía que era verdad sobre el mundo y sobre su lugar en él constituía un salto intelectual aterrador, dice.

«Pero sabía que tenía que hacerme responsable de mi vida y de la de mis hijos y dejar de fingir que creía que Dios pudiese tener algo que ver con la dolorosa situación en la que me encontraba.»

Debbie se pasó el día 7 de febrero de 1988 limpiando la casa con una meticulosidad obsesiva. Era domingo. Metió un pavo en el horno. Se sentía dominada por un sentimiento extraño. Tenía la sensación de caminar de un sitio a otro en un sueño. Era un día frío de niebla y la tierra estaba cubierta de nieve; pero no tenía conciencia del frío.

«Acosté a todos los niños muy pronto —recuerda—. Supongo que de alguna manera sabía lo que iba a hacer antes de meter a los niños en la cama. Y de pronto, comprendí: "Todo está listo ya. La casa está perfecta". Corté un buen montón de astillas de cedro, las puse en un rincón del armario con un poco de papel y acerqué una cerilla al papel. Luego me metí en el dormitorio, que quedaba al otro lado de la casa, y cerré la puerta. Saqué los álbumes de fotografías que explicaban la historia de mi vida. Me senté en la cama y los estuve mirando mucho rato. Luego volví a ponerlos en la estantería. Y después me senté a esperar.

»Pensaba en los niños. Y en marcharme de Bountiful e irme a vivir a Calgary, intentar arreglármelas por mi cuenta; pero pensar en aquello me provocó un dolor de cabeza terrible. No veía de dolor... no podía pensar en aquello. Y seguía allí en mi habitación, con la puerta cerrada, hasta que empecé a oír crepitar las llamas. Entonces me acerqué a la puerta de la habitación y la abrí, sin darme cuenta en realidad de lo que hacía. Al fondo de aquel largo pasillo, la cocina estaba llena de llamas retorcidas que bailaban por el techo avanzando hacia mí. Comprendí que tenía que sacar a los niños de la casa. Corrí escaleras abajo a despertarlos, sentía los latidos del corazón en los oídos.»

Debbie sacó de la casa a todos los niños. Llegó Winston y se los llevó a todos a su casa. Luego llegó un policía de Creston y le preguntó a Debbie cómo había empezado el fuego. «Estaba asando un pavo en el horno —mintió ella convincentemente—. Y debí de olvidarme de apagarlo.» Pareció darse por satisfecho con esto y se fue al cabo de unos minutos. Debbie se quedó sola en la cocina de Winston. Al cabo de un rato salió de nuevo a la cruda noche y subió hasta donde estaba ardiendo su casa.

«Por entonces estaban allí los bomberos —dice— corriendo de un sitio para otro. De pronto salieron todos corriendo, gritando que iba a estallar todo en llamas. Un segundo después estalló todo en llamas, y saltaron todas las ventanas.

»Yo estaba parada a poca distancia, en un campo, junto a una valla de alambre espinoso, viendo cómo rugían las llamas contra las montañas de atrás. Me sentía mareada y me temblaba todo el cuerpo. Al cabo de un rato me di cuenta de que los hombres habían dejado de echar agua al fuego y que se iban, así que di la vuelta para irme yo también. Cuando retiré los dedos de la valla vi que tenía la mano llena de sangre. Había estado apretando el alambre espinoso y se me había clavado profundamente en la mano, pero no había sentido nada.»

Quemar su casa fue un acto desesperado, pero le sirvió como instrumento de emancipación. Poco después de que se apagaran las brasas, Debbie cargó a sus cinco hijos y unas cuantas bolsas de basura con sus pertenencias terrenales en un coche corroído por la herrumbre y salió de Bountiful camino del Este por las nevadas montañas Rocosas, decidida a iniciar una nueva vida, fuera del alcance de Winston, Tío Rulon y el PEU.

4

Elizabeth y Ruby

Y entonces, suspirando, cito las Escrituras,
Dios manda devolver bien por mal, les expongo;
y visto de tal modo mi desnuda perfidia
con remiendos diversos robados de la Biblia,
que les parezco un santo cuando soy un demonio.

WILLIAM SHAKESPEARE,
Ricardo III

El 5 de junio de 2002, Elizabeth Smart, de catorce años, fue raptada a punta de cuchillo de su dormitorio de Salt Lake City en mitad de la noche mientras sus padres dormían en una zona próxima de la casa. Los medios de comunicación informaron con angustia y sin pausa de los detalles del audaz rapto dejando aterrada y fascinada a una buena parte del país. Después de que la gran investigación general que se organizó no consiguiera al final del verano localizar a Elizabeth ni al secuestrador no identificado, la gente supuso lo peor: que la habían asesinado tras someterla a algún suplicio indescriptible. Así que fue una gran sorpresa que apareciera viva nueve meses después.

La asombrosa reaparición de Elizabeth Smart se produjo en los angustiosos días que precedieron a la invasión de Irak.

La mayoría de los ciudadanos, preocupados por la incertidumbre de la guerra inminente, deseaban tan desesperadamente una buena noticia que se alegraron muchísimo cuando la niña se reunió con su familia. El presidente George W. Bush abandonó durante un rato la planificación del ataque a Bagdad para llamar por teléfono al padre de Elizabeth y transmitirle el júbilo colectivo del país por el regreso de su hija. Ed Smart calificó el hecho de «milagro», embargado por la emoción.

«¡Dios existe! —proclamó—. Las oraciones del mundo han traído a casa a Elizabeth.»

Dan Lafferty, como tantos otros estadounidenses, estaba maravillado con la saga de Elizabeth Smart, cuyas conmovedoras complicaciones había seguido por un pequeño televisor de su celda de la Prisión del Estado de Utah. Pocas horas después del rescate de la chica, los medios de comunicación revelaron que su secuestrador era un mormón excomulgado por la Iglesia oficial.

«Con ese pequeño dato informativo —se ufana Lafferty— supuse inmediatamente que lo más probable era que se tratara de un fundamentalista y que Elizabeth estuviese enredada de algún modo en una situación de poligamia.»

No tardó en demostrarse que Lafferty tenía razón. El secuestrador de Elizabeth resultó ser un ciudadano de Utah de cuarenta y nueve años llamado Brian David Mitchell. Aunque era realmente un fundamentalista mormón, no estaba afiliado a la Iglesia Fundamentalista de Jesucristo de los Santos de los Últimos Días (la facción dominante en Bountiful y Colorado City-Hildale) ni a ninguna otra secta conocida. Era un presunto independiente, de los que hay actualmente muchísimos que practican la poligamia en el Oeste de Estados Unidos, Canadá y México. Gracias al torrente de publicidad que generó su juicio en el año 2001 y su ingreso en prisión, el polígamo Tom Green había sido el fundamentalista independiente más conocido. Pero eso fue antes de que detuvieran a Mitchell por raptar a Elizabeth Smart y se convirtiese en un personaje de las noticias.

Mitchell no había nacido en el seno del fundamentalismo. Había sido durante la mayor parte de su vida un santo de los Últimos Días respetuoso y durante tres años había trabajado incluso en el Templo de Salt Lake, el epicentro de la Iglesia oficial, participando en representaciones rituales de la historia sagrada. Su esposa, Wanda Barzee, también era una santa destacada que había tocado el órgano durante un tiempo en el Tabernáculo Mormón. Uno de los profesores de música de Barzee describió a la pareja como «el epítome de la rectitud, cumplían todos los deberes y misiones de la iglesia».

El celo infatigable de Mitchell hizo enarcar muchas cejas, ya por entonces. Durante el tiempo que estuvo trabajando en el centro, su tarea consistía en representar el papel de Satanás en dramas religiosos escénicos. Según el *Salt Lake Tribune*, Mitchell resultaba tan convincente en el papel que «ponía nerviosos a los funcionarios eclesiales». Su fervor religioso lo llevó inevitablemente a entrar en contacto con el sector fundamentalista, que tiene una presencia ubicua, aunque disimulada, por todo el Wasatch Front. A mediados de la década de 1990, Mitchell había llegado ya a convencerse de que los dirigentes de la Iglesia oficial habían cometido un error terrible al permitir que el Gobierno federal los obligara a renunciar a la poligamia más de un siglo atrás. Él y Barzee abrazaron el fundamentalismo mormón de forma tan apasionada como antes el mormonismo oficial, y fueron expulsados de la iglesia.

El Día de Acción de Gracias del año 2000, Mitchell comunicó a Barzee y a todos los que quisieran oírlo que había recibido una revelación en la que el Señor le había ordenado que tomase otras siete esposas. Otros mandamientos divinos posteriores revelaron que Mitchell se llamaba en realidad Immanuel David Isaiah, y que había venido al mundo para ser portavoz del Señor durante los Últimos Días. Mitchell dejó de afeitarse y de cortarse el pelo, pasó a ataviarse con túnicas a la manera de los profetas del Antiguo Testamento, y se hizo famoso en todo Salt Lake Valley como predicador callejero excéntrico pero inofensivo. Solía presentarse como «Dios con nosotros» y Barzee, como «Dios nos adorna».

Un año después de decidir que Dios quería que se casase con una pluralidad de mujeres, Mitchell se cruzó en el camino de un ama de casa mormona rica llamada Lois Smart junto a una galería comercial del centro. Le dijo que se llamaba Immanuel. Smart, que sentía debilidad por los indigentes (sobre todo por los que eran tan piadosos como parecía ser Immanuel-Mitchell), le dio al hombre santo de la túnica un billete de cinco dólares y le ofreció un trabajo, el de realizar diversas tareas en su lujosa casa de Salt Lake City. Así, en noviembre de 2001 Mitchell acabó trabajando medio día en la residencia de los Smart, ayudando al marido de Lois, Ed Smart, a arreglar el tejado y a limpiar de hojas el jardín. Durante las cinco horas que pasó en aquella propiedad de 1,1 millones de dólares, Mitchell conoció a la hija de catorce años de los Smart, Elizabeth, y se encaprichó de sus rasgos angélicos y de su porte inocente. No tardó en llegar a la conclusión de que Dios se proponía que aquella fuese su esposa polígama.

Durante los meses siguientes, Mitchell se dedicó a vigilar a Elizabeth, espiándola desde las lomas bajas de la cordillera de Wasatch, que se elevan justo sobre el lujoso barrio de los Smart, Federal Hights. Hacia las dos de la mañana del 5 de junio de 2002, Mitchell colocó una silla debajo de una ventanita que habían dejado entornada en la primera planta, se coló por un endeble mosquitero y entró en la cocina de los Smart. Luego se abrió paso por la inmensa casa de seiscientos metros cuadrados, localizó en el piso de arriba el dormitorio que compartía Elizabeth con su hermana de nueve años Mary Katherine y despertó a Elizabeth. Aunque no se dio cuenta de ello, Mitchell también despertó a Mary Katherine; la hermana pequeña se hizo la dormida, pero echó un vistazo furtivo al intruso en la oscuridad y lo oyó amenazar a su hermana. Mitchell le dijo a Elizabeth que se pusiese los zapatos y la sacó de allí, pasaron con ella por delante del dormitorio donde dormían profundamente los Smart y salieron de la casa.

Luego hizo caminar a Elizabeth a punta de cuchillo más de seis kilómetros, hasta el pie de las montañas que se alzaban al oeste de su casa. Llegó al fin a un lugar de acampada cerrado del cañón de Dry Creek y, allí, él y Barzee realizaron un extraño ritual de casamiento de su invención para «sellar» a la chica a Mitchell en «la nueva alianza eterna», un eufemismo mormón del matrimonio polígamo. Luego Barzee ordenó a Elizabeth que se quitase el pijama rojo que llevaba puesto. La niña se negó a hacerlo y Barzee le explicó que si no cooperaba, Mitchell la desnudaría a la fuerza. Ante esa perspectiva, Elizabeth accedió, tras lo cual Mitchell consumó el matrimonio violando a aquella novia de catorce años.

La hermana de Elizabeth se había quedado en la cama, demasiado aterrorizada por lo que había presenciado para levantarse a avisar a sus padres. Hasta que pasaron por lo menos dos horas no consiguió reunir el valor suficiente para ir a su dormitorio y despertarlos. Ed Smart, horrorizado e intentando comprender cómo su hija mayor podía haber sido raptada en su propia casa, antes incluso de llamar a la policía telefoneó al presidente de su diócesis de la Iglesia mormona, que organizó a su vez un grupo de búsqueda formado por santos de confianza. Estos recorrieron el barrio buscando a Elizabeth, pero no encontraron el menor rastro de ella.

Durante dos meses como mínimo después del secuestro, los raptores mantuvieron a Elizabeth en una serie de campamentos ocultos en un laberinto de barrancos cubiertos de maleza situados encima de su propia casa, lo bastante cerca para oír cómo gritaban su nombre quienes la buscaban. A veces la escondían en un agujero subterráneo cubierto con una especie de revestimiento de tablas; en otras ocasiones, la encadenaban a un árbol por el tobillo. Mitchell, haciendo uso del don que tenía para la retórica fundamentalista y manipulando hábilmente el adoctrinamiento religioso que había recibido Elizabeth desde que tenía edad para poder hablar, la intimidó hasta convertirla en una concubina polígama absolutamente sumisa, reforzando sus poderes de persuasión teológica con amenazas de matarla a ella y de matar a su familia. Elizabeth, educada en la obediencia incuestionable a las autoridades mormonas y en la creencia de que la doctrina mormona era la ley divina, había sido particularmente susceptible al habilidoso giro fundamentalista que aplicaba Mitchell a las Escrituras mormonas familiares. Las túnicas blancas que vestían Mitchell y Barzee, y que obligaron a Elizabeth a vestir también, parecían las ropas sagradas que había llevado puestas con su familia cuando iban al templo mormón. Cuando Mitchell la obligaba a someterse a sus exigencias carnales, empleaba para formular esas demandas las palabras de Joseph Smith, palabras que a ella le habían enseñado que procedían del propio Dios.

«La educación que había recibido la hacía especialmente vulnerable —dice Debbie Palmer, que conoce muy bien el poder coercitivo de la cultura fundamentalista por su propia educación en Bountiful—. Mitchell no habría podido ejercer semejante poder sobre una chica que no fuera mormona.»

Mitchell, después de conseguir el control psicológico de Elizabeth, se sintió lo bastante seguro de que no huiría ni intentaría alertar a la policía como para llevarla con frecuencia a lugares públicos, aunque con las trenzas rubias tapadas con un pañuelo y la cara oculta con un velo estilo burka. En el mes de septiembre se atrevió incluso a llevarla, así disfrazada, a una animada fiesta en la que corrió la cerveza, que se celebró en el centro de Salt Lake City y a la que asistieron más de cien personas (la mayoría de ellas no demasiado piadosas) y en la que uno de los asistentes le hizo una foto, aunque no la reconoció. Mientras Elizabeth estuvo bajo el control de Mitchell, según uno de sus tíos, Mitchell dejó, en una ocasión al menos, durante la mayor parte del día a la chica completamente sola, «pero ella no intentó escapar».

El 24 de julio, Mitchell, actuando con su audacia habitual, intentó raptar a una prima de Elizabeth de quince años de edad. Recurrió al mismo método que había utilizado anteriormente: colocó una silla junto a una ventana abierta, cortó la mosquitera con un cuchillo y, cuando se disponía a colarse en la habitación de la chica, tropezó sin darse cuenta con unas fotografías enmarcadas que cayeron al suelo haciendo un estruendo que despertó a toda la casa y lo obligó a huir. Como la policía estaba ya convencida de que tenía a un presunto culpable detenido (se trataba de Richard Ricci, que había trabajado con los Smart y que tenía una coartada sospechosa y voluminosos antecedentes penales que se remontaban a treinta años atrás), no se le ocurrió pensar que la mosquitera cortada y la silla que había quedado en el escenario del intento de rapto fuesen claves importantes. No fueron capaces de considerar detenidamente la posibilidad de que el secuestrador de Elizabeth pudiese ser otro que Ricci y andar suelto intentando secuestrar a otras chicas.

Una noche de octubre, Mary Katherine (la hermana pequeña de Elizabeth, que había sido el único testigo del delito) le dijo de pronto a Smart: «Papá, creo que sé quién ha sido». Estaba bastante segura de que la persona a la que había visto secuestrar a Elizabeth era aquel hombrecillo de barba que lo había ayudado a él a arreglar el tejado, el presunto profeta que decía llamarse Immanuel. Smart informó a la policía de Salt

Lake City de aquella revelación tardía de su hija, pero como Mary Katherine había tardado cuatro meses en identificar al culpable, los agentes no le dieron mucho crédito. Trabajaron sin embargo con la familia Smart para elaborar tres bocetos de Immanuel, basados en los vagos recuerdos sobre su apariencia cuando había trabajado en su casa en noviembre de 2001. A los Smart les pareció que el último boceto era razonablemente parecido y quisieron acudir con él a la opinión pública, pero los policías se negaron, alegando que no era lo bastante exacto y no haría más que inundarles con pistas falsas. Además, seguían creyendo que el culpable era Ricci (que había muerto en la cárcel el 27 de agosto de una hemorragia cerebral).

Los Smart, irritados, decidieron hacerse cargo del asunto personalmente. A primeros de febrero de 2003 dieron una rueda de prensa en la que hicieron público el mejor boceto de la policía. Poco después, una mujer que vio el dibujo llamó para informar de que se parecía a su hermano, un hombre de firmes ideas religiosas llamado Brian David Mitchell, que se hacía llamar Immanuel. Envió una foto de Mitchell, que el 15 de febrero se emitió en el programa de televisión *America's Most Wanted*, con fotografías y un vídeo de Elizabeth y secuencias de Ed Smart rogando a los espectadores que lo ayudasen a encontrar a su hija.

El 12 de marzo de 2003, un automovilista que había visto esa parte del programa *America's Most Wanted* localizó a alguien que se parecía a Mitchell en la zona de Sandy caminando por State Street, una vía muy concurrida de seis carriles que es una de las principales arterias norte-sur del condado de Salt Lake. El hombre que se parecía a Mitchell vestía un ropón astroso y sandalias e iba acompañado de una mujer de mediana edad y de una adolescente, ataviadas con un atuendo similar. El automovilista llamó al 911.

Karen Jones y Troy Rasmussen, agentes de policía, se dirigieron hacia allí en un coche patrulla y pararon a aquel trío de extraña indumentaria. El hombre, que tenía una barba canosa y tupida y llevaba flores en el pelo enmarañado, dijo llamarse Peter Marshall e insistió en hablar por las dos mujeres, que llevaban gafas de sol y pelucas grises baratas en un aparente intento de ocultar su identidad. Pero los policías las interrogaron a ellas y la adolescente negó que fuera Elizabeth Smart, insistiendo tercamente en que se llamaba Augustine Marshall. Dijo que tenía dieciocho años y que el hombre de la barba era su padre. Parecía muy reacia a decir o hacer algo sin el consentimiento de él.

La agente Jones llevó a la chica aparte y la interrogó más. Pero «Augustine» siguió mostrándose evasiva y negándose a cooperar. Cuando el agente Rasmussen le preguntó por qué llevaba peluca, «se puso furiosa», explicaría luego el agente en el noticiario de la NBC. «Me dijo que era una cosa personal y que no era asunto mío.» Sin embargo, los policías insistieron en preguntarle si era Elizabeth Smart y, tras quince minutos de acoso, la chica acabó cediendo. Al borde del llanto, admitió su verdadera identidad con una frase bíblica: «Tú lo has dicho». La respuesta que dio Jesús a Pilatos cuando este le preguntó si era el rey de los judíos.

Incluso después de haber admitido que era realmente Elizabeth y cuando iba sentada en la parte de atrás del coche patrulla para reunirse con su padre en la comisaría, seguía mostrándose preocupada por el bienestar de Mitchell y de Barzee. «Lo primero que salió de su boca —dijo la agente Jones— fue: "¿Qué les va a pasar a ellos? ¿Están bien?". No quería que tuviesen problemas, no quería que les hiciesen daño [...]. Se echó a llorar y siguió llorando todo el camino hasta la comisaría.»

Muchos se han preguntado cómo Brian David Mitchell consiguió ejercer ese poder sobre la muchacha y por qué durante los nueve meses en los que permaneció cautiva no pareció hacer ningún esfuerzo por escapar. Pero Julie Adkinson (una joven mormona que conoció a Mitchell diecisiete meses antes de que raptase a Elizabeth Smart) entiende perfectamente que llegara a dominar así a la muchacha. Adkinson tenía veinte años y vendía calzado en el centro comercial Fashion Place de Salt Lake City cuando conoció a Mitchell, que mostró un vivo interés por las sandalias y empezó a explicarle las charlas íntimas que tenía habitualmente con Dios. Al poco tiempo, Mitchell le entregó una propuesta de matrimonio por escrito en la que le explicaba que el Señor deseaba que se convirtiese en su esposa plural. Adkinson rechazó la propuesta de casarse con Mitchell, pero siguió viéndose con él. En una ocasión se sentó con él en un parque de la ciudad y pasó más de cinco horas hipnotizada escuchándolo discursear sobre teología mormona. Se sentía extrañamente atraída por Mitchell, explicó a la revista *Newsweek*, porque «todo lo que decía eran las cosas que me habían enseñado de pequeña [...]. Hacía horas que quería levantarme y marcharme de allí, pero seguía sentada». Si hubiese sido tan joven e impresionable como Elizabeth Smart, confesó, «no sé lo que habría hecho».

Considerando el trauma sufrido como consecuencia del secuestro, Elizabeth pareció recuperarse con sorprendente facilidad una vez rescatada, según las personas próximas a ella. Aunque su padre previno que la muchacha afrontaba «un largo camino de regreso», dijo que desde que se había reunido con su familia evolucionaba notablemente bien. David Hamblin, el obispo de la parroquia mormona de los Smart, aseguró que a pesar de lo que Mitchell pudiese haberle hecho, Elizabeth se conservaba «pura ante el Señor».

Dan Lafferty calcula, desde su celda de la prisión, que Elizabeth «estará perfectamente en un par de meses o así». Pero él enfoca las tribulaciones de Elizabeth desde una perspectiva no muy alejada de la de su torturador, la de un fanático religioso con quien Lafferty tiene mucho en común. Después de asegurar que «había sido para él una sorpresa agradable enterarse de que la habían encontrado y de que estaba viva», Lafferty opina que Elizabeth «ha tenido una experiencia muy iluminadora»... una experiencia que le impedirá para siempre ver su vida «del mismo modo que antes». Considera de forma inquietante que eso es una «bendición», en vez de algo que hay que lamentar.

En cuanto a Brian David Mitchell, durante los días que siguieron a su detención insistió obstinadamente en que no había hecho nada malo, alegando que forzar a una joven de catorce años a un vínculo polígamo no era ningún delito, porque se trataba de una «orden divina». Hablando por mediación de un abogado, explicó que Elizabeth era «aún su esposa y que aún la ama y sabe que ella aún lo ama a él».

Dan Lafferty no fue la primera persona que sospechó que Mitchell era un fundamentalista mormón que había raptado a Elizabeth Smart para convertirla en una esposa plural. Nada más raptar a Elizabeth (nueve meses antes de que a Lafferty se le ocurriese la misma hipótesis), una mujer de Phoenix (Arizona) llamada Flora Jessop envió un mensaje electrónico con una declaración a los medios donde exponía la hipótesis de que Elizabeth había sido raptada por un polígamo. Su conjetura, aunque basada principalmente en «un instinto visceral», derivaba también de su propia experiencia: se había criado en Colorado City como una de los veintiocho vástagos de una familia polígama. Cuando tenía catorce años, presentó una acusación por abusos sexuales contra el patriarca de la familia, su padre fundamentalista, pero el juez supuso que la chica mentía y desestimó el caso, tras lo cual los dirigentes de la Iglesia fundamentalista la confinaron en casa de un pariente durante dos años. Era un chica voluntariosa y rebelde, y creó tantos problemas a sus guardianes que cuando cumplió los dieciséis años, las autoridades eclesiásticas le plantearon una elección: «Me dijeron que tenía que casarme con aquel tipo que habían elegido para mí (uno de los hijos del hermano de mi padre) o me ingresarían en un hospital mental del estado», cuenta Jessop. Optó por el matrimonio arreglado y luego huyó de aquel matrimonio y de Colorado City en la primera oportunidad. Tiene ahora treinta y cuatro años, es una activista antipoligamia y ha fundado una organización llamada Ayuda a las Esposas Niñas.

Jessop se siente muy aliviada por el hecho de que se descubriese con vida a Elizabeth Smart y cree que es maravilloso el apoyo que ha recibido. Pero, en su opinión, dicho apoyo subraya la inquietante falta de este a otra joven víctima de la poligamia (su hermana Ruby Jessop), cuya situación expuso a los funcionarios del Gobierno más de un año antes de que fuese secuestrada Elizabeth.

Ruby tenía catorce años cuando la vieron besando inocentemente a un chico que le gustaba en Colorado City. Por ese pecado imperdonable, la obligaron a casarse inmediatamente con un miembro mayor de su familia ampliada, a quien ella despreciaba, en una ceremonia fundamentalista presidida por Warren Jeffs. Ruby, lo mismo que Elizabeth, fue violada después de la ceremonia nupcial, y lo fue tan brutalmente que se pasó la «noche de bodas» sangrando, víctima de una copiosa hemorragia. Pero, a diferencia de Elizabeth, intentó escapar de aquel matrimonio impuesto. Se dirigió a casa de un hermano comprensivo, donde creyó que hallaría refugio. Pero la hicieron salir de casa de su hermano con falsas promesas y en mayo de 2001 parece ser que fue secuestrada por miembros de la Iglesia fundamentalista que la llevaron a casa de su padrastro, Fred Jessop, consejero segundo del profeta, la misma casa donde había estado confinada diecisiete años antes Flora Jessop.

Flora, que huyó de Colorado City el día en que nació Ruby (3 de mayo de 1986), llamó al *sheriff* del condado para informarle de que su hermana había sido secuestrada. Cuando llegó a Colorado City un ayudante del *sheriff* a investigar el supuesto delito, los dirigentes de la iglesia le dijeron que la chica estaba «de vacaciones»; el ayudante del *sheriff* lo aceptó sin dudarlo un instante y se marchó. Flora, indignada ante tan evidente incumplimiento del deber, renovó sus esfuerzos para convencer a alguien que tuviese un cargo de autoridad en el estado para que actuase en defensa de su hermana pequeña. Un mes después, gracias a los esfuerzos de Flora, miembros de la Iglesia fundamentalista se vieron obligados por el Departamento Social de la Familia y la Infancia del estado de Utah a llevar a Ruby a la cercana Saint George y a celebrar allí una entrevista con una asistenta social. La reunión se celebró con la presencia intimidatoria de uno de sus supuestos secuestradores, y Ruby explicó a la asistenta social que «todo estaba bien» y volvieron a dejarla en manos de las autoridades eclesiales. Dos años después, cuando tenía dieciséis, dio a luz una niña. Pese a que Flora no ha cejado en sus esfuerzos por salvarla, nadie sabe nada de Ruby fuera de Colorado City desde el verano de 2001. Se ha esfumado prácticamente en los entresijos de la Iglesia fundamentalista.

La activista contra la poligamia Lorna Craig, colega de Flora Jessop, está desconcertada e indignada por la indiferencia de las autoridades de Utah ante la situación de Ruby, sobre todo cuando se compara con el esfuerzo colosal que hizo el estado para rescatar a Elizabeth Smart y procesar a sus secuestradores. Craig comenta que tanto Elizabeth como Ruby tenían catorce años cuando fueron secuestradas, violadas y «mantenidas cautivas por fanáticos polígamos». La principal diferencia en la situación respectiva de las chicas, dice, es que «a Elizabeth le lavaron el cerebro durante nueve meses», mientras que a Ruby se lo estuvieron lavando «fanáticos polígamos desde que nació». A pesar de la similitud de sus problemas, los que torturaron a Elizabeth fueron encarcelados y acusados de violación, robo con allanamiento y rapto, mientras que a Ruby, dice Craig, «la devolvieron a sus torturadores, no se ha hecho ninguna investigación seria, no se han presentado cargos contra ninguno de los implicados».

Esa actitud tan diferente de las autoridades es atribuible, en opinión de Craig, al hecho de que Ruby Jessop nació en una comunidad polígama a la que se ha permitido quebrantar las leyes estatales y federales con impunidad durante muchos decenios. Craig indica que, como el alcalde, los policías y el juez de Colorado City-Hildale también son polígamos que obedecen ciegamente al profeta, no hay «ningún sitio al que puedan recurrir las víctimas [...]. Yo diría que enseñar a una niña que su salvación depende de que tenga relaciones sexuales con un hombre casado es intrínsecamente destructivo». Esas relaciones, afirma amargamente Craig, deberían considerarse «un delito, no una práctica religiosa».

5

El Segundo Gran Despertar

El sobrio predicador adiestrado en la dialéctica del seminario era raro al oeste de los Apalaches. Lo que uno encontraba allí en su lugar eran curadores por la fe y evangelistas itinerantes que arrastraban a sus oyentes a paroxismos de frenesí religioso [...].

Las sesiones revivalistas atenuaron y amortiguaron por sus propios excesos una antipatía normal hacia la excentricidad religiosa. Esos años pentecostales, que coincidieron con la adolescencia y el principio de la madurez de Joseph Smith, fueron los más fértiles de la historia del país en la proliferación de profetas.

FAWN BRODIE,
No Man Knows My History

Poco después de que Elizabeth Smart fuese rescatada y Brian David Mitchell detenido, los agentes del FBI descubrieron un librito de veintisiete páginas que había escrito Mitchell dos meses antes de secuestrar a Elizabeth. Se titulaba *El libro de Immanuel David Isaiah* y pretendía ser un manifiesto divino, revelado a Immanuel Mitchell, que proclamaba la fundación de una nueva iglesia fundamentalista, los Siete Diamantes más Uno, que serviría como «diadema brillante y resplandeciente de veracidad». El libro identificaba a Immanuel-Mitchell como ese «poderoso y fuerte», y proclamaba que Dios le había ordenado dirigir la nueva iglesia, la «auténtica y viva Iglesia de Jesucristo de los Santos de los Últimos Días en su estado de purificación y exaltación». *El libro de Immanuel David Isaiah* explicaba también que Dios había transmitido las «llaves y poderes y ordenaciones del Sacerdocio Sagrado para la salvación de la humanidad [...] a través de una sucesión de profetas». El folleto remontaba este linaje establecido por Dios hasta Adán y de él a Noé, Abraham, Moisés, Jesús, «hasta Joseph Smith, hijo, y de Joseph Smith hijo hasta Immanuel David Isaiah y de Immanuel David Isaiah hasta el fin del mundo».

Para comprender a Brian David Mitchell (o para comprender a Dan Lafferty o a Tom Green o a los polígamos de Bountiful y Colorado City) hay que entender primero la fe que todos ellos comparten, una fe que da forma y propósito a todas las facetas de su vida. Y cualquier interpretación de eso debería empezar por el antes mencionado Joseph Smith hijo, el fundador de la Iglesia de Jesucristo de los Santos de los Últimos Días. Más de siglo y medio después de su fallecimiento, la pura fuerza de su personalidad aún sigue teniendo un poder extraordinario tanto sobre los mormones de la Iglesia oficial como sobre los fundamentalistas. «Yo admiro a Joseph Smith —afirma Dan Lafferty, y le relampaguean los ojos al decirlo—. No hay nadie a quien admire tanto como a él.»

Independientemente de que uno crea que la religión que él fundó es la única verdadera del mundo o que la considere una fábula ridícula, Joseph emerge de las brumas del pasado como uno de los personajes más notables que hayan respirado el aire de este país. «Fueran cuales fuesen sus fallos —afirma Harold Bloom en *La religión en los Estados Unidos*—, Smith fue un auténtico genio religioso, único en nuestra historia [...]. Sigue siendo, en proporción a su importancia y a su complejidad, el personaje menos estudiado de toda nuestra saga nacional, y goza de una vitalidad que se mantiene incólume.»

Joseph nació el 23 de diciembre de 1805 en las montañas Green de Vermont. Su padre, Joseph Smith, era un arrendatario, siempre a la espera de la oportunidad de su vida, que había perdido todo su dinero poco antes en un proyecto fallido de exportar raíz de ginseng a China. Arruinado y agobiado por una gravosa deuda, se vio reducido a arrancar un magro sustento de la parcela de tierra pedregosa apenas cultivable, que además le dejaba en arriendo, para mayor oprobio, su propio suegro.

Nueva Inglaterra se hallaba por entonces sumida en una prolongada depresión económica y la penuria asedió a la familia Smith a lo largo de toda la infancia de Joseph hijo. Buscando constantemente mejores perspectivas, se trasladaron cinco veces durante los once primeros años de la vida del muchacho, hasta que se establecieron por fin en Palmyra, una población de cuatro mil habitantes situada al oeste de Nueva York, al lado del canal del Erie, que se estaba construyendo por entonces. El canal era la empresa de ingeniería más ambiciosa de aquel periodo y había generado en la zona un crecimiento económico rápido y vigoroso, aunque fugaz. Joseph hijo albergaba la esperanza de poder beneficiarse de esa prosperidad.

Así es como se describió al clan Smith a su llegada a Palmyra en 1817, en un insidioso artículo sobre el profeta en ciernes publicado en un periódico local, el *Reflector*, el 1 de febrero de 1831, cuando la nueva religión de Joseph empezaba a causar ya cierto revuelo:

> Joseph Smith padre, el progenitor del personaje sobre el que estamos ahora escribiendo, se vio reducido por la desgracia o por lo que fuese a una situación de pobreza extrema antes de emigrar al oeste de Nueva York. Tenía una familia numerosa, de nueve o diez hijos, de los que Joe era el tercero o el cuarto. Nunca hemos conseguido enterarnos de que hubiese habido al-

guien en la familia que destacase por otra cosa que por la ignorancia y la estupidez, a lo que cabría añadir, por lo que se refiere a la rama mayor o de más edad, una tendencia a la superstición y un amor a todo lo *maravilloso*.

Este último comentario alude a los entusiasmos espirituales de los padres de Smith, sobre todo de la madre del profeta, Lucy Mack Smith. «Lucy tenía una inteligencia vigorosa pero inculta», comenta Fawn Brodie en *No Man Knows My History*, la espléndida aunque polémica biografía de Joseph Smith:

> Lucy era especialmente devota de ese misticismo que tan frecuente es entre quienes se liberan bruscamente del dominio y la disciplina de una iglesia [...]. Aceptaba un Dios sumamente personalizado al que ella hablaba como si fuese un miembro del círculo familiar. Su religión era íntima y doméstica, con Dios como una presencia ubicua que invadía los sueños, provocaba milagros y asolaba los campos de los pecadores.

Es evidente que las tendencias teológicas del joven Joseph debieron mucho a Lucy. Y lo es también que madre e hijo estuvieron muy influidos por el talante de la época.

Después de la Guerra de la Independencia, la nueva República pasó a sumirse en un periodo de agitación eclesial en el que un gran sector del pueblo consideraba que las iglesias establecidas estaban espiritualmente en quiebra. La marea de la experimentación religiosa que inundó Estados Unidos en las primeras décadas del siglo XIX, que se denominaría «Segundo Gran Despertar», fue más o menos análoga a la convulsión religiosa que barrió el país en la década de 1970 (aunque sin pachulí ni LSD). A principios de la década de 1800 el fermento era especialmente fuerte cerca de las fronteras en expansión del país... incluido el oeste de Nueva York, donde el fervor religioso ardió con tal intensidad que la zona de los alrededores de Palmyra llegaría a conocerse como el «distrito quemado».

La gente creía oler en el aire el acre olor del azufre. El apocalipsis parecía estar a la vuelta de la esquina. «Nunca en la historia de la sociedad occidental había parecido tan inminente el milenio —ha escrito el historiador mormón Hyrum L. Andrus—; nunca había ansiado y esperado tanto la gente su advenimiento. Se esperaba que en veinte años o menos se vería al fin el alborear de aquella era de paz.»

En ese clima religioso sobrecargado del «todo es posible» fue en el que Joseph Smith puso en marcha lo que acabaría convirtiéndose en la religión nacional de mayor éxito de Estados Unidos.

Joseph hijo, un muchacho voluntarioso y de buen carácter, con un umbral de aburrimiento bajo, no tenía la menor intención de convertirse en un granjero como su padre, asediado por las deudas y dedicado a destripar terrones año tras año. Sus dotes pedían un escenario mucho más amplio. Aunque no tuvo más que unos cuantos años de escolarización de niño, poseía una inteligencia viva y una imaginación asombrosa y extraordinariamente fecunda. Le atraían, como a muchos otros autodidactas, las «grandes cuestiones». Se pasaba largas horas reflexionando sobre la naturaleza de lo divino, considerando el sentido de la vida y de la muerte, valorando los méritos y fallos de la infinidad de credos rivales de la época. Sociable, atlético y bien parecido, era un narrador nato de anécdotas, que resultaba inmensamente atractivo a hombres y mujeres. Su entusiasmo era contagioso. Habría sido capaz, en fin, de venderle un bozal a un perro.

La línea que separa la religión de la superstición puede ser imprecisa, y esto era especialmente cierto durante el caos teológico del Segundo Gran Despertar, cuando Joseph se hizo adulto. La curiosidad espiritual del futuro profeta lo impulsó a explorar extensamente a ambos lados de esa línea imprecisa, y eso incluyó una prolongada incursión en la magia. Más concretamente, consagró mucho tiempo y muchas energías a intentar adivinar por medio de la magia negra y la contemplación de la bola de cristal el emplazamiento de tesoros enterrados, actividades que aprendió de su padre. Varios años más tarde renunciaría a sus escarceos con lo oculto, pero esos devaneos con la magia popular cuando era joven ejercieron una influencia directa e inconfundible sobre la religión que no tardaría en entronizar.

El descubrimiento de tesoros era ilegal, pero era pese a ello práctica común entre las clases populares de Nueva Inglaterra y del interior del estado de Nueva York. Los bosques que rodeaban Palmyra estaban salpicados de montículos funerarios de los indios en los que había huesos antiguos y utensilios, algunos de los cuales estaban hechos con metales preciosos o semipreciosos. Así que no tiene nada de extraño que un muchacho del carácter soñador y la inteligencia hiperactiva de Joseph idease planes para hacerse rico desenterrando el oro que se rumoreaba que estaba enterrado en los campos y cerros del entorno.

Joseph inició su búsqueda intensiva de tesoros unos meses antes de cumplir catorce años, dos años después de la llegada de su familia a Palmyra, cuando oyó hablar del talento adivinatorio de una chica llamada Sally Chase, que vivía cerca de la granja de su familia. Al enterarse de que la muchacha poseía una piedra mágica (una «piedra para mirar» o «piedra de ver») que le permitía «ver cualquier cosa, aunque estuviese oculta a los demás», Joseph importunó a sus padres hasta que consiguió que le dejaran hacer una visita a la chica.

La piedra de ver de Sally resultó ser una piedrecita verdosa. La colocó en el fondo de un sombrero vuelto del revés e indicó a Joseph que metiera la cara en el sombrero para que no entrase luz. Cuando Joseph lo hizo se vio premiado con visiones mágicas. Una de las cosas que se le aparecieron en ellas fue una piedra de color blanco, pequeña, que se podía llevar en el bolsillo, y que «estaba muy lejos. Se hizo luminosa y me deslumbró, y al cabo de poco tiempo la luz era ya tan intensa como el sol del mediodía». Comprendió inmediatamente que aquella piedra era otra piedra de ver. La visión le indicaba también su emplazamiento preciso bajo tierra, al pie de un árbol. Joseph localizó el árbol, se puso a cavar y, «tras cierto trabajo y esfuerzo», desenterró la primera de las como mínimo tres piedras de ver que poseería durante su vida. Se inició así su carrera como adivinador. Sus talentos nigrománticos no tardarían en estar lo suficientemente solicitados para que pudiese pedir honorarios considerables a propietarios de tierras de la región por hallar los tesoros escondidos en ellas. En 1825 era ya tan famoso que un anciano granjero llamado Josiah Stowell acudió desde Pensilvania a conocer a Joseph y le impresionó tanto que lo contrató (Joseph tenía entonces veinte años) para que fuese con él hasta el valle del Susquehanna para localizar con sus piedras de ver un filón oculto de plata que se rumoreaba que habían descubierto siglos atrás los españoles. Stowell pagó a Joseph el generoso salario de catorce dólares mensuales por sus servicios (era más que el sueldo que ganaban al mes los trabajadores del canal del Erie), más alojamiento y comida.

Estos y otros detalles de las actividades de Joseph como buscador de tesoros figuran en las declaraciones juradas y en otros documentos de un juicio que se celebró en marzo de 1826, «El pueblo del estado de Nueva York contra Joseph Smith», en el que el joven vidente, denunciado ante los tribunales, fue considerado culpable de ser «una persona rebelde y un impostor». Aunque Joseph se había consagrado a sus actividades de vidente con vigor, dedicación y el mejor instrumental del oficio, parece ser que no había sido capaz de encontrar la mina de plata de Stowell. Tampoco había conseguido en los seis años anteriores, en los que había trabajado como buscador de tesoros, desenterrar ningún otro tesoro real. Cuando eso salió a la luz, un sobrino de Stowell había presentado una denuncia acusando a Joseph de ser un estafador.

El juicio y la mala prensa que generó pusieron un brusco punto final a su carrera de adivinador. Ante las numerosas críticas que recibió, prometió que se enmendaría y que abandonaría para siempre aquella actividad. Pero solo dieciocho meses después, la magia negra y las piedras de ver aparecerían de nuevo en la vida de Joseph. Muy cerca de su casa de Palmyra, descubrió por fin un tesoro enterrado y las repercusiones de lo que desenterró llevan reverberando desde entonces en el paisaje político y religioso del país.

Una noche del otoño de 1823, cuando Joseph tenía diecisiete años, inundó su dormitorio una luz etérea seguida de la aparición de un ángel que se presentó como Moroni y explicó que lo había enviado Dios. Había ido a hablarle a Joseph de un texto sagrado grabado en planchas de oro que había sido enterrado hacía mil cuatrocientos años bajo una roca en una ladera cercana. Moroni conjuró luego una visión en la mente de Joseph en la que le mostró el lugar exacto donde estaban enterradas las planchas. Pero el ángel advirtió al muchacho de que no debía enseñar a nadie aquellas planchas ni intentar enriquecerse con ellas. No debía intentar siquiera desenterrarlas aún.

A la mañana siguiente, Joseph se acercó al cerro que se le había aparecido en la visión, localizó enseguida la roca, cavó bajo ella y desenterró una caja hecha con cinco piedras planas unidas con mortero. En el interior de la caja estaban las planchas de oro. Con la emoción del momento, Joseph se olvidó de la advertencia de Moroni de que «aún no había llegado la hora de sacarlas a la luz». Así que cuando intentó sacar las planchas, se esfumaron inmediatamente en el éter y Joseph se vio lanzado violentamente al suelo. Más adelante confesaría que se había apoderado de él la codicia, añadiendo que «por eso me castigó» el ángel.

De todos modos, Moroni se mostró dispuesto a darle otra oportunidad de demostrar su valía. Le ordenó que volviese al mismo lugar una vez al año el 22 de septiembre. Joseph obedeció con diligencia y en septiembre se le apareció Moroni en lo que más tarde se llamaría «cerro de Cumorah» y le dio instrucciones sobre las planchas doradas y sobre lo que Dios se proponía que hiciese con ellas.

Joseph se iba siempre con las manos vacías y sumamente decepcionado. Pero durante su encuentro anual de 1826, Moroni le dio motivos para abrigar nuevas esperanzas: proclamó que si Joseph «obraba rectamente, conforme a la voluntad de Dios, podría obtener las planchas el día 22 del próximo septiembre y, si no, no las recibiría nunca». Joseph utilizó su piedra de ver más de fiar y se enteró también de que, para que se le diesen las placas, Dios exigía que se casase con una muchacha llamada Emma Hale y que la llevase con él en su próxima visita al cerro en septiembre de 1827.

Emma era una encantadora vecina de Josiah Stowell, de Pensilvania. Joseph la había conocido un año antes, cuando buscaba en vano la mina de plata en la propiedad de Stowell. Durante aquel primer encuentro, Emma y Joseph habían sentido un fuerte chispazo de atracción mutua y él había hecho varios viajes a su casa para pedirla en matrimonio. El padre de Emma, Isaac Hale, había rechazado la propuesta alegando el pasado deshonroso de Joseph como buscador de tesoros. El señor Hale le había explicado a su enamorada hija que el joven Joe Smith había sido declarado culpable de estafa en un juicio hacía unos meses.

Joseph se sentía descorazonado ante la oposición obstinada de Hale a que Emma se casara con él. Desesperaba ya. Septiembre se aproximaba rápidamente. Si Emma y él no estaban casados por entonces, el ángel Moroni lo privaría de las planchas doradas para siempre. Joseph pidió prestado un caballo y un trineo a un buscador de tesoros amigo suyo e hizo un viaje más a Pensilvania. Y el 18 de enero de 1827, convenció a Emma de que desobedeciese a su padre y se escapara con él. Ocho meses más tarde, poco después de la medianoche del día previsto, Joseph y Emma acudieron al cerro de Cumorah. Como le habían sido negadas las planchas en las cuatro visitas anteriores, Joseph no dejó nada al azar en esta ocasión. Ateniéndose cuidadosamente a los rituales honrados por el tiempo de la nigromancia, la joven pareja iba completamente vestida de negro y había recorrido los casi cinco kilómetros que había entre la granja de Smith y el cerro en un carruaje negro tirado por un caballo negro. En lo alto de la empinada ladera occidental del cerro, Joseph cavó de nuevo bajo la roca en la oscuridad de la noche mientras Emma esperaba muy cerca dándole la espalda. Joseph no tardó en desenterrar la caja de piedra que se le había impedido sacar hacía cuatro años. En esta ocasión, sin embargo, Moroni le permitió tomar posesión temporal de su contenido.

En la caja había un texto sagrado «escrito en planchas doradas, donde se daba noticia de los antiguos habitantes de este continente», que llevaba oculto en aquel cerro mil cuatrocientos años. Cada una de las planchas doradas en las que estaba grabada la narración sagrada, informaba Joseph, era de «quince centímetros de ancho por dieciséis de largo, con un grosor que no llegaba al del estaño. Estaban llenas de grabados en caracteres egipcios y unidas en un volumen, como las hojas de un libro, con tres anillas que las sujetaban». La pila de páginas metálicas tenía unos quince centímetros de grosor.

Joseph cogió las planchas y se dirigió con ellas a casa. Más tarde, diecinueve testigos declararían que habían visto realmente el libro dorado. Ocho jurarían conjuntamente en una declaración impresa en el *Libro de Mormón* que Joseph «nos ha enseñado las planchas [...], que parecen de oro; y [...] las tocamos con nuestras propias manos: y vimos también los grabados que había en ellas, todo lo cual tiene la apariencia de una obra antigua y de una curiosa hechura».

Aunque el texto estaba escrito en un idioma exótico muerto hacía mucho tiempo, descrito como «egipcio reformado», Moroni le había dado también a Joseph unos «intérpretes»: unas gafas dotadas de virtud divina que permitían a quien se las ponía comprender los extraños jeroglíficos. Con estas gafas mágicas, Joseph empezó a descifrar el documento, dictando su traducción a un vecino llamado Martin Harris, que actuó como escriba suyo. Tras dos meses de laborioso trabajo, completaron las 116 primeras páginas de traducción, momento en el cual se tomaron un descanso. Moroni volvió a hacerse con las placas doradas y las gafas mágicas, y Joseph permitió a regañadientes que Harris se llevase prestado el manuscrito para enseñárselo a su mujer, que se mostraba escéptica y desaprobaba la empresa.

Entonces sobrevino el desastre: Harris perdió no se sabe cómo las 116 páginas. La tesis predominante es que a su mujer la tenía tan furiosa que Harris se hubiese metido en un disparate como aquel que robó las páginas y las destruyó. Lo cierto es que, fuese lo que fuese de la traducción desaparecida, cuando Harris le confesó lo sucedido Joseph se hundió en la desesperación. «¡Oh, Dios mío! —exclamó—. ¡Todo está perdido!» Daba la impresión de que su misión sagrada había llegado a un fin prematuro sin que quedase absolutamente nada que pudiese mostrar de ella.

Pero en septiembre de 1828, después de mucho rezar y de mucha contrición por parte de Joseph, Moroni volvió a entregarle las planchas y se reanudó la traducción, inicialmente con Emma Smith haciendo de escriba (más tarde compartieron otros la tarea).[1] Pero el ángel no le había devuelto las ga-

---

1. Las 116 páginas perdidas no aparecieron nunca. Según ciertos indicios, antes de que lo juzgaran y condenaran, Mark Hofmann (el falsificador

fas junto con las planchas esta vez, así que Joseph tuvo que recurrir, para descrifrar los caracteres egipcios, a su piedra de ver favorita: una piedra en forma de huevo color chocolate que había descubierto enterrada a más de siete metros de profundidad, cuando cavaba un pozo en 1822 en compañía del padre de Sally Chase.

Día tras día, utilizando la técnica que había aprendido de Sally, Joseph ponía una piedra mágica en un sombrero colocado boca arriba, metía la cara en él con las planchas doradas cerca y dictaba las palabras de la escritura que se le aparecían en la oscuridad. Trabajó a un ritmo febril durante esta segunda fase de la traducción, a una media de tres mil quinientas palabras al día; y a finales de junio de 1829 el trabajo estaba terminado.

Joseph llevó el manuscrito al impresor del periódico local, el *Wayne Sentinel* de Palmyra, y le pidió que imprimiese y cosiese cinco mil ejemplares de la obra... una tirada exageradamente grande para un volumen publicado por el propio autor, que era además un personaje desconocido, lo que demuestra que Joseph tenía unas expectativas ilusorias sobre la acogida que tendría la obra entre el público. Tenía la intención de cobrar 1,25 dólares por ejemplar... No era, ni mucho menos, un precio exorbitante, pero, de todos modos, era aproximadamente el doble de lo que ganaban al día la mayoría de los asalariados locales.

---

que es ahora compañero de celda de Dan Lafferty en Point of the Mountain) había elaborado un plan para «descubrir» el texto perdido. Como la falsificación de Hofmann, en principio, es de suponer que no habría sido muy favorable a Joseph Smith y al *Libro de Mormón*, la Iglesia oficial probablemente le habría pagado generosamente por él y lo habría ocultado luego en la caja de seguridad del presidente con los demás documentos históricos potencialmente embarazosos, que los dirigentes de la iglesia han conseguido hasta ahora mantener ocultos a los ojos escrutadores de los entrometidos.

El escéptico impresor pidió tres mil dólares de adelanto por imprimir los libros, mucho más dinero del que Joseph podía conseguir. Como tenía por costumbre cuando se enfrentaba a un obstáculo en apariencia insuperable, buscó asesoramiento divino. Dios proclamó, como respuesta, que era su divina voluntad que Martin Harris (acólito y escriba de Joseph) pagase la factura del impresor. Dios, hablando por mediación de Joseph, le dijo a Harris:

> Te ordeno que no acumules tu propiedad, sino que la entregues libremente para la impresión [...].
>
> Y caerá sobre ti la desgracia si no sigues estos consejos; sí, incluso la destrucción de tu propiedad y de ti mismo [...]. ¡Paga la deuda del impresor!

Harris se había dejado manejar antes por Joseph, pero su participación en las tareas de traducción le había costado ya muy cara: su esposa había ido irritándose cada vez más por aquella obsesión de su marido por la Biblia dorada y había acabado divorciándose. Así que Harris se resistió a cumplir el mandamiento divino cuando Joseph se lo comunicó por primera vez. Pero una orden firme de Dios no era algo que estuviese dispuesto a ignorar, así que al final accedió a regañadientes a vender su granja para financiar la publicación.

Nueve meses después de que la traducción estuviese terminada, salió por fin de la prensa el libro, de 588 páginas, y se puso a la venta en la propia imprenta, en el centro de Palmyra. El 6 de abril de 1830, poco más de una semana después, Joseph fundó oficialmente la religión que hoy conocemos como la Iglesia de Jesucristo de los Santos de los Últimos Días. La base de la religión (su piedra de toque sagrada y su escritura guiadora) era aquella traducción de las planchas doradas, que llevaba el título de *Libro de Mormón*.

6

Cumorah

La autoridad que prometía el mormonismo no se apoyaba
en la sutileza de su teología. Se apoyaba en una apelación a la
experiencia directa: una serie de tablas de oro testimoniales
que habían sido traducidas en un libro cuyo lenguaje tenía un
tono bíblico. Joseph Smith sabía instintivamente lo que sabían instintivamente todos los demás fundadores de nuevas
religiones estadounidenses del siglo XIX. Muchos estadounidenses de aquel periodo, debido en parte al entusiasmo popular
por la ciencia, estaban dispuestos a escuchar cualquier afirmación que apelase a algo que se pudiese considerar una evidencia
empírica.

R. LAURENCE MOORE,
Religious Outsiders and the Making of Americans

El cerro de Cumorah es uno de los lugares más sagrados de la
mormonidad, y peregrinan aquí grandes multitudes de los
santos de los Últimos Días. A un mormón de Utah, acostumbrado a los picos de 3.300 metros de altura del Wasatch Front,
que se elevan hacia el cielo como los dientes de Dios sobre la
plaza del Templo y la Ciudad de los Santos, las raquíticas dimensiones de Cumorah deben de resultarle decepcionantes.
Se trata de un montículo de residuos glaciares que dejó atrás

la última Edad de Hielo, que no se elevan más de sesenta metros por encima de los maizales circundantes. La mayor parte de Cumorah está además envuelta en una maraña sombría de vegetación.

De todos modos, esta modesta elevación es el accidente topográfico más elevado del entorno y desde su cima se divisan las torres de oficinas del centro de Rochester, a más de treinta kilómetros de distancia, temblequeando entre la niebla en plena canícula. La cumbre está adornada con una bandera de Estados Unidos y una imponente estatua del ángel Moroni. En la ladera que queda bajo los enormes pies de Moroni, calzados con sandalias, se ha despejado la enmarañada vegetación boscosa y hay un ancho sector de ladera cubierto de vegetación típica de Kentucky impecablemente cuidada. En algún punto impreciso de esa zona de Cumorah cavó hace 175 años Joseph Smith para desenterrar las planchas doradas que pusieron en marcha la fe mormona.

Es una tarde calurosa de mediados de julio y más de diez mil santos van adentrándose educadamente por el prado del pie del cerro, donde se han colocado hileras de sillas de plástico para acomodarlos. Encima del prado cubre el principio de la ladera del cerro un escenario de varios niveles, de la mitad del tamaño de un campo de fútbol, rodeado de un bosque acerado de torres eléctricas de unos quince metros de altura. Este complejo escenario, las luces y las multitudes mormonas se materializan aquí todos los veranos para el «Festival del cerro de Cumorah: testigo de América por Cristo», que debe comenzar al ponerse el sol.

Según el material publicitario de la Iglesia mormona oficial, el festival es «el acontecimiento teatral al aire libre más espectacular y de mayor envergadura que se celebra en el país [...] una producción espléndida orientada a la familia», repleta de fascinantes efectos especiales directamente extraídos de Hollywood: «Volcanes, bolas de fuego y explosiones con efectos sonoros de la película *Terremoto*. Arde en la hoguera un profeta. Caen rayos sobre el mástil de un barco. Aparece en la escena de la Natividad una "estrella" de luz de cinco mil kilovatios (con permiso de la FAA). Cristo aparece en el cielo nocturno, desciende, enseña al pueblo, luego se eleva de nuevo en el cielo y desaparece». El festival, que se representa aquí desde 1937, se celebra durante siete noches del mes de julio y congrega en todas ellas a un público que casi supera su capacidad. La entrada es gratuita.

Cuando se hace de noche, brotan de los altavoces y se extienden sobre el campo las armonías acariciadoras de la Orquesta Sinfónica de Utah y del Coro del Tabernáculo Mormón. Dos grupos de ayudantes del *sheriff* dirigen el tráfico hacia los prados que se han transformado en grandes aparcamientos. Una creciente marea de santos sale de los coches y de los autobuses alquilados y se dirige hacia los asientos, y cuando atraviesa la autopista 21 para llegar al prado que hay al pie de Cumorah, tiene que enfrentarse con los rostros hostiles de los grupos de piquetes antimormones.

Los manifestantes pertenecen a iglesias cristianas evangélicas. Agitan letreros escritos a mano y gritan furiosos a los mormones: «¡Joseph Smith era un proxeneta!»; «¡Solo hay un Evangelio!»; «El *Libro de Mormón* es un cuento de hadas»; «¡Los mormones NO son cristianos!».

La mayoría de los mormones pasan caminando tranquilamente entre los grupos de vociferantes evangelistas, imperturbables y sin caer en la provocación.

«Bueno, estamos acostumbrados a estas cosas», dice el hermano Richard, un hombre ancho y alegre, con manchas de vejez y los cuatro pelos que le quedan habilidosamente peinados para intentar ocultar una calvicie inocultable. Se ufana de tener veintiocho nietos. Él y su esposa han venido desde Mesa (Arizona) en un Page Arrow de once metros. Es la octava vez que asisten al festival.

«Cuando llegue el Juicio, ya veremos quién acaba en el reino celestial y quién no —comenta Richard—. Pero, entre usted y yo, esos que agitan los carteles son los que deberían estar preocupados.»

Mientras formula este pensamiento, se desvanece un instante el brillo de sus ojos y su cándido rostro se oscurece con una expresión de lástima.

«El Señor —dice— permite que cada cual elija por sí mismo si quiere ver la verdad o prefiere ignorarla. No puedes obligar a un hombre a ir al cielo a la fuerza, aunque sea por su propio bien.»

La Iglesia mormona oficial es la que se hace cargo de la organización del festival del cerro de Cumorah, con un coste notable. Aunque se anima a asistir a los no santos y la iglesia considera los espectáculos rimbombantes un instrumento poderoso en sus incansables esfuerzos por convertir al mundo, más del 95 % de los asistentes pertenecen a ella. El festival funciona sobre todo como una especie de congreso mormón o de fiesta mormona. Una ocasión para que los miembros de la tribu se reúnan en su lugar de origen y den testimonio mutuo de su fe.

El festival tiene la energía de un concierto de Phish, pero sin borracheras, peinados estrambóticos (pese al del buen hermano Richard) ni nubes de humo de marihuana. La gente ha empezado a llegar hace horas para ocupar los mejores asientos. Mientras esperan que empiece el espectáculo, las familias se sientan en mantas a la orilla del prado y comen pollo frito y ensalada Jell-O que sacan de las neveras de plástico portátiles. Repeinados adolescentes gritan alegres lanzando al aire discos voladores y globos de agua en la penumbra crepuscular. Prevalece, por supuesto, el orden. Esta es una cultura que considera la obediencia una de las máximas virtudes.

Finalmente, el sol se desliza tras el horizonte en un incendio anaranjado que realza el ozono. Un pulido «presbítero» mormón de veintipocos años sale y dirige a la audiencia en una sentida oración. Y a los pocos segundos de terminar, se oye una fanfarria de trompetas y los rayos láser taladran el cielo de la noche con haces de luz deslumbrante. Recorre la multitud un temblor. Ruedan a través de la parte baja de Cumorah grandes nubes de niebla artificial. Luego, emergen de la niebla y se dirigen al escenario 627 actores, ataviados como una curiosa mezcla de personajes bíblicos y norteamericanos precolombinos, algunos de ellos con cascos adornados con espectaculares cornamentas.

Una voz desencarnada (una firme voz de barítono que da la impresión de que podría pertenecer al propio Dios) atruena por los setenta y cinco altavoces. «Esta es la verdadera historia de un pueblo al que el Señor preparó para que estuviese dispuesto para la llegada del Salvador, Jesucristo. Vino a ellos en las Américas. Pero su historia comenzó en el Viejo Mundo, en Jerusalén...» Durante las dos horas siguientes, se obsequia al extasiado público con una representación dramática del *Libro de Mormón*.

La narración grabada en las planchas doradas, traducida por Joseph Smith como *Libro de Mormón*, es la historia de una antigua tribu hebrea, dirigida por un hombre virtuoso llamado Lehi. Lehi inculcó a sus descendientes la idea de que lo más importante en la vida es ganarse el amor de Dios, y el único y exclusivo medio para conseguirlo es obedecer todos los mandamientos del Señor.

Lehi y sus seguidores abandonaron Jerusalén seiscientos años antes del nacimiento de Jesucristo, antes de la última conquista babilónica. Viajaron hasta América del Norte en barco. En el Nuevo Mundo, surgieron, por desgracia, envidias de familia que llevaban mucho tiempo latentes. Lehi había favorecido siempre de modo especial a su hijo más joven y más ejemplar, Nefi, así que no tendría que haber sorprendido a nadie que le transmitiese la jefatura de la tribu.[1] Pero esto enfureció a Lamán, el impío hermano de Nefi, provocando la escisión de la tribu en dos clanes rivales tras la muerte de Lehi: los justos nefitas de piel blanca, dirigidos por Nefi, y sus hoscos adversarios, los lamanitas, que es como se denominaba a los seguidores de Lamán. Los lamanitas eran «gente perezosa, llena de malicia y de astucia», cuya conducta era tan enojosa a Dios que Este los maldijo a todos con una piel oscura para castigarlos por su impiedad. Poco después de la Resurrección de Cristo, según el *Libro de Mormón*, Jesús visitó América del Norte para compartir su nuevo evangelio con los nefitas y los lamanitas y para convencer a los dos clanes de que olvidasen sus rencillas. Hicieron caso de su mensaje y vivieron amistosamente unidos setecientos años como buenos cristianos, prósperos y felices. Pero luego, los lamanitas empezaron a caer en la «incredulidad y la idolatría». Se abrió así un abismo infranqueable entre los clanes, que acabaron enfrentándose en una lucha cada vez más violenta.

Las tensiones siguieron aumentando hasta que se convirtieron en una guerra declarada y total que culminó, hacia el año 400 d. C., con una campaña brutal en la que los réprobos lamanitas pasaron a cuchillo a los 230.000 nefitas (que es la razón de que Colón no encontrara representantes de la raza blanca en 1492, cuando desembarcó en el Nuevo Mundo). Un puñado de niños nefitas que siguieron aferrándose a la vida al terminar la guerra se vieron forzados, ante la perspectiva de morir de hambre, a devorar la carne de los muertos de

---

1. *Libro de Mormón*, incluso abreviado, es una historia de tan fantástica complejidad que cuesta no poco trabajo digerirlo; y los nombres de los protagonistas no siempre quedan grabados en la memoria de los no mormones con facilidad. Pero si el lector procura recordar a Moroni y a Nefi se verá recompensado por ello más tarde en este libro, porque ambos personajes fabulosos aparecen en la moderna saga de Dan Lafferty.

sus propias familias, pero al final también acabaron sucumbiendo. Los victoriosos lamanitas sobrevivieron y se convirtieron en los antepasados de los amerindios modernos; aunque finalmente estos «hijos rojos de Israel» perdieron el recuerdo de los nefitas y de su propia tradición judaica.

El caudillo de los nefitas durante sus últimas y fatídicas batallas había sido un personaje heroico de excepcional sabiduría llamado Mormón. El último nefita que sobrevivió a la cólera genocida de los lamanitas fue Moroni, hijo de Mormón, cuya crónica del exterminio de los nefitas constituye el último capítulo del *Libro de Mormón*. Este mismo Moroni regresaría como ángel catorce siglos después para entregar las planchas doradas a Joseph Smith con el fin de que el mundo pudiese conocer la sangrienta historia de su pueblo y se lograra así la salvación del hombre.

El *Libro de Mormón* ha sido muy ridiculizado por los no mormones antes incluso de su publicación. Los críticos indican que las planchas de oro, que demostrarían teóricamente la autenticidad del libro, le fueron oportunamente devueltas a Moroni en cuanto Joseph terminó la traducción, y que no han vuelto a aparecer. Los investigadores indican que jamás se han encontrado en América del Norte ni en ningún otro lugar restos arqueológicos que se vinculen a una civilización nefita supuestamente avanzada y extendida por todo el territorio.

El *Libro de Mormón* está salpicado, además, como historia, de anacronismos estrambóticos e incoherencias injustificables. Por ejemplo, hace muchas alusiones a caballos y carros de ruedas, que no existieron en el continente americano en el periodo precolombino. Inserta invenciones como el acero y la semana de siete días en la historia antigua mucho antes de que se hubiesen inventado. Análisis de ADN modernos han demostrado de forma concluyente que los indios americanos no descienden de ninguna raza hebrea, como se pretende que descendían los lamanitas. Mark Twain dijo, en una frase burlona célebre, que la pesada prosa semibíblica del *Libro de Mormón* era «cloroformo en letra impresa», y que la frase «y vino a suceder» aparece en él más de dos mil veces.

Pero esas burlas y críticas sirven de muy poco. Todas las creencias religiosas se basan en una fe no racional. Y la fe, por su propia definición, tiende a ser impermeable a la argumentación intelectual y a la crítica académica. Además, las encuestas indican invariablemente que nueve de cada diez habitantes de Estados Unidos creen en Dios y que la mayoría nos asignamos un credo religioso u otro. Los que se burlan del *Libro de Mormón* deberían tener en cuenta que su veracidad no es más dudosa que la de la Biblia, el Corán o los textos sagrados de otras religiones. Estos últimos textos gozan simplemente de la ventaja considerable de haber accedido al público en las brumas del pasado remoto, por lo que resulta mucho más difícil refutarlos.

De todos modos, como una de esas películas que los críticos neoyorquinos destrozan y que acaba convirtiéndose en un gran éxito en todo el país, la tremenda popularidad del *Libro de Mormón* es algo que no puede pasarse por alto. El simple hecho de la cantidad de ejemplares que han llegado a imprimirse (según el cálculo más reciente, más de cien millones) otorga al libro cierto peso, incluso entre los cínicos. Los números hablan con elocuencia del poder del libro como símbolo sagrado y de su fuerza como narración. La simple verdad es que cuenta una historia que a las multitudes les ha parecido cautivadora... y que sigue siéndolo para ellas, como atestiguan las que acuden todos los años en el mes de julio al Festival del cerro de Cumorah.

A principios del siglo XIX había vestigios por todo el país de una civilización anterior (ruinas como los numerosos túmulos funerarios indios que había cerca de la casa de Joseph). El *Libro de Mormón* explicaba los orígenes de esos antiguos túmulos de un modo perfectamente compatible con las Escrituras cristianas y con una teoría muy difundida en la época, según la cual los indios americanos descendían de las tribus perdidas de Israel. El libro de Joseph era al mismo tiempo teología e historia literal del Nuevo Mundo. Había muchísima gente para la que la historia que explica tenía mucho sentido.

Joseph empezó a conseguir conversos casi inmediatamente después de recibir las planchas de Moroni, mucho antes de que se imprimiese y se publicase el libro. La emoción transmitida por Martin Harris, los familiares y hermanos de Joseph y otros que juraron que habían «visto y sopesado» realmente la «Biblia dorada» convencieron a sus amigos y conocidos, que se convirtieron en «mormonitas», término con el que se conocía al principio a los santos de los Últimos Días. Cuando se creó oficialmente la Iglesia mormona en abril de 1830, esta decía tener unos cincuenta miembros. Al cabo de un año, el número de fieles superaba el millar y llegaban continuamente nuevos conversos.

Los conversos, lógicamente sobrecogidos ante la evidencia de que Dios había elegido a Joseph para entregarle las planchas de oro, no tenían problema para aceptar sin reparos sus afirmaciones de que la nueva religión era «la única iglesia viva y verdadera que hay sobre la faz de la Tierra» y que el *Libro de Mormón* era básicamente una actualización del Antiguo Testamento y del Nuevo. Se trataba, en realidad, de un testamento más nuevo aún, que aportaba una versión más exacta y completa de la historia sagrada.

Joseph explicaba que en el siglo 1, después de la crucifixión de Cristo, las jerarquías cristianas habían introducido un cambio teológico erróneo que había hecho que la iglesia se extraviase. Llamaba a esto la «Gran Apostasía» y decía que prácticamente toda la doctrina cristiana que se había desarrollado a partir de entonces (tanto católica como protestante) era una falsedad absoluta. Por suerte, el *Libro de Mormón* pondría las cosas en su sitio y restauraría la verdadera iglesia de Cristo.

Había en el mensaje central del libro una sencillez atractiva que enmarcaba la existencia como una lucha sin ambigüedades entre el bien y el mal: «Solo hay dos iglesias: una es la del Cordero de Dios, la otra es la del demonio. Así que los que no pertenezcan a la iglesia del Cordero de Dios pertenecen a esa otra gran iglesia que es la madre de lo abominable».

El *Libro de Mormón* resultaba atractivo también por lo profundamente americano que era. La mayoría de sus narraciones se desarrollaban en el continente americano. En uno de los momentos más importantes del libro, Jesucristo realiza una visita especial al Nuevo Mundo inmediatamente después de su resurrección para comunicar la buena nueva a su pueblo elegido, los que vivían en lo que más tarde se convertiría en Estados Unidos. Moroni entrega las planchas doradas a un profeta quintaesencialmente americano (Joseph), que recibe más tarde una revelación en la que Dios le hace saber que el Jardín de Edén había estado situado en América. Y cuando llegue el momento en que Jesús tenga que regresar a la Tierra, le asegura a Joseph, el Hijo del Hombre efectuará su advenimiento glorioso en esa misma parte de América.

Pero el mayor atractivo del mormonismo tal vez fuese la promesa de que se otorgaría a cada mormón una relación extraordinariamente íntima con Dios. Joseph enseñó a sus seguidores a recibir comunicaciones personales directas del Señor y los animó a buscarlas. La revelación divina constituyó el fundamento de la religión.

Dios se comunicó periódicamente con Joseph y también con sus seguidores. La transmisión de la verdad celestial se inició con el *Libro de Mormón*, pero no concluyó con él, ni mucho menos. El Señor siguió comunicando mandamientos periódicamente a Joseph y siguió revelando principios sagrados que era preciso revisar o modificar sin titubeos. De hecho, la idea de que cada profeta mormón recibe una orientación a través de una serie continuada de revelaciones ha sido y sigue siendo uno de los dogmas esenciales de esa religión. Estas revelaciones están recopiladas en un breve volumen titulado *Doctrina y convenios*, que ha sustituido en muchos sentidos al *Libro de Mormón* como el texto espiritual más importante de los santos de los Últimos Días.

Con estas Escrituras reveladas señalando el camino, Joseph dio a conocer su misión divina: su tarea consistiría en restaurar la Única Iglesia Verdadera del Señor y preparar así al mundo para el Segundo Advenimiento de Cristo, que era sin ninguna duda algo inminente. Joseph explicó a sus extasiados seguidores que ellos eran los Elegidos del Señor (el único pueblo de Dios, los verdaderos hijos e hijas de Israel), y cada uno de ellos estaba destinado a desempeñar un papel crucial en los últimos días que precederían al milenio inminente. Ellos eran, proclamó Joseph, los santos de los Últimos Días.

7

Una voz aún pequeña

La tradición reveladora del mormonismo generó enfrentamientos desde sus inicios. La doctrina de la revelación moderna y continuada, que inició Joseph Smith y que aceptaron casi todos los grupos que se dicen seguidores suyos, deja abierto el orden social a proclamaciones posteriores y contrarias que golpean el corazón mismo del orden eclesial. Si una persona puede hablar por Dios, ¿por qué no puede hacerlo otra? Al proclamar un diálogo continuado con la divinidad, Joseph Smith abrió la puerta a una fuerza social que difícilmente podría controlar.

RICHARD L. SAUNDERS,
«The Fruit of the Branch»,
Different Visions: Disenters in Mormon History

Sí, así dice una voz aún pequeña, que susurra a través de todas las cosas y las atraviesa, y hace a menudo temblar mis huesos cuando se manifiesta, diciendo: «Y he aquí que vendrá a suceder que yo, el Señor Dios, enviaré a uno poderoso y fuerte [...] para poner en orden la casa de Dios».

Doctrina y convenios, sección 85

La casa de ladrillo de la granja se alza sola, rodeada de campos cubiertos de nieve, en un valle de Utah escasamente poblado. Se alza la niebla de un río cercano en el frío de −13 °C. En el interior de la casa, hay un hombre alto de ojos azules, sentado a un escritorio despejado, que estudia un libro con unas gafas de lectura metálicas. Mientras él se acerca más a la página para entender el sentido de las líneas de letra impresa, entra por una ventana próxima la claridad invernal y brilla en la cúspide de su calva relumbrante, que está rodeada de un halo de cabello blanco y ralo. El hombre se llama Robert Crossfield, y el libro que atrae su atención con tanta intensidad se titula *El segundo libro de mandamientos*. Lo escribió y lo publicó él mismo. Con el otro nombre por el que se le conoce: el profeta Onías. Modelado a tenor de *Doctrina y convenios* (las revelaciones completas de Joseph Smith), *El segundo libro de mandamientos* es una recopilación de 205 revelaciones que Crossfield-Onías ha ido recibiendo del Señor desde 1961.

Crossfield es un mormón polígamo y fundamentalista, pero insiste en que su sistema de creencias constituye una rama de la fe mucho más bondadosa y compasiva que el fundamentalismo de Rulon Jeffs, Winston Blackmore o Dan Lafferty, tres hombres a quienes conoce íntimamente. Crossfield detesta, por ejemplo, la violencia. Y pese a que está convencido de la rectitud divina del matrimonio plural como principio revelado a Joseph Smith, cree que es pecado que un hombre fuerce a una mujer a casarse con él, o incluso que «pida» a una mujer que se case con él. Para que el matrimonio sea legítimo, debe ser la mujer quien elija al hombre en todos los casos.

Crossfield nació en el norte de Alberta en 1929, es hijo de un campesino que se arruinó intentando cultivar la tierra cedida por el Gobierno a los colonos en la pradera, al oeste de Edmonton. Robert contrajo tuberculosis a los diecinueve años y estuvo nueve meses ingresado en un sanatorio. Mientras guardaba cama se pasó horas interminables leyendo lo que le llevaban las enfermeras. Y uno de los libros que dejaron junto a su cama fue casualmente un ejemplar del *Libro de Mormón*. El joven Robert Crossfield, que no era religioso, impulsado por el aburrimiento, lo abrió y lo leyó.

«En la parte de atrás del *Libro de Mormón* —dice Crossfield— se promete que si lo lees con corazón sincero y preguntas al Señor si es verdadero, Él te manifestará la verdad que contiene mediante el don del Espíritu Santo. Pues bien, el Espíritu Santo vino a mí cuando lo acabé de leer, y me mostró con mucha fuerza que el libro era verdadero. Así que me convertí en miembro de la Iglesia mormona.»

Crossfield se convirtió en un santo activo y muy piadoso, se casó en el templo mormón y empezó a trabajar de contable para mantener a su creciente familia.

Luego, en marzo de 1961, cuando estaba trabajando con un libro contable en McLeod Mercantile, en Spruce Grove (Alberta), «la voz aún pequeña del Señor» vino de pronto a él, revelándole que había sido elegido para servir como portavoz de Dios... es decir, que era un profeta sagrado del Señor. En las primeras palabras que le dijo Dios aquel día ratificó la veracidad de *D & C* 132 y el principio del matrimonio plural.

Unos cuantos meses después de que Dios hablase con él por primera vez, Crossfield dejó Spruce Grove para convertirse en jefe administrativo de una cooperativa de granjeros de Creston (Columbia Británica), una pequeña población agrícola situada inmediatamente al norte de la franja de Idaho. Resultó que cerca de Creston había un rebaño de fundamentalistas aliados con los polígamos del PEU que vivían en lo que entonces se llamaba Short Creek (Arizona). Los polígamos de Creston, como sus hermanos de los Estados Unidos en la época, seguían las enseñanzas del profeta LeRoy Johnson, el humilde y queridísimo Tío Roy. Crossfield oyó hablar de los polígamos cuando llegó a Creston y sintió curiosidad. Empezó a asistir a sus reuniones de oración. Y enseguida se dio cuenta de que eran almas gemelas a la suya.

Debbie Palmer tenía seis años cuando Crossfield apareció en Bountiful. Lo recuerda como un hombre adusto y fantasmal, con la cara picada de viruela, que acudía a su casa para sostener largas discusiones teológicas con su padre. Recuerda que Crossfield era una presencia misteriosa que revoloteaba por los márgenes de la comunidad: «Cuando yo era pequeña, el profeta Onías (supongo que en aquella época aún se hacía llamar Robert Crossfield) parecía una persona extraña y tétrica. Mis amigas y yo estábamos aterradas ante la posibilidad de que nos obligasen a casarnos con él cuando cumpliésemos los catorce años». Crossfield causó una impresión mucho mejor a Ray Blackmore, a Tío Roy, al padre de Debbie y a los demás dirigentes fundamentalistas, que admiraban su franqueza y su integridad y que no tardaron en invitarle a incorporarse a su comunidad.

Dios siguió hablando a Crossfield durante el periodo que pasó en Creston Valley, y en el que se sumergió en la doctrina fundamentalista. La mayoría de esas revelaciones reiteraban básicamente las enseñanzas de Tío Roy, confirmando que los dirigentes de la Iglesia mormona oficial se habían «apartado de la voz del Señor» y habían traicionado algunos de los principios más importantes de Joseph Smith, incluido el principio sagrado del matrimonio plural.

En 1972, Crossfield había recibido 23 revelaciones significativas, que recogió en un solo libro titulado *El primer libro de mandamientos*. Pagó unos cuantos miles de dólares por su impresión y lo distribuyó en bibliotecas y librerías religiosas de Canadá y del Oeste de Estados Unidos. Pero uno de esos delgados ejemplares acabó en manos de Mark E. Peterson, «y así fue como dejé de pertenecer a la iglesia —explica Crossfield—. La orden vino directamente de lo alto. Fui expulsado de la Iglesia mormona. —De las profundidades de su pecho brota una risa tensa—. Yo amaba esa iglesia. Aún la amo, en realidad. Me proporcionaba una gran alegría asistir todos los domingos, y seguí yendo a la iglesia mucho después de que me excomulgaran. Pero acabaron diciéndome que no podía ir más».

El rechazo por parte de la Iglesia oficial fue considerado un hecho honroso por los fundamentalistas de Creston, que admiraban a Crossfield por la franqueza de sus ideas... hasta que Dios empezó a revelarle que también Tío Roy y los otros dirigentes del PEU se habían extraviado y estaban interpretando erróneamente varios puntos importantes de la doctrina sagrada. Hablando claro, en 1974 Dios explicó a Crossfield que su versión de la Única Iglesia Verdadera era correcta y la versión de Tío Roy, errónea.

Dios ya le había dicho en marzo de 1962, solo unos cuantos meses después de que empezase a asistir a las reuniones de oración de los polígamos de Creston: «Yo alzaré a uno poderoso y fuerte entre vosotros, que tendrá en su mano el cetro de la justicia, que hará pedazos a todos los que se opongan a Mi obra, pues la oración del recto no será desoída». Esto era una alusión directa a *D & C* 85, en que Dios reveló por primera vez a Joseph Smith que enviaría a «uno poderoso y fuerte» para «poner en orden la casa de Dios»[1] Aunque Crossfield nunca afirmó en público ser el «uno poderoso y fuerte», varias de las revelaciones que ha publicado dejan pocas dudas de que, al menos en privado, creía que él podría ser realmente «el uno».

1. Ha habido a lo largo de los años más de veinte fundamentalistas (figuran entre ellos Ron Lafferty, Rulon Jeffs y Brian David Mitchell, el secuestrador de Elizabeth Smart) que han dicho ser el «uno poderoso y fuerte» enviado por Dios para reinstaurar la doctrina del matrimonio plural y «poner en orden» la Iglesia mormona oficial moderna.

En un mandamiento que Crossfield recibió en 1945, Dios lo llamó por el nombre de Onías, le reveló que era el verdadero profeta y dirigente legítimo de la Iglesia de los Santos de los Últimos Días y le explicó que Onías había sido puesto en la Tierra específicamente «para poner en orden Mi Iglesia».[2] De acuerdo con Dios, Tío Roy y sus lugartenientes del PEU debían recibir órdenes de Crossfield-Onías.

Por supuesto, eso no sentó nada bien a Tío Roy ni al resto de los que dirigían los asuntos del PEU en Creston y en Colorado City. El jefe de los polígamos de Creston comunicó inmediatamente a Crossfield-Onías que su presencia ya no era grata en las reuniones de oración de Creston y fue expulsado del PEU. Onías no se dejó intimidar por ello y se trasladó a Idaho. Luego, a principios de la década de 1980, se instaló en un pueblecito de los alrededores de Provo (Utah).

El título oficial del jefe supremo de la Iglesia de los Santos de los Últimos Días (hoy como en los siglos anteriores) es «presidente, profeta, vidente y revelador». Esto se debe a que el mormonismo fue desde sus inicios una fe en la que la verdad religiosa y la autoridad eclesiástica se consideraban derivadas de una cadena interminable de revelaciones divinas.

Joseph Smith había destacado en principio la importancia de la revelación personal de Dios a cada uno de los fieles.

---

2. Onías era en el Antiguo Testamento un sumo sacerdote judío que vivió en Jerusalén dos siglos antes de Cristo. Se hizo famoso enfrentándose al tirano reinante, Antíoco Epifanes, y negándose a adorar sus ídolos. El rey lo castigó despojándolo del sacerdocio e instaló en su lugar al adulador Menelao. Onías respondió a esto formando un ejército de mil hombres, irrumpiendo en el templo de Jerusalén, destituyendo a Menelao y permitiendo a los judíos rendir culto de nuevo en el interior de sus muros sagrados. Casualmente (o tal vez no), Robert Crossfield había tenido un abuelo llamado William Onías Crossfield, nacido en Quebec en 1879.

Denigrando a las iglesias establecidas de la época, que se sentían más inclinadas a filtrar la palabra de Dios a través de jerarquías institucionales, dio instrucciones a los mormones de que buscasen directamente «impresiones del Señor», que deberían guiarles en todos los aspectos de la vida. Pero no tardó en percatarse de que esa política tenía un grave inconveniente: si Dios hablaba directamente a todos los mormones, ¿quién podía decir que las verdades que había revelado a Joseph tuviesen mayor validez que otras verdades que pudiese revelar a algún otro y que las contradijese? Si todo el mundo recibía revelaciones, el profeta se exponía a perder el control de sus seguidores.

Joseph actuó rápidamente para resolver este dilema, anunciando en 1830 (el mismo año en que se fundó la Iglesia mormona) que Dios le había hecho posteriormente otra revelación: «Nadie será elegido para recibir mandamientos y revelaciones en esta iglesia más que mi siervo Joseph Smith hijo». Pero el genio ya se había escapado de la lámpara. Joseph había enseñado a sus santos a recibir revelaciones personales y les había animado a buscarlas. Y la idea resultó inmensamente popular. A la gente le gustaba hablar directamente con Dios, sin intermediarios. Constituía uno de los aspectos más atractivos de la nueva iglesia de Joseph.

Así que, después incluso de que Joseph comunicase a sus seguidores que a partir de entonces tenían prohibido recibir mandamientos divinos relacionados con la doctrina de la iglesia, muchos de aquellos santos ignoraron tranquilamente el edicto y siguieron buscando la voz de Dios, para que les hablase tanto de cuestiones teológicas como de sus asuntos personales. La cuestión era que las palabras de Dios tendrían siempre mucho más peso que las de Joseph, y el profeta no podía hacer gran cosa al respecto. Esto explica en gran medida por qué desde 1830 se han escindido de la religión original de Joseph unas doscientas sectas mormonas cismáticas; en realidad, las sectas siguen escindiéndose constantemente. Las comunidades del PEU de Colorado City y de Creston son un ejemplo claro. Los seguidores de Robert Crossfield, el profeta Onías, son otro ejemplo... y uno de esos seguidores resultaría ser Dan Lafferty.

A una hora de Salt Lake City por la interestatal ocupa la llanura que se extiende entre el lago Utah y Pico Provo, de 3.350 metros de altura, la estólida ciudad de Provo. Se ufana de tener una población de algo más de cien mil habitantes y es capital del condado de Utah y sede del centro de formación de misioneros de la Iglesia mormona oficial (del que salen todos los años a hacer proselitismo por todo el mundo treinta mil jóvenes de ambos sexos) y de la Universidad Brigham Young (UBY), una especie de buque insignia de la enseñanza superior mormona, propiedad de la Iglesia oficial, que ejerce sobre ella un estrecho control.

Pasear por el recinto universitario de la UBY puede resultar una experiencia asombrosa para una persona habituada a la agitación multiétnica de Los Ángeles, Vancouver, Nueva York e incluso Denver: no se ve ni una sola pintada, todo está inmaculado. Más del 99 % de los treinta mil estudiantes son blancos. Todos los jóvenes mormones que encuentras están asombrosamente bien peinados e impecablemente vestidos. Los hombres tienen estrictamente prohibidos tatuajes, barbas y orejas (u otras partes del cuerpo) perforadas. Entre las mujeres están prohibidos los atuendos indecorosos y más de un solo agujero en cada oreja. Fumar, emplear expresiones profanas y tomar alcohol o incluso café son cosas también prohibidas. Los estudiantes no abandonan las aceras y se lanzan a cruzar por el césped cuando tienen prisa por llegar a clase a tiempo. Nadie se atrevería a pensar siquiera en intentar ganar unos segundos preciosos pisando un césped tan bien cuidado. Todo el mundo es alegre, cordial y extremadamente correcto.

La mayoría de los no mormones considera Salt Lake City el corazón geográfico del mormonismo. Pero en realidad la mitad de la población de Salt Lake es gentil, y muchos mormones consideran esa ciudad un lugar inicuo y pecaminoso, corrompido por los forasteros. Para los propios santos, el verdadero corazón del mormonismo está aquí, en Provo y en el condado de Utah que lo rodea, donde hay castos pueblecitos como Highland, American Fork, Orem, Payson y Salem, y donde la población es mormona en casi un 90%. En estos lugares se toma muy en serio el descanso dominical. Casi todos los negocios cierran los domingos, lo mismo que las piscinas públicas, incluso los días más calurosos de verano.

Esta parte del estado es demográficamente notable también en otros aspectos. La Iglesia mormona prohíbe el aborto, no mira con buenos ojos los métodos anticonceptivos y enseña que las parejas mormonas tienen el deber sagrado de procrear tantos hijos como puedan mantener, lo que explica en buena medida por qué el condado de Utah tiene el índice de natalidad más alto de Estados Unidos. Es superior, incluso, al de Bangladesh. Da la casualidad de que también se trata del condado más republicano del más republicano de los estados del país. No es ninguna casualidad que el condado de Utah sea un bastión no solo del mormonismo sino también del fundamentalismo mormón.

Salem es una comunidad agrícola situada casi veinte kilómetros al sur de Provo, donde los huertos de frutales y los patatales de la orilla este se rozan con las altas y fragosas montañas del Wasatch Front. Aquí es donde nació y se crio Dan Lafferty. Atrae la mirada desde varios kilómetros de distancia una estructura larga y gargantuesca adosada a una ladera muy pendiente que domina Salem: la legendaria Mina del Sueño, que atrajo al profeta Onías a la zona a principios de la década de 1980.

La Mina del Sueño fue la obra principal de un mormón pertenecien a la sal de la tierra llamado John Hyrum Koyle, que murió en 1949, a los ochenta y cuatro años. Koyle se contaba entre aquellos santos especiales que habían sido bendecidos con el don de la profecía. Había predicho el hundimiento de la Bolsa de 1929, el día exacto. Había profetizado la fecha en que acabaría la Segunda Guerra Mundial. Había predicho las devastadoras inundaciones que asolaron el norte de Utah treinta y cuatro años después de su muerte. Pero su profecía más notable y de más largo alcance se relacionaba con la Mina del Sueño.

El 27 de agosto de 1894 por la noche, el ángel Moroni (el mismo Moroni que había entregado las planchas de oro a Joseph Smith sesenta y siete años antes) se le apareció a Koyle en un sueño y lo guio hasta la cima de una montaña cercana, donde se abrió la tierra para admitirlos en sus profundidades. Moroni guio a Koyle por nueve enormes cavernas repletas de oro. Lo habían ocultado allí los nefitas (del *Libro de Mormón*), pero toda aquella riqueza los había hecho orgullosos y codiciosos, por lo que Dios se lo había quitado unos dos mil años atrás y lo había escondido en las profundidades de aquella montaña, junto con los antiguos archivos que documentaban toda la historia del pasado de los mormones.

Moroni informó a Koyle de que el oro permanecería oculto en la montaña hasta poco antes del segundo advenimiento de Cristo, cuando las civilizaciones más poderosas del mundo se habrían desmoronado y afligiría a toda la humanidad un conflicto terrible. En ese periodo de desesperación, Koyle desenterraría el oro de los nefitas y lo emplearía para socorrer a los fieles, lo que les permitiría sobrevivir a las privaciones de los últimos días. Moroni enseñó a Koyle el punto exacto en el que debería empezar a cavar y le aseguró que el oro acabaría desenterrándose allí... pero que eso no sucedería hasta que el segundo advenimiento fuese ya inminente.

Koyle presentó una adjudicación minera de la ladera oeste de Salem y empezó a cavar el 17 de septiembre de 1894. Por entonces se estaba produciendo en gran parte del oeste del país un aumento explosivo de las explotaciones mineras, así que a Koyle le resultó relativamente fácil encontrar apoyo financiero, casi todo procedente de mormones devotos que consideraban la Mina del Sueño una inversión espiritual sólida, y al mismo tiempo un medio infalible de hacerse rico. Acabaron vendiéndose unas setecientas mil acciones. A mediados de la década de 1940, se había excavado una galería de 720 metros por el interior de la montaña. El hecho de que aún no se hubiese descubierto oro no les preocupó demasiado ni a Koyle ni a los inversores: Moroni le había asegurado que las riquezas se descubrirían cuando estuviesen a punto de llegar los últimos días, no antes.

Sin embargo, las máximas jerarquías de la Iglesia mormona oficial no tenían una visión tan optimista de la mina de Koyle. La iglesia moderna considera, como la de los tiempos de Joseph Smith, que las revelaciones importantes se transmitirían a través del presidente, profeta, vidente y revelador oficial y de nadie más. Las autoridades eclesiales proclamaron insistentemente que Koyle era un falso profeta y advirtieron a los fieles de que no invirtiesen en la Mina del Sueño, pero muchos santos siguieron creyendo en la visión de Koyle. Finalmente, en 1948 la jerarquía de la Iglesia oficial excomulgó a Koyle, que murió un año después, abatido y humillado. Pero miles de seguidores suyos siguieron convencidos de que su profecía acabaría cumpliéndose... y aún siguen convencidos. El profeta Onías es uno de esos creyentes.

Onías oyó hablar por primera vez de la Mina del Sueño poco después de convertirse al mormonismo. Compró trescientas acciones de la mina, a tres dólares cada una, y convenció luego a su madre para que comprase otras trescientas acciones. A finales de la década de 1970, empezó a recibir revelaciones sobre la mina: el Señor le ordenó comprar tierra en Salem cerca de ella y construir allí una «Ciudad de Refugio», donde pudiesen vivir seguros los justos durante los Últimos Días, en los que se desataría el infierno a su alrededor.

Onías se trasladó al condado de Utah y pagó un adelanto de mil quinientos dólares sobre dos hectáreas situadas debajo de la entrada de la mina. En el camino hacia allí, se cruzó con Bernard Brady y Kenyon Blackmore, hombres de negocios locales, fogosos defensores de la Mina del Sueño, que poseían lujosas casas en una comunidad del más alto nivel inmediatamente contigua a la mina.

Brady es un hombre grueso y de cara sonrosada, de cincuenta y tantos años, que resulta agradable de trato. Es un vendedor nato y mantiene una actitud de infatigable optimismo que solo esporádicamente manifiesta algunas fisuras. Nació en una buena familia mormona de Malad City (Idaho, justo al norte de la frontera de Utah) y a los diecinueve años, a punto de iniciar una misión de dos años en Suiza, tuvo una experiencia que cambió su vida: antes de abandonar Malad, contrajo una grave reacción alérgica a una inoculación rutinaria.

«Me sentí muy raro y muy débil en cuanto me pusieron las inyecciones —recuerda—. Tuve que sentarme. Me dieron un poco de zumo de naranja y empecé a sentirme mejor, así que salí del consultorio del médico y volví al trabajo.»

Pero poco después de volver al trabajo, que consistía en llenar sacos de harina en el molino de la familia, empezó a sentirse muy mal, y le pidió a su madre que lo llevase a casa.

«Era un día de agosto de mucho calor —dice—, pero yo sentía un frío tremendo, como si fuese a morirme congelado. Así que mi madre me metió en la cama, me tapó con muchas mantas y luego fue a llamar al médico. De pronto dejé de respirar. Se me cortó del todo la respiración. Luego me di cuenta de que el techo se acercaba a mí, se acercaba cada vez más. Tardé unos instantes en darme cuenta de que no era el techo el que se movía [...], quien se movía era yo. Estaba flotando. Me volví, miré hacia abajo y vi allí mi cuerpo en la cama, debajo de mí. Pero lo que mejor recuerdo es la sensación abrumadora de paz y de bienestar y de amor [...], que todo estaba bien en el mundo. Nunca había sentido algo así. Era absolutamente fascinante.

»Cuando estaba ya a punto de chocar con el techo y atravesarlo me dije a mí mismo: "Aquí hay algo que no está bien. Tendría que respirar". Así que me ordené respirar. Y en cuanto lo hice, volví a sentirme inmediatamente en la cama, dentro del cuerpo, y empezaron a llenárseme de aire los pulmones. Pero después de exhalar no funcionó automáticamente la respiración, volvió a pararse. Así que pensé: "Bueno, será mejor que lo haga otra vez". Y volví a hacerlo unas tres veces, obligándome a respirar cada vez. Luego ya el cuerpo se hizo por fin cargo del asunto y empecé a respirar otra vez automáticamente.

»Pero cuando empecé a respirar me sentí muy mal otra vez, muy enfermo, cuando unos segundos antes me había sentido tan bien, flotando por la habitación.»

Cuando Brady recobró la conciencia, su madre lo llevó inmediatamente al hospital. Después de pasar una noche allí se recuperó del todo. Pero su experiencia de proximidad a la muerte le causó una profunda impresión que ha seguido con él desde entonces de forma muy vívida. Cuando flotaba sobre su cuerpo en los estertores del choque anafiláctico, Dios dejó de ser una noción abstracta. Había sentido directamente Su presencia y ansiaba volver a experimentar aquella sensación abrumadora de lo divino en su fe mormona.

Antes de conocer al profeta Onías, Brady llevaba varios años distanciándose cada vez más de la Iglesia oficial. Estaba desanimado por la falta de pasión religiosa que veía en la mayoría de los mormones a quienes conocía. Había demasiados miembros en la iglesia que le parecía que se limitaban a pasar por el ritual, que la consideraban más que nada una organización social y no un instrumento de iluminación espiritual. Luego, a finales de la década de 1970, Brady conoció a Kenyon Blackmore y se asoció con él en la venta de inversiones en paraísos fiscales y otros instrumentos financieros que prometían a los especuladores beneficios increíblemente elevados.

«Ken me intrigaba, la verdad —dice Brady—. No había conocido a nadie que supiese tanto del mormonismo como él. Pero decía que no era mormón. Luego, cuando llevaba ya unos seis meses trabajando con él, un día fui y le dije que fuese sincero conmigo: "¿Cómo puedes saber todo lo que sabes sin pertenecer a la Iglesia de los Santos de los Últimos Días?". Entonces él respiró hondo y empezó a explicarme todo lo del fundamentalismo.»

Blackmore resultó ser un polígamo de origen canadiense. No estaba afiliado directamente al PEU ni a ningún otro grupo fundamentalista, pero uno de sus primos carnales era Winston Blackmore, que había conseguido recientemente convertirse en jefe de los polígamos de Bountiful (Columbia Británica) y del que Onías había sido amigo en tiempos. En realidad, dos hijas de Onías estaban casadas con hermanos de Winston Blackmore y primos, por tanto, de Kenyon Blackmore.

«Ken fue la primera persona que me habló del fundamentalismo mormón —continúa Brady—. Me impresionó mucho todo aquello: todas aquellas cosas que había revelado Joseph Smith, pero que la Iglesia moderna había abandonado. Fui a casa y compartí con mi mujer lo que me había contado Ken. Nos hicimos los dos muchas preguntas sobre si aquello era verdad o no. Pasamos por un periodo intenso de investigación, ayuno y oración. Al final nos convencimos los dos de que el mensaje fundamentalista era básicamente verdadero; y si era verdadero, no podíamos ignorarlo. Esa era la disposición mental en que me encontraba cuando conocí al profeta Onías, es decir, a Bob Crossfield.»

Como Brady era accionista de la Mina del Sueño, tenía conocimiento de las profecías de John Koyle, una de las cuales hablaba de un «hombre de complexión liviana, con el cabello blanco, que vendría del norte, al que se unirían los accionistas y que introduciría notables cambios en la mina y en su entorno». Esto parecía predecir la llegada de Onías a Salem, en opinión de Brian. Casualmente, en la época en que conoció a Onías, este se hallaba en proceso de crear una institución llamada Escuela de los Profetas, e invitó a Brady a convertirse en uno de los seis primeros asesores de la escuela.

Esta escuela tenía como modelo una institución del mismo nombre que había fundado Joseph Smith en 1832. Onías se proponía que fuese un instrumento para inculcar principios mormones cruciales que habían sido desdeñados por la Iglesia oficial mormona moderna: el matrimonio plural, el principio de que Dios y Adán, el primer hombre, eran uno y el mismo, y la supremacía por decisión divina de la raza blanca. Todo lo cual formaba parte del menú fundamentalista habitual. Pero había un aspecto de la Escuela de los Profetas de Onías que la diferenciaba de los dirigentes de otras sectas polígamas: instruía a sus seguidores para que aprendieran a recibir revelaciones divinas. De hecho, enseñar este arte sagrado (que había sido muy practicado por los mormones en los tiempos de Joseph, pero que la Iglesia moderna había abandonado casi por completo) era el principal objetivo de la escuela. Onías pretendía restaurar el don de la revelación enseñando a los santos del siglo xx a oír la «voz aún pequeña» de Dios, que, como explicaba Joseph en la sección 85 de *Doctrina y convenios*, «susurra a través de todas las cosas y las atraviesa y a veces hace temblar mis huesos».

Brady, fortalecido por las ideas de Onías, se dedicó a reclutar alumnos dignos para la escuela. Uno de ellos resultó ser un individuo llamado Watson Lafferty hijo.

«Era verdaderamente una persona de calidad —asegura Brady—. Y, además, dijo que tenía cinco hermanos que eran exactamente iguales que él. Así que los conocí y me pareció que toda la familia Lafferty era sobresaliente. Todos tenían convicciones firmes, pero sobre todo el hermano mayor de Watson, Dan. Él se esforzaba por ayudar al prójimo mucho más que la mayoría de la gente. Y era único por la fuerza de su deseo de hacer lo que era significativo, hacer lo que era justo. Una mentira inocente de vez en cuando es algo que no tiene importancia para la mayoría. Pero para Dan sería inconcebible.»

Brady hace una pausa y asoma a su rostro una expresión de hondo pesar. Por un momento, parece a punto de echarse a llorar. Recobra la compostura con visible esfuerzo y continúa diciendo, con voz titubeante:

«Así que presenté a Dan Lafferty a Bob Crossfield. Considerándolo ahora, fue una desgracia que fuese yo el catalizador que unió a Bob con los Lafferty. Pero así fue.»

8

El Pacificador

En una época en la que los economistas dan por sentado que
la gente equipara el bienestar con el consumo, un número creciente de personas parecen dispuestas a cambiar ciertas libertades
y ventajas materiales por una sensación de orden inmutable y el
arrobamiento de la fe.

Eugene Linden,
The Future in Plain Sight

Dan Lafferty se crio con sus cinco hermanos y dos hermanas
en una granja de una hectárea y media al oeste de Salem
(Utah) y fue a la escuela de la cercana Payson. Su padre, Watson Lafferty, había sido barbero de un portaaviones en la Segunda Guerra Mundial. Después de la guerra se matriculó en
un colegio de quiropracticantes, acogiéndose a las ayudas
para estudios que concedía el Gobierno a los que se licencia-
ban del Ejército. Tras completar su formación, abrió un establecimiento donde se combinaban los servicios quiroprácticos con los de barbería y salón de belleza en los bajos de su
casa, y se dedicó a educar a sus hijos para que fuesen unos
santos de los Últimos Días ejemplares.

Watson Lafferty dedicaba muchísimo tiempo a pensar en
Dios. También dedicaba muchísimo tiempo a pensar en el
Gobierno y en cuál debía ser la relación adecuada entre el pri-

mero y el segundo. Estaba muy influido por las ideas de Ezra Taft Benson, el destacado apóstol mormón, un acosador de rojos que apoyaba a la John Birch Society y que en 1961 proclamó que había una «insidiosa infiltración de agentes comunistas y simpatizantes en casi todos los sectores de la vida del país».[1] Las marcadas tendencias derechistas de las ideas políticas de Watson, así como su extrema piedad, hicieron notorio al patriarca Lafferty incluso en el archiconservador y ultramormón condado de Utah.

Dan califica a su padre de hombre de «voluntad fuerte»; dice que era una «persona muy individualista» y «estricto en un montón de cosas». En realidad, Watson Lafferty era un temible partidario de la disciplina estricta que no vacilaba en zurrar a sus hijos y a su esposa Claudine para imponer sus normas. Los hijos solían presenciar el castigo cuando Watson le pegaba a Claudine, una esposa reservada y sumisa a la que Dan describe como «una mujer buena y una madre excelente». También estaban presentes los hijos cuando Watson mató al perro de la familia a golpes de bate de béisbol.

Una de las convicciones más arraigadas de Watson Lafferty era la profunda desconfianza que le inspiraba la medicina convencional. Cuando la hermana mayor de Dan, Colleen, tuvo un ataque de apendicitis agudo siendo una niña, su padre se empeñó en tratarla en casa con oraciones y remedios homeopáticos. Hasta que la apendicitis desembocó en peritonitis y el peligro de muerte fue inminente, no accedió a regañadientes a llevar a su hija al hospital. Él mismo murió en 1983 por negarse a recibir tratamiento médico para la grave diabetes que padecía.

Pese a que Watson era un padre violento e intransigente, Dan lo quería y lo admiraba muchísimo. Sigue considerándolo

---

1. Benson, que fue ministro de Agricultura con el presidente Eisenhower, acabó convirtiéndose en presidente y profeta de toda la Iglesia mormona oficial, cargo que ostentó desde 1985 hasta 1994, año en que murió.

un modelo extraordinario: «Tuve la suerte de criarme en una familia muy feliz y muy especial —afirma—. Nunca nos faltó nada. Mis padres se querían de verdad y estaban pendientes el uno del otro». Dan recuerda que su padre solía llevar a su madre a bailar y «era frecuente oír a mi padre preguntar a mi madre si le había dicho últimamente que la amaba». En una ocasión en que Dan asistía a los oficios del templo de Provo con la familia (todos ataviados con el atuendo blanco del templo, y hombres y mujeres sentados a distintos lados del pasillo), recuerda que su padre se inclinó para preguntarle en un susurro si había visto «alguna vez a alguien tan bello como mi madre», que estaba sentada con las mujeres al otro lado. Dan recuerda vívidamente que su madre parecía «angelical y radiante» en la claridad celestial del recinto sagrado del templo.

Según Dan Lafferty, sus padres situaron a «su familia en el centro mismo de su vida, junto con la Iglesia de Jesucristo de los Santos de los Últimos Días». Los Lafferty pertenecían a una congregación de la cercana comunidad de Spring Lake, dice Dan, y rendían culto en «una iglesia perfecta, de postal, a la orilla de un lago, con solo unas cuantas casas alrededor. En aquel lago aprendí a pescar y a nadar. Y en invierno hacíamos fiestas de patinaje sobre el hielo con la familia y los amigos». El joven Dan era un santo de los Últimos Días modélico, virtuoso y cumplidor, «lanzado adelante por la autopista hacia el cielo», como dice él. «Era un 110%. Cantaba en el coro. Pagaba siempre el diezmo; de hecho, pagaba siempre un poco más, solo para asegurarme de que conseguiría llegar al reino más alto de la gloria.»

Aunque el padre de Dan se atenía rígidamente a la doctrina mormona, no podía considerársele fundamentalista. «No creo que se mencionase nunca la palabra "poligamia" cuando yo era pequeño. Nunca cruzó por mi mente siquiera esa idea. La primera vez que hablé con alguien de la poligamia fue sobre un grupo de misioneros de Francia que fueron excomulgados después de estudiar juntos la sección 132 y decidir que la poligamia era un principio que debería practicarse. Todavía recuerdo que me dije: "¿Cómo puede sacrificar alguien su pertenencia a la iglesia por ese principio viejo y olvidado?"», explica.

Cuando terminó la enseñanza media, Dan se fue en una misión de dos años a Escocia; allí conoció a Matilda Loomis, una madre divorciada con dos hijas pequeñas, que le impresionó mucho. Seis años después de regresar de su misión, se tropezó por casualidad con Matilda en una reunión misional.

«Yo estaba haciéndome ya mayor por entonces. Y mi padre y mi hermano mayor Ron me habían estado diciendo que tenía que casarme. Había conocido a muchas chicas encantadoras, pero siempre que rezaba para saber si debía casarme con ellas, me daba cuenta de que ninguna era la adecuada. Así que entonces me encontré con Matilda en aquella reunión y pensé: "Bueno, debería rezar para saber si tengo que casarme con ella antes de que se vuelva a Escocia, si es eso lo que tiene pensado Dios para mí". Y esa vez me quedé muy sorprendido al recibir una respuesta positiva a mis oraciones. Así que le dije a Matilda que teníamos que casarnos.

»Creía que sería muy embarazoso intentar explicar que Dios quería que fuese mi esposa, y estaba preocupado porque no sabía cómo reaccionaría ella. Así que me sorprendió mucho cuando contestó: "Sí, ya lo sé". Yo le dije: "¿Qué quieres decir con eso de 'ya lo sé'?". Y ella me explicó entonces que Dios le había dicho que viniese a América precisamente por esa razón, para casarse. Me dijo que estaba esperando que se lo pidiera.» Dan y Matilda se convirtieron en marido y mujer al cabo de tres meses en el templo de Provo y se trasladaron a California con las niñas de Matilda para que Dan pudiese matricularse en el colegio de quiroprácticos de Los Ángeles.

Un domingo, casi al final de sus cinco años en California, Dan y Matilda oyeron por casualidad a un miembro de su parroquia de la Iglesia mormona dar una charla sobre el matrimonio plural. Dan recuerda: «Durante la charla, aquel tipo dijo: "Bueno, veamos, que levanten la mano todos los que procedan de una familia polígama". Y solo fuimos unos cuatro los que no levantamos la mano de toda la congregación. Eso me llamó mucho la atención. Así que decidí aprender todo lo posible sobre la poligamia».

Cuando Dan completó su formación como quiropráctico, regresó con su familia al condado de Utah y se embarcó allí en una vigorosa investigación de la historia polígama de los santos de los Últimos Días. Husmeando en las colecciones especiales de la biblioteca de la Universidad Brigham Young una tarde, encontró un manuscrito mecanografiado de 51 páginas de un ensayo del siglo XIX que alababa el matrimonio plural: *Un extracto de un manuscrito titulado* El Pacificador o las doctrinas del milenio, *consistente en un tratado sobre religión y jurisprudencia. O un nuevo sistema de religión y de política.* Lo había escrito un personaje misterioso llamado Udney Hay Jacob. La página del título del folleto indicaba que se había publicado en 1842 en Nauvoo (Illinois), y que el impresor era nada menos que el propio Joseph Smith.

El Pacificador exponía un complejo fundamento bíblico de la poligamia, que se proponía como un remedio para los innumerables males que aquejaban a las relaciones monógamas y, por extensión, a toda la humanidad. Parte de ese remedio era asegurar que las mujeres se mantuviesen adecuadamente sumisas, que era lo que se proponía Dios. Según el tratado:

> El gobierno de la esposa se asigna por tanto al marido según la ley de Dios. Porque él es la cabeza. Yo no tolero, dice el Señor, que una mujer dé lecciones a un hombre ni usurpe su autoridad, sino que debe estar sometida [...].
>
> Una comprensión correcta de este asunto y una ley adecuada que se aplicase apropiadamente, restaurarían la paz y el or-

den en esta nación. Devolverían al hombre su verdadera dignidad, autoridad y gobierno de la creación terrenal. Pondría pronto en buen orden el círculo doméstico y establecería una jefatura adecuada sobre las familias de la Tierra, junto con el conocimiento y restitución de toda la ley penal de Dios, y sería un medio de expulsar a Satanás, sí, de expulsar a Satanás del pensamiento humano [...].

Caballeros, las damas se ríen de vuestra presunta autoridad. Ellas, muchas de ellas, rechazan la idea de que seáis los señores de la creación [...]. Nada más alejado, en general, del pensamiento de nuestras esposas que la idea de someterse a sus maridos en todas las cosas, y de reverenciarlos. Ridiculizarán audazmente la idea de considerarlos con sinceridad en sus corazones los amos y señores. Pero Dios les ha exigido concretamente esto.

Porque la esposa se considera propiedad del marido, lo mismo que su sirviente, su sirvienta, su buey y su caballo [...].

Es evidente que abandonando el sagrado principio del matrimonio plural se ha dado origen a un catálogo interminable de delitos que no podrían haber existido nunca de otro modo; y que existen en este momento en estos Estados. Los maridos abandonan a sus esposas, y suelen maltratarlas brutalmente. Los padres abandonan a sus hijos; las doncellas son seducidas y los que las seducen las abandonan después; las esposas son envenenadas y asesinadas por sus maridos; los maridos son asesinados por sus esposas. Se mata cruelmente a los recién nacidos para ocultar la falsa vergüenza creada por la falaz, inicua y tiránica ley contra la poligamia [...].

Mientras que, por otra parte, la poligamia regulada por la ley de Dios, tal como se expone en este libro, no podría producir ni un solo crimen; no podría perjudicar a ningún ser humano. La estupidez de las naciones cristianas modernas por lo que a este tema se refiere es pasmosa y horrible [...].

La cuestión no es ya discutir si todo eso es así; tampoco tiene mucha importancia quién escribió este libro. La cuestión, la cuestión trascendental es: ¿restaurarás ahora la ley de Dios en esta cuestión tan importante y la respetarás? Recuerda que la ley de Dios se da por inspiración del Espíritu Santo. No oses pronunciar ni una sola palabra contra Él.

Como Joseph Smith aparecía en la página del título como el impresor de *El Pacificador*, como el tratado reflejaba fielmente sus enseñanzas y concluía con esa declaración críptica de que no era cuestión de «mucha importancia quién escribió este libro», los investigadores y otros que no lo son hace mucho que piensan que tal vez el autor fuese Joseph. Determinar quién había escrito *El Pacificador* sí era una cuestión importante para Dan Lafferty. «Yo quería saber realmente si aquello lo había escrito Joseph Smith —dice—. Así que estudié y recé y al cabo de un tiempo el Señor me concedió conocimiento suficiente para convencerme del todo de que lo había escrito Joseph Smith [...]. No es que sepa seguro que fue Joseph Smith, pero me sorprendería que no hubiese sido él.»

El hecho de que *El Pacificador* pareciese obra del profeta hizo a Dan especialmente receptivo a las ideas que se exponían en sus páginas. Con todo el celo que cabría esperar de un «110%», no tardó en aplicar las estrictas normas fundamentalistas del libro en su propia casa, que incluía ya por entonces a Matilda, a las dos hijas que esta tenía de su matrimonio anterior y a los cuatro hijos que habían tenido ella y Dan. De acuerdo con las nuevas normas, no se permitía ya a Matilda conducir vehículos, manejar dinero ni hablar con nadie que no fuese de la familia no estando Dan presente. Y tenía que llevar siempre vestido. A los hijos se les sacó de la escuela y se les prohibió jugar con sus amigos. Dan decretó que la familia no debía recibir cuidados médicos externos. Empezó a tratarlos a todos él mismo por medio de la oración, el ayuno y hierbas medicinales. En julio de 1983, cuando nació su quinto hijo, varón, Dan asistió a Matilda en el parto en casa y circuncidó él mismo al niño.

Empezaron también a cultivar muchos de los alimentos que consumían, buscando el resto en los contenedores que había detrás de las tiendas de alimentación y de los supermercados, donde se echaban habitualmente los artículos caducados y el pan duro que no se había vendido. Dan desconectó el gas y la electricidad. En casa no se permitía otro tipo de publicaciones que las revistas y los libros de la Iglesia mormona. Dan se deshizo incluso de los relojes, considerando que debían «regirse por el espíritu». Cuando Matilda le desobedecía, Dan le daba unos azotes.

Dan empleaba la expresión «dar unos azotes», pero, según Matilda, lo que hacía era pegarle, y acostumbraba a hacerlo delante de su suegra, de sus cuñados y de todos sus hijos. Y después le advertía de que si seguía desobedeciendo la echaría de casa y se quedaría sin hijos, que, según los principios expuestos en *El Pacificador*, eran propiedad del padre. Dan proclamó también que se proponía tomar otras esposas y practicar el matrimonio espiritual a la primera oportunidad que se presentase. Y la primera mujer que se propuso tomar como esposa plural fue la hija mayor de Matilda... su propia hijastra.

«Yo había llegado a un punto en que no había ya elección posible —declararía más tarde en el juicio Matilda—. Mis opciones eran marcharme y dejar a mis hijos, o aceptarlo y quedarme.»

Decidió quedarse.

Según Matilda, los primeros años de su matrimonio habían sido «un periodo muy feliz y de muchas esperanzas [...]. Y luego el matrimonio simplemente se desintegró [...]. Soñaba con que él se muriese para poder librarme de aquello». Por entonces, añadió, su vida se había convertido en «algo infernal».

SEGUNDA PARTE

Los afanosos cuadros de burócratas que dirigen el crecimiento de la Iglesia mormona en el mundo [...] son los descendientes espirituales de aquellos pioneros mormones profundamente disciplinados.

La Iglesia mormona, entonces y ahora, se apoya en una obediencia absoluta a la autoridad jerárquica y a la garantía de la revelación de lo alto [...].

La doctrina de la obediencia parece en principio oponerse al individualismo estadounidense y un tanto ajena al protestantismo en general; y lo es. Sin embargo, la frontera estadounidense donde surgió el mormonismo se ha caracterizado siempre por actitudes contradictorias hacia el individualismo. Podría ser mortífero en un lugar donde la cooperación y, más aún, la obediencia absoluta del género de la que practicaban entonces los mormones, y siguen practicando hoy, constituyan el único medio de supervivencia. La supervivencia solía ser asunto colectivo o no ser posible en absoluto, una lección que no perdieron de vista los mormones de generaciones posteriores.

Aunque su imagen contemporánea pueda ser una imagen de rectitud conservadora, mentalidad irremediablemente burguesa y cultura media-baja, matizada con el pasado polígamo decimonónico de la iglesia y su negativa hasta la década de 1970 a abandonar el racismo oficial, la preocupación institucional de la iglesia desde su origen ha sido la pura supervivencia.

Kenneth Anderson,
«The Magic of the Great Salt Lake»,
suplemento literario del *Times*, 24 de marzo de 1995

Es casi imposible escribir obras de ficción sobre los mormones debido a que sus instituciones y su sociedad son tan peculiares que exigen constantes explicaciones.

Wallace Stegner,
Mormon Country

9

Haun's Mill

Soportar la persecución se convirtió en la enseña distintiva de pertenencia a la iglesia. Era la prueba de la fe y de que uno había sido elegido. Al final de su estancia en Missouri, los mormones habían acumulado una larga lista de pruebas que conmemorar [...].

La oposición da valor a la lucha e inculca seguridad en uno mismo [...]. Es difícil imaginar una Iglesia mormona triunfante sin sufrimiento, sin alentarlo, sin recordarlo. La persecución tal vez fuese la única fuerza que podía permitir crecer a la iglesia recién nacida.

R. LAURENCE MOORE,
Religious Outsiders and the Making of Americans

La religión embrionaria de Joseph Smith no fue acogida con los brazos abiertos por todo el mundo cuando hizo su debut el mormonismo. La primera reseña del *Libro de Mormón*, que apareció en el *Daily Advertiser* de Rochester el 2 de abril de 1830 (cuatro días antes de que la iglesia de Joseph se constituyera legalmente), tipifica la reacción a la nueva fe entre muchos de los que vivían al oeste de Nueva York. La reseña empieza así: «Nos han puesto en las manos el *Libro de Mormón*. Jamás se ha realizado una impostura más vil. Es un testimonio de falsedad, sacrilegio y credulidad que escandaliza tanto a los cristianos como a los moralistas».

La fama generalizada que tenía Joseph de ser un charlatán, junto con una serie de rumores maliciosos sobre su «Biblia dorada», habían alimentado la hostilidad hacia él en toda la región de Palmyra. En diciembre de 1830, Joseph tuvo una revelación en la que Dios, indicando la atmósfera hostil que había en Nueva York, le ordenó trasladar su rebaño a Ohio. Así que los santos de los Últimos Días hicieron las maletas y cambiaron de lugar, asentándose al este del Cleveland actual, en una población llamada Kirtland.

En Ohio, los mormones se encontraron con unos vecinos relativamente hospitalarios; pero en el verano de 1831, el Señor reveló a Joseph que Kirtland era simplemente una estación de paso y que «la tierra que yo he señalado y consagrado para la reunión de los santos» era en realidad la frontera de Missouri. Dios explicó que el noroeste de Missouri era uno de los lugares más sagrados de la Tierra: el Jardín del Edén no había estado situado en Oriente Medio como creían muchos, sino en el condado de Jackson, en Missouri, cerca de lo que en el siglo XIX se había convertido en la ciudad de Independence. Y era también allí donde efectuaría Cristo su regreso triunfal antes de que se acabase el siglo. Joseph obedeció los mandatos del Señor, dando instrucciones a sus seguidores de que se trasladaran todos al condado de Jackson para empezar a edificar allí una Nueva Jerusalén. Pronto empezarían a acudir santos al noroeste de Missouri, y seguirían llegando allí en número creciente durante 1838.

La gente que ya vivía en el condado de Jackson no se sintió muy feliz ante aquella afluencia monumental. Los inmigrantes mormones procedían en su mayor parte de los estados del nordeste y eran partidarios de la abolición de la esclavitud. Los habitantes de Missouri solían tener raíces sureñas (muchos eran además propietarios de esclavos) y las tendencias abolicionistas de los mormones despertaban en ellos profundos recelos. Pero lo que más alejaba a la pobla-

ción del condado de Jackson de los mormones era su impenetrable espíritu de clan y su convencimiento arrogante de ser
los elegidos: los santos insistían en que eran el pueblo escogido por Dios, que les había otorgado un derecho divino a reclamar el noroeste de Missouri como su Sión.

Todo lo que hacían los mormones parecía aumentar el
recelo de la gente de Missouri. Los santos utilizaron bonos de
la iglesia para comprar grandes extensiones de terreno en el
condado. Solo comerciaban con otros santos siempre que era
posible, arruinando con ello los negocios locales. Votaban
como un bloque uniforme, obedeciendo rigurosamente las
directrices de Joseph, y como su número aumentaba sin cesar
amenazaban con dominar la política regional. Una carta publicada en 1833 en un periódico de Fayette, que reflejaba ese
temor, común a todos los habitantes de Missouri, advertía:
«No está muy lejano el día [...] en que el *sheriff*, los alguaciles
y los jueces del condado sean mormones».

Los mormones estaban muy dispuestos a aceptar a los
gentiles que desearan convertirse, pero tenían poco interés en
relacionarse con los que no querían saber nada del plan divino
para la humanidad. Joseph predicaba algo que él denominaba
«libre actuación». Todo el mundo era libre de aceptar si se
ponía del lado del Señor o del lado de la perversidad. Era una
decisión absolutamente personal... pero ¡ay de los que deci-
diesen mal! Si elegías a sabiendas rechazar al Dios de Joseph
y a los santos, no merecías absolutamente ninguna simpatía ni
ninguna piedad.

Esta mentalidad polarizadora («Si no estás con nosotros,
estás contra nosotros») quedó reforzada por una revelación
que tuvo Joseph en 1831, en la que Dios ordenó a los santos que se reunieran «para regocijarse sobre la tierra de Missouri, que es la tierra de vuestra herencia, que es ahora la tierra
de vuestros enemigos». Cuando la gente de Missouri empezó
a tener noticia de esa orden divina, la consideraron una decla-

ración de guerra, impresión que pareció quedar confirmada por un artículo publicado en un periódico mormón donde se prometía que los santos pisotearían «literalmente las cenizas de los inicuos después de haberlos exterminado y barrido de la faz de la Tierra».

En la década de 1830 el noroeste de Missouri era aún un territorio indómito habitado por personajes rudos y resueltos. Los habitantes del condado de Jackson reaccionaron inicialmente a lo que consideraban una amenaza celebrando asambleas ciudadanas, aprobando resoluciones antimormonas y exigiendo que las autoridades civiles tomasen cartas en el asunto. Cuando vieron que nada de esto contenía la marea de santos, los ciudadanos de Independence decidieron resolver el asunto por su cuenta.

En julio de 1833, una multitud armada de quinientos habitantes de Missouri embrearon y emplumaron a dos santos de los Últimos Días y destruyeron una imprenta porque un periódico mormón había publicado un artículo considerado claramente partidario del punto de vista antiesclavista. Tres días después, la misma multitud rodeó a nueve dirigentes mormones y los obligó, bajo amenaza de muerte, a firmar una declaración prometiendo abandonar el condado en el plazo de un año. En otoño, grupos de matones saquearon diez casas, mataron a un santo y apedrearon a muchos más.

Luego, una gélida noche de noviembre, grupos de «vigilantes» aterrorizaron sistemáticamente todos los asentamientos mormones de la región. Después de zurrar despiadadamente a los hombres, sacaron de sus casas a mil doscientos santos y los obligaron a correr para salvarse en la fría oscuridad. La mayoría huyó hacia el norte cruzando el Missouri. Y no volvieron nunca al condado de Jackson.

Joseph deploraba la violencia y durante casi cinco años prohibió a los mormones responder a los ataques, a pesar de que continuaron produciéndose. Pero en el verano y el otoño de 1838, la tensión entre los gentiles y los diez mil santos que había ya en Missouri alcanzó una masa crítica.

En 1836, la cámara legislativa de Missouri, con la esperanza de reubicar a los santos en un lugar apartado y evitar así el derramamiento de sangre, había elegido el condado escasamente poblado de Caldwell como zona de asentamiento mormón, instando a la mayoría de los santos de Missouri a trasladarse allí y abandonar los condados adyacentes más hostiles. En 1838, los mormones habían adquirido del Gobierno federal unas cien mil hectáreas en ese condado y habían creado una próspera ciudad a la que habían llamado Far West.

Al principio, el éxodo hacia el condado de Caldwell pareció aliviar la tensión entre mormones y gentiles. Pero en el verano de 1838 surgieron problemas en el vecino condado de Daviess, donde los mormones habían desbordado la frontera y habían empezado a establecer gran número de asentamientos. El 6 de agosto era día de elecciones en Missouri. Por la mañana, cuando se abrieron las urnas en Gallatie, la capital del condado de Daviess, un candidato *whig* a la cámara legislativa del estado, William Peniston, se subió a un barril y se dirigió a la muchedumbre proclamando a gritos que los mormones eran «cuatreros, mentirosos, falsificadores y tontos». Otro individuo, con la intención de impedir que unos treinta mormones presentes depositaran sus votos, dijo a voces que los mormones no deberían tener más derecho a votar «que los negros».

La retórica incendiaria incitó a un borracho a pegarle a un diminuto zapatero mormón llamado Samuel Brown. Cuando acudieron a ayudarlo otros mormones, estalló una pelea terrible. Los santos, que estaban en aplastante minoría, consiguieron pese a todo, blandiendo garrotes, piedras, látigos y cuchillos, superar a los gentiles y ahuyentarles, dejando gravemente heridos a muchos. Pero fue una victoria pírrica. Los enfurecidos ciudadanos de Gallatie juraron que pagarían a los mormones con la misma moneda.

Durante las dos semanas siguientes los gentiles lanzaron una campaña de acoso y violencia contra los mormones del condado de Daviess, obligando a la mayoría de ellos a abandonar sus casas. Finalmente, el 14 de octubre, Joseph reunió en Far West a varios centenares de seguidores en la plaza y los instó a responder a la agresión. El profeta proclamó enfurecido:

> Somos un pueblo agraviado. Nos han ido expulsando de condado en condado turbas sin escrúpulos ansiosas de apoderarse de la tierra que nosotros hemos despejado y mejorado con tanto amor y con tanto trabajo. Hemos apelado a magistrados, jueces, al gobernador e incluso al presidente de Estados Unidos, pero nadie nos ha resarcido [...].
>
> Si la gente nos deja en paz, predicaremos en paz el Evangelio. Pero si vienen a molestarnos, estableceremos nuestra religión por la espada. Aplastaremos a nuestros enemigos y haremos correr la sangre desde las montañas Rocosas al océano Atlántico. Seré para esta generación un segundo Mahoma, cuyo lema para buscar la paz era: «El Corán o la espada». Así que el nuestro será de momento: «¡Joseph Smith o la espada!».[1]

1. Joseph no fue la única persona que trazó paralelismos entre los profetas fundadores del mormonismo y el islam. La mayoría de esas comparaciones las hicieron los críticos gentiles con el propósito de denigrar a los santos y su fe, pero también los que simpatizaban con la iglesia de Joseph señalaron ciertas similitudes indiscutibles. Entre esos simpatizantes figuraba sir Richard F. Burton, famoso aventurero y libertino del siglo xix, que tenía un amplio conocimiento directo de las culturas islámicas. Cuando visitó Salt Lake City poco después de que llegasen allí los mormones, Burton comentó que el mormonismo, «como el islam», proclamaba ser «una restauración por revelación de la religión pura y primigenia del mundo». En 1904, el prestigioso historiador alemán Eduard Meyer pasó un año en Utah estudiando a los santos, y llegó a predecir: «Lo mismo que Arabia habría de ser la herencia de los musulmanes, Estados Unidos habría de convertirse en la herencia de los mormones». Y en 1932 George Arbaugh,

Era un discurso apasionado y los mormones reaccionaron
en consecuencia. Empezaron a atacar poblaciones gentiles,
dando rienda suelta a una cólera que llevaban años acumulando, apoderándose de víveres, ganado y objetos de valor, y
quemando unas cincuenta casas de gentiles.

Los habitantes de Missouri, furiosos, respondieron con
contraataques, destruyendo varias casas mormonas. Once
días después de que Joseph llamase a las armas murieron en
una escaramuza tres santos y un gentil. La carnicería se exa-
geró mucho, empeorando aún más las cosas, en una carta
inflamada al gobernador de Missouri, Lilburn Boggs, en la
que se decía falsamente que los santos habían matado a cincuenta gentiles. Después de leerlo, Boggs (que había ganado
las elecciones para gobernador en 1836 con una plataforma
antimormona) cursó una orden hoy considerada infame al
general en jefe de las milicias de Missouri en la que le decía:
«Los mormones deben ser tratados como enemigos y deben
ser exterminados o expulsados del estado, si es necesario para
la paz pública. Sus atrocidades exceden toda posible descripción».

Pocos días después tres compañías de las milicias de Missouri, al mando del coronel Thomas Jennings, lanzaron un
ataque por sorpresa contra un asentamiento mormón llamado
Haun's Mill. Al final de la tarde del 30 de octubre de 1838,
cuando el sol «estaba bajo y brillaba rojo en un hermoso cielo
del veranillo de San Martín», unas veinticinco familias mormonas que estaban trabajando en los campos vieron con
asombro cómo aparecían de pronto doscientos cuarenta sol-

---

después de reconocer en un libro titulado *Revelation in Mormonism* que «se
han malinterpretado y exagerado las similitudes entre el islam y el mormonismo», continuaba diciendo, sin embargo: «El mormonismo es una de las
evoluciones innovadoras más audaces de la historia de las religiones. Sus
pretensiones teocráticas agresivas, sus aspiraciones políticas y el uso de la
fuerza lo emparentan con el islam».

dados que salían de los bosques del entorno, apuntaban con sus mosquetes y disparaban al unísono contra ellos.

El jefe de los mormones, comprendiendo que su comunidad estaba mal armada y que no tenía ninguna posibilidad frente a una superioridad numérica tan aplastante, agitó inmediatamente un sombrero y gritó que quería rendirse. Pero los gentiles hicieron caso omiso de sus peticiones de clemencia y siguieron disparando, provocando el pánico entre los santos. Muchos mormones se dispersaron por bosques y matorrales próximos, pero tres muchachos y quince hombres buscaron refugio dentro de la herrería del asentamiento. Entre los troncos de las paredes de la herrería había grandes rendijas, y los gentiles se dedicaron a disparar contra los mormones a través de ellas como si fueran cerdos encerrados en un corral. A medida que morían más santos, los gentiles se iban acercando más a la herrería, hasta que metieron ya los cañones de las armas entre los troncos y siguieron disparando a quemarropa al montón de cuerpos gemebundos.

Cuando se dieron cuenta de que ya no se movía nada dentro, entraron y encontraron a un niño de diez años, Sardius Smith, acurrucado bajo los fuelles. El niño les pidió que no lo mataran, pero uno de los gentiles, llamado William Reynolds, le puso el arma en la cabeza. El hermano más pequeño de Sardius, a quien había atravesado la cadera una bala, pero que sobrevivió fingiéndose muerto debajo de los cadáveres, explicó más tarde que otro gentil había suplicado a Reynolds que no matara a Sardius, que era solo un niño, a lo que Reynolds contestó diciendo que había que exterminar a los niños mormones porque «las liendres se harán piojos». Y luego le descerrajó fríamente un tiro en la cabeza.

Murieron en total dieciocho santos en la herrería y en sus alrededores. El suceso pasó a conocerse como «la matanza de Haun's Mill», y quedó grabado en la memoria colectiva de los santos de los Últimos Días. Los mormones aún siguen hablando de ella más de ciento sesenta años después con indignación y con una cólera que no ha disminuido.

Joseph Smith estaba a unos cien kilómetros de distancia de donde se produjo la matanza supervisando la defensa de Far West, que estaba siendo rodeada por diez mil soldados de Missouri. Le llegó la noticia del desastre al día siguiente por la noche y lo sumió en la más negra desesperación. Aquel enfrentamiento había derivado en el transcurso de los meses en choques cada vez más sangrientos, y Joseph había estado cavilando sin llegar a tomar una decisión sobre si debía optar por continuar con la violencia o si debía intentar poner fin pacíficamente al conflicto. Después de la matanza de Haun's Mill parece ser que el profeta se dio cuenta de que, si emprendía una guerra declarada contra los gentiles, él y sus seguidores serían aniquilados.

Inmediatamente después de tener esta epifanía, Joseph envió a cinco mormones a hablar con los gentiles y «suplicó como un perro la paz». El general de las milicias de Missouri les informó de que solo había un medio de que los santos evitasen la aniquilación inminente: tenían que entregar sin dilación a Joseph y a otros seis jefes mormones para que respondiesen de las acusaciones de traición, tenían que indemnizar a los perjudicados por las propiedades que habían saqueado y destruido, tenían que entregar todas las armas de que disponían y tenían que abandonar después el estado de Missouri.

Las condiciones eran muy duras, pero Joseph no tuvo más remedio que aceptarlas. Se dirigió a los fieles en Far West y, procurando poner al mal tiempo buena cara, les dijo: «Me ofreceré como un sacrificio para salvar vuestras vidas y salvar la iglesia. Levantad el ánimo, hermanos míos. Rezad mucho al Señor y decidle que libre a los que os dirigen de sus enemigos. Os bendigo a todos en el nombre de Cristo».

Los santos se rindieron el 1 de noviembre. Las autoridades de Missouri detuvieron a Joseph, a su hermano Hyrum y a otros cinco dirigentes mormones, les hicieron comparecer precipitadamente ante un tribunal militar y los consideraron culpables de traición, un delito que se castigaba con la pena de muerte. El general de Missouri Alexander Doniphan recibió la orden siguiente: «Señor, conducirá usted a Joseph Smith y a los otros prisioneros a la plaza pública de Far West y los fusilará mañana por la mañana a las nueve en punto».

Pero Doniphan era un hombre excepcional que se regía por principios y se negó a cumplir la orden. Joseph y los suyos eran ciudadanos estadounidenses y Doniphan sabía que era ilegal que los militares juzgasen en sus tribunales a civiles y los ejecutasen sumariamente. Dijo que se negaba a participar en semejante pantomima de justicia y escribió una nota a su jefe inmediato que decía: «Es un asesinato a sangre fría. No obedeceré su orden [...]; ¡si ejecuta usted a esos hombres, le haré responsable, con la ayuda de Dios, ante los tribunales!».

Gracias a la valerosa actitud de Doniphan, se pospuso la ejecución de los mormones y Joseph por el momento se salvó. Pero los santos se vieron obligados a cumplir todas las demás condiciones de la rendición y, una vez desarmados, se convirtieron en una presa fácil para los habitantes de Missouri que querían vengarse. Sus propiedades fueron saqueadas, sus cabañas, destruidas y convertidas en leña para el fuego, les mataban el ganado a tiros por diversión, pegaban a los hombres cuando querían, y se informó de violaciones de niñas y mujeres. Y para coronar todo esto, se les comunicó que solo tenían unos meses (hasta la primavera de 1839) para abandonar el estado.

Aquel fue un invierno difícil para los santos. Mientras soportaban el hambre y un frío intenso y preparaban su marcha forzosa de Missouri, Joseph seguía encerrado con otros nueve dirigentes mormones acusados de asesinato y de traición. El profeta se mantuvo firme en su actitud, y escribió indignado desde la cárcel, advirtiendo: «Los asesinos de Haun's Mill, la orden de exterminio del gobernador Boggs y el proceder unilateral e infame de la cámara legislativa, han condenado al estado de Missouri por toda la eternidad».

Con el paso del invierno, la opinión pública empezó a inclinarse a favor de los santos. En varios periódicos del estado se dieron detalles de la matanza de Haun's Mill, lo que provocó peticiones de que se hiciese una investigación. Se publicaron en toda la región artículos favorables a los mormones. El hecho de que Joseph y sus correligionarios siguieran presos empezó a resultar embarazoso para el gobernador Boggs, para el legislativo y para los funcionarios locales, cada vez más reacios a presentar a los acusados ante un tribunal, por miedo a que fuesen absueltos.

Para salvar la cara, las autoridades animaron al *sheriff* responsable de la vigilancia de los mormones encarcelados a aceptar un soborno de ochocientos dólares, emborracharse y quedarse oportunamente dormido, dejando escapar a los presos. El 16 de abril de 1839, Joseph y sus nueve compañeros de celda se deslizaron en la noche y huyeron campo a través a reunirse con el resto de los santos, la mayoría de los cuales habían completado por entonces su éxodo de Missouri y estaban ya seguros al otro lado de la frontera, en el estado de Illinois.

1O

Nauvoo

Si nuestra teoría del valor de la revelación afirmase que cualquier libro, para poseerlo, tiene que haberse escrito automáticamente o no según el libre capricho del autor, o que no ha de contener ningún error científico o histórico, ni expresar pasiones locales o personales, la Biblia probablemente no saliese bien librada de nuestra inspección. Pero, en cambio, si nuestra teoría aceptase que un libro puede muy bien ser una revelación a pesar de errores y pasiones y de una composición humana deliberada, siempre que sea una crónica veraz de las experiencias interiores de individuos de alma grande que batallan con su destino, el veredicto sería mucho más favorable.

WILLIAM JAMES,
Las variedades de la experiencia religiosa

Nauvoo, que se extiende por una llanura de piedra caliza al lado de las aguas pardas de cieno del Mississippi, es una población pequeña y pulcra, con poco en apariencia que la diferencie de los centenares de pulcras poblaciones que salpican la región central del país. Un mes después de escapar de la cárcel de Missouri, Joseph Smith contempló la ribera de la majestuosa curva del río y decidió que la capital del Reino de Dios se erigiría concretamente allí, en el condado de Hancock, en el estado de Illinois.

El emplazamiento, un promontorio bajo de la orilla oriental del río, era un sector de ciénaga palúdica «tan húmedo», según el propio Joseph, «que solo con suma dificultad se podía atravesar a pie y era completamente intransitable para las yuntas [de bueyes]». Pero el lugar tenía dos atributos que mitigaban esto: estaba casi deshabitado y el propietario estaba dispuesto a vender a crédito terreno a los santos. Llegaron a un acuerdo, iniciaron la construcción con la laboriosidad mormona característica y al cabo de cinco años vivían en Nauvoo y en su entorno más de quince mil elegidos del Señor (diez veces más que su población actual), lo que lo convertía en el segundo municipio de Illinois. Los santos crearon de la nada una ciudad que rivalizaba con Chicago.

Nauvoo, a diferencia de Chicago, no era una simple ciudad. Era un principado teocrático, bajo la autoridad de Joseph, que ostentaba derechos soberanos y poderes únicos no solo en Illinois, sino en todo el país. Esos derechos especiales se le otorgaron en una carta sumamente insólita, que aprobó discretamente la asamblea general de Illinois en diciembre del año 1840, un periodo en que ese estado quería atraer a colonos dispuestos a trabajar duro que contribuyesen al desarrollo de su economía; además, los mormones gozaban entonces de muchas simpatías por su reciente expulsión de Missouri.

La consecuencia involuntaria de esto fue que Illinois entronizó a Joseph como emperador *de facto* de una ciudad-estado autónoma propia. Se había ungido él mismo oficialmente como «rey, sacerdote y gobernante de Israel en la Tierra». Tenía a sus órdenes una milicia bien armada y rigurosamente disciplinada, la Legión de Nauvoo, que se ufanaba de contar con casi la mitad de los efectivos que tenía el Ejército de la nación en aquella época, y luego, ansioso de disponer de más poder militar, solicitó además la autorización del Congreso federal para crear una fuerza de combate de cien mil hombres que estaría bajo su control personal.

El Congreso no se arriesgó a aprobar esta última petición, pero de todos modos Joseph tenía una buena racha. Cosa que a él no debía de sorprenderle demasiado, considerando que creía que su iglesia era la Única Iglesia Verdadera del Señor y que lo guiaba la mano de Dios. Convencido de esto y deseoso de extender su influencia a todo el país, en enero de 1844 proclamó su candidatura a la presidencia de Estados Unidos.[1]

Aunque los historiadores coinciden todos ellos en que Joseph «tenía las posibilidades de una bola de nieve en el infierno» de ganar las elecciones de noviembre, según la expresión del investigador jacksoniano Robert Remini, no está claro que el propio Joseph compartiese ese punto de vista. Al fin y al cabo, había conseguido mucho más de lo que se podía suponer cuando había fundado su nueva y peculiar iglesia en Palmyra catorce años atrás. Lo cierto es que se tomó muy en serio la campaña presidencial y envió a 586 de sus misioneros más capaces y persuasivos (incluidos diez miembros del Quórum de los Doce Apóstoles) a los veintiséis estados y al Territorio de Wisconsin, para que consiguieran apoyos a su candidatura para el más alto cargo de la nación.

Es posible que Joseph presentase su candidatura a la presidencia porque hubiese llegado a creer que era el único medio de que sus santos pudiesen obtener alguna vez protección del estado contra las terribles persecuciones a las que habían estado sometidos en todos los sitios en los que quisieron establecerse. Tras haber intentado en vano varias veces persuadir a los funcionarios elegidos de que el Gobierno tenía una obligación moral y legal de proteger a los mormones de las turbas violentas que querían acabar con ellos, es muy posible que

1. Los adversarios de Joseph eran el candidato *whig* Henry Clay, el demócrata James K. Polk y James G. Birney, del Partido de la Libertad. Polk acabó siendo el ganador de unas elecciones sumamente reñidas con un 48,1 % de los votos, derrotando a Clay solo por 38.367.

Joseph decidiese que su único recurso era ocupar él mismo la Casa Blanca.

Veneraba la Constitución de Estados Unidos, que consideraba un documento inspirado por Dios. Se había quejado durante muchos años de que los dirigentes políticos no cumplían con su deber de salvaguardar la libertad que la Constitución otorgaba a los mormones para practicar su religión sin tener que soportar el acoso y cosas peores por parte de la mayoría religiosa. Sin embargo, Joseph demostró repetidamente de palabra y de obra que tenía muy poco respeto por las creencias religiosas de los no mormones, y que no era probable que respetase los derechos constitucionales de otros credos si llegaba a la presidencia y fuese él quien dirigiese el espectáculo.

Para que los mormones llegasen a convertir Nauvoo en un animado centro de iniciativa empresarial y devoción tuvieron que superar antes grandes obstáculos. En 1839 y 1840, antes de que drenasen las ciénagas, asolaron el asentamiento epidemias de malaria y de cólera que acabaron con la vida de cientos de santos, incluidos el padre y un hermano del profeta. Y la hostilidad de los habitantes de Missouri siguió asediando a Joseph y a sus seguidores mucho después de que hubiesen sido expulsados del estado.

Joseph había conseguido escapar de la cárcel, pero aún había acusaciones contra él en Missouri. Se le consideraba un fugitivo de la jusicia, por lo que corría el peligro constante de que lo extraditasen para hacerlo comparecer en juicio. Había una recompensa por su cabeza. Llegaron a Illinois *sheriffs* de Missouri, en dos ocasiones por lo menos, provistos de órdenes judiciales para detener a Joseph. En mayo de 1841, una partida al mando de un *sheriff* consiguió sorprender al profeta fuera de Nauvoo, lo detuvo y estuvo a punto de cruzar con él la frontera de Missouri, pero Joseph consiguió que lo dejasen en libertad mediante un recurso de *habeas corpus*. Fue un incidente muy desagradable y aquel acoso provocó la cólera de Joseph. En un discurso público que pronunció poco después de esa detención de 1841 dio rienda suelta a su indignación profetizando que el gobernador retirado de Missouri Lilburn Boggs (el despreciado archienemigo de los santos) moriría «a mano airada en el plazo de un año».

La noche del 6 de mayo de 1842, Boggs estaba leyendo el periódico en el estudio de su casa de Independence cuando un pistolero apostado fuera, en la oscuridad, le disparó cuatro veces por la ventana. Dos balas le alcanzaron en el cuello y las otras dos le atravesaron el cráneo y se alojaron en el lóbulo izquierdo del cerebro. Todo el mundo supuso que moriría y los periódicos de todo el país informaron de su fallecimiento. Casi todos esos periódicos suponían que el asesino había sido un mormón que se había sentido impulsado a dar cumplimiento a la profecía de Joseph Smith.

El arma con la que habían disparado contra el gobernador apareció cerca de su casa, abandonada en un charco. La investigación determinó que la pistola había sido robada hacía muy poco de un almacén local. El tendero explicó al *sheriff*: «Yo creí que se la habían llevado los negros. Pero aquel hombre al que contrató Wards, el que solía trabajar con el semental, vino a verlo justo antes de que desapareciera». El «hombre contratado por Wards» era un consumado caballista de Nauvoo llamado Orrin Porter Rockwell. Había llegado a Independence unos dos meses antes y se había largado de allí después del atentado contra Boggs.

La noticia de la muerte de Boggs resultó prematura. Consiguió recuperarse de las graves lesiones cerebrales. Los periódicos tenían razón, sin embargo, respecto al presunto asesino: Rockwell era casi con seguridad el autor de los disparos y era mormón. Se trataba de un individuo que no tenía miedo a nada y que era además un ferviente devoto del profeta. Y se estaba convirtiendo ya en un personaje legendario por su predisposición a derramar la sangre de quienes habían sido injustos con la iglesia, dándoles así una oportunidad de expiar sus pecados, una práctica que se convertiría en la tarea de su vida y que movería a los admirados mormones a bautizarlo como el Ángel Destructor y el Sansón Mormón.

Es posible que Joseph no ordenara a Rockwell matar a Boggs, pero la mayoría de los fieles consideraban que era obligación sagrada de un santo ayudar a que se cumpliesen las profecías si se presentaba la oportunidad. Una vez que el profeta había profetizado la muerte de Boggs, nadie tenía que decirle a Rockwell lo que tenía que hacer. Pocos habitantes de Missouri (y tal vez aún menos los santos río arriba, en Nauvoo) dudaban de que la tentativa de asesinato era obra del Ángel Destructor de la Mormonidad, pero ni Rockwell ni ningún otro santo hubieron de comparecer nunca en juicio por ese hecho.

Mientras tanto, la vida en Nauvoo proseguía a un ritmo acelerado. La ciudad de los santos experimentaba un progreso económico espectacular. Parecía que los mormones habían encontrado al fin en las orillas del gran río un asiento seguro desde el que difundir por todas partes la religión de Joseph. Él y sus seguidores habían recorrido un camino impresionantemente largo en los diecisiete años transcurridos desde que Moroni le confiara a Joseph las planchas doradas. Y llegaban a Nauvoo nuevos conversos a la Iglesia mormona en número cada vez mayor, muchos de ellos procedentes de lugares tan lejanos como Inglaterra y Escandinavia.

El Segundo Gran Despertar había seguido su curso lentamente, impulsado por elocuentes y apasionados profetas que recorrían el país propagando sus creencias. Casi todos estos nuevos credos proporcionaban respuestas tranquilizadoras a los misterios de la vida y la muerte y prometían a los conversos que se verían recompensados por su devoción, pasando el futuro inmediato en la prosperidad. Pero casi ninguna de las nuevas iglesias consiguió establecer un cuerpo perdurable de seguidores. La mayoría de ellas hace mucho ya que fueron olvidadas. ¿Por qué triunfó entonces la nueva religión de Joseph mientras tantas de sus competidoras desaparecieron casi sin dejar rastro? Hubo, por supuesto, numerosas razones por las que el mormonismo resultó tan atractivo para tanta gente. Pero la más notoria probablemente fuese la fuerza colosal de la personalidad de Joseph.

El carisma es una cualidad difícil de definir, y aún más difícil de explicar. Pero Joseph lo tenía en abundancia. El término se deriva del griego *kharisma*, que significa 'gracia' o 'don divino', del que procede la palabra latina *charisma*, que se define como 'don del Espíritu Santo'. Su significado ha evolucionado a lo largo de los siglos y raras veces se vincula hoy a la santidad, pero el tipo de carisma de Joseph parece haberse correspondido con la definición original. Joseph estaba imbuido de ese magnetismo sumamente raro que han poseído los dirigentes religiosos más célebres de la historia: un poder espiritual extraordinario que siempre parece rodeado de un gran misterio y de un gran peligro. La incandescencia personal de Joseph ha perdido poca intensidad en el periodo de más de un siglo y medio transcurrido desde su muerte. Aún se la puede ver relampaguear en los ojos de sus santos.

En toda religión existe la tendencia a que el devoto reinvente a su profeta fundador como una deidad idealizada, ocultándolo y protegiéndolo tras una coraza mítica impenetrable. Los mormones no son diferentes de los fieles de otras sectas a ese respecto, y han hecho todo lo posible por eliminar cualquier mancha en los retratos de Joseph que ofrecen al mundo. Pero, a diferencia de Moisés, Jesús, Mahoma y Buda, Joseph fue un profeta moderno que brilló en la era brillantemente iluminada de la declaración jurada y de la imprenta. Como muchos de los que sintieron el atractivo de su inmenso encanto dejaron testimonio escrito de sus observaciones, no ha sido tan fácil borrar del registro histórico su humanidad imperfecta.

El hecho de que sigamos teniendo acceso a él como una persona real, con virtudes y defectos, hace que resulte más fácil sentir empatía y simpatía hacia Joseph. Permite también captar vislumbres fascinantes de lo que mueve a un genio religioso.[2] Según Fawn Brodie, biógrafa de Joseph, el profeta era de una apostura física fascinante:

> Era alto, fuerte y, según los criterios ordinarios, muy agraciado, salvo por la nariz aguileña y prominente. Tenía los ojos azules y grandes y las pestañas, larguísimas, daban a su mirada un aire velado y un poco misterioso [...]. Cuando hablaba con mucho sentimiento se ponía muy pálido, con una palidez aterradora, casi luminosa [...]. No era un hombre normal.

Cuando Joseph se dirigía a una multitud, tenía la habilidad de hacer que cada individuo tuviese la impresión de que era a él o a ella a quien hablaba el profeta personalmente. Parecía percibir cuáles eran las necesidades espirituales de cada santo (las esperanzas, aflicciones y anhelos más profundos de toda la congregación) y luego pronunciaba un sermón que se ajustaba en perfecta sincronía con las esperanzas personales de cada uno. Así es como Juanita Leavitt Brooks, eminente historiadora mormona, describe la primera vez que un

2. «Genio religioso» es una caracterización muy acertada que propuso William James, introduciéndola genéricamente en la primera conferencia recogida en *Las variedades de la experiencia religiosa*. La tomó prestada Harold Bloom unos noventa años después en su libro *La religión en los Estados Unidos* como un modo perfecto de describir a Joseph Smith.

converso llamado John D. Lee oyó predicar al profeta en Missouri en 1838:[3]

> Lee había acudido dispuesto a dejarse impresionar, pero la realidad superó sus expectativas. Le pareció que Joseph Smith adquiría cuando se dirigía al público una majestuosa apostura que lo hacía parecer más alto del 1,80 que medía y más apuesto e imponente que un hombre normal. Atraía todas las miradas y se apoderaba de todos los corazones solo por magnetismo de su personalidad y manejaba a la congregación como si fuera un instrumento musical sensible a su más leve roce.

A Fawn Brodie le impresionaron las descripciones de la «espléndida seguridad en sí mismo» de Joseph:

> El éxito creciente había servido para potenciar su audacia y su exuberancia. El ansia de vivir que irradiaba de él inspiraba siempre a los suyos el sentimiento de la riqueza de la vida. Le seguían servil y devotamente, aunque solo fuese para calentarse en el resplandor de su presencia.
>
> Edificaban para él, predicaban por él y hacían increíbles sacrificios por cumplir sus órdenes, no solo porque estaban convencidos de que era un profeta de Dios, sino también porque lo amaban como hombre. Se emocionaban cuando ganaba en una competición de lucha con la misma intensidad con que podían sentirse sobrecogidos cuando dictaba una nueva revelación. Relataban una y otra vez historias de su generosidad y su ternura, maravillándose de que diese de comer a tantos pobres de Nauvoo con una generosidad sin límites y que recibiese igual a amigos y enemigos. Era un anfitrión generoso, cordial y afable con

---

3. Lee perdería su buena fama en 1857, después de que los santos emigraran a Utah, por su participación en la matanza de Mountain Meadows.

todos los que llegaban, y de una lealtad inquebrantable con sus amigos.

Brodie, convencida de que la popularidad de la Iglesia mormona se debía sobre todo al singular carisma de Joseph, insiste en que el *Libro de Mormón* «vive hoy por el profeta, no él por el libro». Tal vez. Pero no debería menospreciarse el atractivo de la nueva teología que introdujo. La inspirada reelaboración que hizo Joseph de la narración cristiana tradicional tuvo mucho que ver con el rápido crecimiento de su credo.

La doctrina mormona es para los creyentes, claro está, la palabra indiscutible de Dios. Sin embargo, esa palabra se transmitió por mediación de un instrumento humano (Joseph Smith) que poseía un instinto teológico extraordinario. El mormonismo apareció en el lugar preciso y en el momento preciso para explotar un nicho maduro que se había abierto en la ecología espiritual en constante cambio de la nación. Muchos estadounidenses estaban insatisfechos con las religiones anquilosadas del Viejo Mundo. Joseph predicó un mensaje fresco, que era exactamente lo que un gran número de personas estaba deseando oír. Calibró el anhelo colectivo y conformó intuitivamente sus ideas de manera que se ajustasen a las dimensiones precisas de ese deseo incipiente.

Joseph tenía respuestas convincentes para los problemas existenciales más espinosos; respuestas que eran explícitas y confortantes al mismo tiempo. Ofrecía una noción clara como el cristal de lo bueno y lo malo, una definición sin ambigüedades de lo verdadero y lo falso. Y aunque su perspectiva fuese absolutista e inflexible, constituía una alternativa más suave y amable al calvinismo, que había sido el *statu quo* eclesial de los primeros años de la República. Los calvinistas enseñaban que la humanidad era malvada por naturaleza y que estaba constantemente vigilada por un Dios iracundo inclinado a hacer pagar a los humanos por el pecado original de Adán. Advertían de que los fuegos del infierno eran reales; predicaban que el sufrimiento era bueno.

En la cosmología más optimista de Joseph, el pueblo elegido de Dios (los mormones) era intrínsecamente virtuoso (aunque estuviese rodeado de maldad) y no necesitaba pagar por nada. Ganar dinero era un objetivo correcto y justo: el Señor sonreía a los ricos, y a quienes aspiraban a serlo. Y todo el que decidiese obedecer a las autoridades eclesiásticas, recibir el testimonio de Jesús y seguir unas cuantas normas simples podía ir subiendo en la escala hasta convertirse en la otra vida en un dios con todas las de la ley, en rector de su propio mundo. «Joseph no era un profeta de cilicio», comenta Fawn Brodie.

Él creía en la buena vida, en que había que disfrutar con moderación de la comida y la bebida, y de juegos y diversiones ocasionales y de un buen espectáculo o una grata velada. Y el que consiguiese disfrutar plenamente él mismo no lo privó de la acción de la que lo rodearon los suyos. Cualquier atribución de una conducta impropia se disolvía ante su encanto personal. «Hombre es el que puede sentir alegría» había sido uno de los primeros pronunciamientos significativos del *Libro de Mormón* y nunca se había apartado de esa creencia. Era sociable, extravertido y le gustaba la gente. No es ninguna casualidad que su teología desechase al final todo rastro de calvinismo y se convirtiese en una ingeniosa mezcla de espiritualismo y materialismo, que prometía en el cielo una continuación de todos los placeres terrenales: trabajo, salud, relaciones sexuales y poder.

La religión en ciernes de Joseph era al mismo tiempo un reflejo de los ideales jacksonianos de la época y una retirada reaccionaria frente a ellos. Por una parte, Joseph era un adalid del hombre común y una espina en el costado de la elite rectora, pero, por otra, el confuso batiburrillo de ideas que había invadido el país le inspiraba un profundo recelo, y lo ponía nervioso la inconstancia del Gobierno democrático. Su iglesia era un intento de erigir una muralla contra la plétora de libertad de la modernidad, su celebración sin trabas de lo individual. Las restricciones y seguridades tranquilizadoras del mormonismo (su veneración del orden) atraían como un refugio frente a la complejidad y las múltiples inseguridades del siglo xix.

El nuevo enfoque del cristianismo que hacía Joseph emocionaba a sus seguidores. Sus novedosas doctrinas llenaban de energía a los conversos y las innovaciones no cesaban: los mormones podían ver cómo iba tomando forma ante sus propios ojos su iglesia, en todo tipo de formas nuevas y fantásticas. A mediados de la década de 1840, cuando Nauvoo estaba en pleno florecimiento, Joseph había recibido 133 mandamientos divinos que eran lo suficientemente sólidos como para fijarlos para la eternidad en *Doctrina y convenios* y que reflejaban una evolución significativa en la teología mormona. La religión practicada en Nauvoo era muy distinta en varios aspectos importantes de la religión practicada en Palmyra cuando se creó inicialmente la iglesia. Y ninguno de esos cambios tendría mayores repercusiones que el mandamiento que Joseph reseñó el 12 de julio de 1843 (canonizado en *D & C* como la sección 132), y que estuvo a punto de acabar con la iglesia, trajo consigo la muerte de Joseph en un linchamiento y ha seguido reverberando en la sociedad de este país desde entonces. Porque en *D & C* 132 Dios reveló la «nueva y eterna alianza» del matrimonio plural, una costumbre que los no mormones conocen más comúnmente como «poligamia».

11

El principio

Fue en Kirtland [...] donde Joseph inició delicados tanteos con una de las costumbres fundamentales de la sociedad occidental. Él contemplaba esa sociedad con un distanciamiento singular que solo puede darse en un hombre convencido de su propia autoridad básica y poseído por un anhelo de remodelar el mundo para que se ajustase más a los deseos de su corazón. Nada había tan sagrado que no pudiera reorganizarse con una nueva utilidad o una nueva belleza.

La monogamia le parecía (como les ha parecido a muchos hombres que, aunque no hayan dejado de amar a sus esposas, han llegado a hastiarse de la exclusividad conyugal) una forma de vida insoportablemente circunscrita. «Siempre que veo a una mujer bonita —dijo una vez a un amigo— tengo que rezar pidiendo gracia.» Pero Joseph no era un libertino despreocupado que pudiese darse por satisfecho con amantes clandestinas. Había en él demasiado del puritano y no pudo descansar hasta redefinir la naturaleza del pecado y erigir un espléndido edificio teológico en apoyo de sus nuevas teorías sobre el matrimonio.

FAWN BRODIE,
No Man Knows My History

Cuando, a principios de la década de 1980, Dan Lafferty encontró un ejemplar de *El Pacificador* en la biblioteca de la Universidad Brigham Young, se convenció enseguida de que lo había escrito Joseph Smith, utilizando el seudónimo de Udney Hay Jacob. El libro se había impreso en Nauvoo en 1842, en la imprenta del profeta. Pero es probable que Dan Lafferty se equivocase respecto a la autoría. Udney Hay Jacob no era ninguna aparición; ese nombre no era ningún seudónimo. Existió realmente y la mayoría de los investigadores creen que fue Jacob y no Joseph Smith quien escribió *El Pacificador*. Pero la mayoría de esos investigadores reconocen también que el tratado nunca lo habría publicado la imprenta de la iglesia, con el nombre de Joseph en la página del título, si el profeta no hubiese apoyado totalmente su contenido. Aunque Joseph no fuese el autor de *El Pacificador*, fue casi con seguridad responsable de la concepción y la publicación del mismo.

Joseph llevaba considerando la poligamia, y su lugar en el orden cosmológico, desde la fundación de la iglesia como mínimo. Pero se resistía a mencionar un tema tan delicado a sus santos por miedo a que retrocedieran espantados. Por la época en que los mormones se establecieron en Nauvoo pensó que podrían por fin estar preparados para «recibir el principio». Y parece ser que publicó *El Pacificador* como una especie de tanteo. Según John D. Lee, que vivía en Nauvoo cuando apareció el folleto, «Joseph, el profeta, encargó a un hombre llamado Sidney Hay Jacobs [sic] que seleccionase los pasajes de la Biblia correspondientes a la poligamia o matrimonio celestial y que los escribiese en forma de folleto y propugnase esa doctrina. Esto lo hizo para tantear a la gente, para preparar el camino al matrimonio celestial».[1]

1. «Matrimonio celestial», «desposorio espiritual» y «matrimonio plural» son algunas de las expresiones que acuñó Joseph Smith como eufemismos de «poligamia».

Desgraciadamente, el tanteo no produjo la reacción deseada. *El Pacificador* provocó un gran revuelo que indujo a Joseph a afirmar, falsamente, que había sido publicado «sin mi conocimiento», añadiendo: «Si lo hubiese sabido, no lo habría imprimido». La protesta por el folleto obligó al profeta a formular firmes ataques públicos contra la poligamia, lo que resultaba bastante embarazoso, teniendo en cuenta que llevaba en realidad vinculado en desposorios espirituales desde 1833 como mínimo, y hay pruebas circunstanciales firmes de que inició la práctica antes incluso de esa fecha.

Una de las primeras mujeres de las que se rumoreó que habían tenido relaciones íntimas con Joseph fuera de su matrimonio con Emma había sido Marinda Nancy Johnson, a la que había conocido en 1831, poco después de que los santos se trasladasen de Palmyra a Kirtland (Ohio). La madre de Marinda, que padecía un reumatismo crónico que le había paralizado un brazo, figuraba entre la multitud de ciudadanos curiosos de Ohio que acudieron a ver con sus propios ojos al profeta mormón. Acompañaban a la enferma su marido Benjamin y un escéptico predicador metodista que le dijo a Joseph: «Aquí está la señora Johnson con un brazo inválido. ¿Ha dado Dios algún poder a los hombres ahora en la Tierra para curarla?».

Joseph tomó la mano incapacitada de la señora Johnson y proclamó: «¡Mujer, en nombre de Jesucristo Nuestro Señor, te ordeno que vuelvas a estar sana!».

Según un testigo fidedigno: «La señora Johnson alzó enseguida el brazo sin problema». Tanto el señor como la señora Johnson quedaron tan conmovidos por el milagro que se convirtieron inmediatamente al mormonismo e invitaron al profeta a conocer a sus quince hijos, entre los que figuraba Marinda, que tenía entonces quince años.

Cuando Marinda se enteró de que sus padres habían caído

bajo el dominio de Joseph Smith sintió al principio, según contó más tarde a un periodista, «vergüenza e indignación» de que se hubiesen dejado embaucar por un «farsante tan ridículo». Pero eso fue antes de conocer personalmente a Joseph y exponerse a la irradiación directa de su inmenso atractivo. Más tarde, después de encontrarse con él por primera vez, dijo que el profeta

> la miró directamente a los ojos. Y entonces ella, mientras consideraba las cosas que había pensado de aquel hombre, tuvo la impresión, con el mayor sentimiento de vergüenza que había experimentado en su vida, de que su propia alma estaba desnuda ante él. Entonces él sonrió y la cólera de Marinda se fundió como nieve bajo la luz del sol. Comprendió que él era lo que decía ser y nunca volvió a dudar de él.

En el verano de 1831 la familia Johnson acogió a Joseph y Emma Smith en su casa como huéspedes, y poco después el profeta empezó a acostarse con la joven Marinda. Desgraciadamente, parece ser que la relación no pasó inadvertida, y un grupo de indignados ciudadanos (entre los que había varios mormones) decidieron castrar a Joseph para que no siguiese cometiendo tales actos de depravación en el futuro.

Según Luke Johnson, hermano mayor de Marinda, el 24 de marzo de 1832, «una multitud de cuarenta o cincuenta personas» entraron en casa de Johnson y se abrieron paso hasta la habitación de Joseph

> en plena noche, y Carnod Mason sacó a Joseph de la cama, arrastrándolo por el pelo; luego, sujeto por todos los que pudieron echarle mano, lo sacaron de la casa, lo llevaron a unos doscientos metros de distancia y lo tumbaron allí en una tabla, donde lo torturaron de la forma más ofensiva y brutal. Le arrancaron

la ropa que llevaba puesta con el propósito de castrarlo, y tenían allí al doctor Dennison para que efectuase la operación. Pero cuando el doctor vio al profeta desnudo y tumbado en la tabla, le faltó valor y se negó a operar.

La multitud, al no reunir el valor suficiente para seguir adelante con los planes de castración, se limitó a propinar a Joseph una buena paliza, a cubrir su cuerpo desnudo de alquitrán y a emplumarlo luego con el plumón de una almohada y dejarlo abandonado en el bosque.

A pesar de haberse librado por los pelos en esta ocasión, a Joseph los miembros femeninos más bellos de su rebaño siguieron inspirándole pasiones amorosas sin que pudiese resistirse a ello. Una de esas bellezas fue una muchacha núbil de Kirtland llamada Fanny Alger, que le habían presentado a Joseph en 1830, después de que sus padres se convirtiesen en unos de los primeros fieles de la iglesia. En el invierno de 1833, cuando Fanny tenía dieciséis años, se había ido a vivir a la casa de los Smith como sirvienta y había establecido una relación muy estrecha con el matrimonio, sobre todo con Emma. Según una mormona llamada Ann Eliza Webb Young, Fanny era «una muchacha muy bonita y muy agradable», y la señora Smith «le tenía muchísimo cariño. Ninguna madre la habría querido más. Y el afecto que se tenían era objeto constante de comentarios, por lo intenso y sincero que parecía».

Pero también a Joseph le inspiraba un afecto extremado la joven Fanny, y la tomó como esposa plural en febrero o marzo de 1833. Es muy posible que fuese la segunda mujer, después de Emma, con la que se casase oficialmente. Intentó mantener la relación en secreto, pero Emma acabó descubriendo a Joseph y a Fanny en flagrante delito, y en el otoño de 1835 expulsó a la muchacha de su casa.

Pero ni las lágrimas de Emma ni su cólera bastaron para hacer monógamo a Joseph. Tampoco las costumbres de la época. Siguió enamorándose perdidamente de mujeres que no eran su esposa. Y como esos amores eran tan absorbentes y lo hacían sentirse tan bien, llegó a la conclusión de que era imposible que Dios no estuviese de acuerdo con ellos. Joseph no era un individuo reflexivo por naturaleza, no tendía a la consideración prolongada de las cosas. Actuaba en la vida impulsivamente, de acuerdo con el instinto y la emoción. Le pareció que el Señor tenía que haberse propuesto que el hombre conociese el amor de más de una esposa, porque, de otro modo, no habría hecho tan tentadora esa perspectiva. Y, además, encontró en el Antiguo Testamento numerosas pruebas de que ese era realmente el propósito de Dios, y por eso se describían sin reproche ni vergüenza las costumbres polígamas de Abraham y de Jacob, los patriarcas de quienes descendían directamente los mormones.

Joseph siguió tomando esposas plurales durante la década de 1830 en Ohio y en Missouri, y se casó con más frecuencia aún en Nauvoo, a principios de la década de 1840, pero hizo todo lo que fue preciso, incluida la mentira descarada, para ocultar su conducta polígama... no solo a los no mormones, que le censurarían, sino a todos sus seguidores también, salvo a una selecta minoría. Como explicó a su círculo más íntimo en 1832, «había interrogado al Señor sobre el principio de la pluralidad de esposas y había recibido por respuesta que el principio de tomar más de una esposa es un principio veraz, pero aún no ha llegado el momento para que se practique». Debería haber dicho, más correctamente, que no había llegado aún el momento de que la práctica se hiciese pública.

Así que Joseph mantuvo en secreto la existencia de sus esposas múltiples esperando que llegase el momento adecuado para revelar el principio sagrado. No tuvo los mismos escrúpulos para revelar otros mandamientos divinos, sin embargo. En Nauvoo, el profeta entró en una fase de creatividad doctrinal febril que tuvo como consecuencia la entronización de los principios teológicos más innovadores de la iglesia.

Durante este periodo Joseph reveló, por ejemplo, el principio del bautismo vicario para los difuntos, por el que los santos vivos podían recibir el bautismo en representación de los antepasados fallecidos, dándose así a las generaciones difuntas una oportunidad de alcanzar la salvación a través de la Única Iglesia Verdadera, aunque hubiesen muerto mucho antes de que Joseph introdujese en el mundo el mormonismo.

Fue también en Nauvoo donde introdujo los complejos rituales de la ceremonia de votación del templo, y reveló no solo que Dios había sido una vez hombre, sino (más asombroso aún) que todo hombre tiene la capacidad de convertirse en un dios.

Y luego, el 12 de julio de 1843, codificó oficialmente el mandamiento divino en el que se revelaba la dimensión sagrada del matrimonio plural. A diferencia de las otras revelaciones del periodo, esta se mantuvo en secreto y no se dio a conocer hasta 1852, ocho años después de la muerte del profeta.

Esta explosión de inspiración teológica coincidió con una prolongada erupción de energía libidinosa, pues entre 1840 y 1844 Dios ordenó al profeta que se casase con cuarenta mujeres. Casi todas se quedaron perplejas y sintieron repugnancia cuando Joseph les reveló lo que el Señor había pensado para ellas. Varias eran todavía muchachas púberes, como Helen Mar Kimball, de catorce años. Aunque accedió cuando el profeta le explicó que Dios había ordenado que se convirtiese en su «esposa plural» (y que se le concedían veinticuatro horas de plazo para hacerlo), Helen confesó más tarde a una amiga: «Yo era joven y me engañaron, diciendo que la salvación de toda nuestra familia dependía de eso». Joseph se casó con Helen Mar Kimball en Nauvoo en mayo de 1843. Poco antes, en ese mismo mes, también se casó con el profeta, forzada de un modo parecido, la joven Lucy Walker. Su padre había sido uno de los que habían resultado heridos en la matanza de Haun's Mill (aunque fue uno de los pocos afortunados que consiguieron sobrevivir dentro de la herrería a la matanza). En enero de 1842 la madre de Lucy murió de malaria, un mal muy frecuente en las ciénagas de Nauvoo. Joseph reaccionó a esa tragedia enviando al afligido padre de Lucy a una misión de dos años por los estados del Este para que curase así su corazón destrozado. Durante su ausencia, el profeta «adoptó» a Lucy y a la mayoría de sus hermanos. Según su autobiografía, cuando vivía en la casa del profeta: «El presidente Joseph Smith tuvo una entrevista conmigo y me dijo: "Tengo un mensaje para ti. Dios me ha ordenado que tome otra esposa y tú eres esa mujer". Mi asombro no conoció límites».

Cuando la horrorizada muchacha se resistió a la propuesta, Joseph le explicó que si se negaba se enfrentaría a la condenación eterna. «No puedo ofrecerte palabras halagüeñas —dijo—. Es una orden que te da Dios. Te concedo hasta mañana para que decidas sobre este asunto. Si rechazas este mensaje se cerrará para ti la puerta para siempre.»

Lucy reaccionó con rabia y desesperación: «Esto hizo hervir todas las gotas de sangre de mis venas. Durante unos instantes me enfrenté a él sin ningún miedo, mirándolo a los ojos. Sentí en aquel momento que se me pedía que me ofreciese en el altar como un sacrificio viviente [...] era demasiado, la idea me resultaba insoportable». Contestó valerosamente al profeta que, a menos que ella recibiese personalmente una revelación directa de Dios, y que Este le dijese que quería que se casase con el profeta, no lo haría. Entonces Joseph, según escribió Lucy, se plantó ante ella con «la expresión más bella de serenidad que pueda concebirse y dijo: "Que Dios todopoderoso te bendiga, tendrás una manifestación de la voluntad divina, un testimonio que no podrás rechazar"».

Según las memorias de Lucy:

Fue hacia el amanecer, después de otra noche de insomnio, cuando se iluminó mi habitación por una influencia celestial. Fue para mí, en comparación, como el sol brillante que atraviesa de pronto, como en un estallido, la nube más oscura. Mi alma se llenó de una paz dulce y serena que no había sentido nunca. Se apoderó de mí una dicha suprema y recibí un testimonio potente e irresistible de la verdad del matrimonio plural, que ha sido como un ancla para el alma en todas las pruebas de la vida. Sentí que debía salir al aire de la mañana y dar rienda suelta a la alegría y la gratitud que embargaban mi alma. Cuando bajé las escaleras, el presidente Smith abrió la puerta abajo; me tomó de la mano y dijo: «Gracias a Dios, tienes el testimonio. Yo también he rezado». Y luego me guio hasta una silla, me impuso las manos en la cabeza y me bendijo con todas las bendiciones que podía desear mi corazón.

Lucy Walker se casó con el profeta el 1 de mayo de 1843, un día después de cumplir diecisiete años.

No es fácil imaginar cómo consiguió Joseph mantener relaciones con cuarenta esposas. Pero ni siquiera esta profusión de mujeres consiguió saciar su apetito. Según Sarah Pratt, esposa del apóstol mormón Orson Pratt:

El profeta Joseph solía frecuentar casas de mala fama. La señora White, una mujer muy bonita y atractiva, me confesó una vez que había convertido en un negocio el ser hospitalaria con los capitanes de los barcos de vapor del Mississippi. Y me contó que Joseph había establecido una relación con ella poco después de su llegada a Nauvoo y que la había visitado muchísimas veces.

Nauvoo era una comunidad encerrada en sí misma, cuyos habitantes tenían estrechos lazos entre ellos, por lo que se generaba una significativa corriente de murmuraciones. Por mucho que lo intentase, era imposible que Joseph consiguiese ocultar a sus seguidores tanta actividad ilícita. Se hicieron una y otra vez acusaciones públicas contra el profeta, pero él se limitaba a decir que sus acusadores eran instrumentos de Satanás que querían difamarlo no solo a él, un inocente perseguido, sino a toda la mormonidad. Consiguió desbaratar así repetidas veces desagradables acusaciones, barriéndolas debajo de la alfombra antes de que pudiesen causar un daño irreparable; un talento que compartió, por supuesto, con muchos grandes dirigentes religiosos y políticos de todos los tiempos.

Durante este periodo de emparejamiento frenético, Joseph negó en redondo que respaldase el matrimonio plural, y no digamos ya que se dedicase a practicarlo. «Cuando se demuestren los hechos, prevalecerán al fin la verdad y la inocencia —declaró en un discurso dirigido a los ciudadanos de Nauvoo en mayo de 1844—. Es terrible que se acuse a un hombre de cometer adulterio y tener siete esposas cuando yo solo puedo encontrar una. Yo soy ese mismo hombre, y soy tan inocente como lo era hace catorce años. Y puedo demostrar que son todo perjurios.»

Sus desmentidos le habían permitido salir bien librado hasta entonces, pero sus éxitos repetidos frente a situaciones apuradas incubaron en él una soberbia peligrosa, que hizo que aumentara aún más su temeridad sexual... todo lo cual habría de precipitar su caída poco después de pronunciar el discurso que hemos citado. En la primavera de 1844, estalló en Nauvoo un escándalo de proporciones similares al de Monica Lewinsky, y esta vez, finalmente, la conflagración fue demasiado grande y potente para que el encanto del profeta pudiese extinguirla.

12

Carthage

Cuando Smith condujo a sus seguidores a Nauvoo, podría decirse que había hecho todo lo necesario. Sus seguidores tenían recuerdos de persecución que alimentar. Habían creado formas diferenciadas de culto, organizadas en torno a una insólita concepción del sacerdocio, y se habían agrupado en una comunidad. Smith se instaló en Nauvoo con una buena acogida política y una carta municipal generosa que otorgaba a los mormones una considerable autonomía. Sin embargo, precisamente en ese momento, se embarcó en un curso de nuevos cambios, introducidos con procedimientos políticos torpes, que acabaron por amenazar con destruir todo lo que había creado.

R. Laurence Moore,
Religious Outsiders and the Making of Americans

A pesar de los muchos desmentidos enérgicos, en 1844 varios miembros del círculo interno del profeta habían sido informados ya sobre sus desposorios espirituales. Joseph había mostrado incluso a algunos de ellos la revelación secreta del 12 de julio de 1843, sobre la doctrina del matrimonio celestial. Algunos practicaban ya incluso ellos mismos la poligamia. Pero no todos aquellos a quienes se les había comunicado el secreto aprobaban la doctrina. Entre los que ponían reparos, destacaba especialmente su primera esposa, Emma Smith. Llevaba casada con él desde 1827, aún lo amaba y, con treinta y nueve años, no sentía el menor deseo de compartir a su marido con jovencitas tiernas a las que les doblaba la edad. Joseph había prometido ser fiel a Emma cuando habían hecho sus votos conyugales, y ella esperaba que cumpliese la promesa.

Emma era una persona franca por naturaleza. Despreciaba la poligamia y no dudó en comunicar sus opiniones al profeta. En determinado momento llegó incluso a amenazar con tomar un marido plural si él no dejaba a sus esposas plurales, impulsando a Joseph, el 23 de junio de 1843, a quejarse a su secretario de que Emma estaba «dispuesta a vengarse de él por ciertas cosas. Pensaba que, si él se las permitía, también lo haría ella».

Emma hostigaba tan implacablemente a Joseph por sus devaneos que la finalidad original de la revelación canonizada en la sección 132 parece haber sido simplemente convencer a Emma de que debía callarse y aceptar a las esposas plurales de su marido, y obligarla al mismo tiempo a abstenerse ella de prácticas sexuales extraconyugales. De hecho, el día 12 de julio por la mañana, justo antes de que Joseph escribiese para la posteridad la famosa revelación, su hermano Hyrum instó explícitamente al profeta: «Si pones por escrito la revelación sobre el matrimonio celestial, se la leeré yo a Emma y creo que puedo convencerla de su veracidad, y tú entonces tendrás paz».

Joseph no estaba tan seguro como su hermano y contestó: «Tú no conoces a Emma tan bien como yo». Pero Hyrum le dijo: «La doctrina es muy clara. Yo puedo convencer a cualquier hombre o mujer razonable de que es verdadera y pura y que viene del cielo». Persuadido por esto, Joseph accedió a encomendar al papel la revelación, que se convirtió en la sección 132. No es casualidad que la revelación mencione repetidamente a Emma por su nombre. Por ejemplo, en el versículo 54 de la revelación, Dios advierte:

> Y ordeno a mi sierva Emma Smith que acate a mi siervo Joseph y sea fiel a él y a ningún otro. Y si no acatase este mandamiento, será aniquilada, dice el Señor; pues yo soy el Señor tu Dios y la aniquilaré si no acata mi ley.

Lo esencial del asunto (la parte del documento que otorga a los hombres licencia para casarse con una pluralidad de esposas) aparece justo antes de que concluya la revelación, cuando el Señor le dice a Joseph:

> Si algún hombre desposa a una virgen y desea desposar a otra [...], entonces está justificado. No puede cometer adulterio porque le son dadas.
>
> Y si se le hubiesen dado diez vírgenes por esta ley, no puede cometer adulterio, pues le pertenecen y le son dadas. Por tanto, está justificado.
>
> Pero si una u otra de las diez vírgenes, después de haberse desposado, estuviese con otro hombre, habrá cometido adulterio y será destruida. Porque le son dadas a él para multiplicarse y poblar la Tierra, según mi mandamiento.

En cuanto Joseph terminó de dictar la revelación a su secretario, Hyrum fue a leerle el documento de diez páginas a Emma.[1] Desgraciadamente para Joseph, no tuvo los efectos

---

1. William Clayton, el fiel secretario personal de Joseph, explicaba en una carta veintiocho años después: «Yo escribí la revelación sobre el matrimonio celestial dada a través del profeta Joseph Smith el día 12 de julio de 1843. Cuando se escribió la revelación solo estábamos presentes el profeta Joseph, su hermano Hyrum y yo, nadie más. Se escribió en la oficinita del piso de arriba de la parte posterior de aquel edificio de ladrillo, a la orilla del río Mississippi. Tardé tres horas en escribirlo. Joseph dictaba frase a

deseados. Emma, cuando lo leyó, se puso furiosa. Hyrum explicó que «nunca en su vida le habían reñido tanto» y «que Emma estaba muy resentida y llena de rencor, muy enfadada». Proclamó que no creía una palabra de la revelación y se mantuvo firme, negándose a aceptar los matrimonios de Joseph con otras mujeres. Lo que no impidió al profeta seguir tomando esposas. Pero no volvió a intentar obtener el consentimiento de Emma.

Emma buscó solaz con su amigo William Law, quien, aunque también era íntimo de Joseph, se mostraba comprensivo con la situación de Emma. Hacía mucho que pertenecía a la iglesia, era de una honradez incorruptible y había sido segundo consejero de confianza del profeta más de dos años. En enero de 1844, se encontró con Joseph en las calles de Nauvoo y le rogó que renunciase a aquella detestable revelación de la poligamia. Según Richard, hijo de Law, su padre le echó los brazos al cuello y «le rogó que renunciase a la doctrina del matrimonio plural [...] con los ojos llenos de lágrimas. El profeta lloraba también, pero declaró [a Law] que no podía renunciar a aquella doctrina porque le había ordenado Dios que la enseñase y se condenaría si no obedecía ese mandato».

La oposición de Law a la poligamia, y no digamos ya el apoyo sentimental que proporcionaba a Emma, creó una gran tensión en sus relaciones con Joseph. Esas relaciones cesaron por completo cuando Joseph «intentó seducir» a Jane, esposa de Law, haciéndole «las proposiciones más indecentes y perversas». Decepcionado e indignado, William Law exigió públicamente al profeta en abril de 1844 que reconociese su perversa conducta y «cesase en sus abominaciones».

---

frase y yo escribía según iba dictando. Una vez escrito todo, Joseph me pidió que lo leyese despacio y con cuidado y lo hice, y él entonces dijo que era correcto».

Joseph respondió excomulgando a Law; la reacción de este ante aquel agravio fue proclamar que Joseph era un «profeta caído». Y luego, el 12 de mayo, creó una institución a la que llamó Iglesia Mormona Reformada, que no aceptaba la poligamia. Según Fawn Brodie:

Law tenía valor, tenacidad y un idealismo extraño y descarriado. Aunque los que le rodeaban eran sobre todo hombres que creían que Joseph era un vil impostor, él se aferró a la esperanza de poder realizar una reforma de la iglesia. Fundó con ese fin una iglesia propia, de la que se proclamó presidente, ateniéndose fielmente a la organización del cuerpo principal.

Esto no habría sido nada grave en sí, ya que Joseph había visto brotar de la hierba entre sus pies a profetas rivales otras veces, y al final todo había quedado en nada. Intentaban en general imitarlo, proclamando revelaciones que al lado de las suyas resultaban rancias e insulsas. Pero Law estaba cortado por un patrón distinto. Se encaminaba, en realidad, hacia una desagradable decepción, pero andaba hacia atrás, alejándose de la iglesia, buscando ávidamente algo en el paisaje a lo que pudiera aferrarse, asiéndose a cada árbol y a cada seto.

Su deseo desesperado de reformar la iglesia lo hizo mucho más formidable de lo que habría sido si se hubiese dedicado a condenar al profeta y todas sus obras.

También hacía a Law formidable el hecho de ser rico, lo que le permitió comprar una imprenta propia. El 7 de junio de 1844, salió de la nueva imprenta la primera y única edición de un periódico llamado *Nauvoo Expositor*. El editorial principal proclamaba: «Nos proponemos resueltamente acabar con el maligno principio de Joseph Smith y de todos aquellos que practican las mismas abominaciones y fornicaciones». La publicación, de cuatro páginas, criticaba agriamente la oposición de Joseph a la separación de Iglesia y Estado, su usurpación del poder político y sus oscuras operaciones económicas, pero el objetivo primordial del periódico era exponer al público la doctrina secreta de la poligamia. Se prometía también que en los próximos días «se publicarán varias declaraciones juradas que ratifican los hechos alegados».

La mayoría de los habitantes de Nauvoo reaccionaron a la publicación con ira... dirigida no contra Joseph, a quien seguían reverenciando, sino contra el periódico y sus propietarios. Sin embargo, al profeta le preocupaba que el *Expositor* pudiese poner en grave peligro su control de la iglesia, por lo que convocó una reunión urgente del consejo municipal de Nauvoo. Advirtió de que el periódico amenazaba con «destruir la paz de la población» y era una «molestia pública», y, actuando en su condición de alcalde, ordenó al jefe de policía destruir «la imprenta en la que se imprime el *Nauvoo Expositor* [...] y quemar todos los periódicos y folletos insidiosos que se hallen en dicho establecimiento».

El 10 de junio por la noche, más de doscientos hombres armados de la Legión de Nauvoo (al mando de Hyrum Smith y del apóstol John Taylor, por orden del comandante de la legión, el teniente general Joseph Smith) irrumpieron en las oficinas del *Expositor* provistos de un mazo, destrozaron la prensa, esparcieron los tipos y lo quemaron todo «hasta que quedó reducido a cenizas, mientras la multitud hacía vibrar el aire con sus odiosos gritos». Los editores del *Expositor* solicitaron ante los tribunales locales que se les indemnizase, acusando al profeta y a sus secuaces de diversos delitos. Lo malo era que Joseph controlaba los tribunales lo mismo que todos los demás órganos de gobierno de Nauvoo. Nadie se sorprendió de que quienes habían participado en la destrucción de la imprenta fuesen absueltos, incluido el profeta. William Law había huido de Nauvoo, temiendo por su vida. Su Iglesia mormona reformada fue agostándose hasta que finalmente desapareció.

Parecía que Joseph se había impuesto una vez más a sus adversarios. Pero había calculado mal la reacción de los no mormones del condado de Hancock ante lo sucedido. Era relativamente poca la gente de fuera de Nauvoo que tenía noticia de la doctrina poligámica de Joseph en aquel momento, pero hacía dos años como mínimo que había ido aumentando la hostilidad entre los santos y los gentiles que vivían alrededor de ellos. Los ciudadanos de Illinois habían acogido bien a Joseph y a sus seguidores cuando habían llegado, pero la misma actitud de creerse elegidos por Dios que había puesto a los habitantes de Missouri contra los mormones fue poniendo también gradualmente en contra de ellos a los habitantes del condado de Hancock.

El condado debía su nombre a John Hancock, la primera persona que había firmado la Declaración de Independencia, un populista convencido, que despreciaba profundamente a los que abusaban de su poder en los cargos de autoridad. Los no mormones, fieles al espíritu del patrón de su condado, se sentían especialmente alarmados por la tendencia de Joseph al gobierno teocrático, así como por el desprecio manifiesto que mostraba hacia todos los artículos de la Constitución del país, salvo los que otorgaban a los mormones libertad para rendir culto como les pareciese adecuado.

Joseph ratificaba a menudo su creencia en el ideal de la democracia y en el valor fundamental de las medidas protectoras codificadas en la Constitución. Creía también que la democracia y las limitaciones constitucionales resultaban discutibles en su caso, porque él había sido elegido por Dios para ser su mensajero. Dios hablaba por mediación de él. Una vez entronizado él por deseo divino como rector del mundo, ya no habría necesidad de democracia porque a todos los efectos y propósitos estaría Dios al cargo de las cosas. Joseph creía sin duda que el pueblo estadounidense comprendería esto en cuanto tuviese la oportunidad de escuchar su mensaje, comprendería la rectitud y la veracidad innegable de la fe mormona.

Pero aquel propósito declarado de Joseph de sustituir el Gobierno elegido de Estados Unidos por un «Gobierno de Dios» no fue bien recibido por los habitantes gentiles del condado de Hancock, a quienes no les entusiasmaba convertirse en súbditos del rey Joseph Smith. A los vecinos no mormones de Joseph les inquietaba que los santos votasen como un bloque uniforme siguiendo las instrucciones del profeta y que utilizasen esa palanca para ejercer una influencia desmedida en el Gobierno del estado. Además, la libertad de prensa se tomaba tan en serio en el condado de Hancock como en el resto del país en el periodo jacksoniano. Cuando Joseph ordenó la destrucción del *Nauvoo Expositor*, confirmó entre los no mormones el temor creciente que existía entre ellos a que fuese un tirano megalomaníaco que constituía un peligro evidente e inmediato para la paz y la estabilidad de la región.

La destrucción del *Expositor* había puesto literalmente en pie de guerra a los habitantes gentiles del condado. Un editorial publicado en la cercana población de Warsaw bramaba: «¡La guerra y el exterminio son inevitables! ¡¡¡CIUDADANOS, LEVANTAOS TODOS A UNA!!! ¡PODÉIS QUEDAROS QUIETOS Y SOPORTAR ESTOS MALES INFERNALES! ¿Que se arrebate a los hombres su derecho de propiedad sin que reciban una compensación? ¡No tenemos tiempo para comentarios! Que cada hombre cumpla con su deber. ¡Y QUE SEA CON PÓLVORA Y BALAS!».

La hostilidad se palpaba en el aire en el condado de Hancock. El 18 de junio Joseph, previendo represalias inminentes de los gentiles, proclamó la ley marcial y movilizó a su ejército mormón (los cinco mil hombres de la Legión de Nauvoo). El gobernador de Illinois, Thomas Ford (un dirigente justo que no era contrario a los mormones), temiendo que estallase una guerra civil, reaccionó exigiendo a Joseph y a Hyrum

Smith, John Taylor y los demás responsables de la destrucción de la imprenta que se entregasen para someterse a juicio en Carthage, capital del condado de Hancock. El gobernador Ford prometió que si el profeta se entregaba garantizaría personalmente su seguridad. Pero también le advirtió: «Si, negándote a someterte, obligas a que se recurra a las milicias, mucho me temo que tu ciudad sea destruida y muchos de los tuyos exterminados. Ya sabes lo excitable que es la mentalidad de la gente. No lleves las cosas demasiado lejos».

Joseph contestó a Ford diciendo que temía que, si él y los suyos se entregaban a las autoridades no mormonas, los llevarían «de un sitio a otro, de tribunal en tribunal, por arroyos y praderas, hasta que algún villano sediento de sangre tuviese oportunidad de pegarnos un tiro». En vez de entregarse, el día 23 de junio, en plena noche, Joseph y su hermano Hyrum cruzaron el Mississippi en una barca de remo, manejada por su temible guardaespaldas Porter Rockwell, y huyeron a los bosques de Iowa, con el propósito de dirigirse a las montañas Rocosas.

Pero al día siguiente, cuando esperaban la entrega de unos caballos que los llevasen al oeste, Joseph recibió una carta apasionada de Emma, instándolo a regresar a Nauvoo. El mensajero que entregó la carta explicó al profeta que muchos santos creían que los había abandonado por cobardía: «Tú siempre has dicho que si la iglesia se mantenía fiel a ti, tú te mantendrías fiel a la iglesia. Ahora llega un problema y eres tú el primero en escapar».

Joseph regresó avergonzado a Illinois a afrontar el juicio, temiendo lo peor. «Voy como un cordero al sacrificio», advirtió a quienes remaban en la barca en la que volvieron a cruzar el río.

Joseph y otros siete mormones acusados de la destrucción de la imprenta se entregaron el 24 de junio. En los cuarenta kilómetros que había desde Nauvoo a Carthage, vieron por

los caminos hileras de milicianos de Illinois y de otros gentiles que increpaban muy contentos al profeta. «¡Dios te mal-
diga, amigo Joe —decían—, ya te hemos cogido!» «Apartaos
y dejadnos ver al bueno de Joe, el profeta divino. No volverá
a Nauvoo. ¡Acabaremos con él y mataremos a todos los malditos mormones!»

Las calles de Carthage estaban llenas de miembros armados de las numerosas milicias locales, borrachos e indiscipli-
nados, que pedían a gritos la cabeza del profeta. El gobernador Ford, decidido a proteger a Joseph y a proporcionarle un
juicio justo, ordenó que se disolvieran todos los milicianos de
la población, salvo una compañía de grises de Carthage a los
que se encomendó la vigilancia y protección de la cárcel y de
los presos.

Diez mormones que estaban solo en custodia abonaron
una fianza y se les permitió salir de la cárcel. Pero Joseph y
Hyrum, que habían sido acusados de traición además de los
delitos menos graves por los que se había acusado a los otros,
quedaron encerrados en la cárcel de Carthage, un edificio de
dos plantas con paredes de dos metros de grosor, construido
con piedra caliza roja de una cantera local. El edificio solo
tenía seis habitaciones: dos, que estaban cerradas, servían de
celdas para los presos y las otras cuatro (una de ellas una an-
gosta buhardilla) servían de vivienda al carcelero, su esposa y
sus siete hijos.

El profeta y su hermano ocuparon primero la celda de los
deudores, que quedaba en la planta baja; estaba bien iluminada y era razonablemente confortable. El carcelero, George
Stigall, que no era mormón pero era un hombre honrado,
pensó que en la celda del piso de abajo, que tenía ventanas
grandes al nivel de la calle, no se podría proteger a los presos
de los hombres enfurecidos que querían hacerles daño, así
que les permitió instalarse arriba, en su dormitorio. Dio además libre acceso a los amigos y seguidores que quisieron visi-

tar a los hermanos Smith, y que pudieron entregarles así subrepticiamente dos armas: un revólver de seis tiros y una pistola de uno.

A última hora de la tarde del 27 de junio, mientras visitaban a Joseph y a Hyrum los apóstoles John Taylor y Willard Richards, unos ciento veinticinco milicianos de la población virulentamente antimormona de Warsaw se concentraron delante de la cárcel en el calor pegajoso del verano. Aquellos dragones de Warsaw habían abandonado Carthage cumpliendo las órdenes del gobernador, pero no se habían ido muy lejos. Se habían disfrazado untándose la cara con pólvora y habían vuelto a la ciudad al final del día.

Cuando aparecieron los dragones frente a la cárcel y se dirigieron a la entrada principal, solo había siete miembros de los grises de Carthage de guardia. Los grises dispararon sus mosquetes directamente contra la multitud, pero como parte de un plan previo, habían cargado sus armas con balas de fogueo, así que no hubo dragones heridos. Después de su inocua descarga, los grises se hicieron a un lado y dejaron que la turba enloquecida por el odio irrumpiera por la entrada principal disparando de forma indiscriminada sus armas al entrar. Dos de sus balas estuvieron a punto de alcanzar a la esposa del carcelero.

Los milicianos se dirigieron luego al piso de arriba e intentaron entrar en el dormitorio, donde estaban alojados los prisioneros. Joseph y Hyrum empuñaron las armas que les habían pasado clandestinamente mientras Taylor y Richard asían una muleta cada uno, y, tomando posiciones a ambos lados de la entrada, empezaron a aporrear furiosamente los mosquetes, cuyos cañones introducían los dragones por la puerta entreabierta.

Dos balas atravesaron el panel de la puerta; la segunda alcanzó a Hyrum en el cuello, cortándole la espina dorsal. Cayó muerto al suelo, donde impactaron en su cuerpo cuatro balas más. Joseph reaccionó sacando el revólver por la puerta y disparando seis balas a ciegas. Hirió al menos a uno de los dragones de Warsaw.

Pero los atacantes habían conseguido abrir la puerta al fin, y barrieron la habitación con una lluvia mortífera de balas. Taylor, desesperado, intentó saltar por la ventana abierta y recibió primero un tiro en el muslo izquierdo y luego otro en el pecho; aunque lo salvó del segundo un reloj de bolsillo que impidió que fuese mortal, el impacto lo dejó sin aliento y lo hizo caer al suelo. Intentando frenéticamente eludir las balas, se metió debajo de una cama, donde otro tiro le destrozó el antebrazo, y otro que le alcanzó en la pelvis «le cortó un trozo de carne de la cadera izquierda tan grande como la mano de un hombre».

Al no ver ya ninguna alternativa, Joseph intentó saltar también por la ventana. Pero, cuando estaba ya acuclillado en el alféizar, dos disparos hechos desde el interior de la habitación le alcanzaron en la espalda, y una tercera bala, disparada con un mosquete desde la calle, le estalló en el pecho. Se precipitó por la ventana lanzando un quejumbroso: «¡Oh, Señor, Dios mío!». Cayó desde seis metros de altura, chocó en el suelo con un golpe seco y quedó inmóvil sobre el costado izquierdo. Según un lugarteniente de los grises de Carthage que presenció la caída, en cuanto llegó al suelo «le dispararon varias veces y luego le clavaron una bayoneta». A los pocos instantes, otro miliciano se acercó al cuerpo cautelosamente, lo movió, y declaró a la multitud que Joseph Smith había muerto.

Entretanto, Willard Richards salió cautelosamente de detrás de la puerta, ileso, salvo heridas leves de una bala que le había rozado el cuello y el lóbulo de una oreja. Cuando los dragones habían irrumpido en la habitación, él estaba junto a las bisagras de la puerta y, al abrirse esta, quedó aplastado entre la puerta y la pared, pasando así inadvertido. Se quedó allí de pie, detrás de la puerta, hasta que cesó el tiroteo. Cuando le pareció que se habían marchado ya todos los milicianos, salió de su escondite y se acercó a la ventana. Vio que había en la calle «un centenar de hombres junto al cuerpo [de Joseph] y que llegaban más por la esquina de la calle».

Luego Richards se dio cuenta de que John Taylor yacía en el suelo en medio de un charco de sangre, pero que aún respiraba. La bala le había destrozado el reloj que le había salvado la vida. Se había quedado parado a las cinco horas, dieciséis minutos y veintiséis segundos del 27 de junio de 1844. Los mormones del mundo entero han encomendado esta hora y esta fecha a la memoria como las de la muerte de su querido gran profeta. Joseph Smith tenía treinta y ocho años.

En contra de todas las previsiones, Taylor sobrevivió a las graves heridas sufridas en la cárcel de Carthage y se convertiría más adelante en el tercer presidente y profeta de la Iglesia mormona, sucediendo a Brigham Young en 1877. Nueve años más tarde, recibiría una revelación tristemente célebre y que fue objeto de una fiera disputa, en la que Dios le revelaría la rectitud del principio del matrimonio plural, una revelación que daría origen en último término al movimiento fundamentalista moderno, conduciría al asentamiento de Short Creek y transformaría la vida de Dan Lafferty.

13
Los hermanos Lafferty

Debería ser evidente para cualquier hombre que no lo sea él mismo, que el país está atestado de mesías [...]. Debería ser tema de comentario habitual que este clamor de voces constituye el ala realmente vigorosa de la vida religiosa del país. Tenemos aquí religión en acción, y religión en elaboración activa [...]. La verdad es, por supuesto, que el país rebosa fe, esa credulidad intensa propia de los periodos de gran despertar religioso y que parece ser en nuestro caso un estado de ánimo permanente. No podría de ningún modo calificarse nuestra época como una época de duda; es más bien una época de fe increíble.

CHARLES W. FERGUSON,
The Confusion of Tongues

Cuando Dan Lafferty leyó *El Pacificador* y decidió empezar a llevar a la práctica el principio del matrimonio plural, comunicó a su esposa Matilda que se proponía casarse con la hija mayor de ella, es decir, con su hijastra. Sin embargo, abandonó el plan en el último momento y no se casó con ella, sino con una inmigrante rumana llamada Ann Randak, que le cuidaba unos caballos a Robert Redford en un rancho de Spanish Fork Canyon, en las montañas que quedan al este de la Mina del Sueño. Se habían conocido cuando Dan le había pedido prestado un caballo para desfilar en una cabalgata local. Ann no era mormona, según Dan. «Pero estaba dispuesta a aceptar nuevas experiencias. Lo de convertirse en mi esposa plural fue idea suya.» Ann era una chica encantadora, añade. «Yo la llamaba "mi esposa gitana".»

Vivir conforme a las normas establecidas en *El Pacificador* hacía sentirse bien a Dan... se sentía «justo», como si ese fuese el modo de vivir que Dios hubiese previsto para hombres y mujeres. Inspirado, buscó otros textos sobre el mormonismo tal como se practicaba en los primeros tiempos de la iglesia.

No tardó mucho en descubrir que la poligamia no era el único principio divino que la Iglesia mormona oficial moderna había abandonado en su afán de conseguir que la sociedad gentil del país la aceptase. Dan averiguó que en el siglo XIX, tanto Joseph Smith como Brigham Young habían proclamado la rectitud de una doctrina sagrada llamada «expiación por la sangre»: ciertos actos graves cometidos contra los mormones, según la explicación de Brigham, solo podían remediarse si «se derramaba sobre la tierra la sangre de los pecadores». Dan se enteró de que Joseph había enseñado que las leyes de Dios estaban por encima de las leyes de los hombres.

Esta teoría de las leyes le interesó de modo especial. Había sentido curiosidad por el tema ya cuando hacía sus cursos de quiropráctico en California a raíz de un encontronazo que tuvo con las autoridades del estado y del condado. Mantenía por entonces primordialmente a su familia con lo que sacaba de la venta de unos bocadillos que hacían en casa. Dan, Matilda y los hijos mayores se levantaban todos los días antes del amanecer para preparar y envolver montones de bocadillos vegetarianos «todo natural», que Dan vendía luego a los otros estudiantes a la hora del almuerzo.

«Era un apaño muy rentable —dice Dan con orgullo—. O lo fue hasta que los del consejo sanitario me impidieron seguir porque no cumplía las normas. Decían que necesitaba una licencia y que no pagaba los impuestos que había que pagar.»

Matilda había dado a luz un niño poco antes de que le cerraran el negocio. Andaban muy mal de dinero. Quedarse sin su principal fuente de ingresos supuso un grave problema. Y resultó ser también un acontecimiento decisivo en el paso de Dan al fundamentalismo.

«Después de que me cerraran el negocio —recuerda Dan— no sabía muy bien qué hacer. No me parecía justo que el Gobierno me penalizase solo por tener ambiciones y esforzarme por mantener a mi familia, el que me obligasen a recurrir a la ayuda social en vez de dejarme seguir con mi pequeño negocio. Me pareció una estupidez [...], el peor tipo de intrusismo estatal. Moroni explica en el *Libro de Mormón* que tenemos la obligación de esforzarnos para que haya un Gobierno bueno y justo. Y cuando lo leí, me hizo pensar. Me hizo entender que tenía que empezar a meterme en las cuestiones políticas. Y me di cuenta de que cuando te lo planteas, ves que en realidad no puedes separar los asuntos políticos de los religiosos. Están entrelazados.»

Cuando terminó sus estudios de quiropráctico y regresó a Utah, Dan empezó a trabajar como ayudante de su padre. Sus padres habían vendido la granja y habían comprado una casa en el barrio antiguo del centro de Provo. El padre de Dan tenía el negocio instalado en un local de los bajos de esa casa. En 1981, poco después de que Dan empezase a trabajar con su padre, la Iglesia mormona oficial envió a los padres al extranjero en un viaje misional de dos años. Dan y su hermano menor Mark (que se había graduado en el colegio de quiropráctica de Los Ángeles seis meses después que Dan) accedieron a hacerse cargo del negocio mientras su padre estuviese ausente.

Dan y Mark se habían llevado siempre bien. De pequeños habían sido inseparables, según Dan. Todos los días, por la mañana y por la tarde, ambos se sentaban uno a cada lado de una lechera a ordeñar la vaca de la familia. Se pasaban las vacaciones de verano casi siempre juntos, «jugando en los pajares, saltando en la paja, jugando al balón, en la casita que teníamos en un árbol —recuerda—. Cuando te acuerdas ahora de lo difícil que se te hacía dejar de jugar te resulta curioso, aunque solo fuese para beber un trago de agua o echar una meada. No había nada que supiese tan bien como el agua fría del grifo del abrevadero. Ni nada tan agradable como echar una meada cuando la presión era tan grande que tenías que dejar de jugar a la fuerza porque no podías aguantar más».

Cuando sus hermanos pequeños (Tim, Watson y Allen) fueron lo bastante mayores para hacerlo, se unieron también a Dan y a Mark en sus escapadas. Entonces, dice Dan, «nos alineábamos todos en la valla, desde el mayor al más pequeño, y meábamos en grupo. A los pequeños les encantaba hacer lo que hacíamos Mark y yo, sobre todo aquello de mear todos alineados en la valla».

Cuando Dan y Mark empezaron a trabajar juntos en la consulta de su padre, se reavivó aquella relación estrecha y especial que los había unido de pequeños. Durante los descansos entre pacientes se entregaban a discusiones sobre las cosas que les parecían más importantes, discusiones que se tomaban muy en serio. Y las cosas que les parecían más importantes se relacionaban cada vez más con la doctrina mormona y su capacidad para remediar las afrentas insidiosas de las que el Gobierno hacía objeto a sus ciudadanos.

Sobre la sincronización de esas charlas de corazón a corazón, Dan explica que «empecé a darme cuenta de un fenómeno fascinante». Los dos hermanos solían estar tan ocupados con los pacientes que era frecuente que transcurriesen días entre sus elucubraciones político-religiosas. Pero cuando tenían huecos en el horario y podían hablar por extenso, dice Dan, «aparecían sin previo aviso, de forma bastante misteriosa, los otros hermanos más pequeños. Y pasábamos un rato muy valioso, valiosísimo, analizando las cosas». Estas charlas improvisadas se hicieron bastante frecuentes, hasta el punto, según Dan, de que «parecía que tenía que ser algo más que una simple coincidencia». Cinco de los seis hermanos Lafferty (Dan, Mark, Watson, Tim y Allen) estaban habitualmente presentes en estas charlas. El único hermano que no asistía era Ron, el mayor, que le llevaba seis años a Dan y que había actuado siempre con todos ellos más como una figura paterna que como un hermano.

Dan era el que solía dirigir los debates, que se centraban inevitablemente en cómo se había excedido el Gobierno en sus atribuciones, haciendo cosas que no permitía la Constitución, y que nadie lo controlaba y eso era un peligro. Respaldaba sus argumentaciones con citas del *Libro de Mormón* y explicaba pacientemente a sus hermanos que el Gobierno no tenía ningún derecho a exigir a los ciudadanos que sacasen ningún tipo de licencia, ni que pagasen impuestos, ni que se sometiesen a la carga agobiante de un número de la Seguridad Social.

«Yo había llegado a la conclusión —dice Dan— de que una licencia era sencillamente un acuerdo con el Gobierno para permitirles controlar tu vida y decidí que no quería que controlasen la mía [...]. Yo tenía un derecho fundamental a desarrollar todas las actividades fundamentales de un ser humano, sin necesidad de un permiso del estado.»

Dan no se había aliado todavía con ninguna iglesia fundamentalista establecida ni con ningún profeta, pero sus estudios autodirigidos le habían convertido en un fundamentalista mormón de hecho, y uno excepcionalmente fogoso. El ímpetu que anima a la mayoría de los movimientos fundamentalistas (sean mormones, católicos, evangelistas, musulmanes o judíos) es el anhelo de volver al orden mítico y a la perfección de la iglesia original. A Dan Lafferty lo animaba ese mismo anhelo.

Cuanto más estudiaba los documentos históricos mormones, más se convencía de que la Iglesia oficial se había desviado del buen camino hacia 1890, cuando el entonces presidente y profeta Wilford Woodruff se vio obligado por el Gobierno impío de Washington a abandonar la doctrina del matrimonio plural. Dan había acabado llegando a la conclusión de que la Iglesia mormona oficial moderna era un gran fraude, ni más ni menos.

Se propuso por tanto, como los fundamentalistas de otros credos, mantenerse siempre fiel a los «verdaderos» mandatos divinos, tal como se definían de acuerdo con una interpretación rigurosamente literal de los textos más antiguos y sagrados de su iglesia. Y se propuso también atenerse a los mandatos «verdaderos» de los textos legales más antiguos y sagrados de su país. Para Dan, documentos como el *Libro de Mormón*, *El Pacificador*, la Constitución de Estados Unidos y la Declaración de Independencia forman todos ellos un cuerpo único: son escritos claros que proporcionan un vínculo directo con el Todopoderoso. La autoridad que emana de sus frases de inspiración divina es absoluta e inmutable. Y los hombres y mujeres piadosos tienen el deber de regir sus vidas de acuerdo con la interpretación rigurosamente literal de esas frases.

Para las personas como Dan, que ven la realidad con las lentes estrechas de la literalidad, el lenguaje de ciertos documentos selectos se halla dotado en teoría de un poder extraordinario. Ese lenguaje debe aceptarse diligentemente en su sentido directo, de acuerdo con una interpretación única e indiscutible que no deja margen alguno a los matices, las ambigüedades ni las contingencias circunstanciales. Como dice Vincent Crapanzano en su libro *Serving the World*, el tipo de literalidad de Dan Lafferty

fomenta una visión del mundo cerrada, que suele ser (aunque no es siempre) políticamente conservadora; con una noción de la historia en la que el tiempo se detiene y un enfoque «nosotros y ellos» de la gente en el cual nosotros nos hallamos en posesión de la verdad, la virtud y el bien, y ellos representan la falsedad, la depravación y el mal. Mira con recelo el lenguaje figurativo que, en la medida en que sus símbolos y metáforas son vitales, puede abrir (de una forma promiscua, según el criterio del literalista estricto) el mundo y sus posibilidades imaginativas.

Dan, por su parte, se burla de ese tipo de exégesis intelectualoide. «Yo solo estaba metido en una búsqueda. La búsqueda de la verdad», insiste.

Tras buscar orientación rezando y recibir confirmación de que estaba actuando conforme a los deseos del Señor, Dan devolvió el permiso de conducir al estado de Utah, revocó su certificado de matrimonio y devolvió el carnet de la Seguridad Social. Dejó de respetar los límites de velocidad establecidos, que consideraba ilegales, y se limitó a conducir «con prudencia y con cuidado». Dejó de pagar todo tipo de impuestos, incluidos los de las ventas cuando compraba algo en los establecimientos locales, lo que provocaba discusiones frecuentes con los cajeros.

Y alentado por la rectitud evidente de su cruzada, en el verano de 1982 se presentó como candidato al cargo de *sheriff* del condado de Utah y se embarcó en una movida campaña política, hablando en foros públicos, escribiendo cartas al periódico de Provo, dando entrevistas por la radio y desfilando en las cabalgatas de las poblaciones pequeñas. Prometió que si lo elegían, aplicaría las leyes de acuerdo con una interpretación escrupulosamente literal de la Constitución del país. Según explicó: «La razón de que me presentase era que quería restaurar la primacía de las normas de derecho común y de los principios de la Constitución».

El 4 de octubre de 1982, Dan regresaba en coche a casa de una entrevista con otro candidato al cargo de *sheriff* (el jefe de policía de American Fork, con quien tenía la esperanza de enfrentarse en un debate público) cuando lo detuvo un policía del estado de Utah en la interestatal 15 por exceso de velocidad y por no llevar la pegatina de la inspección del vehículo. «Ya había tenido algunos enfrentamientos con el agente que me paró —admite Dan—. Él sabía que volvía a casa de aquella reunión del debate y me había tendido una trampa. Querían acusarme de un delito grave para que no pudiese presentarme al cargo, y se lanzaron sobre mí en la autopista. Yo acababa de publicar un artículo importante en el periódico, un artículo muy importante, que había puesto nerviosa a muchísima gente. Hablaba en él de cómo se estaban utilizando impropiamente los poderes del Gobierno con órdenes judiciales de detención impropias, que era contrario a la Constitución parar a una persona en la autopista y detenerla.

»Cuando el agente me paró, me dijo que había leído mi artículo [...]: "Lo tengo ahí en el coche", me dijo. Así que le dije: "Bueno, si has leído el artículo comprenderás por qué no puedes detenerme en este momento. Si quieres detenerme, vete a buscar una orden judicial, llévala a mi casa y entonces yo lo aceptaré porque es el procedimiento correcto".»

Dan había cerrado las puertas del coche y había subido los cristales de las ventanillas, dejando solo una pequeña abertura arriba en la del conductor, que, según dice, «me pareció que era lo bastante estrecha para que no pudiera meter la mano y agarrarme, pero que me permitía hablar con él».

Al agente no le hizo ninguna gracia esto. Le ordenó que saliera del coche.

«Cuando me negué a salir —dice Dan—, el poli hizo algo que yo no esperaba. Agarró la parte de arriba de la ventanilla con las manos, tiró con fuerza, la sacó de las guías y luego intentó agarrarme. Así que dije: "¡Bueno, tendré que largarme! ¡Ya nos veremos!". Y salí de allí a toda pastilla.»

Los agentes de la policía del estado persiguieron a Dan y lo alcanzaron al poco rato. Lo acusaron de cinco delitos (entre los que figuraban resistencia y agresión a un agente de la autoridad y huida después de haber sido detenido por él) y lo encerraron en la cárcel del condado. Dan quiso defenderse él mismo en el juicio e intentó basar la defensa en varios puntos crípticos del derecho constitucional. Pero el juez le indicó reiteradamente que los tribunales de justicia de Utah no estaban capacitados para decidir sobre cuestiones constitucionales, lo que enfureció a Dan. Se enfureció aún más cuando el juez desestimó su protesta por el hecho de que hubiese en el jurado cuatro mujeres (Dan alegó que tenía derecho a que hubiese al menos un varón en el jurado).

Cuando Dan insistió en desoír las instrucciones del juez y defendió su caso basándose en normas constitucionales, el juez, irritado, lo declaró culpable de desacato, ante lo cual los hermanos de Dan y algunos otros seguidores organizaron un tumulto en la sala, gritando que iban a poner al juez, al fiscal y al alguacil bajo «arresto ciudadano». En medio de este altercado, Dan se levantó y advirtió a voces al juez: «¡En nombre de Cristo, haz justicia o serás aplastado!». Al final, todo este teatro no sirvió de nada. Lo enviaron a la prisión del estado, donde estuvo bajo observación psiquiátrica cuarenta y cinco días y luego fue trasladado a la cárcel del condado para que cumpliera allí una condena de treinta días.

Su estancia entre rejas no hizo más que fortalecer su resolución. Dejó de pagar los impuestos sobre la propiedad de la casa y el negocio de su padre, por cuestión de principios. La propiedad de su padre, explica Dan, era «una propiedad libre y clara. Pagar el impuesto inmobiliario era decirle al Gobierno que la propiedad era en realidad suya, porque les dabas el derecho a quitártela si no pagabas. Yo estaba dispuesto a provocar un enfrentamiento para que quedase claro quién era realmente el dueño de la propiedad».

Cuando se produjo ese enfrentamiento inevitable, no fue Dan quien ganó. El asesor del condado de Utah le notificó que el condado iba a tomar posesión del hogar de los Lafferty por impago de impuestos, y que también tomaría posesión de todo el equipamiento del salón de masajes de Watson Lafferty. Dan, por su parte, informó cortésmente a la oficina del asesor de que se proponía «defenderme de cualquier violación de mis derechos constitucionales otorgados por Dios». Los cuatro hermanos pequeños de Dan lo apoyaron plenamente en sus batallas subsiguientes contra el estado. Pero cuando el padre de Dan (que aún seguía en su misión fuera del país) se enteró de que estaban a punto de quitarle la casa y todo el equipo del salón de masajes por impago de impuestos, se puso furioso. Llamó a Dan desde el extranjero para comunicarle su profundo disgusto y acusarle de «hipnotizar» a sus hermanos. El patriarca de los Lafferty sugirió incluso que Dan estaba intentando hipnotizarles a él y a Claudine a distancia por la línea telefónica.

Watson consiguió salvar su hogar abandonando su misión y regresando rápidamente a Provo con Claudine, pero seguía muy enfadado con Dan. En cuanto a este, aunque la cólera de su padre lo entristeció, no le hizo abandonar su cruzada.

Durante los últimos meses de 1982 y los primeros de 1983 esa cruzada pasó a ser más abiertamente religiosa y los cuatro hermanos menores de Dan fueron contagiándose cada vez más de su celo fundamentalista. Los hermanos Lafferty empezaron a reunirse de forma más regular para analizar los méritos de la poligamia y de otros principios por los que abogaba *El Pacificador*. Cuando tres hermanos de Dan intentaron imponer esos principios en sus propios hogares, sus esposas se negaron a aceptarlos y empezaron a quejarse a Dianna (la esposa de Ron, el hermano mayor) de los cambios inquietantes que se estaban produciendo en la personalidad de sus maridos.

14

Brenda

[Los movimientos fundamentalistas] son formas conflictivas de espiritualidad que han surgido como respuesta a una sensación de crisis. Están enzarzados en un conflicto con enemigos cuyas creencias políticas secularistas parecen contrarias a la propia religión. Los fundamentalistas no consideran esa batalla una lucha política convencional, sino que la experimentan como una guerra cósmica entre las fuerzas del bien y del mal. Temen la aniquilación y procuran fortalecer su identidad asediada por medio de una recuperación selectiva de determinadas doctrinas y prácticas del pasado. Para evitar la contaminación, suelen apartarse de la corriente general de la sociedad y crear una contracultura. Pero los fundamentalistas no son soñadores sin sentido práctico. Han asimilado el racionalismo pragmático de la modernidad y, bajo la dirección de sus carismáticos maestros, reciben esos «fundamentos» para crear una ideología que proporcione un plan de acción a los fieles. Llegado el momento, contraatacan e intentan resacralizar un mundo cada vez más escéptico.

KAREN ARMSTRONG,
The Battle for God

Ron y Dianna Lafferty vivían con sus seis hijos en Hayland, una comunidad semirrural pequeña y próspera situada al pie de la cordillera de Wasatch, al norte de American Fork, a medio camino entre Provo y Salt Lake City. En 1982, Ron fue concejal de Hayland y era un incondicional de la parroquia correspondiente de la Iglesia oficial, en la que había sido nombrado primer consejero del obispo y era uno de los encargados de las actividades juveniles.[1] Según todos los testimonios, Ron era un padre maravilloso para sus seis hijos, y Dianna y él formaban un matrimonio excepcionalmente sólido, una relación que la mayoría de sus conocidos envidiaban.

«Recuerdo un matrimonio que fue muy feliz durante dieciséis años y medio —dice Penelope Weiss, amiga íntima de Dianna—. Lo primero que dijo mi hija cuando le expliqué lo que había pasado, ¿sabes?, con Dan y Ron y demás fue: "¡No puede ser verdad!". Y luego añadió: "Todas las chicas jóvenes queríamos un matrimonio exactamente como el de Ron y Dianna".»

Sin embargo, la aparente felicidad de Ron enmascaraba problemas que llevaban gestándose desde la infancia. Aunque los arrebatos violentos de su padre marcaron en cierto grado a todos los hijos, Ron (que tenía una relación especialmente estrecha con su madre perpetuamente oprimida) parece ser que fue el que sufrió un mayor daño emocional. Según el psicólogo Richard Wootton, que lo ha examinado a fondo durante los diecinueve años que lleva en la cárcel, Ron se acuerda de «ver a su padre pegar a su madre y de que se ponía tan furioso que pensaba que ojalá fuera grande para poder darle una patada en el culo a su padre[...]. Creo que eso permaneció

1. Cada congregación de la Iglesia oficial está dirigida por un obispo, un miembro laico, siempre varón, cuyo nombramiento tiene que aprobar el primer presidente y el Quórum de los Doce Apóstoles, que son el pináculo de la jerarquía que gobierna la iglesia mundial desde Salt Lake City. El obispo nombra a su vez a dos consejeros, que actúan conjuntamente como un obispado de tres hombres que supervisa atentamente todo lo que sucede en su diócesis.

con él. Y se convirtió en una pauta con la que en cierto modo manejaba las situaciones difíciles e inciertas».

Los extraños no percibían la angustia de Ron. De niño era popular entre los otros críos de la comunidad y llevaba a casa notas decentes, aunque no extraordinarias. Era también un atleta destacado, que se distinguió en el equipo de fútbol del instituto y fue capitán del equipo de lucha. En la adolescencia y el principio de la edad adulta destacó mucho, al parecer. Según lo habitual en un joven que sobresalía en la fe mormona, en cuanto terminó sus estudios en el instituto y completó un periodo en el Ejército, se fue dos años de misiones, enviado por la iglesia, deseosa de difundir el Evangelio para que otros pudiesen experimentar el incomparable gozo de ser mormones.

No es nada fácil ser misionero mormón. Los misioneros deben correr con los gastos que ocasione la misión y se les exige que vayan a la parte del mundo donde la iglesia decida que son necesarios. En el caso de Ron, después de cuatro semanas de adoctrinamiento en el Centro de Formación de Misioneros de Provo, lo enviaron a salvar almas a Georgia y a Florida. Él ya había prometido, como un santo obediente, no beber ni fumar, no tomar drogas ilegales, no ingerir cafeína, no masturbarse ni tener relaciones sexuales prematrimoniales.[2] Como misionero, tampoco podía leer más que literatura mormona ni escuchar música que no procediese de la iglesia. Y estaban rigurosamente prohibidos los periódicos y revistas, el cine y la televisión. Solo le estaba permitido escribir cartas a casa una vez por semana y solo podía telefonear a la familia en Navidad y el Día de la Madre.

---

2. Todos los mormones deben atenerse, en teoría, a estas normas, que proceden en su mayor parte de una interpretación draconiana de finales del siglo xx de una confusa revelación que recibió Joseph Smith en 1833 (que suele denominarse «Palabra de Sabiduría»), y que está canonizada como la sección 89 de *Doctrina y convenios*), en la que el Señor ordena a sus santos abstenerse de «bebida fuerte» y demás vicios.

Aunque en términos generales Ron cumplió rigurosamente las normas, había en él una veta rebelde que afloraba de vez en cuando. Dada la compleja relación que tenía con su padre, tal vez no sea sorprendente que los personajes de autoridad le provocasen una reacción emotiva compleja. Ansiaba por una parte, desesperadamente, complacer a sus superiores, mientras que, por otra, sentía una hostilidad interna hacia los que disponían de poder sobre él. Se sentía incluso impulsado a demostrar de vez en cuando a sus superiores que no les pertenecía.

En aquella época, los misioneros tenían que llevar sombrero. Según el doctor Wootton, que es mormón, Ron «se negó a llevar sombrero. En verano, cuando, como es habitual, hacía un calor bochornoso en Florida, tenían que llevar chaqueta. Él no se la ponía. En cierta ocasión, dijo que "no estaba allí abajo para dar testimonio de una forma de vestir"». Él estaba allá abajo «para convertir a la gente y cumplir una misión».

Se levantaba todos los días a las seis, se ponía unos pantalones negros, una camisa blanca bien planchada y una horrorosa corbata de esas que se enganchan, y estudiaba las Escrituras dos o tres horas. Luego salía a recorrer las calles buscando posibles conversos. Como todos los misioneros mormones, para conseguir esto último tenía que soportar insultos, amenazas de violencia física, golpes y groserías. Le daban con la puerta en las narices cuarenta o cincuenta veces al día como media. Sin embargo, resultó ser asombrosamente bueno en aquella clase de trabajo. Nada lo perturbaba. La lluvia incesante de burlas y rechazos le resbalaba como si tuviese la piel de teflón.

Ron *sabía* que la Iglesia mormona era la única iglesia verdadera de Dios y estaba decidido a compartir este hecho glorioso con toda la gente que fuese posible. Lo habitual era que un misionero muy entregado a su labor convirtiera a tres o cuatro personas al año como mucho, y que se sintiese satisfecho con razón por lograrlo.[3] Ron había conseguido bautizar a más de cincuenta personas al final de su misión de dos años.

Y mientras estaba salvando almas en Florida, Ron conoció a una joven y dulce estudiante de enfermería, se enamoró y se casó con ella cuando terminó la misión. Luego, llevó a su nueva esposa Dianna a Utah, para vivir cerca de sus padres y hermanos. Consiguió un buen trabajo, manejando equipo pesado en una empresa constructora propiedad de un correligionario, y se consagró a formar una familia de santos fieles.

Una vez cómodamente instalado en el condado de Utah, Ron actuó como el ancla emotiva del clan Lafferty. Sus hermanos y hermanas habían buscado consejo y apoyo sentimental en él desde que eran pequeños. Solía ser él quien mediaba en los conflictos familiares. Uno de sus hermanos decía afectuosamente que pertenecía al tipo «gallina-madre», y a Ron le encantaba ese papel. Cuando regresó de la misión procuró estar disponible durante los dos decenios siguientes siempre que sus hermanos, sus hermanas o su madre le pedían ayuda. A mediados de 1982, Dianna se dio cuenta de que varios hermanos de Ron necesitaban urgentemente alguna orientación fraternal. En agosto del mismo año se dio cuenta también de que cuatro de las otras cinco esposas de los Lafferty estaban sufriendo mucho por las normas fundamentalistas rigurosas que Dan había instado a sus hermanos a adoptar, así que suplicó a Ron que hablase con Dan y con los otros hermanos para «enderezarlos». Ron accedió a hacerles una visita.

Una noche que los cinco hermanos estaban reunidos en la casa de sus padres de Provo para hablar de política y de religión, Ron hizo un alto allí para participar en las discusiones;

3. En años recientes, la media anual ha sido de algo más de dos conversiones por misionero.

era la primera vez que asistía a una de aquellas reuniones. Sus hermanos lo recibieron calurosamente, y ni siquiera se enfadaron cuando empezó a leerles fragmentos de un ensayo publicado por la Iglesia oficial, en el que se advertía de los males del fundamentalismo y se aconsejaba a todos los santos mantenerse fieles a las enseñanzas del presidente y profeta de la iglesia, Spencer W. Kimball. A medida que transcurría la velada, Ron fue haciendo preguntas cada vez más directas sobre las nuevas creencias de Dan, procurando por todos los medios convencer a sus hermanos de que aquellas ideas locas ponían en grave peligro sus almas inmortales.

«Yo ponía a Ron en una situación embarazosa —recuerda Dan—. Él era un santo devoto y decía que yo era un problema fastidioso para la Iglesia mormona. Me dijo: "¡En esta iglesia no hay lugar para los extremistas!".»

Dan respondió, sin hacer concesiones: «Bueno, ¿y qué me dices de los extremadamente buenos? ¡Lo único que intento es ser extremadamente bueno!». Dan argumentó con mucha pasión que la Iglesia oficial había dado un paso equivocado al abandonar la poligamia, y que el único medio de volver a encarrilarla por el verdadero camino era obedecer los sagrados principios que propugnaba *El Pacificador*. Ron intentó refutar los argumentos de Dan punto por punto, con citas de la Biblia y del *Libro de Mormón*. Dan respondió con citas sacadas por él de los mismos textos, así como de la Constitución. «En aquella reunión Ron no tardó demasiado en dejar de intentar convencernos de que estábamos equivocados —según recuerda Dan—. "Lo que vosotros estáis haciendo, muchachos, está bien —confesó—. Son todos los demás los que están equivocados".» En el transcurso de unas cuantas horas, Dan convirtió a Ron, que pasó de ser un santo obediente a ser un furibundo fundamentalista mormón. Dianna contó a su amiga Penelope Weiss que, cuando Ron regresó a casa aquella noche tarde, «entró por la puerta un hombre distinto».

Después de adoptar esta desafiante visión del mundo, Ron se convirtió en participante asiduo de las reuniones de sus hermanos. Se deshizo de su carnet de conducir y retiró las placas de matrícula de su vehículo. Y luego dejó su trabajo... lo que hizo sentirse muy preocupada a Dianna, porque la familia estaba ya prácticamente al borde de la ruina económica. Ron estaba en las últimas etapas de lo que consideraba un gran proyecto de construcción: un complejo de apartamentos de cuatro unidades que había financiado con un préstamo bancario y que construía él mismo en sus horas libres como una inversión. Hasta entonces, después de trabajar todo el día en su trabajo «real», dedicaba casi todas las tardes a construir el complejo de cuatro apartamentos, y las noches a construir una «casa de ensueño» en Highland para la familia. Sus proyectos de construcción en las horas libres estaban estirando sus ingresos hasta el límite y más allá de él.

Para aumentar sus males, la economía en toda la zona de las Rocosas acababa de precipitarse en una recesión abismal. Ron y Dianna no conseguían pagar los plazos de la deuda. No tenían dinero suficiente para comprar a los niños ropa y alimentos. Ron empezó a sucumbir a la tensión.

«Fue una recesión muy mala —recuerda Weiss—. Ron iba a perderlo todo. De hecho, ya estaban redactados los documentos para que el banco se quedara con su casa, en la que había trabajado tanto durante tantos años.»

Fue durante esta crisis cuando Dianna, intentando ayudar a sus cuñadas, le pidió a Ron que visitase a sus hermanos y los enderezase.

«Él era muy vulnerable en aquel momento —explica Weiss—. Dianna me contó por entonces que Ron estaba tan mal que se desmoronaba y se echaba a llorar con frecuencia. Ella le decía: "Ron, no te preocupes por eso; podemos empezar de nuevo. Lo hicimos una vez y volveremos a hacerlo". Pero él se limitaba a mirarla y a decir: "Nos hemos sacrificado demasiado. No puedo soportar la idea de perderlo todo".»

Y como explica Weiss con angustia en la voz: «Fue precisamente entonces cuando apareció Dan». Entre las ideas religiosas de Dan figuraba un mensaje que a Ron le resultaba especialmente confortante en aquel periodo difícil.

«Dan convenció a Ron de que Dios no quería que tuviéramos cosas materiales, que era bueno perderlo todo. Le dijo que tenía una vocación superior. Que Dios se proponía que Ron fuese un misionero de las cosas que Dan estaba enseñando. Y Ron realmente lo creyó [...]. Se lo creyó todo. Bueno, hasta dejó el trabajo. Dan decía que no habría ningún problema, que todo iría bien, porque él, Ron, iba a acabar siendo el próximo presidente y profeta de la Iglesia mormona oficial, que él se convertiría en su primer consejero y que los otros cuatro hermanos Lafferty serían segundos consejeros.»

Poco después de que se convirtiese a la rama fundamentalista de Dan, Ron comunicó a Dianna que tenía que empezar a seguir las pesadas normas establecidas en *El Pacificador*.

«Un día fui a su casa —recuerda Weiss— y allí estaba Dianna dale que dale, meneando una jarra grande llena de leche. Le pregunté: "¿Qué demonios haces?". Y ella me dijo: "Ron dice que ahora tengo que hacer yo la mantequilla".

»Esto era solo un pequeño ejemplo de cómo esperaba Ron que ella viviese. Esperaba básicamente que fuese su esclava. Y era completamente distinto a como había sido. Antes de que Dan le lavase el cerebro, Ron trataba a Dianna como una reina. Era uno de los hombres más buenos que he conocido. Pero después de que pasara eso, se convirtió en uno de los hombres más malos que he conocido en toda mi vida.

»Dianna se dio cuenta inmediatamente de que los cambios de Ron eran algo muy malo. Y nunca he visto esforzarse tanto a una mujer para intentar salvar a un hombre. Se pasaba casi toda la noche despierta intentando convencerlo. Procuró mantenerse apegada al lado bueno que él tenía, con la esperanza de hacerlo recapacitar y de salvarlo, aceptando algunas de sus exigencias disparatadas. Pero había cosas por las que no podía pasar. Y llegaba un momento en que tenía que decir: "No, Ron. Eso sencillamente no está bien".»

Cuando el extremismo se agudizó y Ron se hizo más autoritario, Dianna fue perdiendo la esperanza de poder convertirlo de nuevo en el padre amoroso y el marido considerado que había sido antes. Empezó a hablarle con un entusiasmo creciente de la poligamia, y ella se ponía enferma solo de pensar en eso. Cuando le comunicó que se proponía tomar a sus hijas adolescentes como esposas plurales, Dianna se dio cuenta de que habían llegado ya al punto de ruptura. Desesperada, pidió ayuda a Weiss y a otras amigas íntimas, a dirigentes de su parroquia de la Iglesia oficial y, sobre todo, a Brenda Lafferty, que estaba casada con Allen, el menor de los seis hermanos Lafferty.

Después de que Dan convenció a sus hermanos de que adoptaran sus creencias fundamentalistas, todas sus esposas cedieron y se sometieron en uno u otro grado a las humillaciones decretadas en *El Pacificador*... es decir, todas sus esposas menos una: Brenda Wright Lafferty. Brenda, inteligente, elocuente y con carácter, no cedió.

«Brenda hizo frente a los hermanos Lafferty —dice su madre, LaRae Wright—. Era probablemente la más joven de todas las esposas, pero era la fuerte. Les dijo a las otras que defendieran sus derechos y pensaran por sí mismas. Y les dio ejemplo, negándose a aceptar las exigencias de Allen. Le dijo con toda claridad que no quería que él anduviese haciendo cosas con sus hermanos. Y los hermanos la culpaban de eso, de mantener separada a la familia. A los hermanos Lafferty no les gustaba Brenda, porque se interponía en su camino.»

Brenda era la segunda de los siete hijos de LaRae, maestra de escuela, y Jim Wright, agrónomo. Había nacido en Logan (Utah), y se había trasladado con su familia a Ithaca (Nueva York) cuando solo tenía un año, para que su padre pudiese hacer el doctorado en la Universidad de Cornell. Jim y LaRae echaban de menos el campo del oeste de las montañas Rocosas, pero también el interior del estado de Nueva York tenía sus encantos, y además había un atractivo importante muy cerca de Ithaca: Palmyra, que era donde había nacido la religión mormona. De todos modos, en cuanto obtuvo el doctorado, Jim regresó con su familia al oeste, a Twin Falls (Idaho), una población agrícola situada unos sesenta y tantos kilómetros al norte de la frontera de Utah, donde Brenda disfrutó de una infancia de libro de cuentos.

«Era una chica extravertida, llena de vida, y tenía muchísima personalidad —dice su hermana mayor Betty Wright McEntier—. Brenda era muy divertida, la verdad. Éramos muy amigas.»

Brenda, además, no solo era popular y participaba en las actividades escolares, sino que era una estudiante aplicada que destacaba en casi todo lo que hacía. También era guapa, en el sentido muy americano de chica sana del campo: en 1980, quedó la segunda en el concurso de reina de la fiesta de Twin Falls.

Después de graduarse en el instituto con muy buenas notas, se matriculó en la Universidad de Idaho, donde fue elegida presidenta de la asociación de alumnas.

«Pero ese no fue nunca el tipo de vida que ella quería llevar —dice su madre—. Así que volvió a casa, a Twin Falls, y luego estudió dos años en la escuela preparatoria de Idaho Sur y luego pasó a la Universidad Brigham Young.»

Cuando estudiaba en esta última institución, se incorporó a una «parroquia para adultos jóvenes» (una congregación estudiantil mormona) y conoció allí a Allen Lafferty.

«Allen no era estudiante, pero empezó a asistir por alguna razón a aquella parroquia de estudiantes de Provo —explica LaRae—. Tenía muchísimo carisma, congeniaron y empezaron a salir.»

«Cuando Brenda empezó a salir con Allen yo estaba fuera del país, de misión en Argentina —dice su hermana Betty—. Pero ella me escribía todas las semanas y me explicó que lo de aquel chico era muy serio. Había salido antes con muchos chicos, pero nunca había llegado a sentir apego por ninguno. Allen era diferente. Había pasado por la experiencia de la misión, y los Lafferty eran la imagen ideal de la familia mormona. Todo el mundo parecía conocerlos en Provo. Además, Allen sabe ser encantador [...], todos los hermanos Lafferty tienen esa habilidad de embelesarte. Es esa cosa que tienen en los ojos. Y Brenda cayó en el hechizo. Desde Argentina incluso era evidente que estaba realmente enamorada de Allen.»

Allen y Brenda se unieron para siempre en matrimonio en el templo de Salt Lake City el 22 de abril de 1982. Ella tenía veintiún años.

Brenda se especializó en medios de comunicación en la Universidad Brigham Young, presentó un programa de noticias de televisión en la KBYU, la filial regional del PBS que emite en Utah por el canal 11. Según Betty: «Ella quería convertirse en una presentadora como Michelle King.⁴ Nos educaron para que fuésemos muy independientes. Nuestros padres nos enseñaron que se nos habían dado ciertas dotes y que teníamos que desarrollarlas, que no debíamos pasar por la vida dependiendo de otros teniendo como teníamos todas aquellas cualidades».

4. Se trata de la popular copresentadora actual de las noticias vespertinas de la KUTV, la filial de la CBS de Salt Lake City. Michelle King se graduó en medios de comunicación por la Universidad Brigham Young dos años antes que Brenda.

«Cuando Brenda se casó y Allen no quiso que siguiese trabajando, dejó de momento la carrera en la televisión en la estantería y cogió un trabajo de bajo nivel en Castleton, una de las tiendas más bonitas del centro comercial de Orem, solo por estar asegurada y ayudar al mantenimiento de la familia. Pero Allen empezó a presionarla para que dejara también ese trabajo, porque quería que fuese una esposa sumisa y tradicional. Quería que dependiese completamente de él.»

Según LaRae:

«En realidad Brenda quería seguir trabajando en la televisión. Supimos más tarde, después de los hechos, que le habían ofrecido un trabajo en la BYU, para dar clases en el departamento de medios de comunicación. Pero Allen no quiso que lo aceptase, así que se convirtió en ama de casa. Está claro por sus diarios que unos dos meses después de casarse con Allen se dio cuenta de que había cometido un error. Pero luego se quedó embarazada de Erica».

«Cuando Allen se convirtió en parte de nuestra familia —dice Betty—, se produjo al principio esa vinculación instantánea. Nos cayó bien a todos. Era para nosotros como un hermano mayor maravilloso. Entonces no teníamos idea de que estaba pasando todo aquello en su familia. Luego empezamos a darnos cuenta de lo fanáticos que eran todos.»

Betty recuerda que visitó a Brenda y a Allen una noche cuando su hermana estaba embarazada de Erica.

«Brenda quería salir a cenar a algún sitio, pero Allen no quería ir a ningún restaurante que abriese los domingos. Así que anduvimos en el coche de un sitio a otro y Allen nos dejaba sentadas en el coche, iba él a preguntar si abrían los domingos. Abrían en todos los sitios, así que no nos dejaba cenar en ninguno. Hasta que Brenda y yo nos hartamos y le dijimos que nos llevase a casa.

»A Allen le iba muy bien con el negocio de los mosaicos, pero exigía siempre que le pagaran en metálico. No era partidario de tener una cuenta en el banco, porque no quería que Hacienda supiera lo que ganaba. No quería tener cartilla de la Seguridad Social. Nada de esto salió a la luz hasta que se casaron.

»Empezamos a darnos cuenta de que Allen andaba siempre intentando eludir la ley. Cuando llegó el momento de pagar impuestos aquel primer año de casados, Allen le dijo a Brenda que no iba a pagarlos. Ella le dijo: "¡Oh, sí, lo haremos! Es lo que se hace. ¡Hay que cumplir la ley!". Al ver que Allen se negaba, le dijo a papá que la ayudase a hacer la declaración. Recuerdo que cuando llegó la hora de matricular el coche, Allen no le dejaba a Brenda hacerlo. Ella le dijo: "Sí, voy a hacerlo. Porque no quiero que me pongan una multa". Tuvieron una gran pelea por eso. Y es que a nosotros no nos habían educado así, la verdad. Así que Brenda procuraba hacer siempre las cosas que hay que hacer: pagaba los impuestos, renovaba las licencias, ese tipo de cosas. Se resistió a Allen todo lo que pudo.

»Pero luego la niña se puso enferma y él se negó a que fuera al médico. Y las cosas empezaron a ir de mal en peor.»

El padre de Allen, Watson Lafferty, llevaba mucho tiempo enfermo de una diabetes, que se negaba a tratar con insulina. A finales de 1983, después de que Claudine y él regresaron de la misión y volvieron a instalarse en Provo, en la casa de la familia, su diabetes empeoró súbitamente. Pero sus hijos siguieron negándose en redondo a que se le aplicara un tratamiento médico. Los remedios homeopáticos y las hierbas medicinales no consiguieron aliviar la enfermedad y Watson se murió.

«A Brenda por entonces toda la familia le parecía mala —dice Betty—. A partir de entonces, empezó a darse cuenta de que estaba pasándoles algo muy malo a todos ellos.»

La vida se estaba haciendo más horrible también para Dianna Lafferty. Su hogar de Highland queda solo a unos minutos del pequeño apartamento de American Fork donde vivían Allen, Brenda y su bebé. Dianna, abrumada y desesperada, buscó la ayuda de Brenda. Aunque Brenda seguía aferrada a la idea de que podía conseguir que Allen cambiara, estaba convencida de que Ron había ido ya demasiado lejos y que no abandonaría nunca sus ideas fanáticas. Tanto Ron como Dan habían sido expulsados de la Iglesia oficial. Ron ya no tenía trabajo. Trataba cada vez peor a Dianna y hablaba con un fervor creciente de tomar esposas plurales. Brenda animó a Dianna a divorciarse de Ron, por el bien de sus hijos y por el suyo propio.

Dianna no podía concebir la idea de dejar a Ron. Como ella misma explicaría más tarde al fiscal del condado de Utah, tenía seis hijos, no tenía ningún título universitario, no había trabajado nunca y no sabía hacer nada, así que no tenía posibilidades de encontrar trabajo. «Ni siquiera sé escribir a máquina», confesó desesperada. Pero en el fondo sabía que Brenda tenía razón: «Era imperativo que dejase a Ron». Dianna se apoyó en Brenda, en amistades íntimas y en santos de la parroquia mormona de Highland, y reunió así el valor suficiente para iniciar el proceso de divorcio.

Ese proceso concluyó en el otoño de 1983. Hacia el Día de Acción de Gracias, Dianna cogió a sus hijos y se fue con ellos a Florida, poniendo el mayor espacio posible entre ella y los hermanos Lafferty. Para Ron, aunque había tenido todas las oportunidades posibles de darse cuenta de que ocurriría, la marcha de su esposa y de sus hijos fue un golpe demoledor. Ante la perspectiva de pasar las Navidades sin ellos, decidió pasarlas fuera de Utah, donde todo le recordaba a su familia perdida. Decidió visitar una colonia de polígamos que quedaba cerca de Woodbure (Oregón), dirigida por un personaje carismático llamado John W. Bryant.

Antes de aterrizar en Woodbure (una población agrícola situada al norte de Salem, la capital del estado de Oregón),

Bryant había creado asentamientos polígamos en Utah, California y Nevada. Como tantos otros profetas renegados, se había proclamado el «uno poderoso y fuerte», pero difería de sus hermanos fundamentalistas en algunos aspectos insólitos. Era por temperamento un libertino, y sus enseñanzas resaltaban la experimentación con drogas y sexualidad de grupo (homosexual y heterosexual), tendencias raras veces reconocidas por otros fundamentalistas mormones.

Esta conducta escandalosa era completamente nueva para Ron, que se quedó cautivado y desconcertado por lo que vio durante su prolongada visita a la comuna de Bryant. Cuando una de las esposas del profeta hizo saber a Ron que le resultaba atractivo, este se sintió muy tentado a meterse en la cama con ella, pero no lo hizo pensando que podría despertar los celos y la cólera de Bryant. Así que se marchó y regresó a Utah.

Ron regresó a la zona de Provo justo después de que Bernard Brady le hubiese presentado a Dan al profeta Onías, el fundamentalista canadiense. Dan se lo presentó a su vez a Ron y a los otros hermanos Lafferty, y muy poco después de eso, Ron, Dan, Mark, Watson y Tim Lafferty se incorporaron a la Escuela de los Profetas de Onías. Allen, el hermano más pequeño, estaba deseando participar también, pero Brenda se plantó. «Se negó a dejarle ir», confirma LaRae Wright.

Enfrentarse a Allen significó enfrentarse a todo el clan Lafferty, pero Brenda no eludía esos enfrentamientos. No solo estaba muy dispuesta a discutir de teología con los hermanos Lafferty, sino que contaba además con un dominio impresionante de las Escrituras mormonas que le permitía no dejarse achantar cuando debatía la doctrina fundamentalista con Ron y Dan. Ellos empezaron a enfurecerse con ella por hacerles frente y por la influencia que tenía sobre Allen, al que consideraban un «calzonazos». Cuando su padre estaba muriendo de diabetes, Ron convocó una reunión de familia para hablar del funeral y de otros detalles. Allen llevó con él a Brenda y Ron se enfureció. La llamó zorra y cosas peores, a gritos y con una cólera tan desmedida que Brenda salió llorando de allí. Pero no se quedó intimidada mucho tiempo.

«Brenda era la única de las esposas de los Lafferty que había estudiado —explica Betty—. Y eran sus estudios lo que temían ellos. Porque Brenda estaba segura de sus ideas y de su sentido de lo verdadero y de lo falso. No estaba dispuesta a permitir que nadie le quitara eso. Consideraba que tenía la obligación de defender a las otras mujeres. Era la única esperanza que ellas tenían.»

Betty hace una pausa, reflexionando sobre lo que había tenido que soportar su hermana pequeña, y continúa:

«Solo tenía veintitrés años entonces. Era muy joven y estaba rodeada de toda aquella gente mayor que se suponía que tenía que ser más madura que ella... y sin embargo era a ella a la que recurrían todas. —Betty hace otra pausa—. Mi hermana era una mujer extraordinaria.»

Aunque Brenda consiguió que Allen no asistiese a la Escuela de los Profetas de Onías, no pudo impedirle relacionarse con Dan y con el resto de sus hermanos.

«Pero procuraba vigilarlo —dice Betty—. Por entonces fuimos a visitarlos Sharon, mi hermana pequeña, y yo. Mientras estuvimos allí, Brenda procuró que siempre que Allen fuese a algún sitio, fuésemos nosotras con él. Luego, al volver a casa nos preguntaba adónde había ido y con quién había hablado. A mí me pareció un poco raro entonces. Ahora comprendo que lo único que quería era saber si hablaba con sus hermanos.»

15

El uno poderoso y fuerte

Nauvoo, como una ciudad-estado religiosa bajo control estricto, fue el refugio donde se tomaron las decisiones más importantes para los seguidores de Joseph Smith (lo que debían hacer para servir a Dios) [...] y se les garantizó por mediación de él su identidad como pueblo elegido por Dios [...].
Como es frecuente en tales situaciones, la amenaza del mal se proyectaba sobre otros [...]. Así, en Nauvoo, los inocentes hijos de Dios se hicieron cargo de su identidad a través de su lucha contra los perversos seguidores de Satanás, que dominaban la sociedad en todo el país salvo en la ciudad de los santos.
El problema de este tipo de mito dicotómico es, claro está, que, para la gente que se atiene a él, culpa e inocencia se convierten en cuestiones de fe, no de evidencias.

JOHN E. HALLWAS y ROGER D. LAUNIUS,
Cultures in Conflict

Cuando Bernard Brady, el hombre de negocios de Utah que respaldaba el proyecto de la Mina del Sueño, reunió al profeta Onías y a los hermanos Lafferty (salvo a Allen) una cruda noche de otoño, hacia finales de 1983, todos los presentes tuvieron la impresión de que aquella iba a ser una asociación especialmente auspiciosa. Hubo un sentimiento instantáneo de parentesco y de valores compartidos, y hablaron todos muy animados hasta «altas horas de la noche», según Onías. Aturdidos por su sentimiento de misión por designio divino, todos los reunidos estaban seguros de estar destinados colectivamente a modificar el curso de la historia humana.

«Cinco de los seis hermanos Lafferty —según Onías— se entusiasmaron muchísimo al darse cuenta de que el Señor acababa de darnos la orden de enviar tres secciones de *El libro de Onías* a todas las jerarquías de diócesis y parroquias.»[1]

Se refería con eso a una revelación que había tenido el 26 de noviembre de aquel año, en la que Dios le había ordenado «preparar folletos para enviar a los presidentes de diócesis y a los obispos de parroquias de mi iglesia [la Iglesia mormona oficial]», de manera que quedasen «advertidos» los que habían cometido fornicación contra Él. El folleto consistía en fragmentos de las revelaciones de Onías, previniendo a todas las autoridades de la Iglesia oficial (desde el presidente y presunto profeta de Salt Lake City hasta los obispos de todas las parroquias de Norteamérica) de que Dios estaba sumamente disgustado con la forma que tenían de dirigir su Única Iglesia Verdadera.

«Dios estaba especialmente furioso», explicó Onías, por el hecho de que los dirigentes mormones modernos incumplieran descaradamente algunas de las doctrinas más sagradas que Él había revelado a Joseph Smith en el siglo xix, y lo más grave de todo era que quienes llevaban el timón de la iglesia seguían aprobando e imponiendo celosamente la criminalización del matrimonio plural impuesta por el Gobierno. Y era casi igual de grave, en opinión de Onías, la blasfemia perpe-

---

1. *El libro de Onías* es un título alternativo de *El segundo libro de mandamientos*; son el mismo libro. La Iglesia mormona oficial está organizada en diócesis de unos tres mil fieles aproximadamente, que son el equivalente de las archidiócesis de la Iglesia católica; y parroquias, que son las congregaciones de barrio dentro de cada diócesis. Las diócesis suelen tener de cinco a doce parroquias.

trada por el presidente de la Iglesia oficial Spencer W. Kimball en 1978, cuando había decretado que se debía admitir en el sacerdocio mormón a hombres de piel negra, un cambio histórico y espectacular en la política de la iglesia muy aplaudido fuera de ella. Dios, sin embargo, había revelado a Onías que los negros eran infrahumanos, «bestias del campo, aunque fuesen los más inteligentes de todos los animales creados, porque caminaban erguidos como el hombre y tenían la facultad de hablar».[2]

Según el folleto, Dios había hablado a Onías sobre el hecho de que los negros pudiesen ser sacerdotes mormones.

Escucha lo que digo: en ningún momento he dado ni daré Yo a mi iglesia un mandamiento por el que los hijos de Ham, es decir, la raza negra y todas sus gentes, deban recibir mi santo sacerdocio [...].

¿Y acaso no he dicho Yo a mi siervo Joseph Smith, que es vuestra cabeza, que ninguno de esa raza podía ni debía ser ordenado para mi santo sacerdocio hasta que la semilla de Abel se elevase por encima de la semilla de Caín? [...].

Porque el fundador de esa raza negra fue Satanás, que vino a Caín después de que Dios le hubiese arrebatado el poder de procrear a los hijos de la rectitud y le mostró cómo podía depositar su semilla en animales, y la semilla de los animales en otros animales, para que corrompiese la semilla de la tierra de ese modo con la esperanza de desbaratar las obras de Dios.

2. Según la fe mormona, debe animarse a todos los varones considerados dignos a incorporarse al «sacerdocio» a los doce años, hecho que entraña la asignación de responsabilidades y privilegios específicos, y que confiere un estatus de valor incalculable dentro de la iglesia. A los negros no se les permitió acceder al sacerdocio hasta 1978, una afrenta importante que ayuda a comprender que haya relativamente pocos mormones de ascendencia africana. Las mujeres, sea cual sea su raza, siguen teniendo prohibido el acceso al sacerdocio.

Y por esta razón se destruyó la Tierra con el Diluvio, para borrar de su faz las abominaciones que creó Caín, pues él había corrompido toda carne [...].

Pues Satanás se ha infiltrado en mi iglesia y pretende convertirse en su cabeza.

Pero aquellos que le han obedecido pronto verán desenmascarada su locura, pues nadie volvera a mofarse ni de mi nombre ni de mi iglesia, que será pronto purificada y purgada y probada al fuego, para que todos los que afirman conocerme y no me conocen sean desenmascarados.

El folleto advertía también de que Dios había enviado a Onías para «limpiar mi casa de su inmundicia» y volver a conducir las instituciones mormonas por el camino recto. Dios había revelado:

Yo dotaré a Onías de mi espíritu, y él desenmascarará a los inicuos, y ellos no resistirán, y rechinarán los dientes furiosos y su cólera los devorará.

Pues Yo soy el Señor Dios todopoderoso y nadie se burlará de mis palabras [...].

Y qué gran estrépito y conmoción se producirá cuando caigan [...].

Y mi siervo Onías, al que ahora escarnecen, pondré en él mi espíritu y será como fuego que devora. Y las palabras que él escriba y pronuncie desenmascararán a muchos y harán caer a muchos, porque no se arrepentirán.

Onías envió este folleto a los dirigentes de la Iglesia oficial con la finalidad de darles la oportunidad de elegir: confesar sus errores y entregar el control de la iglesia al profeta elegido por el Señor, «el uno poderoso y fuerte», o afrontar la cólera divina. Cualquier observador imparcial consideraría esto un acto que revelaba una asombrosa ingenuidad y una soberbia demente por parte de Onías, pero a los hermanos Lafferty el texto del folleto les causó una profunda impresión. Tenía el tono de la verdad negada durante mucho tiempo. Y creyeron que habían encontrado en Onías a un aliado decisivo en su lucha para volver a llevar la iglesia de Joseph Smith por el buen camino y para preparar la Tierra para el Segundo Advenimiento de Cristo.

Onías no estaba menos entusiasmado con los Lafferty que ellos con él. Le parecía que podían hacer muchísimo para conseguir lo que ambicionaba para la Escuela de los Profetas. Los hermanos Lafferty, aplicando toda la fuerza de su prodigiosa energía, se lanzaron de cabeza a la tediosa tarea de imprimir, doblar y pegar más de quince mil folletos de Onías y enviarlos a las autoridades de la Iglesia mormona de todo el país.

«Para nosotros fue como un milagro —dice Onías—, porque lo que nos habría llevado varios meses en nuestro tiempo libre ellos consiguieron hacerlo en dos semanas trabajando día y noche.»

A principios de 1984, la recién fundada Escuela de los Profetas celebraba ya reuniones semanales, normalmente en la casa de Provo de Claudine, la madre de los Lafferty, encima del salón de masajes de la familia. La escuela empezó con muy buen pie gracias al entusiasmo de los cinco hermanos. Onías agradeció el papel decisivo de los Lafferty en este éxito inicial de su escuela. Le parecieron enviados del cielo.

Y no tardó, además, en recibir confirmación de que en realidad lo eran. Dios le reveló el 8 de enero que incluso antes de que los hermanos Lafferty nacieran, Él los había señalado «para ser una gente elegida, pues son la verdadera sangre de Israel y la semilla escogida». Onías tuvo otra revelación seis semanas después, en la que Dios le ordenó nombrar a Ron Lafferty obispo de la parroquia de Provo de la escuela, cosa que se apresuró a hacer con gran alegría. Era evidente que todos los hermanos Lafferty más pequeños, incluido Dan, respetaban y admiraban a Ron... como lo habían hecho en realidad toda la vida. Cuando Ron asumió las responsabilidades de su cargo de obispo, en la Escuela de los Profetas todo el mundo lo aprobó.

El ascenso de Ron a un puesto de autoridad le elevó la moral en un momento en que lo necesitaba mucho, porque los meses anteriores había soportado una avalancha de frustraciones y desengaños. Como escribía él mismo en una entrada de su diario:

> Los acontecimientos del año pasado me han impulsado a hacer muchas investigaciones y a estudiar mucho las Escrituras y a pasar muchísimo tiempo de rodillas en oración. He sido despojado de todas mis riquezas materiales, mi familia se ha divorciado de mí y se ha trasladado a Florida, he sido expulsado injustamente de la iglesia a la que tanto amo.

Ron ya no tenía trabajo ni un sueldo regular. Su iglesia y su comunidad lo consideraban un paria. Como la casa que con tanto esfuerzo había construido le había sido arrebatada, se veía reducido a vivir en su furgoneta Impala de 1974, lo único de valor que aún poseía. Sin embargo, aseguraba en su diario que estaba agradecido por esas humillaciones, y decía: «Estas experiencias me han obligado a establecer una relación personal con mi Padre Celestial y Él me ha revelado, al menos en parte, lo que resultará de todas estas pruebas».

Ron fingía disfrutar llevando un cilicio, pero sus acciones indican lo contrario. El que su esposa y sus seis hijos se hubiesen marchado al otro extremo del país lo torturaba día y noche. Ese dolor fue convirtiéndose con el tiempo en una cólera implacable, y la mayor parte de esa cólera se centraba en las tres personas a las que él consideraba responsables de que Dianna hubiese decidido abandonarlo: Richard Stowe, Chloe Low y Brenda Lafferty.

Stowe era farmacéutico de profesión, vecino de Ron y de Dianna y presidente de la diócesis mormona de Highland. Presidía el tribunal supremo del consejo de la diócesis que había juzgado a Ron en agosto de 1983 y había decidido expulsarlo de la iglesia. Y algo mucho peor: en opinión de Ron, Stowe le había ofrecido una ayuda económica decisiva a Dianna, a través de la iglesia, que le había permitido sobrevivir mientras se tramitaba el divorcio. Y le había dado además muchos consejos y apoyo emocional.

Chloe Low había sido amiga íntima de Ron y de Dianna durante muchos años. Su marido, Steward Low, era obispo de la parroquia mormona a la que pertenecían Ron y Dianna, y había elegido a Ron primer consejero del obispado. Chloe había admirado durante muchos años a la familia Lafferty y había recurrido a Dan para tratamiento quiropráctico por problemas de espalda. Cuando empezó a desmoronarse el matrimonio de Ron y de Dianna, Chloe les prestó a los dos un apoyo constante, pero al ver que la conducta de Ron se iba haciendo cada vez más monstruosa, se puso claramente del lado de Dianna. En cierta ocasión en que Ron estaba haciendo la vida especialmente insoportable a Dianna, Chloe la animó a instalarse en su casa con los niños y estuvo viviendo allí cuatro días. En otra ocasión los acogió durante diez días. Cuando se consumó el divorcio, Chloe acudió a ayudar a Dianna y a sus hijos a empaquetar los fragmentos de sus vidas rotas para irse a Florida. Ron estaba convencido de que Dianna nunca habría tenido posibilidad de irse sin los consejos y la ayuda de Chloe Low.

Pero la mayor parte de la cólera que llevaba mucho tiempo acumulando Ron estaba reservada para Brenda Wright Lafferty (la bella, resuelta e inteligente esposa de Allen). Ron la consideraba responsable de haber convencido a Dianna de que lo abandonase.

Rechazado por su esposa, despreciado por su comunidad, Ron se consagró por entero a la Escuela de los Profetas, la cual se convirtió en su familia, su vida, su mundo. Dedicaba buena parte del tiempo que pasaba en ella a acelerar el envío de los folletos a los dirigentes de la Iglesia oficial, instándoles a abandonar su camino de impiedad. Pero el principal objetivo de la escuela, tal como la había concebido Onías, era enseñar a los fieles a recibir e interpretar las revelaciones de Dios, y cuando ya faltaba poco para que el invierno de 1984 se convirtiese en primavera, Ron empezó a recibir esa enseñanza.

El 24 de febrero se convirtió en el primer alumno de Onías al que el Todopoderoso le transmitió un mandamiento. Estaba trabajando con un ordenador que le había dejado Bernard Brady, y cerró los ojos y esperó hasta que sintió que el espíritu del Señor hacía que un dedo apretase una tecla y luego otra y otra. Poco a poco, fue apareciendo en pantalla un mensaje de Dios: la revelación inaugural de Ron. Tuvo otra el 25 de febrero y luego una tercera el 27. Dan se quedó maravillado y emocionado al ver que su hermano tenía revelaciones de Dios.

«Yo nunca tuve revelaciones en ese periodo en que estábamos en la Escuela de los Profetas —explica—. Todos los demás las tuvieron. Y yo mismo las he tenido después, así que ahora comprendo el fenómeno, pero en aquella época no lo entendía. Así que estaba fascinado. Preguntaba: "¿Cómo es?". Ron me dijo que era difícil de explicar, pero recuerdo que una vez me dijo: "Es como si te cayera una manta encima, y entonces puedes sentir los pensamientos del Señor. Y los escribes". Las revelaciones le llegaban palabra a palabra, y él ni siquiera sabía si aquello tenía sentido hasta que acababa de recibirlo, y entonces volvía atrás y lo veía. Pero no siempre llegaban así. A veces recibía frases enteras de una vez.»

La revelación que tuvo Ron el 27 de febrero era en realidad un mensaje del Señor para la esposa de Ron, que solo servía de intermediario. Dios repetía en este mandamiento que la Tierra iba a ser destruida muy pronto y advertía a Dianna:

> Tú eres una hija elegida, pero mi cólera se enciende contra ti por tu rebeldía contra tu marido. Y te ordeno que te arrepientas. ¿Acaso no te he dicho que no es bueno que un hombre esté solo? No consentiré que mi siervo Ron esté solo mucho tiempo porque estoy preparando en este momento a alguien para que ocupe tu lugar. Sin embargo, si te arrepientes inmediatamente, te bendeciré con generosidad y bendeciré a tus hijos; en caso contrario, te apartaré del lugar en que estás, porque no consentiré que tus hijos sufran más a causa de tu desobediencia. He oído las razones de mi hijo Ron y conozco sus deseos. Y ha sido solo por deseo suyo por lo que no te he castigado hasta ahora.
>
> Escucha mi palabra, porque queda ya poco tiempo. Soy Alfa y Omega, principio y fin, y cumpliré todas las promesas que he hecho a mi siervo Ron. Así sea, amén.

Según el psiquiatra C. Jess Groesbeck, que examinó a Ron después de los asesinatos, cuando este empezó a darse cuenta de que Dianna iba a llevarse realmente a los hijos y a dejarlo para siempre, «fue haciéndose cargo poco a poco de que nunca en su vida había perdido algo tan importante como aquello [...], hay que hacerse cargo de lo terrible que era aquella pérdida [...]. Se siente hundido, sin valor. Su cólera y su agresividad son casi incontrolables [...]. Lo compensa creando una visión nueva e irreal de sí mismo y del mundo. Desarrolla una imagen desmesurada y deiforme de sí mismo en un esfuerzo por evitar el dolor y negar la verdad de lo que es en realidad».

El Señor ratificó la valoración del doctor Groesbeck el 13 de mayo, hablando una vez más a Ron, con voz aún pequeña:

Y lo que has pensado sobre ese Uno Poderoso y Fuerte es cierto, pues ¿acaso no he dicho yo que en estos últimos días revelaré todas las cosas a los hijos de los hombres? ¿Pues no fue Moisés el Uno Poderoso y Fuerte, no fue Jesús el Uno Poderoso y Fuerte, no fue mi siervo Onías el Uno Poderoso y Fuerte, y no eres tú el Uno Poderoso y Fuerte, y no llamaré Yo aún a otros Poderosos y Fuertes para que pongan orden en mi iglesia y en mi reino? Pues nunca se pretendió que hubiese solo Uno Poderoso y Fuerte, pues hay muchos y los que han creído lo contrario se han equivocado.

En la docta opinión del doctor Groesbeck esta revelación era, como todas las revelaciones de Ron, un mecanismo delirante fruto de la depresión y de un narcisismo profundamente arraigado y sin ninguna base real. Que es, por supuesto, lo que los no creyentes suelen decir sobre los que tienen revelaciones y visiones religiosas: que están locos. Los individuos devotos del extremo receptor de esas visiones no están, sin embargo, de acuerdo con eso, en general. Y Ron es uno de ellos.

Ron *sabe* que los mandatos que había recibido no eran un simple fruto de la imaginación. El Señor le habló. Y no estaba dispuesto a dar más crédito a las palabras de un impío alfeñique comecocos que a la voz del Todopoderoso. Hacer lo contrario sí que sería realmente estar loco.

Antes de cometer los asesinatos de Brenda y de Erica Lafferty, Ron no había hecho nada que fuera demasiado estrambótico o insólito de acuerdo con las normas culturales del condado de Utah. Las revelaciones de Ron pueden considerarse en cierto modo solo una reacción clásica a una crisis vital importante, una reacción que han tenido muchos fanáticos religiosos antes que él. En *Feet of Clay*, un estudio sobre presuntos profetas, el psiquiatra inglés Anthony Storr señala que esos gurús suelen tener revelaciones portentosas y penetrantes intuiciones después de un periodo de agitación mental o enfermedad física en que el gurú ha estado buscando infructuosamente una solución a sus propios problemas emotivos. Este cambio es probable que se presente cuando el sujeto tiene de treinta a cuarenta años y puede justificar el diagnóstico de crisis de madurez. A veces la respuesta reveladora llega de un modo gradual. Otras veces, surge una intuición nueva como un relámpago [...]. El desasosiego del caos seguido de la instauración de un orden nuevo es una evolución característica de los acontecimientos que se produce en todas las actividades creadoras, tanto en el arte como en la ciencia. Esta pauta del «¡eureka!» también es característica de la revelación religiosa y de los sistemas delirantes de las personas a las que llamamos «locas».[3]

Ron tuvo unas veinte revelaciones durante febrero y marzo con ayuda de las enseñanzas de Onías. Escribió algunas en el ordenador de Brady sobre la marcha, según las recibía; pero lo más frecuente era que, antes de escribirlas, las retuviera en la cabeza un tiempo para rumiarlas y entenderlas mejor. La revelación más inquietante de Ron se produjo a finales de marzo y la escribió a mano en un formulario oficial:

Así dice el Señor, a mis siervos los profetas. Es mi voluntad y mandato que eliminéis a los siguientes individuos para que pueda seguir adelante mi obra. Pues se han convertido en verdaderos obstáculos en mi camino y no permitiré que mi obra se interrumpa. Primero a Brenda, la esposa de tu hermano, y a su hija, luego a Chloe Low, luego a Richard Stowe. Y es mi voluntad que sean eliminados en rápida sucesión y que se dé ejemplo con ellos para que los demás vean la suerte que aguarda a los

3. Citado con permiso de Free Press, una sección de Simon & Schuster Adult Publishing Group, de *Feet of Clay: Saints, Sinners, and Madmen. A Study of Gurus*, por Anthony Storr. *Copyright* © 1996 Anthony Storr.

que se oponen a los verdaderos santos de Dios. Y es mi voluntad que os ocupéis de esto lo antes posible y prepararé el camino para que se haga entrega de mi instrumento y se den instrucciones a mi siervo Todd.[4] Y es mi voluntad que ponga gran cuidado en sus deberes, porque lo he elevado y lo he preparado para esta importante tarea, y ¿acaso no es él como mi siervo Porter Rockwell [?].[5] Y grandes bendiciones le aguardan si cumple mi voluntad, pues soy su Dios y tengo control sobre todas las cosas. No temas nada porque has de saber que Yo estoy contigo. Así sea, amén.

Ron le enseñó a Dan esta revelación antes de compartirla con los demás.

«Ron estaba un poco asustado por las revelaciones que estaba recibiendo —dice Dan—. Yo le dije: "Bueno, ya entiendo por qué estás preocupado, y debes estarlo [...]. Lo úni-

4. Todd era Michael Todd Jeffory Judd, un rubio y fornido autoestopista al que Watson Lafferty había recogido casualmente una tarde. Todd estaba muerto de hambre y Watson lo llevó a comer algo a casa de Claudine Lafferty, donde conoció a algunos de los otros hermanos Lafferty, que le invitaron a asistir a las reuniones de la Escuela de los Profetas. Todd se quedó dos semanas en casa de Claudine y luego, más o menos por la época en que Ron recibió esta revelación, se fue a Arizona con Watson a trabajar para él tres semanas en un proyecto de construcción. Pero Todd y Watson empezaron a discutir entre ellos y un día Watson volvió al apartamento que compartían y se encontró con que Todd le había robado todas sus pertenencias y había desaparecido, poniendo fin así a su relación con el clan Lafferty y con la Escuela de los Profetas antes de que pudiesen convocarle para «eliminar» a las personas nombradas.

5. Orrin Porter Rockwell, el Ángel Destructor, que intentó asesinar en 1842 al gobernador de Missouri Lilburn Boggs, el enemigo de Joseph Smith. Rockwell, que fue guardaespaldas personal de Joseph Smith y de Brigham Young, fue alabado por los mormones del siglo XIX por matar a muchos hombres considerados enemigos de su iglesia con su revólver Colt del calibre 44. Hay un viejo y popular restaurante en el condado de Utah que se llama, en su honor, Porter's Place.

co que puedo decir es que hay que asegurarse de que procede de Dios. No quieres actuar obedeciendo mandatos que no son de Dios, pero al mismo tiempo no quieres ofender a Dios negándote a hacer su trabajo".»

Los días siguientes, tanto Ron como Dan reflexionaron mucho sobre aquella revelación. Durante ese periodo Ron tuvo otra, en la que se le dijo que era «la boca de Dios» y que Dan era «el brazo de Dios». Los hermanos interpretaron que esto significaba que era Dan quien tenía que efectuar la matanza.

Buscando más orientación, consideraron un pasaje de la primera parte del *Libro de Mormón*, en el que Nefi (el profeta obediente y de elevados principios «que tenía grandes deseos de conocer los misterios divinos») recibe del Señor la orden de cortarle la cabeza a Labán de Jerusalén, un magnate ovejero asquerosamente rico y maquinador que aparece en las páginas del *Libro de Mormón* y en el Antiguo Testamento.

Nefi se resiste al principio a cumplir la orden: «Dije en mi corazón: "Yo nunca he derramado sangre humana". Y me sobrecogí y deseé no tener que matarlo».

Pero Dios le habla de nuevo: «He aquí que el Señor mató a los malvados para que se cumplan sus justos designios. Es preferible que muera un hombre a dejar que una nación degenere y perezca en la incredulidad».

Nefi dice en el *Libro de Mormón* que, tranquilizado con estas palabras, «[...] obedeciendo la voz del Espíritu y cogiendo a Labán por los cabellos, le corté la cabeza con su propia espada».[6]

El 28 de febrero Ron tuvo otra revelación, en la que la historia de Nefi matando a Labán estaba imbuida de cierto

6. Según varias versiones, cuando Joseph Smith desenterró el *Libro de Mormón* en el cerro de Cumorah en 1827, encontró la espada de Labán en el antiguo cofre de piedra donde estaban las planchas de oro.

significado especial para Dan. En esta revelación Dios había ordenado:

> Así dijo el Señor a su siervo Dan [...]: «Tú eres como Nefi de los tiempos antiguos, pues nunca desde el principio de los tiempos he tenido Yo hijo más obediente. Y te bendeciré mucho y multiplicaré tu simiente, pues no he dicho yo acaso que si haces lo que digo estoy obligado [?]. Continúa siendo fiel a mi palabra, pues te tengo reservadas una gran responsabilidad y grandes bendiciones. Eso es todo por ahora. Así sea, amén».

Esta revelación impresionó muchísimo a Dan: después de que Dios hubiese proclamado que él era como Nefi, según Mark Lafferty, Dan «estaba dispuesto a hacer cualquier cosa que el Señor le ordenase».

En la visión fundamentalista del mundo hay una clara línea divisoria que recorre toda la Creación y que separa el bien del mal, y todos estamos a un lado o al otro de la línea. Después de mucho rezar, Ron y Dan decidieron que las cuatro personas que Dios les había mandado eliminar tenían que ser malvados a priori (eran «hijos de la perdición», según la expresión de Dan) y merecían por tanto que los matasen. Después de decidir que aquella presunta revelación era veraz y válida, los hermanos Lafferty llegaron también a la conclusión de que «lo mejor sería hacer las cosas que indicaba».

En la Escuela de los Profetas, cuando alguien tenía una revelación, el procedimiento oficial era siempre que se expusiese el mandato a los demás para que lo valoraran. El 22 de marzo, justo antes de la reunión semanal de la escuela en casa de Claudine Lafferty, Ron llevó a Bernard Brady a una habitación que había al lado y le entregó la revelación.

«Me pidió que la leyese —dice Brady— y se fue. Empezaron a temblarme las manos mientras la leía. Sentía escalofríos por todo el cuerpo. No podía creer lo que estaba leyendo.» Cuando Ron regresó unos minutos después, Brady le dijo: «Esto me da un miedo mortal. No quiero tener nada que ver con ello. Creo que es un error». La reunión comenzó unos minutos después y ni Ron ni Brady dijeron nada de la revelación a los otros miembros.

Ron había llevado a la reunión a una mujer llamada Betty, a quien había tomado hacía poco como esposa espiritual sin procurarse licencia alguna y sin ceremonia civil. Luego la pareja se fue a Wichita (Kansas) de luna de miel, por lo que Ron no asistió a la reunión siguiente de la escuela, que se celebró el 29 de marzo. Tampoco asistió Dan. Pero Watson se presentó allí con una navaja de afeitar de mango nacarado y pidió a los miembros de la escuela, que se quedaron un poco desconcertados, que la «bendijeran como instrumento religioso para destruir a los malvados, como la espada de Labán».

«Nos negamos a hacerlo, claro», dice Onías, que todavía no sabía nada de la revelación. Watson se enfadó mucho, según recuerda Onías. Y «abandonó la reunión con mal ánimo».

Había tensiones crecientes entre Onías y algunos de los hermanos Lafferty (sobre todo Watson, Ron y Dan) desde hacía varias semanas. Ron había empezado a desafiar abiertamente la autoridad de Onías poco después de que lo nombrasen obispo de la escuela. Onías se dio cuenta de que se había producido un cambio patente en el carácter de Ron: «Pasó de ser un caballero muy amable a ser un individuo lleno de odio y de cólera. Empezó a comportarse como un dictador con todos en su cargo de obispo y, si no hacías lo que mandaba él, se enfurecía». Cuando Onías instó a todos los miembros de la escuela a buscar un trabajo remunerado para subvencionar la construcción de una «Ciudad de Refugio» debajo de la Mina del Sue-

233

ño, que era una de las prioridades de la escuela, Ron lo criticó airadamente alegando que no había ninguna necesidad de que nadie consiguiese trabajo, porque era seguro que Dios proporcionaría a la escuela bienes suficientes para realizar su obra por medios milagrosos.

Dios le había dado instrucciones a Ron en una de sus revelaciones de que enviara a su hermano Mark a Nevada a apostar en una carrera de caballos para conseguir fondos para la Ciudad de Refugio. Como el Señor le había comunicado a Mark la cantidad que tenía que apostar, parecía que no podían perder. Pero perdieron. Después de eso, Onías no pudo evitar decirles a los hermanos que ya se lo había dicho, con lo que las relaciones entre Ron y el profeta se deterioraron todavía más.

Hacia el Día de Acción de Gracias de 1983, cuando había ido a Oregón a visitar la comuna polígama de John Bryant, a Ron le habían dado a conocer allí algunas experiencias sensuales nuevas, entre ellas los embriagantes. El grupo de Bryant administraba vino como sacramento en sus ritos religiosos, y Ron participó con los demás. Como se había educado en un hogar rigurosamente abstemio, aquella fue su primera experiencia con el alcohol y le resultó muy agradable. El vino le produjo una sensación suave y plácida que «elevaba su percepción del espíritu». A partir de entonces, Ron llamaría al vino «el don de Dios».

Introducido así en los placeres de la «bebida fuerte», que es como se califican negativamente las bebidas alcohólicas en la sección 89 de *Doctrina y convenios*, Ron se empeñó, cuando regresó a Utah, en que la Escuela de los Profetas sustituyese el zumo o el agua que se servía como sacramento al iniciar las reuniones por vino. Era otro desafío más a la autoridad de Onías y provocó un enfrentamiento espectacular en la reunión del 9 de marzo. En esa ocasión, Ron siguió trasegando vasos de vino después de recibir la dosis sacramental. Y no tardó en emborracharse indecentemente. Empezó a burlarse de Onías, que había rechazado el vino y había tomado agua. Según Onías, Ron «se dedicó a ridiculizarme diciendo que era demasiado viejo y lento y que era hora de prescindir de mí. Lo dijo muy sarcásticamente, dijo que se harían cargo de todo los hermanos Lafferty. Dan y Watson lo apoyaban». En esta atmósfera de rencor creciente se expuso la revelación de Ron a la escuela para que la valorase. Durante la reunión del 5 de abril, Ron mostró una copia a todos los miembros y les pidió que confirmasen su validez. Los nueve hombres que estaban presentes aquella noche discutieron con vehemencia la revelación y luego votaron para determinar su legitimidad como mandamiento divino.

«Ron, Dan y Watson votaron a favor de aceptarla como revelación válida —dice Bernard Brady—. Todos los demás dijeron: "¡Ni hablar! ¡No hay ni que considerarlo siquiera! ¡Hay que olvidar todo ese asunto!", y entonces Ron, Dan y Watson se enfadaron muchísimo, se levantaron y abandonaron la reunión, poniendo fin así a su relación con la escuela.»

El desacuerdo entre los miembros de la escuela aquella noche pone en evidencia el problema al que se enfrenta inevitablemente cualquier profeta que anima a sus acólitos a establecer un diálogo con Dios: tarde o temprano, Dios puede mandar a un acólito que desobedezca al profeta. Y para los verdaderos creyentes (para los fanáticos como Ron y Dan Lafferty) la palabra de Dios siempre estará por encima de la palabra de un simple profeta como Onías.

Brady, preocupado por la posibilidad de que Ron intentase realmente obedecer el mandato y asesinar a los cuatro individuos mencionados, consignó oficialmente su preocupación en una declaración jurada que firmó y autentificó el 9 de abril:

235

Estado de Utah
Condado de Utah

Declaro:

Para que todo el mundo lo sepa por el presente documento, que yo, Bernard Brady, ciudadano libre y natural de Estados Unidos de América, declaro aquí y digo que tengo motivos para creer y temer que corren peligro las vidas de las diez personas siguientes: Robert Crossfield, Bernard Brady, David Olsen, David Coronado, Tim Lafferty, Mark Lafferty, Brenda Lafferty, la hija pequeña de Brenda Lafferty, Chloe Low y Richard Stowe.

Yo, Bernard Brady, digo y declaro además que creo que esta amenaza se debe a las ideas, creencias, actitudes, interpretaciones y posibles acciones de los cuatro individuos siguientes: Ron Lafferty, Dan Lafferty, Watson Lafferty y Todd (apellido desconocido).

La preocupación de Brady era sincera e intensa, pero no avisó a la policía; tampoco lo hizo ninguno de los otros miembros de la Escuela de los Profetas. Brady se limitó a archivar la declaración en el escritorio de su casa, con la finalidad de poder desmostrar, si Ron mataba a alguien, que él no tenía nada que ver.

Tampoco consideró adecuado ninguno de los miembros de la escuela (a pesar de lo mucho que se alarmaron al enterarse de la revelación) avisar a las personas señaladas para eliminarlas. Sin embargo, más tarde, pero en ese mismo mes, Dan se encargó de informar personalmente a su hermano menor, Allen, con quien siempre había estado especialmente unido, de que Dios había ordenado el asesinato ritual de Brenda y de su hijita Erica, y que Ron y él se proponían encargarse de que se cumpliese ese mandato.

A Allen esto le impresionó mucho y preguntó: «¿Por qué? Y sobre todo ¿por qué Erica, que es una niña inocente? ¿Por qué tiene que estar incluida ella?». Ante lo cual Ron replicó furioso: «¡Porque se convertiría en una zorra como su madre!».

Dan preguntó con vehemencia a Allen qué le parecía la revelación de Ron. Allen le contestó que, como él no había tenido ninguna revelación semejante de Dios, no podía aceptarla. Dijo que defendería a su mujer y a su hija con su vida. Pero no se molestó en avisar a Brenda de que sus hermanos tenían la intención declarada de asesinarlas, a ella y a su hija.

Betty McEntire, la hermana mayor de Brenda, sigue sin poder explicarse el hecho de que Allen se guardase la información:

«Si le hubiese explicado a Brenda la revelación de Ron —insiste Betty— se habría ido de allí inmediatamente y ahora estaría viva. Pero Brenda no sabía nada. No puedo entender que ninguno de los que estaban enterados la avisaran. Sobre todo Allen. Fue como si estuviese empezando a sucumbir a sus hermanos.

»Brenda amaba a Allen, y él demostró una y otra vez que no era digno de su amor. Tu deber como marido es proteger a tu esposa y a tus hijos, y él las abandonó. Creo que Allen se enteró de lo de la revelación ya en el mes de abril, pero no dijo nada. No puedo entenderlo. No puedo perdonarle. Con todos los años que han pasado y aún me indigna, porque traicionó el amor de ella, me indigna que tuviese lo mejor y simplemente lo tirase.»

En mayo de 1984, Ron y Dan abandonaron Utah en la destartalada furgoneta Impala de Ron e iniciaron un largo recorrido por la mayor parte del Oeste de Estados Unidos y por Canadá, parando en el camino para visitar diversas comunidades fundamentalistas. En la Escuela de los Profetas nadie tuvo noticias de Dan y de Ron en todo el mes de junio y la mayor parte de julio.

«Me sentí mucho mejor con ellos lejos —dice Bernard Brady—. Porque no estaban por aquí para cometer ningún crimen. Daba la impresión de que con el rumbo que estaban tomando las cosas ya nadie tenía por qué preocuparse.»

Pero el 25 de julio por la mañana temprano, cuando Brady se preparaba para ir al trabajo, sonó el teléfono:

«Era Tim Lafferty —dice Brady, al que se le quiebra la voz recordándolo—. Dijo... bueno, dijo: "Bernard, tengo malas noticias. Han ejecutado la revelación. Ron y Dan. Mataron ayer a unas personas".»

Brady se cubre la cara con las manos y continúa:

«Me fallaron las piernas. Me desmayé. No podía creer lo que estaba oyendo».

16
Eliminación

Se desata en el mundo la pura anarquía,
se desata la marea enturbiada de sangre
y se ahoga por doquier la ceremonia de inocencia;
los mejores carecen de toda convicción, mientras que los peores
están llenos de fuerza apasionada.

Próxima está sin duda una revelación;
próximo está sin duda el Santo Advenimiento.
¡El Santo Advenimiento! En cuanto brotan esas palabras
una vasta imagen del *Spiritus Mundi*
turba mi vista; allá, en alguna parte, por las arenas del desierto,
veo una aparición de cuerpo de león y cabeza de hombre,
su mirada es implacable y neutra como el sol,
mueve unos lentos muslos, mientras alrededor
se arremolinan sombras de las airadas aves del desierto.[1]

WILLIAM BUTLER YEATS,
«The Second Coming»

1. Citado con permiso de Scribner, Simon and Schuster Adult Publishing Group, de *The Collected Works of W. B. Yeats*. Vol. 1: *The Poems, Revised*, edición de Richard J. Finneran. *Copyright* © 1924, de Macmillan Company; *copyright* renovado © 1952, Bertha Georgie Yeats.

Aunque Brenda no conociese la revelación de acuerdo con la cual debía ser eliminada, tenía motivos abundantes para temer a todos los Lafferty, incluido Allen. Y les temía, pero eso no le impedía hacerles frente, defendiendo a Dianna y a las otras esposas.

Cuando Brenda desobedecía a Allen, o su seguridad en sí misma lo dejaba en una posición embarazosa delante de sus hermanos, podía reñirla con una furia incontrolable. Otras veces desahogaba su cólera pegándole. Una noche de 1984, a mediados de invierno, a Betty Wright McEntire la despertó pasada la medianoche una insistente llamada telefónica. Era Brenda.

«Me dijo que me encontrara con ella en un MacDonald's a medio camino entre Salt Lake y American Fork, donde vivían ella y Allen —recuerda Betty—. Le pregunté qué pasaba y me dice: "Solo necesito hablar contigo". Así que me levanté de la cama y fui hasta allí.

»Cuando llegué al MacDonald's me explicó: "Lo dejo". Yo le dije: "¿Qué? No tenía ni idea de que las cosas estuviesen tan mal". Me dijo: "Bueno, he estado ahorrando un poco de dinero en secreto y me iré a vivir con el abuelo y la abuela a Montana. Conseguiré un trabajo allí y cuidaré a la niña sola".»

Pero después de esta conversación con su hermana, Brenda cambió de idea y se quedó con Allen, lo que plantea una pregunta: ¿por qué? Sobre todo después de haberle instado con tanta convicción a Dianna Lafferty a que dejara a Ron.

«¿Cómo es que Brenda no se marchó? Pues porque quería a Allen —explica Betty—. Y ella no era de las que abandonan. Era el padre de su hija. Quería que la cosa funcionase. Creía que podía salvarlo de sus hermanos. Era una mujer muy decidida.»

Pero Betty hace una dolorosa confesión. Cuando Brenda le confió en el MacDonald's, bajo la intensa luz fluorescente, que iba a abandonar a Allen, Betty le advirtió reflexivamente:

«¡No puedes hacerlo! Estás casada. ¡Si las cosas van mal, lo que tienes que hacer es solucionarlo!». En aquel momento, según Betty, ella no tenía «ningún indicio de que le pegase, no sabía nada del asunto de la Escuela de los Profetas. De todo eso no nos enteramos hasta después de su muerte, cuando leímos sus diarios. Tuvo siempre allí a mis padres a su disposición, pero no les contó lo que pasaba realmente. Porque si hubiese habido algún medio de que mi padre se enterase, habría venido y se las habría llevado a ella y a la niña a Idaho, donde habrían estado seguras, de eso no cabe ninguna duda».

Un domingo por la mañana, unos dos meses después de que Brenda se encontrase con Betty en plena noche en el MacDonald's, LaRae Wright, madre de ambas, dice que recibió una llamada telefónica muy inquietante de Brenda: «Estaba muy asustada. Me dijo: "No van bien las cosas con Allen. ¿Puedo ir a casa?". Nosotros dijimos: "¡Por supuesto!". Pues bien, luego no volvimos a saber más de ella. Así que la llamamos aquella noche y dijo: "Hemos arreglado las cosas". Y no vino a Idaho al final. No sé qué era lo que pasaba, pero la cuestión es que no vino a casa».

Por entonces, Ron y Dan hacía mucho que se habían marchado de Provo y del condado de Utah, y andaban por el Oeste en la furgoneta Impala de Ron, en su improvisado peregrinaje por las comunidades polígamas.

«Subimos hasta Canadá y luego bajamos por el Oeste y cruzamos el Medio Oeste —recuerda Dan—. Cuando pienso ahora en aquello me parece que fue un viaje importante para mí, porque conseguí entender realmente a mi hermano por primera vez. Hasta entonces no había conocido tan bien a Ron. Es seis años mayor que yo. Nunca habíamos estado tan unidos de niños. Todos lo respetábamos y lo admirábamos y yo deseaba estar cerca de él, pero no habíamos tenido la oportunidad.»

Ron y Dan se turnaban al volante día tras día, y fueron cruzando así el continente en la vieja furgoneta Chevrolet. A veces viajaban horas en silencio, contemplando las enormes nubes tormentosas que bullían a doce mil metros de altitud en el cielo vespertino transformando las llanuras en un inmenso y cambiante tablero de ajedrez de sombra y claridad deslumbrante. Pero lo más frecuente era que los hermanos hablaran, y cuando lo hacían era con una intensidad apasionada. El tema solía ser aquella revelación en la que Dios les ordenaba eliminar a tres personas adultas y a una niña pequeña.

Dios le había dicho a Ron en la segunda frase de la revelación: «Es mi voluntad y mandato que eliminéis a los siguientes individuos para que pueda seguir adelante mi obra». Brenda y Erica Lafferty, Chloe Low y Richard Stowe tenían que morir, había dicho Dios, porque «se han convertido en verdaderos obstáculos en mi camino y no permitiré que mi obra se interrumpa». Interpretando que «mi obra» quería decir la edificación de la Ciudad de Refugio, Ron empezó a hablarle a Dan de «una gran matanza que iba a producirse» antes de que pudiese comenzar la construcción.

Sentado en un cuartito, al fondo de las entrañas de la unidad de máxima seguridad de Point of the Mountain, Dan echa la cabeza hacia atrás y mira al techo con los ojos en blanco, dejando que los detalles de aquel fatídico verano afloren de nuevo a su conciencia. El viaje se prolongó semanas, luego meses y, al ir alargándose, según recuerda Dan:

«Fui dándome cuenta de que mi hermano iba poniéndose cada vez más nervioso [...], daba la impresión, en realidad, de que iba sintiéndose cada vez más sediento de sangre. Empezó a decir cosas como: "Tiene que pasar pronto". Y finalmente empezó a centrarse en la fecha concreta en la que había que ejecutar las eliminaciones. Hasta que un día dijo: "Creo que es el 24 de julio cuando tiene que hacerse".

»Mientras veía a Ron pasar por todos estos cambios (las cosas que decía me tenían flipado, la verdad), lo único que podía hacer era rezar. Le decía a Dios: "Mira, Tú ya sabes que yo haré lo que Tú quieras que haga. ¿Debo seguir con mi hermano y hacer esto? ¿O debo separarme de él y no tener nada que ver con este asunto?". Pero la respuesta que recibí fue que siguiese con él.»

Ron y Dan decidieron durante el viaje unas cuantas veces separarse una o dos semanas. En determinado momento, Ron saltó a un tren de mercancías que se dirigía hacia el Este mientras Dan seguía un itinerario distinto con la furgoneta. Dan llegó al lugar donde habían quedado en encontrarse, que era Wichita (Kansas), a mediados de junio, varios días antes que Ron. Mientras esperaba que llegara su hermano, se buscó un trabajo de jornalero en la oficina de empleo local, en el derribo de un viejo banco. Durante su breve participación en esta obra, Dan conoció a un joven de veinticuatro años llamado Ricky Knapp, que manejaba una excavadora en la misma cuadrilla de demolición que él.

Según Dan, Knapp y él se hicieron buenos amigos. «Él acababa de salir de la cárcel, y tuvimos unas cuantas conversaciones interesantes. Y bueno, me cayó bien.»

Knapp se había encontrado sin un techo al salir de la cárcel, así que Dan lo invitó a quedarse con él en la parte de atrás de la furgoneta y Knapp aceptó. Cuando llegó Ron a Wichita poco después, Knapp decidió unirse a los hermanos para el resto del viaje.

Knapp conocía a un tipo que era cultivador de marihuana de poca monta. Una tarde, antes de marcharse de Wichita, llevó a Dan a un campo que quedaba fuera de la ciudad, donde aquel cultivador había tirado los restos de su última cosecha, las hojas y los tallos desechados después de recoger los

capullos resinosos y empaquetarlos para la venta. Knapp y
Dan llenaron una bolsa con aquella hierba de baja calidad y la
guardaron en la furgoneta. Era una hierba bastante mala, según recuerda Dan, «pero podías colocarte un poco con cuatro o cinco buenos canutos».

No era la primera vez que Dan fumaba marihuana. Le habían iniciado en el consumo quince años atrás. Irónicamente,
había sido la «palabra de sabiduría» (sección 89 de *Doctrina y
convenios*, famosa porque prohibía a los mormones el consumo
de tabaco y de «bebida fuerte») la que había despertado primero la curiosidad de Dan por la hierba. Su interés se centraba
concretamente en el versículo 10 de la revelación que dice:
«En verdad te digo que todas las hierbas sanas de Dios se han
creado para la constitución, naturaleza y uso del hombre».

Dan tuvo ocasión de satisfacer esa curiosidad en 1969,
cuando regresó de su misión y empezó a trabajar en la construcción en Colorado Springs (Colorado). Entre la gente con
la que trabajaba, dice, había «muchos que fumaban hierba [...],
y aunque yo personalmente no la probé, estuve observando y
analizándolos a ellos y sus prácticas, y me hice muchas preguntas. Y no tardé en llegar a la conclusión de que sobre este
asunto había una gran mentira que se estaba perpetuando».
Finalmente, una chica de la que había estado medio enamorado en Colorado lo convenció para que probase un material
muy fuerte y, según recuerda: «Me vi catapultado a la primera
órbita del universo expandido del interior de la cabeza».

Dan fumó hierba unas cuantas veces más durante ese periodo de su juventud, pero le inquietaba la posibilidad de que
pudiese estar cometiendo un pecado, y cuando regresó de
Colorado al condado de Utah, «me arrepentí y me convertí
de nuevo en un mormón al 110 %».[2] Dan no volvió a fumar

2. Es curioso que Utah se convirtiera en 1915 en el primer estado de
la Unión que criminalizó la marihuana. Fue la propia Iglesia mormona ofi-

marihuana hasta que conoció a Ricky Knapp en el verano de 1984, momento en que, según dice: «Tuve la impresión de que mi mente y mi corazón estaban abriéndose a algo mucho más misterioso y grave de lo que había llegado a pensar». Reflexionando sobre las diversas alusiones a hierbas en las revelaciones de Joseph publicadas, Dan acabó convenciéndose de que el profeta «debió de tropezarse con alguna de las hierbas que expanden la mente».

A diferencia de Dan, Ron no había probado nunca la marihuana. Pero en cuanto se reunió con Dan y con Knapp en Wichita, se dejó convencer sin problema y fumó un poco de aquella hierba de baja calidad de Knapp. Según Dan, Ron «tuvo así la impresión de cómo era un colocón suave y experimentó esa hambre que te da que no la puedes contener. Puede que fuese una suerte eso [que la marihuana fuese tan floja] porque al principio él tenía un poco de miedo y luego, cuando conseguimos hierba de buena calidad para fumar, solía ponerse bastante paranoico». Paranoico o no, Ron no tardó en adoptar el punto de vista de Dan de que la marihuana estimulaba la «iluminación espiritual».

Dan dice que cuando volvió a fumar marihuana debido a su amistad con Knapp, como no estaba ya bajo el control de la Iglesia mormona, «conseguí colocarme por primera vez con una conciencia clara, y tal vez fuese por eso por lo que más que sentir solo "la alegría del corazón", empecé a experimen-

---

cial la que promovió la prohibición. Estaba preocupada por el aumento de consumo entre sus fieles. Resulta que a los santos de los Últimos Días no les pilló desprevenidos el asunto de la hierba gracias a los polígamos que le habían tomado gusto al cannabis en México, adonde habían huido unos seis mil en los primeros años del siglo xx para eludir la persecución federal. En el verano de 1912 estalló la Revolución mexicana por todo el norte de México y la violencia creciente obligó a la mayoría de estos polígamos expatriados a regresar a Utah, donde introdujeron la marihuana en la cultura mormona más amplia, alarmando a las autoridades eclesiásticas.

tar la "vivificación del alma". Empecé a tener lo que yo llamaría intuiciones espirituales maravillosas». Dan comprobó que colocarse era «algo muy parecido a convertirse en un niño e introducirse en un mundo completamente nuevo [...]. He llegado a la conclusión de que lo que dicen las Escrituras de que si no te haces como un niño no verás el Reino de los Cielos es otra alusión secreta a lo de colocarse. Como lo es también esa misteriosa alusión de Moisés a ver a Dios a través de la zarza ardiendo».[3]

Después de los problemas que tuvieron con la Escuela de los Profetas en abril de 1984, pero antes de marcharse de Utah para iniciar su viaje, Ron y Dan habían visitado a los directores de la Mina del Sueño para hablar de la Ciudad de Refugio que se proponían construir junto a la entrada de la mina. Era la segunda visita que les hacían: Dan había ofrecido dos meses antes el trabajo gratuito de los seis hermanos Lafferty para ayudar a extraer el oro que todo el mundo sabía que estaba allí, para financiar la Ciudad de Refugio, pero los directores de la mina rechazaron educadamente la oferta. En esta segunda ocasión, Ron y Dan prescindieron de formalismos y exigieron claramente que los directores les entregaran a ellos la dirección de la mina. Si se negaban a hacerlo, les advirtió Ron, «sentirían la mano del Señor». Los directores de la mina

3. Cuando detuvieron a Dan y a Ron, Dan hizo una declaración desde la cárcel alabando las «hierbas del espíritu» a la que se dio amplia publicidad. «Debido a aquella declaración —dice Dan—, muchas personas se han preguntado si estaba drogado o borracho cuando los asesinatos, pero no hubo nada de eso. Había fumado buena hierba con mi tercera esposa hacía una semana [...] y bebí una cerveza a la que me convidó Alex Joseph el día que me fui de su casa de Big Water sobre el 22 de julio.» Esa fue toda la relación que tuvo, insiste, con el consumo de embriagantes en el periodo que precedió a los asesinatos.

no hicieron caso de la amenaza de castigo divino y rechazaron también esta oferta, aunque no tan educadamente como la vez anterior.

A pesar de verse rechazados en sus intentos de hacerse con el control de la Mina del Sueño y de haber sido expulsados de la Escuela de los Profetas, Ron y Dan seguían emocionados con el proyecto de construir la Ciudad de Refugio en la propiedad que tenía Onías junto a la mina. Con ese fin, buscaron durante su viaje por el Oeste a una serie de polígamos notables e intentaron conseguir su apoyo para el proyecto. Figuraba entre ellos John W. Bryant, el presunto profeta a quien había visitado Ron el mes de diciembre anterior. Después de abandonar Wichita a primeros de julio, Ron, Dan y Ricky Knapp se dirigieron hacia el Oeste, camino de la comuna que tenía Bryant en medio de los altos abetos y las frondosas granjas de fresas y frambuesas de Willamette Valley (Oregón).

Una vez allí, Ron electrizó a los seguidores de Bryant con un sermón improvisado sobre la Ciudad de Refugio y el papel que desempeñaría durante los Últimos Días. Según una de estas postulantes, Laurene Grant, Ron «sencillamente tenía mucho que amar [...]. Todo el mundo le sacó jugo. Todo el mundo empezó a bullir de entusiasmo». A Grant, madre de cuatro hijos, también le impresionó Dan, que utilizó sus conocimientos como quiropráctico para tratar a algunos miembros de la comuna. Comparó a Dan con Cristo. «Fue muy amable y encantador», dijo.

Cuando los Lafferty se despidieron del grupo de Bryant y de los húmedos encantos del noroeste del Pacífico, Dan había tomado a Grant como su tercera esposa. Los recién casados y los dos hijos más pequeños de ella se fueron juntos en el coche de Grant, mientras Ron, los dos hijos mayores y Knapp partían en la Impala. Quedaron en encontrarse dos meses después en los Estados Confederados de la Nación Desterrada de Israel, el complejo que tenía en Utah Alex Joseph, uno de los polígamos más célebres del país. Joseph, seis o siete de sus esposas y sus muchos hijos vivían en Big Water, un desvaído asentamiento del desierto, cerca del extremo suroeste del lago Powell, el segundo embalse de la nación por su tamaño.[4] Daba la casualidad de que Big Water no estaba demasiado lejos de Colorado City, el baluarte de la Iglesia Fundamentalista de Jesucristo de los Santos de los Últimos Días de Tío Roy, la secta polígama más populosa de la nación.

Ron, Ricky Knapp y los hijos mayores de Grant se dirigieron hacia el sur por la interestatal 5 hacia California. Cuando hacían una parada para ir al lavabo en una zona de descanso a la salida de Sacramento, los muchachos se pusieron a conversar con un chico de veintitrés años que andaba dando tumbos de un lado a otro y viviendo de pequeños robos. Era de Nuevo México y se llamaba Chip Carnes. Le habían fallado los frenos de su destartalado vehículo. Los chicos se lo presentaron a Ron y este se ofreció a ayudarlo a llevar el coche a un taller de Sacramento.

Ataron la rueda de repuesto al parachoques trasero de la Impala y Ron le dijo a Carnes que condujese con el morro de su

4. Joseph, que había sido agente de policía en Modesto (California), fue educado en la fe ortodoxa griega y se convirtió al mormonismo en 1965. Excomulgado cuatro años después, cuando empezó a tomar esposas plurales, fundó una secta llamada Iglesia de Jesucristo en Asamblea Solemne (Joseph se casó como mínimo con veintiuna mujeres). Su ingenio autocrítico, sus ideas teológicas idiosincrásicas y su insaciable apetito de publicidad lo convirtieron en el favorito de los medios de comunicación internacionales. En 1983, poco antes de que le visitasen los Lafferty, se presentó para alcalde de Big Water y ganó las elecciones con una plataforma libertaria en la que prometía que convertiría la población en un santuario libre de impuestos; se ufanó después de ser el único polígamo elegido para ocupar un cargo público en Estados Unidos (era también comandante de la guardia auxiliar de costa del lago Powell). Más tarde, llegó a creer que Jesús había sido un marinero visionario y que los romanos le crucificaron cuando descubrió el secreto de la navegación transoceánica. Joseph, un fumador prodigioso, murió en 1998 de cáncer de colon a los sesenta y dos años.

coche pegado al neumático; podría así utilizar los frenos de la furgoneta para parar el otro coche cuando hiciese falta. Con ese método chapucero pero eficaz en el fondo, consiguieron llevar el vehículo sin frenos a un taller mecánico de Sacramento. Pero luego resultó que Carnes no tenía dinero suficiente para pagar la reparación de aquel cacharro. Así que se lo vendió al mecánico, aportando la modesta cantidad que le pagó por él para el fondo de gasolina de la Impala, en la que se montó con Ron, Knapp y los hijos de Grant, y en la que siguieron todos hacia el sur de Utah para encontrarse con Dan y su última esposa.

Dan y Laurene Grant llegaron antes que ellos a Big Water. Por entonces, llevaban una semana casados, más o menos, y ya no se entendían tan bien, por lo que Grant pidió a Dan el divorcio. Dan se lo concedió y luego, antes incluso de que llegara Ron, regresó en autoestop al condado de Utah, dejando a Grant en la comuna de Alex Joseph a la espera de que llegara Ron con sus dos hijos mayores.

Ron y sus cuatro pasajeros llegaron nada más marcharse Dan. Solo se quedaron en Big Water una noche. Pero mientras estaban allí, Ron compartió su revelación con Alex Joseph. Según Chip Carnes, que estaba oyendo: «Estuvieron hablando de que iba a volver a Utah y a coger las armas y liarse a tiros». Carnes recordaba que Joseph intentó convencer a Ron de que no lo hiciese.

Entretanto, Dan había ido a ver a su segunda esposa, Ann Randak, a Spanish Fork Canyon. Pasó un día y una noche allí con ella y el 23 de julio le dio el beso de despedida y se fue a Orem a visitar a su primera esposa, Matilda, y a sus hijos; era el primer aniversario del pequeño. Dan casi no lo había visto desde que había nacido... y aunque no lo sabía por entonces, no volvería a verlo más.

La visita de Dan a Matilda y a sus hijos fue breve. Les dijo adiós aquella misma tarde, se fue a casa de su madre, a Provo, a encontrarse con Ron, que había llegado de Big Water. Ron,

Dan, Knapp y Carnes pasaron el resto del día en casa de Claudine Lafferty lavando ropa y poniendo a punto el motor de la furgoneta. Hablaron también de los planes para el día siguiente. El día siguiente, 24 de julio, era el Día del Pionero.[5] Dan, Knapp y Carnes ya habían hablado de que subirían por la autopista hasta Salt Lake City para ver el desfile y participar en las celebraciones. Pero el lunes 23 de julio, en determinado momento, según cuenta Dan, «Dios habló a Ron y le dijo que teníamos que ir a otro sitio en vez de ir allí. Le dijo que aquel día siguiente era "El Día"».

Estaban sentados los cuatro a la mesa del comedor de Claudine Lafferty el lunes por la noche, y Ron y Dan hablaban de la revelación. Mientras los hermanos hablaban, Claudine hacía punto sentada en un sofá cerca de ellos. Escuchaba atentamente su conversación, pero no dijo nada. Según la declaración de Carnes en el juicio:

> Ron hablaba de cosas de la Biblia. Hablaba de una revelación que había tenido. En esa revelación [...] aseguraba que se le había dicho que tenía que eliminar a unas personas. Yo oí mencionar el nombre de Brenda una vez, y también oí mencionar una vez algo de un bebé.

Estaban examinando los matices más delicados de la revelación y Dan se preguntó si era realmente necesario cortarles el cuello a los cuatro individuos señalados para la eliminación, según las instrucciones que había recibido Ron en una de sus revelaciones. «Le pregunté a Ron por qué no podía ir sin más

---

5. Se conmemora la llegada de los mormones a Salt Lake Valley el 24 de julio de 1847, después de su éxodo desde Nauvoo. El Día del Pionero tal vez sea la festividad más importante de los santos y se celebra en todo Utah con cabalgatas, discursos públicos y fuegos artificiales que hacen palidecer, en comparación, las celebraciones del 4 de julio.

y pegarles un tiro —dijo Carnes—. Ron contestó que era orden del Señor que ellos... bueno, que se les cortase el cuello.»
Betty Wright McEntire se enteró de todo eso cuando oyó doce años después el testimonio de Carnes en el cuarto tribunal del distrito de Provo. Y cuando se enteró de que Claudine Lafferty estaba sentada al lado, escuchando tranquilamente a sus dos hijos mayores que hablaban del asesinato inminente de su nuera y de su nieta pequeña, se quedó estupefacta.

«¿Cómo podía alguien oír lo que planeaban y no hacer algo para avisar a Brenda? —pregunta—. Yo es que no puedo entenderlo, la verdad.»

El 19 de julio había sido el cumpleaños de Brenda Lafferty, que había cumplido veinticuatro. Betty se había ofrecido para bajar hasta American Fork y hacerse cargo de la pequeña Erica para que Brenda y Allen pudiesen salir por la noche. En realidad, Betty estaba deseando ver a Brenda y a Erica. La niña ya tenía casi quince meses y había empezado a decir sus primeras palabras inteligibles.

Allen y Brenda «subieron a Salt Lake City a cenar —dice Betty—. Yo estaba muy emocionada de que viniese a casa porque estaba a punto de casarme y quería enseñarle fotos del vestido de boda que había elegido y hablar de las cosas de la boda. Pero cuando llegaron después de cenar era evidente que se habían peleado. Me di cuenta de que ella había llorado. Me llevé un gran disgusto. Pero comprendí que tenía que irme. Le había regalado una caja de música por su cumpleaños. Recuerdo que ella le dio cuerda, la puso en el mueble del televisor y la escuchamos un momento. Luego le di un beso de despedida a la niña y me marché. Fue la última vez que vi a mi hermana».

El día 24 de julio, Día del Pionero, por la mañana, Dan se levantó, rezó y el Señor le impulsó a serrar el cañón y la culata de una escopeta de recámara tubular del calibre 12 que guardaba en casa de su madre. Mientras él utilizaba una sierra para la operación en el garaje de Claudine, Ron, Ricky Knapp y Chip Carnes cargaron sus pertenencias en la Impala. Entre las cosas que cargaron había un Winchester 30-30 y un rifle de caza 270. Cuando estaban atando algunas cosas en la baca del vehículo, Carnes le dijo a Ron, muy preocupado: «Yo no veo que haya ninguna razón por la que alguien tenga que matar a un bebé».

Ron replicó que Erica era una «hija de la perdición» y que, por lo tanto, había que eliminarla. De todos modos, añadió, no solo había nombrado específicamente Dios a la niña en su mandamiento, sino que además, después de matar a Brenda la niña no tendría madre, así que en realidad sería una bendición eliminar a Erica con su mamá.

Una vez cargada la furgoneta, se subieron los cuatro a ella, con Dan al volante, y fueron hasta la granja de Mark Lafferty a buscar otra arma, una escopeta del calibre 20, que Dan le había prestado a Mark años atrás. Mark le dio la escopeta a Ron, y le preguntó escépticamente al hacerlo:

—¿Qué vais a hacer con eso?

—Voy a cazar —contestó Ron.

Mark, que sabía que en aquella temporada no había nada que cazar, contestó:

—¿Qué vas a cazar?

—Cualquier puñetera cosa —contestó Ron— que se ponga en mi camino.

Ron, Dan, Knapp y Carnes se fueron luego a probar las armas en una cantera próxima. Ron quería «ajustar las miras», lo que entrañaba disparar a latas y luego ir ajustando las miras de cada arma para afinar su precisión a una distancia determinada. Pero cuando llegaron a la cantera y empezaron a disparar descubrieron que se habían equivocado en la munición del rifle de caza. Era del calibre 270 y solo tenían balas del calibre 243, demasiado pequeñas para aquel rifle concreto. Así que decidieron volver a casa de Mark a ver si él sabía dónde estaba el rifle calibre 243 de Ron.

Cuando llegaron a casa de Mark, recuerda Carnes, «Ron se asomó por la ventanilla y le preguntó a voces si tenía el 243. Mark contestó diciéndole: "No, creo que está en casa de Allen"».

Hacia la una y media de la tarde, Ron entró con la furgoneta en el camino de coches de Allen y paró delante del dúplex de ladrillo que tenían alquilado Brenda y él en una calle tranquila de American Fork, a veinte minutos de Provo por la autopista. Ron se bajó del coche y se dirigió solo a la puerta. Llevaba escondida en la manga derecha la escopeta recortada que había serrado Dan aquella mañana y que Ron se proponía utilizar a modo de garrote. En la bota izquierda llevaba un cuchillo de deshuesar de veinticinco centímetros de hoja, afilado como un bisturí.

Ron abrió la puerta y «llamó fuerte durante mucho rato —dice Dan—. Yo sabía que tenía previsto acabar con la vida de Erica y de Brenda inmediatamente. Así que estaba allí fuera en el coche, rezando: "Ojalá sea esto lo que te propones, Dios mío, porque si no lo fuese, ¡sería mejor que hicieses algo ahora mismo!". Y luego no pasó nada. Nadie abrió la puerta. A los pocos minutos, Ron dio la vuelta y regresó al coche, muy desconcertado, entró y se encogió de hombros. Yo tuve entonces una sensación de felicidad, porque pensé que todo había sido solo una prueba de fe, como cuando Dios probó a Abraham, y que Ron había pasado la prueba. Pensé: "Oh, gracias, Dios mío!". Puse el coche en marcha y nos largamos de allí.

»Ron iba sentado en el asiento de al lado y parecía como si estuviese desconcertado. Siempre era él quien nos decía a los demás adónde teníamos que ir, qué había que hacer a continuación. Cuando nos habíamos alejado una manzana y media de la casa, me invadió de pronto una sensación extraña. Fue como una cosa que vi una vez en las noticias de la televisión: un tipo estaba a punto de tomar un avión, y cuando llegaba a la puerta se volvía, daba la vuelta y se marchaba. Y luego el avión se estrellaba. Entrevistaron al tipo y le preguntaron por qué no había subido al avión. "No puedo explicarlo —les dijo—. Tuve simplemente la sensación de que no debía hacerlo". Bueno, pues a mí me pasó igual cuando me alejaba en el coche de casa de Allen. Tuve una sensación fuerte de que tenía que dar la vuelta. Así que lo hice, y me di cuenta de que estaba volviendo al apartamento [...]. Aunque no sabía por qué, porque no había nadie en casa. Los otros que iban en el coche me preguntaron todos: "Pero ¿qué haces?". Y yo les dije: "Vuelvo a casa de Allen, aunque no sé por qué".

»Me pasaron por la cabeza muchas cosas. Por entonces, ya había tenido bastantes experiencias espirituales, cosas que consideraba milagrosas, así que creía que volvía por una razón. Pensé: "Bueno, tal vez no fuese Ron quien tuviese que hacerlo. Tal vez regreso porque tengo que ser yo quien se haga cargo de esta tarea del Señor". No estaba seguro, pero tenía una sensación muy agradable respecto a lo que estaba haciendo. Era como si alguien me hubiese cogido de la mano y estuviese guiándome.

»Ron me preguntó si estaba seguro de lo que hacía. Dijo que no quería que yo hiciese nada que no estuviese dispuesto a hacer él, pero yo le expliqué que me sentía bien haciéndolo. Me sentía perfectamente.»

Dan volvió a entrar en el camino de coches de Allen, subió caminando hasta la puerta y llamó. Esta vez, después de dos o tres llamadas, Brenda abrió. Dan le preguntó si estaba Allen en casa. Ella le contestó que estaba en el trabajo. Dan preguntó si sabía si el rifle de caza del calibre 243 estaba en el apartamento. Brenda dijo que estaba segura de que no. Entonces Dan le preguntó si podía usar el teléfono. Ella perdió la paciencia y le dijo: «No. No puedes entrar a llamar por teléfono». Dan le explicó que solo quería hacer una llamada muy breve, pero Brenda se mostraba cada vez más recelosa y siguió negándole la entrada.

En ese punto, según recuerda Dan, «yo estaba hablando silenciosamente, como si dijésemos, con Dios, y le pregunté: "¿Qué hago ahora?"». Tuve la sensación de que tenía que echarla a un lado y entrar en la casa. Así que fue lo que hice».

Según Chip Carnes, en cuanto Dan se abrió paso al interior del apartamento, la puerta se cerró de golpe tras él, y «oí un ruido como de alguien que cae al suelo [...] y luego oí que se rompía un jarrón».

Dan dice que cuando empujó a Brenda y entró en la casa «ella se puso muy nerviosa. Hizo un comentario muy interesante, bastante profético. Dijo: "Sabía que ibais a hacer algo que no podría impedirlo nadie". Luego empezó a disculparse por un montón de cosas [...] por influir en la esposa de Ron, cosas de ese tipo. Entonces yo pensé para mí: "Eres una zorra". Y tuve la sensación de que tenía que tirarla al suelo. Le crucé los brazos, la hice tumbarse boca abajo y me senté encima de ella, sujetándole las muñecas por atrás».

Carnes, Knapp y Ron esperaban en el coche. Carnes se volvió hacia Knapp y le dijo: «Se oye ruido dentro».

«Tienes razón —contestó Knapp. Y le dijo a Ron—: Tal vez deberías ir a ayudar.»

Ron salió del coche y se dirigió hacia la casa. Pero cuando intentó entrar, Dan había inmovilizado a Brenda en el suelo contra la puerta, así que «tuvo que empujar para poder entrar —según Carnes—. Pero en cuanto Ron entró en la casa oí que Brenda decía: "Sabía que esto iba a pasar". Y luego oí a Ron llamarla zorra y mentirosa, y lo que parecía una gran pelea, oía romperse cosas. Y oí que Brenda gritaba: "¡No le hagáis daño a mi bebé! ¡A mi bebé no le hagáis daño, por favor!". Y Ron seguía llamándola zorra y mentirosa. Y ella dijo que no mentiría más. Y él seguía pegándole. Se oía desde el coche cómo le pegaba. Y luego oí a una niña pequeña que gritaba: "¡Mamá! ¡Mamá! ¡Mamá!". Y después de eso, quedó todo en silencio».

Cuando Ron entró en la casa, según Dan, «cerró la puerta y preguntó: "¿Qué haces?". Y yo le dije: "Bueno, tengo la sensación de que estoy cumpliendo ya el mandato". Se lo dije en voz baja porque no quería que Brenda oyese cosas que pudiesen ponerla nerviosa. Entonces Ron me dijo: "¿Cómo lo vas a hacer?". Yo entonces le pedí que me diese un momento para rezar por eso. Y bueno, me dije: "¿Qué es lo que tengo que hacer, Señor?". Y tuve la impresión de que debía usar un cuchillo. Que tenía que cortarles el cuello. Ron me preguntó: "¿Qué cuchillo vas a usar?". Yo tenía un cuchillo en el cinturón y Ron tenía un cuchillo de carnicero en la bota. Le dije: "Ese cuchillo de carnicero que compraste". Y entonces él sacó el cuchillo de la bota y lo dejó en el suelo donde yo pudiese cogerlo. Luego intentó dejar inconsciente a Brenda a puñetazos».

«Se puso a pegarle puñetazos en la cara sin parar, hasta que empezó a salpicar la sangre a la pared. Pero se hizo daño en la mano y tuvo que dejar de pegarle. Por entonces había salpicado ya mucha sangre y perdí el control de Brenda, se soltó y se levantó. Ron se puso delante para no dejarla escapar. Tenía muy mal la cara de los puñetazos. Estaba completamente aterrada. Me dijo: "Sostenme, por favor. Sostenme, por favor". Me di cuenta de que lo hacía para ver si nos daba lástima. Ron le dijo: "Sí, claro. Ojalá también tuviese yo a alguien que me sostuviese, zorra puñetera. Pero por culpa tuya ya no tengo esposa".

»Eso la hizo callar un momento. Luego dijo: "Haré lo que queráis". Y dijo Ron: "Está bien. Siéntate en el rincón". Ella se apoyó en la pared y fue bajando apoyada en la pared hasta el suelo en el rincón, y Ron se volvió hacia mí y me dijo: "Vámonos de aquí". Me di cuenta de que estaba muy asustado. Le dije: "Vete tú si quieres. Ya me ocuparé yo de lo que creo que tengo que hacer, hasta que lo haga no podré irme". Brenda debió de darse cuenta en aquel momento de lo que decíamos, porque corrió esquivando a Ron e intentó escapar. Él no hizo nada para intentar detenerla. Tuve que dar un salto yo, la cogí por detrás. Había conseguido llegar a la cocina, quería llegar a las puertas correderas de cristal de atrás. Había cogido ya las cortinas, pero en ese momento la agarré por el pelo y tiré hacia atrás, se rompieron muchos de los enganches de la parte de arriba de la cortina. Cuando le puse por fin las manos encima se desmayó, se quedó tendida en el suelo.

»A diferencia de mi hermano mayor —dice Dan—, yo en realidad no tenía nada contra Brenda ni contra Erica, solo estaba cumpliendo la voluntad de Dios. Al ver a Brenda allí en el suelo, recé para saber qué era lo que tenía que hacer a continuación. Le dije a Ron: "Dame algo que pueda atarle al cuello para que no recupere el conocimiento". Porque ya tenía la sensación de que debía quitarle la vida primero a la niña. Ron cortó el cable del aspirador y me lo dio. Y entonces pasó otra cosa alucinante: cuando intentó enrollarle el cordón al cuello, lo apartó de ella una fuerza invisible. Se volvió y me miró, y va y dice: "¿Has visto eso?".

»Yo le dije: "Sí, lo he visto. Parece ser que esto no tienes que hacerlo tú. Dame el cable". Se lo enrollé con dos vueltas al cuello y lo até bien fuerte con un nudo doble.»

Después de que Brenda hiciera ese último intento desesperado de huir y se desmayara en el suelo de la cocina, Ricky Knapp y Chip Cranes, que seguían en el coche, no volvieron a oír ruidos en el dúplex. A Carnes le dio miedo aquel silencio y le dijo a Knapp que se pusiese al volante y luego le ordenó: «Vámonos de aquí».

Knapp arrancó el coche y retrocedió marcha atrás, pero luego perdió el valor. «No puedo dejarlos», le dijo a Carnes. Aparcó la Impala en la calle frente al apartamento y esperó, mientras Carnes se tumbaba en la parte de atrás, donde nadie pudiese verlo.

Dan dice que después de atarle al cuello a Brenda el cable del aspirador, «entré en el salón y cogí el cuchillo. Luego fui hasta el vestíbulo, guiado por el espíritu, porque no conocía la distribución de la casa ni la habitación de la niña. Y la primera puerta que abrí, allí estaba. Estaba de pie en un rincón de la cuna. Entré. Cerré la puerta para tener más intimidad. Creo que la niña me tomó por su padre, porque tenía barba y Allen entonces también la tenía. Y tenemos la misma voz.

»Hablé un momento con ella. Le dije: "Mira, yo no sé muy bien de qué va todo esto, pero parece ser que es voluntad de Dios que dejes este mundo; es posible que podamos hablar de ello más tarde". Entonces, le puse la mano en la cabeza, le puse el cuchillo debajo de la barbilla, así, y luego... simplemente...».

Lafferty hace una pausa en el monólogo y utiliza las manos esposadas para mostrar cómo utilizó el cuchillo de carnicero afilado como una navaja de afeitar con tanta fuerza en el cuello de Erica que poco le faltó para decapitarla. Después de eso solo quedaron sujetando la cabeza de la niña al cuerpecito unas tiras finas de piel y tendón.

«Cerré los ojos —prosigue— para no ver lo que estaba haciendo. No oía nada.»

Lafferty comparte los detalles del asesinato de Erica con una voz prodigiosamente serena, igual que si estuviese explicando una compra en una ferretería.

«Luego, fui por el pasillo hasta el cuarto de baño y lavé el cuchillo. No sentía nada. En aquel momento ni siquiera sabía si había matado de verdad a Erica. No hasta después, cuando me enseñaron las fotos del escenario del crimen. Estoy seguro de que no sufrió nada. Es posible que crea eso para sentirme mejor... No sé. Pero afortunadamente el cuchillo estaba muy afilado, así que no sintió ningún dolor.

»Pero, bueno, lavé el cuchillo y luego, una vez limpio, fui a la cocina y me paré junto a Brenda. Me puse a horcajadas sobre ella, desaté el cable y se lo quité del cuello. Le agarré el pelo, coloqué el cuchillo a un lado del cuello y le corté la garganta. Cerré también los ojos esa vez, así que la verdad es que no vi nada. Pero en esta ocasión sí oí cómo la hoja cortaba la tráquea y cómo daba en el hueso de la columna vertebral. Luego volví al cuarto de baño y lavé el cuchillo por segunda vez. Volví al lado de Ron y le dije: "Vale. Ya podemos irnos".»

Ron y Dan salieron por la puerta de atrás y volvieron al coche. Cuando Knapp y Carnes vieron la ropa manchada de sangre de los hermanos «fliparon», según Dan. Carnes, sobre todo, empezó a desmoronarse.

Aterrado por el agobiante olor a sangre que llenaba el coche, Carnes agarró a Dan por la camisa y le gritó histérico: «¡Tienes que librarte de esta cosa apestosa!».

«Cuando me lo dijo —recuerda Dan— pensé para mí: "Pero si aún no se ha acabado esto. ¿Por qué voy a cambiarme de ropa ahora? Todavía tenemos que ir a otras dos casas".»

Pero de todos modos hizo lo que le pedía Carnes. Mientras se alejaban del apartamento, se quitó la camisa ensangrentada, pidió una camisa limpia prestada a Carnes y se la puso.

Ron estaba también muy nervioso, pero Dan se mantenía tranquilo y sereno.

«Yo estaba completamente seguro de que las cosas habían ocurrido tal como Dios quería. Ron estaba muy afectado y muy abatido. No hacía más que decir que le olían las manos a sangre. Le pasé el brazo por los hombros e intenté tranquilizarlo.»

A medida que iban alejándose, Ron parecía ir recuperando un poco la compostura. Conducía en el denso calor del mes de julio, procurando no exceder el límite de velocidad, y sabía exactamente adónde se dirigía: Highland, la próxima población en dirección norte, donde vivían antes Dianna y él y sus hijos... y donde aún vivía Chloe Low.

Dios había dado a Ron las siguientes instrucciones hacía cuatro meses:

> Es mi voluntad y mandato que eliminéis a los siguientes individuos para que pueda seguir adelante mi obra [...]. Primero a Brenda, la esposa de tu hermano, y a su hija, luego a Chloe Low, luego a Richard Stowe. Y es mi voluntad que sean eliminados en rápida sucesión.

Con los asesinatos de Brenda y de Erica, se había cumplido la primera parte de la revelación. Mientras recorrían la corta distancia que había hasta la casa de Low, Ron y Dan hablaron de cómo se cumpliría el resto. Siguiendo el mandato con la mayor fidelidad posible, se propusieron eliminar primero a Low y luego a Stowe, ejecutándolos «en rápida sucesión» antes de que terminase el día. Aunque los dos hermanos estaban de acuerdo en que matar a Low sería «fácil porque era una mujer pequeña», Ron confesó a Dan: «Me temo que no tengo energía suficiente para quitarle la vida a Chloe Low».

«Te estás preocupando por cosas por las que no tendrías que preocuparte —le aseguró Dan—. De eso me ocuparé yo, lo mismo que me he ocupado de esto, porque es la obra del Señor.»

TERCERA PARTE

Los mejores frutos de la experiencia religiosa son las mejores cosas que la historia puede mostrar [...]. Los más altos vuelos de la caridad, la devoción, la confianza, la paciencia, el valor para los que la naturaleza humana ha extendido sus alas se han realizado por ideales religiosos.

WILLIAM JAMES,
Las variedades de la experiencia religiosa

Es frecuente que nos digan que atacar a la religión es un error muy grave, porque la religión hace virtuosos a los hombres. Eso es lo que me dicen. Yo no lo he comprobado [...]. Cuando miras el mundo a tu alrededor, ves que absolutamente todo el progreso en el sentimiento humanitario, todo el avance en el derecho penal, todos los pasos que se dan para que haya menos guerras, todos los pasos que se dan para conseguir un mejor trato para las razas de color, y toda mitigación de la esclavitud, todo el progreso moral que se ha producido en el mundo, han contado siempre con la oposición de las iglesias organizadas del mundo [...].

Mi punto de vista sobre la religión es el de Lucrecio. La considero una enfermedad nacida del miedo y una fuente de indecible sufrimiento para la especie humana. No puedo negar, sin embargo, que ha hecho algunas aportaciones a la civilización. Ayudó en los tiempos antiguos a fijar el calendario, y fue la causa de que los sacerdotes egipcios registraran los eclipses con tanto cuidado que pudieron llegar con el tiempo a ser capaces de predecirlos. Estoy dispuesto a reconocer esos dos servicios, pero no conozco ninguno más.

BERTRAND RUSSELL,
Por qué no soy cristiano y otros ensayos

17

Éxodo

La amargura y la esperanza los impulsaban. Las persecuciones, las matanzas, el martirio del profeta, la disentería y las plagas, las tumbas abandonadas los habían integrado en una unidad, y cada sucesiva caravana de carros fue durante muchos años como una nueva salida de Egipto. El paralelismo del Antiguo Testamento era como un clarín en el cerebro. Es probable que algunos esperasen incluso un faraón que los persiguiese y una división de las aguas. Habían encontrado su fuerza: el mormonismo en su éxodo era un rebaño, como un rebaño de búfalos, y su fuerza era la fuerza del rebaño y la astucia de los viejos y duros bueyes que dirigían el espectáculo. Brigham Young no era un vidente ni un revelador, sino un caudillo práctico, un organizador y colonizador de enorme talla.

WALLACE STEGNER,
Mormon Country

Cuando la aurora empezó a iluminar el cielo del este, Porter Rockwell (el Ángel Destructor, guardaespaldas y ejecutor incondicional de Joseph Smith) corría hacia Nauvoo a galope, hirviendo de rabia. Era el día 28 de junio de 1844. Doce horas antes, el profeta mormón había sido asesinado a tiros en la cárcel de Carthage por un grupo de milicianos de Illinois, pese a la promesa personal que había hecho el gobernador Thomas Ford de que protegerían a Joseph de todo peligro. Cuando Rockwell llegó a Nauvoo, comunicó a gritos la amarga noticia recorriendo a caballo las calles y despertando a la población. «¡Han matado a Joseph...! ¡Lo han matado! ¡Malditos sean! ¡Lo han matado!»

Los santos reaccionaron a la muerte de Joseph con mucha congoja y un enorme dolor, jurando con lágrimas en los ojos tomar venganza. Pero antes tenían que ocuparse de un asunto más urgente: la supervivencia del mormonismo. Las diez mil personas que desfilaron afligidas por la mansión de Joseph para presentarle sus respetos y contemplar su cadáver no veían entre los vivos a nadie que les pareciese capaz de dirigir la iglesia en los meses de peligro crítico que se avecinaban. Como dijo en su libro *The Mormon Hierarchy: Origins of Power* el distinguido historiador D. Michael Quinn: «Institucionalmente, el mormonismo se enfrentaba a un dilema de importancia trascendental con la muerte de Smith en junio de 1844: ¿puede sobrevivir la iglesia sin el profeta fundador?; ¿se desmoronaría toda la estructura, como cuando se retira la piedra angular de un arco?».

Joseph no se había ocupado de proporcionar a sus seguidores un mecanismo claro que determinase su sucesión. De hecho, en el transcurso de los años, había insinuado varios criterios contradictorios en relación con la transferencia de poder. El resultado, debido a su fallecimiento prematuro, era un vacío de jefatura que se esforzaron por llenar varios presuntos profetas. Entre los principales aspirantes figuraban:

• El hijo mayor de Joseph, Joseph Smith III, que solo tenía once años cuando asesinaron a su padre y que es probable que el profeta tuviese previsto que fuese su sucesor cuando llegase a la edad adulta.

- Samuel H. Smith, el hermano menor de Joseph.
- Sidney Rigdon, el influyente teólogo escogido por Joseph para vicepresidente en la campaña de 1844 para la presidencia de Estados Unidos, pese a que padecía «espasmos nerviosos y desmayos» y era imprevisible y poco de fiar desde el punto de vista emotivo.
- Brigham Young, el fornido y ambicioso presidente del Quórum de los Doce Apóstoles de la iglesia.

Los aspirantes se dividían en dos bandos: los que se oponían firmemente a la poligamia, que consideraron la muerte de Joseph una oportunidad para extirpar la práctica antes de que arraigara, y los que ya habían tomado esposas plurales y consideraban la poligamia un principio establecido por Dios que debía mantenerse. Joseph había expuesto por primera vez la revelación encubierta que sancionaba el matrimonio celestial apenas un año antes de su martirio... e incluso después de haber documentado por escrito la revelación, solo un grupo selecto de sus camaradas de máxima confianza habían tenido acceso al secreto. Durante los días lúgubres y caóticos que siguieron al asesinato de Joseph, el 95 % de los mormones aún no tenían el menor indicio de que su profeta se había casado con más de una esposa y había proclamado que el matrimonio plural era una de las condiciones obligadas para poder entrar en el Reino de los Cielos.

Emma Smith, Samuel Smith, Sidney Rigdon, William Law y otros que se oponían a la poligamia (mormones convencidos, que estaban seguros de que sería la ruina de su iglesia) necesitaban desesperadamente entronizar a un sucesor de Joseph que revocase la doctrina antes de que arraigase. El 13 de julio, Emma advirtió de que si el próximo dirigente de los mormones «no es un hombre al que ella apruebe, hará a la iglesia todo el mal que pueda».

Los apóstoles John Taylor, Willard Richards, Brigham Young y sus hermanos del campo pro poligamia necesitaban igual de desesperadamente entronizar a un profeta que respaldase la doctrina, para que las esposas plurales con las que se habían casado en secreto no fuesen calificadas de prostitutas.

Complicaba aún más la crisis sucesoria el hecho de que diez miembros del Quórum de los Doce Apóstoles, incluido Brigham Young, estuviesen lejos en la primavera de 1884, porque Joseph los había enviado a recorrer el país buscando apoyo para su candidatura a la presidencia del país. John, que estaba en Massachusetts cuando el asesinato de Joseph, no se enteró de la muerte del profeta hasta diecinueve días después de que se produjese. Abrumado por la noticia, se sumió en la desesperación porque pensó que sin Joseph la Iglesia mormona se desintegraría inevitablemente. «Sentía tal tensión en la cabeza —se lamentaba— que creí que iba a estallarme.» En cuanto Brigham y el resto de los apóstoles se enteraron del asesinato, se apresuraron a regresar a Nauvoo lo más rápidamente posible.

El sector antipoligamia maniobró febrilmente para conseguir que fuese confirmado como profeta uno de los suyos antes de que todo el Quórum de los Doce Apóstoles tuviese la posibilidad de regresar a Nauvoo desde los diversos rincones remotos de la República donde se encontraban. El joven Joseph Smith III era quien tenía más derecho legítimo al trono, pero como no había llegado siquiera a la pubertad, los contrarios a la poligamia centraron sus energías en asignar la tarea al hermano menor del profeta difunto, Samuel H. Smith, en vez de a su hijo. Pero el 30 de julio, cuando parecía que ya estaba zanjado el asunto, Samuel murió repentinamente. Pruebas circunstanciales abrumadoras parecen indicar que sucumbió a causa de un veneno que le administró Hosea Stout, el jefe de policía de Nauvoo, que era fiel a Brigham Young y a los otros polígamos.

Tras la sospechosa muerte de Samuel Smith, Sidney Rigdon (otro adversario de la poligamia) hizo una última tentativa desesperada de hacerse con el cetro de Joseph antes de que llegaran a Nauvoo Brigham y los otros apóstoles. Se aseguró rápidamente el apoyo de otros miembros de la facción antipoligamia y consiguió maniobrar con éxito para que lo nombrasen «guardián» de la iglesia, aunque el nombramiento no sería oficial hasta que se confirmara mediante votación en una asamblea especial de toda la iglesia prevista para el 8 de agosto. Parecía ya un hecho consumado... hasta que, de pronto, aparecieron Brigham Young y el resto de los apóstoles el 6 de agosto por la noche, justo a tiempo para frenar el plan de los contrarios a la poligamia de entronizar a Rigdon como sucesor de Joseph.

El 8 de agosto de 1844 por la mañana, los fieles de Nauvoo se reunieron para escuchar las propuestas respectivas de Rigdon y de Young. Rigdon defendió su candidatura con pasión durante noventa minutos, pero no consiguió persuadir a sus correligionarios de que era la elección clara de Dios para la tarea. Luego le tocó a Brigham hablar a la multitud y se dijo que se produjo entonces algo asombroso, que no dejó duda alguna sobre quién sería el profeta siguiente.

«Brigham Young se levantó y rugió como un joven león —recordaba John D. Lee—, imitando el estilo y la voz del profeta Joseph. Muchos de los fieles dijeron que habían visto caer sobre él el manto de Joseph. Yo mismo creí apreciar en él, viéndolo y oyéndolo en aquel momento, una gran semejanza con el profeta, y sentí que era el hombre que debía dirigirnos.» Numerosos santos que escucharon el discurso de Brigham (e incluso un número mayor que no lo escucharon) juraron que se produjo en él, mientras hablaba, una increíble transfiguración, en la que asumió temporalmente la voz, la apariencia e incluso la talla física de Joseph, que era un hombre bastante alto. Tras esa actuación, Brigham no tuvo ya problema para convencer a la mayoría de los presentes de que debía ser él su próximo jefe, y se convirtió así en el segundo presidente, profeta, vidente y revelador de los mormones.

Es interesante especular sobre lo que habría sucedido si Brigham hubiese tardado treinta y seis horas más en regresar a Nauvoo y Rigdon pudiera haberse hecho con el timón de la iglesia. Cabe suponer que la cultura mormona (por no hablar ya de la cultura del Oeste de Estados Unidos) sería hoy muy distinta. Lo más probable es que los mormones no se hubiesen establecido nunca en la Gran Cuenca, y que la poligamia hubiera muerto en la cuna. Como comentó el propio hijo de Rigdon, John, los santos de los Últimos Días «no cometieron ningún error al poner a Brigham Young a la cabeza de la iglesia [...], si hubiesen elegido a Sidney Rigdon para ese cargo, la iglesia se habría tambaleado y caído».

Brigham Young, lo mismo que Joseph Smith, había nacido pobre, en la Nueva Inglaterra rural, y el revuelo que causó allí el Segundo Gran Despertar dejó una huella perdurable en su conciencia. Fue bautizado en la Iglesia mormona en 1832, a los treinta y un años, y se convirtió enseguida en uno de los lugartenientes más leales de Joseph.

La devoción de Brigham al profeta fundador fue profunda e inquebrantable. Creía de todo corazón incluso en los principios teológicos más extremos de Joseph y es muy posible que creyese en ellos con mayor convicción aún que el propio Joseph. Brigham era, sin embargo, lo opuesto a Joseph en casi todos los sentidos imaginables.

Joseph era alto, atlético y bien parecido; Brigham era bajo y fornido (llegó a pesar cien kilos), tenía los ojos pequeños y porcinos. Joseph era emotivo, carismático, un soñador impulsivo y un seductor incorregible; Brigham era firme, de fiar, pragmático hasta la exageración, un brillante organizador que pensaba las cosas detenidamente y prestaba atención a los detalles. Joseph anhelaba la adoración de sus seguidores; Brigham no pedía a los santos que lo amasen, solo exigía que lo respetasen y que lo obedeciesen incondicionalmente. Joseph conversaba constantemente con Dios y recibió a lo largo de su vida 135 revelaciones que fueron canonizadas en *Doctrina y convenios*, y muchas otras que no se publicaron nunca. Brigham tuvo una sola revelación canonizada, *D & C* 136, que no tenía nada que ver con misterios sagrados: se limitaba a concretar cómo debían organizar los mormones las caravanas de carros para la emigración a Utah.

Por supuesto, nadie consideró nunca a Brigham un genio religioso, pero cuando los mormones se enfrentaron a un exterminio inminente tras el martirio de Joseph, lo que necesitaban no era un genio religioso. Lo que necesitaban era más bien una jefatura firme y resuelta, y disciplina, que es lo que podía proporcionarles Brigham. George Bernard Shaw lo alabó al referirse a él como «el Moisés norteamericano». Fue el hombre adecuado en el momento adecuado.

En mayo de 1845 fueron acusados de los asesinatos de Joseph y Hyrum Smith nueve hombres, siete de los cuales comparecieron en juicio en Carthage. Entre los acusados de «El pueblo contra Levi Williams», que fue como se denominó el caso, figuraban algunos de los principales personajes del oeste de Illinois, entre ellos un coronel, un comandante y dos capitanes de los grises de Carthage, un senador del estado de Illinois y el director del periódico de Warsaw. Dados los virulentos sentimientos antimormones que existían en el condado de Hancock, no habría de ser fácil llevar a los culpables ante la justicia. La posibilidad de que no hubiese condenas aumentó cuando tanto John Taylor como Willard Richards (los apóstoles mormones que habían presenciado los asesinatos) comunicaron que se negaban a comparecer en juicio, temiendo (con bastante fundamento) que si se acercaban a Carthage los matarían inmediatamente.

El juicio se celebró de todos modos. Pero nadie se sorprendió cuando el 30 de mayo los nueve acusados fueron considerados no culpables. Los mormones ya esperaban ese veredicto, pero los enfureció de todos modos. El editorial de un periódico de Nauvoo proclamaba: «Los asesinos pueden estar seguros de que su caso, independientemente de lo que digan los tribunales terrenales, lo juzgará el Juez Supremo del universo, que ha dicho mía es la venganza y la retribución».

Un mes después, en el primer aniversario de la muerte de Joseph Smith, Brigham habló con amargura del veredicto del juicio y proclamó que «corresponde a Dios y a su pueblo vengar la sangre de sus siervos». Con este fin, dio instrucciones a las autoridades eclesiales para que emitiesen un «juramento de venganza» oficial, que pasó a formar parte inmediatamente de la ceremonia de dotación del templo, uno de los rituales mormones más sagrados.

El juramento obligaba a los mormones a prometer: «Rezaré y nunca dejaré de rezar y nunca dejaré de importunar al Cielo para que vengue la sangre de los profetas de esta nación, y se lo enseñaré a mis hijos y a los hijos de mis hijos hasta la tercera y la cuarta generación». Este voto solemne de tomar venganza lo recitaban todos los santos que participaban en el ritual oficial del templo hasta que se retiró de la ceremonia de dotación en 1927, después de haberse filtrado a la prensa no mormona, provocando una protesta de los políticos y del público gentil, que lo consideraban desleal.

En los meses que siguieron al asesinato de Joseph, la mayoría de los habitantes de Nauvoo no necesitaron que nadie los empujase a vengarse de los gentiles. Desde el asesinato, los no mormones habían aumentado la intensidad de su violenta campaña para expulsar a los santos del condado de Hancock. Envalentonados por la absolución de los asesinos de Joseph, durante el verano de 1845 pandillas antimormonas capitaneadas por Levi Williams (el principal acusado en el juicio por asesinato) recorrían el condado incendiando casas y cultivos mormones. El 15 de septiembre de 1845 habían quedado reducidas a cenizas cuarenta y cuatro residencias mormonas.

El 16 de septiembre, Porter Rockwell, cuando iba de camino a ayudar a una familia mormona a salvar lo poco que les quedaba de las ruinas de uno de esos hogares incinerados, se tropezó casualmente con el teniente Frank Worrell de los grises de Carthage, el mismo hombre que había tenido a su cargo la protección de la cárcel la noche que asesinaron a Joseph. Worrell era quien estaba al mando de los milicianos que habían decidido poner en sus armas balas de fogueo al acercarse la multitud y se habían hecho a un lado para que los asaltantes pudiesen entrar a asesinar al profeta sin impedimentos. Cuando Rockwell se encontró con Worrell aquella tarde de septiembre, este último iba a caballo, persiguiendo a un *sheriff* local que había tenido la temeridad de expresar simpatía hacia los mormones. Worrell galopaba tras el aterrado *sheriff*, y Rockwell le disparó con su rifle y le alcanzó en el vientre. Según exlicaría un testigo del hecho, Worrell saltó más de un metro en el aire «y cayó muerto del caballo».

La muerte de Worrell empeoró las relaciones entre los santos y sus adversarios. Pocos días después, un grupo de mormones capturó a un joven gentil llamado McBracking, del que sospechaban que había quemado casas de mormones. El joven suplicó que no lo mataran, pero los santos no estaban de buenas. Lo castraron, lo degollaron, le cortaron una oreja y le pegaron unos cuantos tiros. Como había predicado Joseph tres años atrás, algunos pecados eran tan odiosos que el único medio que tenía el culpable de expiarlos era «derramar su sangre sobre la tierra y dejar que ascienda el humo hacia Dios».

Las pasiones estaban a punto de estallar en ambos bandos del conflicto. Partidas de mormones y gentiles furiosos recorrían el condado incendiando y saqueando; redujeron a cenizas más de doscientas casas. El gobernador Thomas Ford, temiendo que el condado de Hancock estuviese de nuevo al borde de la guerra civil declarada, envió a Nauvoo a cuatrocientos soldados, junto con un comité de personajes respetables (entre los que figuraba el conocido estadista Stephen A. Douglas) con la misión de negociar una solución perdurable que pusiese fin a las hostilidades.

Brigham había llegado a la conclusión de que los santos no tenían futuro posible en ningún lugar que estuviese próximo al condado de Hancock. El 24 de septiembre envió una carta al comité creado por el gobernador Ford en la que decía que, a cambio de un cese el fuego de los gentiles, los mormones prometían marcharse no solo de Illinois, sino de Estados Unidos: partirían en la primavera siguiente, en cuanto hubiese crecido lo suficiente la hierba de la pradera en la ruta que tenían prevista hacia el Oeste para proporcionar forraje a sus animales de carga. Los gentiles dieron su conformidad a esta propuesta el 1 de octubre, concediendo a los santos un periodo de paz relativa para que pudieran construir carros y acumular viandas para preparar la evacuación masiva.

Brigham Young quería encontrar como próximo hogar de los santos un sitio que estuviese lejos de la civilización y resultase al mismo tiempo poco atractivo para los colonos gentiles, de modo que su pueblo pudiese vivir libre de persecuciones. Después de considerar Oregón, California y la isla canadiense de Vancouver, él y sus consejeros decidieron que los santos harían su parada final en medio de los desiertos escasamente poblados de la Gran Cuenca, que por entonces pertenecía a México.

Los santos no se proponían abandonar la Ciudad de Joseph hasta que mejorase el tiempo, pero cuando llegó la noticia de que se había emitido una orden judicial para la detención de Brigham, acusado de proteger a falsificadores, pareció

de pronto que era una buena idea ponerse en marcha antes.[1]
El 4 de febrero de 1846 abordó las embarcaciones de fondo
plano en el muelle de Nauvoo el primer contingente de emigrantes mormones, que remaron hacia el oeste en las aguas
oscuras y casi heladas del río Mississippi y desembarcaron en
la orilla de Iowa, que aún estaba bajo la férrea zarpa del invierno. Se había iniciado así el gran éxodo.

Desanimados por el asesinato de Joseph y también por los
inquietantes rumores sobre las prácticas clandestinas de sus
dirigentes, se habían apartado de la iglesia en los meses anteriores centenares de santos.[2] Pero la abrumadora mayoría de

1. Nauvoo había sido desde hacía mucho refugio conocido de impre-
sores de billetes falsos, gracias a una norma sumamente insólita de la carta
municipal que otorgaba a las autoridades municipales poderes extraordina-
rios de *habeas corpus*. Esta cláusula, de la que se abusó mucho, permitió a
Brigham, y a Joseph antes que él, proporcionar inmunidad legal a individuos acusados de delitos fuera de los límites de la ciudad. Y lo mismo que
los habitantes de la Colorado City actual, que no ven nada malo en «sangrar a la bestia» defraudando a la Seguridad Social, ni Brigham ni Joseph
creían que los falsificadores que estaban entre ellos fuesen delincuentes a
los ojos de Dios; estaban, por el contrario, ayudando al progreso del Reino
de Dios cada vez que estafaban a un gentil con sus billetes falsos y merecían
por ello que se les protegiese.

2. Sidney Rigdon, después de ver frustradas sus ambiciones de sustituir a Joseph Smith al imponerse la candidatura de Brigham Young, fundó
con unos centenares de seguidores una iglesia propia en Pittsburgh (Pensilvania), pero esa nueva iglesia no tardó en quedar reducida a la nada. El
apóstol Lyman Wright se escindió con numerosos mormones descontentos
y fundó otra efímera iglesia en Texas. Y un charlatán carismático llamado
James Jesse Strang, que había sido antes anabaptista, apartó de la iglesia de
Brigham a setecientos santos decepcionados, entre los que se contaba la
madre de Joseph, su único hermano superviviente, dos hermanas y Martin
Harris, el hombre que había hipotecado su granja para pagar la publicación
del *Libro de Mormón*. Strang atrajo a sus seguidores proclamando que le
había visitado un ángel en el momento exacto del asesinato del profeta y
le había ungido como sucesor de él. Quince meses después Strang pretendió haber descubierto un texto antiguo titulado *Libro de la Ley del Señor*,

ellos empaquetaron todo lo que pudieron en los carros, abandonaron lo demás a sus enemigos y siguieron a Brigham camino de las tierras inexploradas. En mayo de aquel año, más de seis mil santos atraídos por la promesa de Sión se dirigían hacia el Oeste chapoteando en el barro primaveral en el que se hundían hasta los ejes las ruedas de los carros.

El éxodo de más de dos mil kilómetros desde Nauvoo fue una prueba muy dura. En ese viaje al Oeste tuvieron que soportar la congelación, la difteria, el escorbuto, el hambre, abortos, fiebres, la hostilidad de los gentiles y una epidemia de tosferina que acabó con la vida de muchísimos niños. Durante aquel primer invierno nefasto perecieron más de seiscientos santos. Pero Brigham demostró ser un excelente conductor de hombres con una formidable voluntad. El 21 de julio de 1847, una avanzadilla coronó un alto y captó la primera visión que tuvieron los santos de «el valle donde las amplias aguas del Great Salt Lake relumbraban a la luz del sol».

---

grabado en folios de latón que él llamó «Planchas de Labán», que encontró cerca de Voree (Wisconsin), enterrado en la ladera de una colina. Según Strang, este documento había formado parte en principio del conjunto de planchas de oro desenterrado por Joseph en 1827 y del que habría salido el *Libro de Mormón*. Guiados por estas planchas, los «strangitas» siguieron a su profeta y fundaron una colonia en la isla de Beaver, en la costa noroeste de la península inferior del Michigan, donde Strang se hizo coronar «rey James I, del reino de Dios en la Tierra», empezó a tomar esposas plurales y gobernó con poder absoluto. Habría de ser, sin embargo, un reinado breve: en 1856, una partida de habitantes de la isla descontentos tendieron una emboscada al rey James y lo mataron a tiros. Además, antes incluso del asesinato de Strang, varios strangitas destacados que criticaban las tendencias polígamas del rey se escindieron y formaron la Iglesia Reorganizada de Jesucristo de los Santos de los Últimos Días. La viuda de Joseph, Emma Smith, se unió a estos «reorganizados» y su hijo Joseph III se convirtió en presidente y profeta de ellos. Hoy esta iglesia (que ahora se llama Comunidad de Cristo y que tiene su sede central en Independence, Missouri, en un impresionante templo de 60 millones de dólares diseñado por Gyo Obata) cuenta con 250.000 fieles, lo que la convierte con mucha diferencia en la secta mormona más numerosa.

A la mañana siguiente, este grupo, con el explorador Porter
Rockwell a la cabeza, descendió por la ladera occidental del
Wasatch, por lo que se llama hoy Emigration Canyon. Al final del cañón, salieron a la nueva Sión de los santos, cerca del
extremo sur de la extensa masa de agua que habían contemplado desde lejos aquel mismo día: un lago sin salida para sus
aguas, que son más saladas que las del océano Pacífico.

Aunque la mayor parte de esta tierra baja era un yermo, a
lo largo del margen oriental fluían arroyos y riachuelos de
agua dulce y cristalina procedente del deshielo de la nieve que
descendían de la cordillera del Wasatch en todas las estacio-
nes. Las imponentes montañas de granito de esa cordillera
servían además como una barrera natural que ayudaría a mantener a raya a los impíos. En definitiva, el valle del Great Salt
Lake le pareció al grupo expedicionario un lugar magnífico
para edificar la capital del reino de Dios en la Tierra. Tras un
recorrido de dos horas por los alrededores inmediatos, regresaron por Emigration Canyon para compartir la gozosa nueva con Brigham y con el resto de sus hermanos.

Brigham, debilitado por la fiebre, llegó al valle con el cuerpo principal de los santos el 24 de julio de 1847, la fecha que se
celebra hoy en toda la mormonidad como el Día del Pionero (y
la fiesta que elegiría Ron Lafferty 137 años más tarde para que
se cumpliese su revelación de exterminio). Antes de que se pusiera el sol en aquel primer crepúsculo, los recién llegados habían sembrado ya unas parcelas de patatas y habían desviado las
aguas del City Creek para regarlas. A tiro de piedra del arroyo
empezaron a excavar los cimientos para construir un templo,
en el centro de lo que se convertiría en Salt Lake City. Había
terminado el largo viaje de diecisiete años desde Palmyra. Los
mormones habían encontrado al fin su hogar.

Muchos habían muerto en el camino. Pero los que sobrevivieron a las penalidades y completaron el éxodo eran más devotos de la iglesia que nunca. Las infinitas pruebas de los años an-

teriores habían eliminado a los inconstantes y a los quejumbrosos, a los que dudaban y a los descontentos, a los que no tenían una fe ciega, dejando solo a los más auténticos, a los verdaderos creyentes. La atroz emigración desde Nauvoo, después de la violencia de que habían sido objeto en Missouri y en Illinois, había forjado un vínculo excepcional entre las primeras oleadas de santos que llegaron a Utah. La adversidad los había soldado en una tribu fuertemente unida cuya fidelidad a su caudillo Brigham Young era incondicional. Harían lo que él les pidiese.

Cuando las primeras caravanas de carros salieron de Nauvoo en los amargos días de febrero de 1846, solo un puñado de todos aquellos emigrantes sabía algo de la doctrina del matrimonio plural, o del hecho de que ya estuviesen practicándola sus dirigentes. Quince kilómetros más allá de la orilla occidental del Mississippi, fuera del alcance de los asesinos de mormones que recorrían la orilla de Illinois, los santos hicieron una pausa para reagruparse en Sugar Creek (Iowa), antes de seguir viaje hacia las montañas Rocosas. Y allí, en aquel campamento cubierto de nieve, fue donde se compartió por primera vez abiertamente con la generalidad de los fieles el secreto sagrado de la poligamia.

Ante el mundo que quedaba fuera de los confines de su tribu, Brigham Young y sus consejeros negaron firmemente, sin embargo, que los mormones practicasen la poligamia, y seguirían negándolo en los años futuros, incluso después de establecerse en el valle del Great Salt Lake. El historiador D. Michael Quinn denomina al evidente ocultamiento por parte de los santos «ética teocrática». Los mormones lo llaman «mentir por el Señor».[3]

3. Es fama que Brigham se ufanó en cierta ocasión de que «tenemos los mayores y los mejores mentirosos del mundo».

Esa decisión de mantener la poligamia en el armario se hizo necesaria por la rapidez con que se expandieron las fronteras del Imperio estadounidense. Tras dos décadas de relaciones difíciles y a menudo atroces de los santos con Estados Unidos, Brigham había sacado a los suyos de las fronteras nacionales para evitar conflictos. Pero apenas un año después de establecerse en Utah, la República siguió a los santos al oeste y tomó posesión de su nueva Sión. Estados Unidos se anexionó el territorio mormón al terminar la guerra con México como parte del Tratado de Guadalupe Hidalgo de 1848.

Este hecho complicó notablemente el plan que había trazado Brigham de crear un reino teocrático libre de las leyes de los gentiles. Y el gran sueño de los santos de dominar una gran parte de la Gran Cuenca se vio más amenazado todavía al descubrirse oro en California y empezar a llegar oleadas de prospectores gentiles que cruzaban Salt Lake City, que se convirtió en una estación de paso esencial de la ruta más corta hacia los yacimientos del oro. La fiebre del oro tuvo un aspecto positivo. Brigham controlaba absolutamente la ciudad y pudo imponer precios exorbitantes a los gentiles por las provisiones que necesitaban para completar el largo viaje hacia California, lo que proporcionó a los santos el capital que tanto necesitaban.

Cuando Estados Unidos se anexionó el territorio de Utah, Brigham (siempre pragmático) proclamó la fidelidad de los mormones a la República, pidiendo a continuación a Washington la estatalidad, que consideraba el mejor medio de que los santos pudieran asegurarse cierta soberanía. Pero después de todo lo que había sucedido en Nauvoo, los funcionarios de Washington ya no se fiaban de Brigham y se resistían a conceder la autonomía. Así que concedieron a los mormones el estatus territorial en vez de la estatalidad, lo que permitía teóricamente a Washington tener mucho más controlados a los santos. El territorio de Utah se creó oficialmente el 9 de septiembre de 1850, y Brigham fue nombrado gobernador.[4]

El 4 de febrero de 1851, el nuevo gobernador se sintió por fin lo bastante seguro de las buenas perspectivas de los santos para hablar claramente del número de esposas que tenía. «Tengo muchas —se ufanó en un discurso ante la asamblea legislativa del territorio—. Y no me avergüenza que se sepa.»[5] Fue la primera vez que admitió en público que los mormones practicaban la poligamia. Un año más tarde decidió que era el momento de comunicar la «peculiar doctrina» a un público más amplio. El 29 de agosto de 1852, en una asamblea general que se celebró en Salt Lake City, explicó la revelación que había tenido Joseph Smith sobre el «matrimonio celestial», prediciendo que un día creerían en él y lo fomentarían «los sectores más inteligentes del mundo, como una de las mejores doctrinas que se haya proclamado jamás».

El gato había salido ya del saco. Para decepción de Brigham, no tardó en resultar un desastre de relaciones públicas para la Iglesia mormona. En Francia y en Inglaterra, los mormones recientemente convertidos se quedaron estupefactos y

---

4. Los santos propusieron que el nuevo territorio se denominase Deseret, un neologismo del *Libro de Mormón* que significa 'abeja', y que Brigham consideraba un símbolo adecuado de la laboriosidad de los mormones y de su fe en que la libertad personal proporcionaría el bienestar de la comunidad. Pero el Congreso rechazó la propuesta y denominó Utah al territorio, por los indios ute que poblaban la región. No obstante, los mormones siguieron llamando entre ellos a su tierra el Reino de Deseret, y ese fue el nombre que incluyeron en todos sus mapas. Hoy, la abeja sigue siendo un símbolo destacado en el sello oficial del estado de Utah, así como en los carteles de las autopistas estatales. Por otra parte, el segundo periódico más importante de Utah, propiedad de la Iglesia mormona oficial, se llama *Deseret News*.

5. Brigham Young tomó como mínimo veinte esposas, y tal vez llegasen a ser cincuenta y siete. Se calcula que tuvo cincuenta y siete hijos, y sus descendientes directos se cuentan por miles. El más famoso es Steve Young, tataratataranieto de Brigham, estrella deportiva célebre a escala nacional.

asombrados con la revelación. La corriente antes copiosa de nuevos conversos de Europa que llegaban a Utah se redujo a un simple goteo. Un misionero informó de que 1.776 santos ingleses habían abandonado la iglesia en los seis meses que siguieron a la declaración de 1852.

Sin embargo, a la mayoría de los mormones de Utah les pareció bien la idea del matrimonio plural cuando se les dio a conocer. Aunque solo practicase la poligamia una minoría de santos, habría sido difícil encontrar a muchos habitantes de Deseret a mediados de la década de 1850 que no considerasen el matrimonio plural un ideal elevado al que deberían aspirar todos los hombres y mujeres rectos. En 1855 la poligamia no solo se practicaba abiertamente, sino que se instaba a los fieles de una forma firme y constante a practicarla, incluso con serias advertencias a los recalcitrantes. «Si alguno de vosotros rechazase la pluralidad de esposas, y siguiese haciéndolo así —amenazaba Brigham— prometo que será condenado.»

Esta promoción decidida de la poligamia nacía de una ferviente explosión de fanatismo religioso conocida como «Reforma mormona», que alcanzó su apogeo en los años de 1856 y 1857. Como comentó Will Bagley en su polémica historia, titulada *Blood of the Prophets* y fruto de una investigación meticulosa: «El aspecto más problemático de la Reforma tal vez fuese la obsesión de la jefatura mormona con la sangre [...]. Joseph Smith enseñó que ciertos pecados graves sitúan a los pecadores "fuera del alcance de la sangre salvadora de Cristo". Su "única esperanza era que se derramase su propia sangre como expiación"... De todas las creencias que constituyen el fundamento de la cultura de violencia de Utah, ninguna tendría consecuencias más devastadoras».

La punta de lanza de la Reforma fue un enamorado de Dios, Jedidiah Grant, segundo consejero de Brigham, inmensamente popular, a quien los santos llamaban afectuosamente «Jeddy, el mazo de Brigham». Grant explicó a los escogidos del Señor que tenían el «derecho a matar a un pecador para salvarlo cuando comete esos crímenes que solo se pueden expiar derramando su sangre». En septiembre de 1856, dijo en un sermón que había pecadores, incluso entre ellos, que necesitaban «que se derrame su sangre, pues el agua no servirá, sus pecados son de un tinte demasiado intenso».

Grant predicaba con el mismo fervor sobre el deber que tenían los santos de casarse profusamente como sobre la expiación por la sangre, y su agresiva campaña en pro del matrimonio plural consiguió los efectos deseados. Los mormones empezaron a tomar esposas a una velocidad frenética. El apóstol Wilford Woodruff comentaba en 1856: «Están todos intentando conseguir esposas, hasta el punto de que apenas hay una chica de catorce años en Utah que no esté casada o a punto de casarse».

Los santos aceptaron rápidamente el reconocimiento por parte de su profeta de que el matrimonio plural era algo ordenado por Dios y una doctrina de importancia crucial. Pero Brigham había calculado mal cuál sería la reacción del resto de la República al hecho de que los mormones abrazasen la poligamia. Cuando la doctrina sagrada se conoció fuera de Utah, cayó sobre los santos un chaparrón de condenas casi histéricas, que continuaría cayendo sobre ellos sin cesar durante medio siglo.

A la mayoría de los estadounidenses la poligamia les parecía moralmente repugnante, aunque les fascinase en secreto. Estos comentarios del congresista John Alexander McLernand, de Illinois, ante la Cámara de Representantes de Estados Unidos, son un ejemplo válido de la reacción de los gentiles a la doctrina mormona: «En cuanto a la poligamia, yo la acuso de ser un mal escandaloso; que debilita no solo la constitución física de aquellos que la practican, empequeñeciendo sus pro-

porciones físicas y castrando sus energías, sino que pervierte al
mismo tiempo las virtudes sociales y corrompe la moral de sus
víctimas [...]. Es ni más ni menos que una puta. Es una ofensa
a la civilización occidental y merece que se la arranque de
raíz».[6]

Brigham contestó a estas críticas, al menos algunas veces,
con el argumento contrario a la evidencia de que el matrimonio plural era en realidad un antídoto de la inmoralidad, porque los hombres que tenían muchas esposas no se sentían
tentados a establecer relaciones adúlteras ni a visitar a prostitutas. Otras veces sostenía que la poligamia no tenía en realidad nada que ver con la gratificación sexual: «Dios no introdujo la orden patriarcal del matrimonio pensando en satisfacer
al hombre en sus deseos carnales —insistía—. Lo hizo con el
propósito expreso de crear un sacerdocio regio, un pueblo
especial». El dirigente mormón insistía también en que las
costumbres maritales de los santos eran una libertad religiosa
protegida por la primera enmienda de la Constitución. El
resto del país, decía furioso, no tenía ningún derecho a exigir
a los habitantes de Deseret que abandonasen una de sus doctrinas religiosas más sagradas. «Si introducimos la práctica de

6. En los comentarios de McLernand debía de haber influido sin duda
un estudio pseudocientífico (claramente ridículo pero aceptado de forma
generalizada tanto por la profesión médica como por el público) que publicó por primera vez el Senado de Estados Unidos y que se reprodujo más
tarde en numerosas publicaciones periódicas y en revistas profesionales. En
él un cirujano llamado Robert Bartholow afirmaba que las depravaciones
sexuales del mormonismo tenían como consecuencia toda una serie de defor-
midades físicas inmediatas. El «rostro» mormón, según el doctor Bartholow, estaba «compuesto de sensualidad, astucia, recelo y una presunción
risueña. El semblante amarillo, hundido, cadavérico; los ojos de color ver-
doso; los labios gruesos y protuberantes; la frente estrecha; el cabello de un
amarillo desvaído y la constitución angulosa y desproporcionada, confor-
man una apariencia tan característica de la nueva raza, producto de la poligamia, como para que se les distinga a primera vista».

la poligamia no tienen ningún derecho a entrometerse en ello.»

A Brigham no le importaba que la poligamia fuese delito en el resto del país. En su opinión, las leyes de Dios estaban por encima de las leyes de los hombres... especialmente de las leyes de los gentiles. Así que los santos instauraron en Deseret un sistema legal propio, elaborado por ellos, que garantizaba de forma inteligente que siempre que los dos cuerpos legales chocasen, prevaleciese la ley de Dios.

Como Utah seguía siendo un territorio y no un estado, el poder judicial residía teóricamente en los tribunales federales. La cámara legislativa territorial de Utah, dominada por los mormones, sorteó esta afrenta insufrible ampliando espectacularmente los poderes de los tribunales locales, que controlaba Brigham, usurpando con ello la jurisdicción del Gobierno federal. La mayoría de estos jueces locales eran obispos mormones y los jurados que se reunían en sus tribunales estaban compuestos casi totalmente por buenos mormones que basaban sus veredictos en las instrucciones que recibían de los dirigentes de la iglesia.

Los funcionarios federales enviados a Utah a vigilar y controlar a los santos estaban horrorizados con lo que veían; se quejaron a sus superiores de Washington de que Brigham había convertido el territorio en una dictadura teocrática. Pero casi todos estos funcionarios gentiles (muchos de los cuales eran muy corruptos y habían ido a Utah con el propósito de enriquecerse con chanchullos) tuvieron que enfrentarse a un acoso tan implacable que todos salvo dos acabaron huyendo de Utah por miedo a que, si no lo hacían, recibirían una visita inesperada de Porter Rockwell y acabarían muertos... cosa que de hecho les sucedió a un número no documentado de agentes federales.

Un creciente coro de voces no mormonas proclamaba que Brigham era un tirano peligroso con un poder absoluto sobre sus seguidores. Un visitante gentil advirtió: «No puede hallarse en toda la faz de la Tierra gente que se encuentre sometida a un control tan absoluto de un solo hombre». Nada de eso conmovió a Brigham. En 1851 había llegado ya a decir: «¡Cualquier presidente de Estados Unidos que levante el dedo contra este pueblo morirá de muerte prematura e irá al infierno!». Cinco años más tarde, demostró no menos malas pulgas proclamando que se proponía convertir Utah en «un estado soberano de la Unión o una nación independiente, y que nos echen de este lugar si pueden, porque no pueden hacerlo».

Esta retórica y el creciente número de informes de beligerancia mormona alarmaron al resto de la nación. Pero cuanto más intentaba Washington frenar a Brigham, más audaz se hacía su insubordinación. En marzo de 1857, poco después de que James Buchanan tomase posesión de la presidencia de Estados Unidos, la cámara legislativa del territorio de Utah envió una truculenta misiva a Washington en la que se comunicaba que los santos harían caso omiso de todas las normas federales que considerasen injustas y expulsarían de su territorio a todos los funcionarios federales que no se atuviesen a las rigurosas normas morales de la Iglesia mormona.

Resultó ser un momento inoportuno para decir eso. El territorio de Utah era un problema enojoso para el nuevo máximo dirigente de la nación, pero, comparado con otros problemas nacionales que se planteaban entonces, era relativamente insignificante. El presidente Buchanan consideró que podía resolverlo rápida y fácilmente. Y en la insurrección mormona vio además un medio de distraer a los ciudadanos para que no pensaran en problemas mucho más graves y más difíciles de resolver: el creciente rencor divisivo que causaba el tema de la esclavitud, por ejemplo, que amenazaba con hacer pedazos el país. Buchanan creía que el derecho a poseer esclavos estaba protegido por la Constitución siempre que estuviese sancionado por la ley del estado; afirmaba que a los estados esclavistas había que «dejarlos en paz y permitirles manejar a su manera sus instituciones internas». Se enfrentaba, por ello, a una agria y creciente oposición de los habitantes de los estados norteños, que exigían que el Congreso y el presidente aboliesen la esclavitud.

Como los mormones eran odiados de una forma tan generalizada, Buchanan pensó que aplicando mano dura en la proesclavista Utah,[7] podría atraer las simpatías de los abolicionistas norteños sin despertar la cólera del Sur proesclavista. Así que siguió el consejo del abogado Robert Tyler (hijo del antiguo presidente John Tyler y personaje influyente en el Partido Demócrata) que lo instaba a «sustituir la negromanía por las emociones casi universales de una cruzada antimormona».

7. Aunque Joseph Smith se había opuesto a la esclavitud por razones morales (en 1836 había ordenado incluso a un afroamericano, Elijahd Abel, como presbítero del sacerdocio mormón), Brigham Young era un racista decidido (como un gran número de estadounidenses del siglo XIX), cuyas interpretaciones de las Escrituras institucionalizaron el racismo en el seno de la Iglesia mormona. Utah se convirtió bajo su mandato en un territorio esclavista, y la Iglesia mormona apoyó los objetivos de la Confederación durante la Guerra de Secesión. La influencia perdurable de Brigham en la doctrina mormona hizo que los negros se sintiesen rechazados por la iglesia hasta más de un siglo después de su muerte. Durante la mayor parte del siglo XX, los afroamericanos tuvieron rigurosamente prohibido el acceso al sacerdocio y los matrimonios mixtos se consideraron una ofensa a Dios. Luego, en 1978, el presidente Spencer W. Kimball tuvo una revelación en la que el Señor le ordenó que se diese acceso al sacerdocio mormón a varones de todas las razas, con lo que se inició un lento pero profundo cambio de actitud en los mormones respecto a la cuestión racial. En febrero de 2002, el cuerpo estudiantil de la Universidad Brigham Young, aunque solo contaba con un 0,7 % de afroamericanos, eligió presidente a Rob Foster, el primer presidente estudiantil negro de la historia de la institución. Considerando los firmes puntos de vista del homónimo de la universidad, la victoria de Foster constituyó un símbolo especialmente fuerte.

Desencadenar una pequeña guerra para desviar la atención de la población del país era una jugada no menos atractiva para los políticos del siglo XIX de lo que lo es para sus homólogos actuales. Como dijo el historiador Will Bagley: «De todas las dificultades complejas a las que se enfrentaba el nuevo Gobierno, el problema mormón ofrecía la oportunidad política más tentadora y prometía las soluciones más atractivas: acción militar, una medida que podría unificar la nación en una cruzada popular contra los males del mormonismo».

Alegando que los mormones habían cometido una larga lista de actos de traición, Buchanan envió en mayo de 1857 un contingente de funcionarios federales para restaurar el cumplimiento de las leyes en Utah, entre los que se contaba un nuevo gobernador del territorio que debía sustituir a Brigham Young. El nuevo presidente hizo algo todavía más amenazador: ordenó que 2.500 soldados bien armados escoltaran a estos funcionarios hasta Salt Lake City y sometieran a los santos, en caso necesario. Estados Unidos había declarado la guerra a los mormones a todos los efectos y propósitos.

Más de un historiador ha comparado la Guerra de Utah, que así se llamó, a una ópera bufa. Como dicen Leonard Arrington y Davis Bitton en *The Mormon Experience: A History of the Latterday Saints*: «El presidente de Estados Unidos había enviado el mayor ejército reunido en tiempos de paz en la historia del país a supervisar la instalación de media docena de funcionarios en un pequeño territorio». Resultó ser una guerra que generó mucho más humo que fuego, y acabó negociándose un acuerdo antes de que los santos y los soldados de la Unión intercambiasen un solo disparo.

La resolución amistosa llegó demasiado tarde, sin embargo, para los miembros de una caravana de carros de gentiles que se dirigían a California atravesando un valle encantador del remoto rincón suroeste de Utah, en el borde de la Gran Cuenca. Este bucólico santuario, llamado Mountain Mea-

dow, es hoy sinónimo de uno de los episodios más estremecedores de la historia del Oeste de Estados Unidos, un episodio
que ejemplificó el fanatismo y la brutalidad concomitante de
una cultura que idealizarían con tanto entusiasmo un siglo
después Dan Lafferty y sus hermanos fundamentalistas.

18

Mountain Meadow

Los mormones eran diferentes porque decían que eran diferentes y porque sus reclamaciones, propuestas a menudo de la forma más odiosa posible, impulsaban a otros a darles la razón y a tratarlos como tales. Es decir, la idea de que los mormones eran diferentes fue una invención deliberada que se elaboró con el paso del tiempo. Fue a la vez causa y consecuencia de un conflicto en el que todas las partes encontraron razones para destacar no lo que tenían en común los mormones con los demás habitantes del país, que era muchísimo, sino lo que no tenían en común. El resultado del conflicto fue una ideología que procuró convertir las diferencias autopublicitadas de los mormones en una conspiración contra la República.

R. Laurence Moore,
Religious Outsiders and the Making of Americans

Cuando la caravana de carros que se conocería en la historia como la «partida de Fancher» llegó a las tierras altas del sur de Utah, unos 450 kilómetros más allá de Salt Lake City, estaba formada por unos 130 emigrantes, casi todos de Arkansas, y por 1.000 cabezas de ganado vacuno y 200 caballos.[1]

1. La caravana tomó su nombre de Alexander Fancher, de cuarenta y

Durante las semanas anteriores se había incorporado también al grupo, haciendo aumentar su número a unos 140 miembros, una maltrecha colección de los que «daban marcha atrás», mormones apóstatas deseosos de abandonar el territorio después de haber abandonado la iglesia.

Esta caravana insólitamente grande se extendía a lo largo de kilómetros por el Viejo Camino Español (la ruta sur hacia California), y fue penetrando en Mountain Meadow[2] durante varias horas, al final del día 6 de septiembre de 1857, donde los viajeros se detuvieron a pasar la noche junto a un manantial natural de aguas cristalinas. Acamparon en un valle llano, a unos 1.740 metros sobre el nivel del mar, alfombrado con verdes y lozanas juncias y matas de hierba granadas. Justo al otro lado de este oasis elevado del borde de la Gran Cuenca, el camino se precipitaba en las extensiones calcinadas del desierto de Mojave. Dados los centenares de kilómetros de territorio árido y duro que se extendía ante ellos, los emigrantes debieron de agradecer la oportunidad de descansar y dejar pastar al ganado en los prados. La temperatura descendió hasta los 4 °C al ponerse el sol. Al amanecer, después de levantarse, los miembros del grupo se apretujaron alrededor de las fogatas para calentarse las manos y cocinar. El aire crudo de la mañana olía a salvia y a humo de enebro. Nadie sospechaba que estaban a punto de atacarles. Ni siquiera se habían molestado en poner los carros en círculo la noche anterior, como solía hacerse en los viajes.

---

cinco años, que era cabeza de una de las familias más destacadas del grupo, pero la «partida de Fancher» era en realidad una agrupación flexible de cuatro grupos diferentes como mínimo, entre los que se incluía uno dirigido por el capitán John T. Baker; de ahí el otro nombre con el que se conocía habitualmente la caravana: la «partida Baker-Fancher».

2. Aunque parece ser que el valle se llamó al principio Mountain Meadow, figura en casi todos los mapas como Mountain Meadows, en plural; y la matanza que se produjo allí se conoce casi universalmente como «la matanza de Mountain Meadows».

«Los de nuestro grupo estábamos sentándonos para desayunar codorniz y conejo cuando se oyó un tiro disparado desde un barranco próximo —recordaba Sarah Frances Baker Mitchell ochenta y dos años después de los hechos—. Y uno de los niños se desplomó alcanzado por la bala.» Aquel primer disparo fue el principio de un brutal ataque por sorpresa, en el que resultarían heridos de muerte siete arkansanos antes de terminar el día. Mitchell solo tenía tres años entonces, pero los horrores de aquella mañana (y los horrores aún mayores de la semana siguiente) le quedaron grabados en la memoria.

Los emigrantes colocaron rápidamente los carros en círculo, formando un corral defensivo, se atrincheraron lo mejor que pudieron y respondieron al fuego, rechazando a la primera oleada de atacantes. Suponían que la emboscada era obra de indios, una conjetura que parecía confirmar la visión de hombres de piel oscura con pintura de guerra que les disparaban. En realidad, casi todos los atacantes de aquella mañana inicial de lo que acabaría siendo un asedio de cinco días, eran realmente paiutes, pero había también mormones de asentamientos cercanos que se habían pintado la cara para parecer indios. Y quien dirigía el ataque era un mormón: John D. Lee, de cuarenta y cuatro años, veterano curtido en los enfrentamientos de Missouri e Illinois, y tan devoto de la iglesia y de sus dirigentes como podía serlo un mormón.

Lee era un tirano furibundo y adulador, y contaba con el aprecio de muy pocos de sus correligionarios, pero Brigham Young le profesaba un afecto sincero y apreciaba su obediencia inquebrantable. En Nauvoo, poco después de asumir la jefatura de la iglesia, Brigham lo había adoptado en un ritual mormón esotérico, convirtiéndolo en su hijo simbólico; y en 1856 lo había nombrado «granjero de los indios», el embajador personal del profeta en la tribu de los paiutes meridionales.

Para comprender cómo Lee (un ciudadano de Estados Unidos) podía dirigir un ataque contra una caravana de compatriotas suyos, tenemos que remontarnos al principio de aquel verano y considerar las ondas de choque de pánico y cólera que recorrieron Deseret cuando llegó allí la noticia de que se estaba preparando un ejército hostil en el Este.

Porter Rockwell llevaba una saca de correo de Utah a Missouri cuando se enteró de la inminente acción militar del Gobierno contra los santos. Cerca de lo que hoy es la frontera oriental de Wyoming se encontró con su amigo Abraham Smoot, alcalde de Great Salt Lake City (que así se llamaba entonces la capital de Utah), que se dirigía hacia el Oeste con un rebaño de ganado. Smoot le explicó a Rockwell que se había cancelado bruscamente el contrato postal que tenían los mormones con el Departamento de Correos de Estados Unidos y que se estaban agrupando tropas federales en Fort Leavenworth (Kansas), con órdenes de dirigirse hacia el Reino de Dios.

Rockwell dio la vuelta enseguida y regresó inmediatamente a Utah para avisar a Brigham, acompañado por Smoot y otros dos hombres. El Ángel Destructor hizo una parada en Fort Laramie, donde alquiló una calesa a la que enganchó los dos caballos más veloces del corral mormón y se dirigió en ella hacia Great Salt Lake City. Hizo el viaje de unos 820 kilómetros en cinco días. El 24 de julio, Día del Pionero, Rockwell y Smoot informaron a Brigham de aquella invasión inminente, justo cuando los santos iniciaban una gran celebración para conmemorar el décimo aniversario de su llegada a Sión. Brigham comunicó la electrizante noticia a los que habían acudido a celebrar el Día del Pionero justo después de ponerse el sol. La multitud, sobrecogida, reaccionó con una mezcla de confusión, temor y cólera.

Plantado ante los 2.500 asistentes, Brigham les aseguró que no tenían que temer al Ejército de Estados Unidos porque era seguro que los santos prevalecerían. «Hemos soportado suficiente opresión y abuso infernal por parte de ellos —vociferó—, y no soportaremos más [...]. En nombre del Dios de Israel, no les pedimos nada.» La comunidad de los santos de los Últimos Días, declaró audazmente, «constituirá a partir de ahora un estado nuevo e independiente que ya no se llamará Utah sino que tendrá su nombre habitual de Deseret».

En realidad, Brigham sabía hacía más de un mes que las tropas federales se dirigían a Utah, pero había retenido la noticia hasta el Día del Pionero para conseguir el máximo efecto dramático. Llevaba la mayor parte del año acumulando armas y adiestrando a su milicia más escogida, la Legión de Nauvoo. Tras el anuncio del Día del Pionero, se limitó a acelerar los preparativos para la defensa de Deseret. Y la piedra angular de esa defensa, según el historiador Will Bagley, «era incorporar a los indios de Utah a la causa mormona».

La inspiración de la estrategia militar de Brigham procedía directamente de las Escrituras mormonas: según el *Libro de Mormón*, los indios de América del Norte descendían de los lamanitas, y eran por tanto restos de la misma antigua tribu de Israel a la que habían pertenecido Nefi, Mormón y Moroni. Los lamanitas, claro, habían rechazado las enseñanzas de Jesús, habían desencadenado la guerra contra los nefitas y los habían exterminado... crímenes por los que Dios los había maldecido con una piel oscura. Pero las Escrituras enseñaban que los lamanitas/indios se convertirían de nuevo en «un pueblo blanco y encantador» cuando, en los últimos días que precederían al regreso de Cristo, los santos de los Últimos Días los convirtiesen al mormonismo. El *Libro de Mormón* profetizaba de hecho que los lamanitas, una vez redimidos, unirían sus fuerzas a las de los mormones para vencer a los gentiles y entronizar así el Día Grande y Terrible del Señor.

Esta alianza trascendental entre mormones y lamanitas estaba a punto de convertirse en realidad, Brigham estaba convencido de ello, y prepararía el camino para el Segundo Advenimiento. Había llegado a esta conclusión en cuanto los santos habían llegado al Great Salt Lake Valley, donde se había dado cuenta de que el nuevo hogar de los mormones estaba entre los lamanitas. El plan divino parecía estar desarrollándose tal como se profetizaba en el *Libro de Mormón*.

Pero a Brigham no se le había ocurrido pensar en la posibilidad de que los lamanitas se negasen a desempeñar aquel papel previsto por Dios. Los indios se mostraban a veces dispuestos a actuar como mercenarios y atacar a *mericats*, siguiendo órdenes de los *mormoni*[3] a cambio de una parte del botín, pero nunca consideraban que los santos fuesen aliados suyos. Los indios consideraban al Gran Capitán y a los demás *mormoni* solo el menor de dos males odiosos... y a veces ni siquiera eso.

A pesar del escaso entusiasmo de los indios en el cumplimiento de la revelación profética, Brigham utilizó todos los medios de que disponía para que se incorporaran a su campaña contra los gentiles. Y cuando los despojos eran lo suficientemente atractivos, los indios aceptaban. Numerosos emigrantes gentiles que cruzaban el territorio de Utah informaban de que sus caballos y su ganado se los robaban los indios y luego aparecían en corrales mormones. Aunque los indios no llegaban a satisfacer las expectativas milenaristas de los santos, según las cuales debían actuar como «el hacha de combate del Señor», cuando los mormones podían inducirlos a hacer lo que ellos querían, eran sin embargo un arma potente.

Mientras aguardaban la llegada del Ejército federal, Brigham y los demás dirigentes de la Iglesia mormona hicieron todo lo

3. Los indios establecían una clara distinción entre mormones, a los que ellos llamaban *mormoni*, y el resto de los estadounidenses, a los que llamaban *mericats*, según la versión fonética paiute.

posible por inflamar pasiones contra los gentiles. Recordaron a los santos una y otra vez los asesinatos de sus hermanos en Missouri y en Illinois, y cómo una turba impía había matado a tiros a su amado profeta Joseph Smith en el condado de Hancock. Se esparcieron rumores de que las tropas que se aproximaban tenían órdenes de colgar a Brigham y de exterminar a todos los mormones. Cuando el bochornoso verano de 1857 se arrastraba ya hacia el otoño, comentaba Juanita Brooks en su valeroso e innovador libro *The Mountain Meadows Massacre*,[4]

> los discursos fueron haciéndose cada vez más inflamados, semejantes a los que han utilizado patriotas y fanáticos de muchas causas para mover el corazón a la cólera y fortalecer el brazo para el combate. Los habitantes de Utah, de un extremo a otro del territorio, rememoraban y revivían sus sufrimientos del pasado, los ataques y los incendios y la expulsión final de Nauvoo. Nunca volverían a expulsarlos. No iban a permitirlo, lucharían.

En el mes de agosto, el odio a los gentiles había alcanzado una intensidad febril. Se habían organizado milicias que hacían instrucción en las cien poblaciones y aldeas del Territorio de Utah. Hombres de los puestos mormones remotos de

---

4. *The Mountain Meadows Massacre*, publicado en 1950, es una obra histórica extraordinaria, la crónica fundamental de la mormonidad bajo Brigham Young. El tratamiento actualizado del mismo tema que hace Will Bagley en *Blood of the Prophets* (2002) debe considerarse hoy la obra definitiva. Pero como reconoce el propio Bagley, su deuda con Juanita Brooks es inconmensurable, y la ensalza como «una de las mejores historiadoras del Oeste y de las más valientes». En un sentido muy apreciable, todos los libros sobre la experiencia mormona en el Utah del siglo XIX publicados después de 1950 son una respuesta al libro de Brooks, lo mismo que todos los tratamientos posteriores a 1946 de los mormones bajo Joseph Smith se escribieron a la inmensa sombra proyectada por la obra maestra de Fawn Brodie *No Man Knows My History*.

Nevada y California habían sido llamados a Utah para que participasen en la defensa de la comunidad. Se dieron instrucciones a los santos de que no suministraran provisiones de ningún tipo a las caravanas de carros de gentiles que seguían atravesando Utah camino de California. Los obispos mormones recibieron la orden, en una carta distribuida por todo el territorio, de no permitir que «se venda a nuestros enemigos» ni un solo grano. Y si el malvado ejército gentil conseguía entrar en Deseret, Brigham quería saber si sus santos estaban dispuestos a prender fuego a sus poblaciones, a incendiar las cosechas, «a arrasarlo y destruirlo todo delante de ellos». La respuesta fue un unánime e inequívoco «¡sí!».

Esta era la atmósfera explosiva que recibió a la caravana de Fancher cuando sus carros coronaron la cordillera de Wasatch y se adentraron por Emigration Canyon camino del Great Salt Lake Valley el 3 de agosto de 1857. Al advertir la hostilidad de los mormones, los emigrantes de Arkansas descansaron solo dos días en la capital y siguieron su camino hacia el sur y el oeste por el Viejo Camino Español hacia California.

Parece que los emigrantes de Arkansas fueron señalados como víctimas desde el momento en que entraron en Utah. Uno de ellos declaró después que, en cuanto llegaron a Great Salt Lake City, observó que los santos estaban buscando «una excusa para matarlos a todos». Una de las razones de que el grupo de Fancher hubiera sido elegido podría ser su notoria riqueza: se decía que era «la caravana más rica y mejor equipada que había cruzado el continente». Entre las 1.200 cabezas de ganado del grupo figuraban valiosos ejemplares de cornilargos de Texas y un espléndido purasangre que valía él solo tres mil dólares de la época, equivalentes a varios centenares de miles de dólares de hoy. Además, se rumoreaba que la partida de Fancher llevaba una caja fuerte llena de miles de dólares en monedas de oro. En Utah, donde las plagas de langosta y la prolongada sequía habían dejado a muchos santos con la perspectiva del hambre, semejantes riquezas tuvieron que despertar el interés de gente que consideraba justo robar a los impíos.

Pero la caravana de Arkansas seguramente debía de correr menos peligro por su riqueza que por el sentimiento bien alimentado de persecución que tenían los santos, un estado de ánimo que se fomentó implacablemente desde el púlpito durante todo aquel verano. Los mormones, que deseaban más que nunca vengarse de los asesinatos de Joseph y de Hyrum Smith, acababan de enterarse además de otro crimen más reciente que también habría que vengar: el asesinato del apóstol mormón Parley Pratt, que había sido perseguido y capturado por un energúmeno y brutalmente asesinado, en la misma parte de Arkansas de donde procedía la partida de Fancher, dos semanas después de que esta saliese hacia Utah.[5]

Las semillas de la muerte de Pratt las había sembrado un acto de caridad, el proporcionar socorro a una mujer atribulada llamada Eleanor McLean en Nueva Orleans. Eleanor, que se había convertido hacía poco a la fe mormona, estaba casada con un borracho repugnante, un gentil llamado Hector McLean, que desaprobaba la conversión de su esposa y que la maltrataba de forma habitual. Eleanor, conmovida por la bondad de Pratt, se enamoró de él, abandonó a su marido, dejó a sus tres hijos al cuidado de su madre y consiguió incorporarse a un grupo de emigrantes mormones que se dirigían a Salt Lake City trabajando como cocinera para ellos. Seguía casada legalmente con Hector McLean, pero Brigham la unió para siempre en Deseret a Parley Pratt, convirtiéndola en su

5. Parley's Canyon, el valle que sigue ahora la interestatal 80 entre Salt Lake y Park City (donde hay un centro de esquí y se celebra un festival de cine), se llamó así en honor del apóstol martirizado, uno de los personajes más populares de la mormonidad, después de Joseph Smith, y un hombre estimable desde cualquier punto de vista.

duodécima esposa plural. En 1856, mientras Pratt estaba en St. Louis haciendo tareas misionales, ella regresó a Nueva Orleans y huyó con sus tres hijos, lo que provocó la cólera asesina de su primer marido, que acusó a Pratt de destrozar su matrimonio.

McLean inició una ardorosa persecución de Pratt y consiguió hacerse con una carta suya a Eleanor en la que el apóstol explicaba que tenía previsto reunirse con ella en el río Arkansas. Con esta información y actuando confabulado con un jefe de policía federal que odiaba a los mormones, McLean consiguió que detuviesen y encarcelasen a Pratt en Van Buren (Arkansas). El magistrado no mormón al que asignaron el caso se dio cuenta enseguida que las acusaciones que se hacían contra Pratt no tenían fundamento. Temiendo que el apóstol mormón fuese linchado si seguía allí en la cárcel, el valeroso magistrado lo dejó subrepticiamente en libertad. Pero McLean fue informado enseguida por espías de la cárcel.

El obsesionado McLean y dos cómplices siguieron a Pratt fuera de Van Buren unos veinte kilómetros y, cuando lo alcanzaron, lo apuñalaron, le pegaron varios tiros y lo dejaron a un lado del camino para que muriese desangrándose lentamente. Más tarde, McLean se ufanó de que matar a Parley Pratt había sido «el mejor acto de mi vida», y fue aclamado como un héroe en todo el oeste de Arkansas por la hazaña. Nunca fue detenido ni acusado de ningún delito.

Tras la muerte de su marido, Eleanor Pratt fue regresando lentamente a Utah, en la miseria y desanimada. Cerca de Fort Laramie se encontró con Porter Rockwell, que la llevó a Great Salt Lake City con él cuando se dirigía allí a toda prisa a informar a Brigham, el Día del Pionero, de que se aproximaba el ejército invasor. Mientras la caravana de Fancher cruzaba la frontera y se adentraba en el territorio de Utah, Eleanor explicó detalladamente a los dirigentes de la iglesia cómo había sido asesinado su marido. En su relato descargaba la culpa sobre todo el estado de Arkansas e imploraba a los santos que vengasen la sangre inocente de Pratt.

El 3 de agosto de 1857, el mismo día que la caravana de Fancher llegaba al valle de Great Salt Lake City, el apóstol George A. Smith, primo carnal de Joseph Smith, que ostentaba la graduación de general de la Legión de Nauvoo, partió de Great Salt Lake City en un carruaje hacia el sur de Utah. Seis años antes el general Smith había dirigido el poblamiento de aquel remoto rincón del territorio.[6] Los santos que habían colonizado la región bajo su dirección tenían fama de ser los más fanáticos de toda la mormonidad. El general se detuvo en todas las poblaciones por las que pasaba para dirigirse a sus hermanos e inflamar todavía más su fanatismo, instándolos a prepararse para la guerra santa.

A finales de agosto, Smith estaba terminando el recorrido del arco más extremo de su viaje por el sur, en el que visitó a Jacob Hamblin, el «mormón de la frontera», famoso por el éxito de su labor misional entre los lamanitas, que había edificado una cabaña de verano unos cuantos kilómetros al norte de Mountain Meadow. Hamblin, célebre por sus buenas relaciones con los indios, era especialmente respetado por los paiutes de la región, que lo trataban como a una figura paterna. Smith entregó a Hamblin una carta de Brigham Young en la que se le comunicaba que los indios «deben saber que, o bien nos ayudan a nosotros, o bien Estados Unidos nos matará a todos».

Más o menos al mismo tiempo que el general Smith se reunía con Hamblin, celebraba también un largo encuentro con cientos de paiutes en el río Santa Clara, a poco más de

6. Saint George, la población más grande del sur de Utah, se llama así por él.

treinta kilómetros de Mountain Meadow, utilizando como intérprete a John D. Lee. Según Lee, Smith explicó a los indios «que los estadounidenses tenían un gran ejército al este de las montañas y que se proponían matar a todos los mormones y a todos los indios del territorio de Utah, que los indios debían prepararse para la guerra contra todos los estadounidenses y [...] hacer lo que les mandasen los mormones, que esa era la voluntad del Gran Espíritu».

Cuando los mormones se alejaron del punto de reunión, Smith le dijo a Lee: «Son individuos de aspecto salvaje. Creo que se lo harían pasar mal a una caravana de emigrantes si se cruzasen en su camino». Si una caravana llegaba a la zona, preguntó luego Smith a Lee, ¿creía él que los santos de los asentamientos del sur se unirían a los indios para atacarla? «¿Los atacarían los hermanos y acabarían con ellos?»

Lee consideró detenidamente la pregunta y contestó: «La verdad es que yo creo que cualquier caravana de emigrantes que llegue a pasar por aquí será atacada y seguramente destruida». Esta respuesta, según Lee, «alegró mucho al general; se puso muy contento y dijo: "Me alegro de oír decir algo tan bueno de los nuestros. Dios los bendiga por todo lo que hacen para construir su Reino de los Últimos Días"».

«He creído siempre, desde aquel día —escribió Lee refiriéndose a esta conversación veinte años después de los hechos—, que el general George A. Smith estaba visitando entonces el sur de Utah para preparar a la gente para la tarea de exterminar a la caravana de emigrantes del capitán Fancher, y ahora creo que lo enviaron con esa finalidad por orden directa de Brigham Young.»

Poco después de esto, Smith regresó apresuradamente a Great Salt Lake City con Hamblin y unos cuantos jefes paiutes para entrevistarse con Brigham. La noche del 25 de agosto, cuando iban camino del norte, Smith, Hamblin y los indios acamparon muy cerca de la caravana de Fancher, que se dirigía hacia el sur, y tres miembros de ella se acercaron a visitar a los mormones. En respuesta a la pregunta de los emigrantes sobre dónde podrían descansar y pastar el enorme rebaño de ganado que llevaban, antes de lanzarse a cruzar el desierto de Mojave, Hamblin recomendó un vallecito encantador que quedaba cerca de su cabaña y se llamaba Mountain Meadow.

La famosa reunión entre Brigham Young y los jefes paiutes se celebró en Great Salt Lake City, a última hora del día 1 de septiembre. Duró aproximadamente una hora y actuó como intérprete un yerno de Brigham, Jimmy Dimick B. Huntington. Según las notas que tomó este último durante la entrevista, Brigham dio explícitamente a los indios todo el ganado de los emigrantes del Viejo Camino Español, es decir, el excelente rebaño de Fancher, que los paiutes habían contemplado codiciosamente cuando habían acampado cerca de los emigrantes una semana antes. El mensaje del profeta a los jefes indios era bastante claro: quería que atacasen la caravana de Fancher. Al día siguiente por la mañana, los paiutes salieron de la ciudad de los santos a primera hora y se dirigieron presurosos hacia el sur de Utah.

Los de Arkansas pasaron por Cedar City, 56 kilómetros al norte de Mountain Meadow, el 4 de septiembre, e intentaron comprar allí víveres, pero los santos se negaron rotundamente a vendérselos. Cedar City era entonces, recordaba un habitante mormón de ella, «una locura de fanatismo» en la que habían estado circulando muchos falsos rumores sobre la caravana. Se decía, por ejemplo, que algunos emigrantes habían participado directamente en el asesinato de mormones en Haun's Mill (Missouri) en 1838, y que uno de ellos se había ufanado de que figuraba entre la chusma que había matado a Joseph Smith. Los emigrantes eran la personificación del mal para los santos del sur de Utah.

Según John D. Lee, el día en que los de Arkansas llegaron a Cedar City recibió órdenes de atacarlos del teniente coronel

Isaac Haight, el alcalde de Cedar City, presidente de la diócesis mormona y comandante del batallón local de la Legión de Nauvoo. En las órdenes se le decía que se reuniese con los jefes indios con los que había ido a ver a Brigham tres días antes, que armase a los guerreros indios y que los guiase para tender una emboscada a la caravana de Fancher al sur de Cedar City; Lee informó de que Haight había insistido en que la orden era «la voluntad de todos los que tenían autoridad».

El 5 de septiembre, Lee se dirigió a Mountain Meadow con un numeroso contingente de santos y paiutes. Llegaron a los cerros que hay sobre el prado el 6 de septiembre y se ocultaron entre unos árboles raquíticos y observaron a los de Arkansas, que acampaban junto al manantial. Luego, los santos se pintaron la cara para parecer indios. Al día siguiente por la mañana, antes del amanecer, mientras los emigrantes dormían, estos mormones pintados y los paiutes auténticos se acercaron sigilosamente al campamento de Fancher y tomaron posiciones protegidos detrás de las rocas y entre la maleza. Cuando apuntó el sol en las cumbres irregulares de tres mil metros de altitud de las montañas de Pine Valley, los desprevenidos emigrantes se disponían a preparar el desayuno. Los tiradores de Lee apuntaron cuidadosamente con los mosquetes para causar el mayor número de víctimas y dispararon.

Lee había supuesto que los de Arkansas sucumbirían rápidamente al ataque por sorpresa. De hecho, los santos estaban tan seguros de una rápida victoria que habían prometido, según Lee, que los paiutes «podrían matar a los emigrantes sin que ellos corrieran ningún peligro». Pero los de la partida de Fancher eran gente disciplinada, muy valiente y bien armada, y contaban en sus filas con muchos tiradores excelentes. Tras la descarga inicial, pusieron los carros en círculo, se atrincheraron e iniciaron inmediatamente un contraataque, desconcertando completamente a sus agresores.

Aquella mañana murió por lo menos un guerrero y resultaron mortalmente heridos dos jefes entre los paiutes, y fueron rechazadas las fuerzas combinadas de indios y mormones, lo que significó un golpe completamente imprevisto a su resolución. Cuando se reagruparon a una distancia segura, los indios expresaron su disgusto por la fallida operación en términos muy claros: amenazaron furiosos con retirarse y dejar a los mormones solos. «Entonces nos dimos cuenta de que los indios no podían hacer el trabajo —se vio forzado a reconocer Lee después del fracaso del ataque por sorpresa—, y nos encontrábamos en una lamentable situación.» Lee ordenó a sus hombres que mantuvieran inmovilizados a los emigrantes y partió a buscar refuerzos mormones y a pedir consejo a sus superiores.

Abajo, en Cedar City, Isaac Haight se había enterado el lunes por la tarde de que las cosas no iban según lo previsto en Mountain Meadow. Cuando Haight se disponía ya a enviar una partida de milicianos mormones a la parte alta para que acabaran con los emigrantes, miembros destacados de la comunidad dijeron que no debería emprenderse una acción tan grave sin contar con el respaldo explícito de Brigham Young. Por la noche, Haight envió un jinete en un caballo veloz a Salt Lake City, con una carta para el profeta en la que se explicaba que Lee tenía rodeada la partida de Fancher en Mountain Meadow y le preguntaba qué era lo que debía hacer.

Mientras tanto los mormones y sus mercenarios paiutes seguían presionando a los de Arkansas, acosándolos con fuego de francotiradores, impidiéndoles coger agua del manantial cercano. Por entonces, al ver ya a numerosos hombres de piel clara entre los atacantes, los emigrantes quizá hubiesen deducido que había mormones además de paiutes entre ellos. Hambrientos y torturados por la sed, los gentiles sabían que su situación era cada vez más difícil. Se estaban quedando sin municiones. No podían enterrar a sus muertos ni proporcionar demasiados auxilios a los muchos heridos graves. Los atacantes habían ahuyentado a sus caballos y al ganado, pero en el tiroteo habían muerto unos sesenta animales; sus cadáveres se estaban pudriendo alrededor de los cercados con el sol de finales de verano, lo que producía un hedor insoportable.

El 10 de septiembre por la noche, dos emigrantes audaces hicieron una tentativa desesperada de cruzar las líneas del asedio para ir a pedir ayuda. Uno de ellos, un pintor de diecinueve años de Tennessee llamado William Aden, que se había incorporado a la caravana de Fancher en Provo unas semanas antes, consiguió salir de los prados y cabalgó hasta que estaba ya a solo unos kilómetros de Cedar City. Allí encontró a unos hombres que estaban acampados junto a un manantial. Creyó que era otra partida de emigrantes gentiles que iban camino de California, y se apresuró a pedirles ayuda. Pero no eran emigrantes sino mormones, y tras escuchar la petición del joven Aden, sacaron las armas y lo mataron a tiros.

El mensajero de Isaac Haight había llegado a Salt Lake City aquella misma mañana temprano y había regresado rápidamente al sur de Utah con la respuesta de Brigham. Las instrucciones del profeta eran que los santos «no deben entrometerse» con la partida de Fancher. «Esperamos que los indios hagan lo que les parezca —escribió Brigham—, pero debemos procurar conservar nuestras buenas relaciones con ellos.» Los investigadores han ponderado detenidamente esta carta, pero persiste una profunda discrepancia entre ellos respecto a lo que se proponía en realidad Brigham.[7] Prescindien-

---

7. La carta original de Brigham ha desaparecido (junto con casi todos los demás documentos oficiales relacionados con la matanza de Mountain Meadows). Las citas que se incluyen proceden de una copia de la carta que salió a la luz en 1884, cuando un funcionario mormón la encontró en las páginas de un «Libro de cartas de la Iglesia».

do de la intención de sus palabras, lo cierto es que la misiva no llegó a manos de Haight hasta el 13 de septiembre, dos días después de que se hubiese producido la matanza de Mountain Meadows.

Al no tener aún las órdenes de Brigham Young, Isaac Haight buscó el consejo de su superior inmediato, el coronel William Dame, el comandante militar, de treinta y ocho años, de todas las milicias del sur de Utah. Haight cabalgó treinta y dos kilómetros hacia el norte hasta el asentamiento de Parowan, donde despertó a Dame en plena noche para preguntarle qué debía hacer con la caravana cercada de Fancher. El coronel Dame insistió con impaciencia en que Haight no necesitaba más órdenes de Great Salt Lake para emprender la acción decisiva. «Mis órdenes —declaró Dame— son que hay que eliminar a los emigrantes.» Transmitió esta directriz a John D. Lee en Mountain Meadow el comandante John Higbee, de la Legión de Nauvoo, un fanático de treinta años que llegó al lugar de los hechos con más de cincuenta milicianos de elite de Cedar City.

El 10 de septiembre por la noche, la mayoría de los paiutes habían abandonado Mountain Meadow enfadados, dejando a los santos con tal vez menos de cuarenta mercenarios indios. Temiendo que no tuviesen ya suficientes hombres para tomar la posición de los emigrantes por la fuerza, los santos decidieron poner fin a aquella situación de estancamiento por medio de un subterfugio. Al día siguiente, 11 de septiembre, Lee envió a un converso inglés llamado William Bateman con una bandera blanca a hablar con los emigrantes cercados; Bateman tenía instrucciones de decirles que los mormones estaban allí para interceder por ellos ante los indios, que los escoltarían para que pudiesen pasar sin problemas entre los paiutes hostiles si los emigrantes les entregaban las armas. Bateman indicó que los emigrantes estaban dispuestos a parlamentar y entonces Lee se dirigió al bastión de estos para «acordar las condiciones de la rendición».

«Cuando entré en las fortificaciones —informó Lee—, hombres, mujeres y niños se agruparon a mi alrededor consternados y desconcertados. Algunos creían que había llegado el momento de su feliz salvación, mientras que otros, aunque profundamente inquietos y llorando, me miraban con reserva, desconfianza y terror.» Lee tardó por lo menos dos horas en ganarse la confianza de los emigrantes, que al no ver ninguna alternativa, aceptaron finalmente sus condiciones y entregaron las armas.

Metieron a los niños más pequeños y a algunos heridos en un carro y se los llevaron. Les siguieron a pie las mujeres y los niños mayores. Unos quinientos metros detrás de este grupo iban los hombres en fila india, cada uno con un guardia mormón al lado. Al cabo de unos treinta minutos, el comandante Higbee se acercó a caballo por la retaguardia y disparó al aire para llamar la atención de los santos. «¡Alto! —ordenó, según el plan previsto—. ¡Cumplid con vuestro deber!»

Tras esta orden infame, cada uno de los mormones que vigilaban a los emigrantes disparó a quemarropa un tiro en la cabeza del que tenía a su cargo. Casi todos los emigrantes murieron instantáneamente, pero un santo recordaba haber visto que un mormón apóstata (uno de los que «daban marcha atrás», que se habían incorporado a la partida de Fancher en Utah y a los que los verdugos mormones conocían bien) estaba tendido en el suelo herido y le suplicaba a Higbee que no lo matase. Según un testigo mormón, Higbee le dijo al apóstata: «Tú me habrías hecho a mí lo mismo o algo peor», y lo degolló.

Otro santo que participó en la matanza informó más tarde de que mientras los guardias mormones ejecutaban a los hombres de la partida de Fancher, las mujeres y los niños fueron atacados «por los indios, entre los que había mormones disfrazados». Los santos pintados y los paiutes se abalanzaron sobre sus víctimas con cuchillos y armas de fuego y los mataron a tiros, golpes y cuchilladas. Una niña de cuatro años, Nancy Huff, informaría más tarde: «Vi a mi madre caer muerta de un tiro en la frente. Las mujeres y los niños gritaban y se abrazaban. Algunas jóvenes suplicaban a los asesinos que no las mataran, pero no tuvieron piedad con ellas, les pegaban con las culatas de las armas hasta romperles la cabeza». Según Nephi Johnson, un mormón que más tarde confesó su participación en la carnicería a la historiadora Juanita Brooks: «La mayor parte de la matanza la hicieron los blancos».

La carnicería terminó en cuestión de minutos, dejando unos cien emigrantes muertos, según los cálculos. Unos cincuenta eran hombres, veinte eran mujeres y cincuenta eran niños y adolescentes. De toda la partida de Fancher, solo se salvaron diecisiete, todos ellos niños menores de cinco años, a los que se consideró demasiado pequeños para recordar lo suficiente para poder actuar como testigos contra los santos.[8] Cuando volvió la calma al lugar de la matanza, los mormones despojaron de todos los objetos de valor a los cadáveres. Los santos se apropiaron de lo que les pareció y dejaron el resto a los indios. Despojaron de todo a los muertos, incluso de la ropa. Pero los indios se llevaron muy poco del botín. Según el historiador Will Bagley: «Los paiutes solo consiguieron unos

---

8. A esos niños que se salvaron les llevaron a hogares mormones para que se criasen como santos de los Últimos Días. Algunos fueron a las casas de los mismos hombres que habían asesinado a sus familias. En 1859, un agente del Gobierno federal consiguió encontrar a los diecisiete supervivientes y devolvérselos a sus parientes de Arkansas, pero sus tutores mormones tuvieron la osadía de exigir miles de dólares como condición para entregarlos, como pago por la manutención y la educación de los pequeños mientras habían estado a su cuidado.

veinte caballos y mulas, mientras que los mormones se quedaron con los mejores animales, un acto de desprecio hacia sus aliados [...]. En el territorio desesperadamente pobre del sur de Utah, los despojos de los emigrantes asesinados se convirtieron en motivo de envidia y conflicto. Algunos vecinos de Lee consideraron que este les había birlado su parte».

El coronel William Dame y el teniente coronel Isaac Haight (cuyas órdenes habían desencadenado la matanza) llegaron a Mountain Meadow de Cedar City a la mañana siguiente de que se consumase la masacre. John D. Lee cumplía aquel día cuarenta y cinco años. Escoltó a los oficiales a cuyo mando estaba al lugar de la carnicería, donde se enfrentaron a los cadáveres desnudos y brutalmente aporreados y mutilados de hombres, mujeres y niños esparcidos en posiciones convulsas de *rigor mortis*. «El coronel Dame estuvo un buen rato sin hablar —recordaba Lee—. Contempló el campo y se puso muy pálido, parecía nervioso y asustado. Entonces pensé que se estaba dando cuenta de la diferencia que había entre dar órdenes de matanza indiscriminada y ejecutarlas.» Dame manifestó su conmoción por lo ocurrido e intentó eludir cualquier responsabilidad. Esto indignó a Haight, que replicó a su superior: «Usted ordenó que se hiciese. No se ha hecho más que cumplir sus órdenes, y ahora ya es demasiado tarde, ya no puede volverse atrás».

Ante esta irrefutable situación de hecho, Dame perdió la compostura. Parecía a punto de echarse a llorar. Según Lee, protestó con vehemencia diciendo: «No creí que fuesen tantos, porque si lo hubiera sabido, no habría querido tener nada que ver con esto».

Haight perdió la paciencia por la falta de carácter de Dame y se volvió a Lee, diciendo: «El coronel Dame aconsejó y ordenó que hiciese esto, y ahora quiere volverse atrás y cargarme a mí con la responsabilidad. Y vive Dios que no lo hará [...]. Lo hundiré en el infierno antes que permitir que me eche la culpa a mí. Tiene que apechugar con lo que ordenó, como un hombre. Él sabe que dio la orden de hacerlo y lo desafío a que lo niegue».

Dame no tenía ninguna respuesta que dar a esta acusación. Guardó silencio y se concentró en supervisar lo que había que hacer con los cadáveres. Los milicianos mormones, según Lee, «colocaron los cuerpos en montones, en pequeñas hondonadas, y los cubrieron de tierra. Los cadáveres quedaron muy mal cubiertos, porque la tierra era dura y los hermanos no tenían instrumentos para cavar». A los pocos días los lobos y otros carroñeros habían desenterrado a los emigrantes muertos de aquellas tumbas superficiales y habían esparcido sus restos por la pradera.

Tras concluir con poco entusiasmo este enterramiento precipitado, los santos, según Lee, se agruparon en círculo en el lugar de la matanza para dar «gracias a Dios por poner en nuestras manos a nuestros enemigos». Los supervisores de la masacre insistieron luego en que era necesario «decir siempre que lo habían hecho los indios solos y que los mormones no habían tenido nada que ver en el asunto [...]. Se votó por unanimidad que cualquiera que divulgase el secreto, o dijese quién había estado presente o hiciese algo que condujese al descubrimiento de la verdad, debía ser castigado con la muerte».

19

Chivos expiatorios

Brigham Young salvó a su iglesia cuando lincharon a Joseph, y la llevó hasta Missouri, la llevó hasta el Great Salt Lake, le dio seguridad, riqueza y poder. Su monumento es el estado de Utah [...]. Fue un gran hombre, grande en todo lo que necesitaba Israel. Grande en inteligencia, en voluntad, fortaleza y resolución, hallando los medios que otros no eran capaces de hallar. Grande en el recuerdo también, mandando y dirigiendo a los hombres, en la oposición, la hostilidad y el odio. Un gran caudillo, un gran diplomático, un gran administrador y, por necesidad, un gran mentiroso y un sinvergüenza.

BERNARD DEVOTO,
The Year of Decision

«¡Mira! ¡Aquí!», grita Randy Bateman, de seis años.

Es un pequeño tornado, con un remolino rubio rebelde. Se arrodilla para alzar una piedra con una manita mientras agita la otra frenéticamente.

«¡Venid a ver! —grita de nuevo, con una urgencia aún mayor—. ¡Una madriguera de escorpión!»

Saca enseguida de la madriguera diestramente un arácnido de aspecto siniestro y lo mete en un frasco vacío de Gatorade. Luego corre por el camino, levantando polvo, a enseñárselo a su padre, DeLoy Bateman, el maestro de Colorado City que ha apostatado de la Iglesia Fundamentalista de Jesucristo de los Santos de los Últimos Días. La ciudad de Colorado queda a menos de ochenta kilómetros en línea recta del lugar de la matanza de Mountain Meadows. William Bateman (el mormón que se acercó a la partida de Fancher con bandera blanca en Mountain Meadow, para acordar la falsa tregua que convenció a los emigrantes de que entregaran las armas para que cayeran en la trampa homicida de John D. Lee) era tío-tatarabuelo de DeLoy Bateman.[1] DeLoy no se enorgullece del papel tristemente célebre que desempeñó su antepasado en la matanza, pero cree que no debería barrerse debajo de la alfombra. Por el contrario, le gustaría saber todo lo posible sobre ella.

«Yo he sido siempre una persona curiosa —dice—, incluso cuando aún estaba en la religión. Tío Rulon siempre ha puesto limitaciones a lo que puede saber la gente de Colorado City, y los libros que pueden leer; pero eso en realidad va en contra de las enseñanzas de Joseph Smith. En *D & C* 90, creo que es, hay una revelación de Joseph que dice más o menos así: "Estudia y aprende y familiarízate con todos los libros buenos". Lo cierto es que yo siempre he tenido interés por aprender todo lo posible sobre todo lo que me interesa y he procurado inculcar ese mismo afán de saber a mis hijos.»

1. Algunos santos que tomaron parte activa en la matanza de 1857 son los antepasados de algunos estadounidenses modernos de cierto renombre. El actual gobernador de Utah Mike Leavitt, por ejemplo, desciende directamente de Dudley Leavitt, que participó en la matanza, del que también desciende Juanita Leavitt Brooks, la autora de *The Mountain Meadows Massacre*. Y entre los descendientes de John D. Lee, figuran miembros de la dinastía política Udall: Stewart Udall fue congresista por Arizona tres veces y secretario del Interior con el presidente Kennedy. Su hermano más pequeño, el difunto Morris Udall, sucedió a Stewart durante quince periodos en la Cámara de Representantes de Estados Unidos. Y el hijo de Morris, Mark Udall, representa actualmente al segundo distrito de Colorado en la Cámara de Representantes de Estados Unidos.

El clan Bateman hace un viaje de acampada de fin de semana, centrado en una subida al monte Dellenbaugh, un volcán extinto que se alza en el extremo sur de la franja de Arizona. El objetivo de la escalada es localizar una firma de hace 132 años que, según cuentan, está grabada en el borde del cráter que forma la cresta rocosa de Dellenbaugh, y que puede ayudar a explicar una serie de hechos desconcertantes que sucedieron después de la matanza de Mountain Meadows, en los que podría haber estado implicado alguno de los antepasados de DeLoy o sus adláteres. Además de DeLoy y de Randy Bateman, el grupo que se dirige en este momento hacia la cumbre incluye a una de las dos esposas de DeLoy y a otros nueve de sus diecisiete hijos; otros cuatro críos, un nieto y un yerno se han quedado en el campamento base de apoyo.

Como la expedición de hoy incluye dos hijos de seis años de DeLoy, Randy y Kevin, y a sus dos hijas de ocho años, Maria y Sarah, el ritmo del ascenso no es muy rápido. Los críos son buenos andarines y están plenamente familiarizados con este medio implacable. Pero se paran continuamente a mirar debajo de las piedras en busca de culebras y otros animales curiosos, o para maravillarse ante las plantas del desierto e identificar especímenes geológicos.

«Yo lo fomento —dice DeLoy encogiéndose de hombros sin ningún ánimo exculpatorio—. La idea es convertir todas las excursiones en una lección de biología.»

El único problema es que cuando el grupo llega por fin a la cima solo faltan unos minutos para que el sol se oculte tras la majestuosa curva del horizonte occidental, con lo que queda muy poca claridad para localizar la firma que DeLoy confía en encontrar.

La cima de Dellenbaugh es una corona de basalto picuda, azotada por un viento seco y ardiente. Del cráter de la cima brotan centenares de megalitos gigantescos, y la firma que buscan podría estar grabada en cualquiera de ellos. Parece difícil encontrar la roca concreta antes de que la oscuridad cubra la montaña. Pero aunque no consigan su objetivo, la vista que se divisa desde la cima es un espléndido consuelo. Hacia el sur, la tierra está cubierta de un mar ondulado de pinos piñoneros y escuálidos enebros que se extiende hasta el borde mismo del Gran Cañón, que se divisa como un inmenso y sombreado tajo bordeado de precipicios de piedra caliza blanquecina cortados a pico.

«¡Aquí está!», grita alguien poco antes de que desaparezca del todo la luz del día. Y, efectivamente, grabado en un trozo pardusco de la superficie plana de basalto de un peñasco del tamaño de una lavadora está el nombre que buscaba DeLoy, ligera pero inconfundiblemente escrito en toscas letras de casi cuatro centímetros de altura: «W Dunn». Y debajo figura la fecha: 1869; y una flecha que señala hacia el norte, hacia la frontera de Utah.

«¡Maldita sea!», exclama DeLoy. Pasa las yemas de los dedos por la inscripción y alza la vista para considerar lo que habría visto el hombre que grabó su nombre en esta roca hace más de un siglo desde esta cima.

La inscripción la hizo un tal William Dunn, un montañés de pelo enmarañado, que aún no había cumplido los treinta años, y cuya ropa de gamuza se distinguía por su «oscuro lustre oleaginoso». Esta última descripción corresponde al patrón del señor Dunn entonces, el comandante John Wesley Powell, el famoso explorador del Oeste, célebre por haber realizado el primer descenso del Gran Cañón. Dunn, miembro de esa fascinante expedición, desapareció con dos compañeros, los hermanos Oramel Gass Howland y Seneca Howland cuando estaban a punto de terminar el viaje. La firma de Dunn en la cima del monte Dellenbaugh es el último rastro conocido de los exploradores.

Después de hacer unas cuantas fotos de la inscripción de Dunn, DeLoy y su familia contemplan con admiración la vista desde la cima mientras dura la luz del crepúsculo y luego inician el descenso bajo un cielo tachonado de estrellas. Al día siguiente por la mañana, en el viaje de regreso a la ciudad de Colorado, la caravana de Bateman pasa inesperadamente ante un monumento a los hombres desaparecidos de la expedición de Powell, y DeLoy para a un lado de la carretera para examinarlo. El bello letrero de madera proclama:

WILLIAM DUNN, O. G. HOWLAND Y SENECA HOWLAND,
DESPUÉS DE SEPARARSE DEL GRUPO DEL COMANDANTE POWELL
SUBIERON POR SEPARATION CANYON Y CRUZARON
POR EL MONTE DELLENBAUGH.
LOS INDIOS LOS MATARON AL ESTE DE AQUÍ
EL ÚLTIMO DÍA DE AGOSTO DE 1869.

El monumento refleja la opinión predominante sobre lo que les pasó a Dunn y a los hermanos Howland. Pero DeLoy ha llegado recientemente a una conclusión distinta. Está convencido de que a los tres exploradores no los asesinaron amerindios sino mormones del sur de Utah. Y cree que los asesinaron por un lamentable malentendido relacionado con la matanza de Mountain Meadows.

En 1858, un año después de la matanza, Brigham Young accedió a regañadientes a permitir la entrada de tropas federales en Utah y a dejar de ser gobernador del territorio, poniendo fin así a la amenaza de una guerra total entre los santos y Estados Unidos. Pero seguían circulando en los asentamientos meridionales, amenazando la frágil paz, rumores insistentes de que los mormones habían cometido atrocidades indescriptibles contra la caravana de Fancher.

El secretario de Guerra del presidente Buchanan ordenó al comandante honorífico del Ejército James H. Carleton que investigara el asunto. Cuando llegó a Mountain Meadow en la primavera de 1859, Carleton se quedó sobrecogido al descubrir que, casi dos años después de lo sucedido, el valle estaba cubierto de cráneos, huesos, mechones de cabello de mujer y jirones de ropas de niños descoloridos por el sol. Un médico del Ejército informó de que muchos cráneos «mostraban señales de violencia pues tenían agujeros de bala y señales de golpes fuertes o de haber sido partidos con un instrumento afilado». El tipo de heridas de bala, añadía, «indicaba que las armas de fuego habían sido disparadas cerca de la cabeza».

«Se ha perpetrado un crimen grande y terrible», comunicó Carleton. Los soldados recogieron todos los huesos que encontraron, los enterraron en una fosa común y luego acarrearon laboriosamente piedras de las laderas circundantes para formar encima un monumento grande, aunque bastante tosco. Sobre el montón de piedras, que tenía más de tres metros y medio de altura y cinco de circunferencia, colocaron una cruz de madera con este epígrafe: «La venganza es mía. Yo castigaré, dice el Señor».

En mayo de 1861, Brigham Young se tropezó casualmente con este monumento cuando pasaba por el prado en una gira por sus asentamientos meridionales. Según el apóstol Wilford Woodruff, que acompañaba al profeta, este, después de leer la inscripción de la cruz, caviló unos instantes y luego propuso una enmienda: «La venganza es *mía* —proclamó el profeta con petulancia—, y he tomado un poco de ella». Al poco tiempo, uno de los santos de su séquito alzó la cruz y la derribó, mientras otros retiraban las piedras y las esparcían. Cuando la partida de Brigham abandonó Mountain Meadow, el monumento a los emigrantes asesinados había desaparecido.

Y es que al Reino de Dios le habían ido mejor las cosas últimamente, y el profeta estaba animado. El gobernador del territorio nombrado por el presidente Buchanan para sustituir a Brigham, un burócrata de Atlanta llamado Alfred Cummings, había resultado ser un infeliz a quien era fácil manipular para que hiciera lo que quisiesen los santos. Además, el odiado Buchanan había sido sustituido en la Casa Blanca por Abraham Lincoln; el honrado Abe, después de tomar posesión de su cargo, dijo al emisario mormón: «Vuelva y dígale a Brigham Young que si él me deja en paz, yo lo dejaré en paz». Así que Brigham tenía buenas razones para estar contento.

La capital de los santos se había convertido en un destino popular de intrépidas luminarias de lejanos países, entre las que figuraría el botánico francés Jules Remy, el famoso periodista Horace Greeley y el explorador inglés sir Richard Francis Burton. Greeley (el periodista más influyente de la época) había entrevistado a Brigham en 1859 y había publicado un artículo muy favorable a él en el *New York Tribune*, en el que decía que el profeta hablaba «sin ningún deseo visible de ocultar nada» y no tenía «el menor aire de gazmoñería o fanatismo». Cuando sir Richard Burton trató a Brigham, Porter Rockwell y otras eminencias mormonas en 1860, el célebre aventurero inglés escribió:

> El profeta no es un hombre ordinario, y [...] no tiene ni la debilidad ni la vanidad que caracterizan al hombre extraordinario ordinario [...]. Hay una ausencia total de presunción en su actitud y lleva tanto tiempo acostumbrado al poder que no se preocupa lo más mínimo por exhibirlo. Las artes por las que gobierna esa masa heterogénea de elementos contradictorios son una voluntad indomable, una reserva profunda y una astucia extraordinaria.

Estos halagos de gentiles prominentes levantaron sin duda el ánimo de Brigham, pero la mayor parte de su optimismo era atribuible al estallido de la guerra civil. Este conflicto trascendental se inició en Fort Sumter (Carolina del Sur) un mes antes de la gira que hizo Brigham en 1861 por el sur de Utah, inspirando al profeta una actitud de insolencia renovada hacia Estados Unidos. Cuando se retiraron de Utah las tropas federales para ir a reforzar el Ejército de la Unión que combatía a los confederados, se sintió muy feliz.

Además, todas las noticias que llegaban del Este parecían confirmar que la nación gentil se tambaleaba precariamente al borde de la autodestrucción, exactamente como había profetizado ya en 1832 Joseph Smith.[2] Aunque su hostilidad hacia el Gobierno de Washington impulsó a los mormones a celebrar cada victoria confederada en el campo de batalla, Brigham estaba convencido de que las fuerzas de la Unión y de la Confederación acabarían aniquilándose mutuamente, dejando a los santos de los Últimos Días triunfantes y tranquilos cuando la guerra civil llegase a su fin, esperando anhelantes el Día Grande y Terrible del Señor.

No viendo razón alguna para dudar de que el desenlace sería ese, Brigham estaba convencido de que Estados Unidos no volvería a inmiscuirse en los asuntos de Deseret. Pero ese convencimiento resultó ser inquietantemente efímero. Solo dieciséis meses después de que las fuerzas de la Unión abando-

2. El 25 de diciembre de 1832, Joseph tuvo una revelación, canonizada más tarde en *Doctrina y convenios* como la sección 87, en la que Dios explicó que la guerra civil «no tardará en producirse, y se iniciará por la rebelión de Carolina del Sur, que acabará desembocando en la muerte de muchas almas [...] y los estados sureños se escindirán y lucharán contra los estados del norte [...]. Y sucederá que, después de muchos días, los esclavos se levantarán contra sus amos, que tendrán que organizarse y disciplinarse para la guerra [...]. Y así, los habitantes de la Tierra llorarán por la espada y el derramamiento de sangre, y el hambre y la peste y el terremoto y el trueno del cielo y el fiero y vívido relámpago también, para que los habitantes de la Tierra sientan la cólera y la indignación y la mano vengadora de un Dios todopoderoso, hasta que la muerte decretada haya acabado con todas las naciones».

nasen Utah para ir a luchar contra los confederados, el presidente Abraham Lincoln las sustituyó por un regimiento de infantería de California para asegurar el control federal de Utah. Durante el resto de la guerra, según el historiador D. Michael Quinn, algunos de estos soldados «estaban apuntando literalmente a la casa de Brigham Young, para que si se producía un levantamiento civil, los primeros cañonazos se hicieran contra ella».

Para aumentar las aflicciones del profeta, Lincoln aprobó en 1862 la ley Morrill contra la bigamia, que había sido redactada específicamente para «castigar y prevenir la práctica de la poligamia en los territorios de Estados Unidos y para revocar y anular ciertas leyes de la cámara legislativa del territorio de Utah». Unos meses después de tomar posesión como presidente, Lincoln demostró que se proponía ser tan duro por lo menos con los mormones como los presidentes Fillmore, Pierce y Buchanan, moviendo a Brigham a fustigar a «bribones malditos como Abe Lincoln y sus secuaces». (Lo que es irónico, porque el segundo profeta mormón compartía muchos de los atributos que distinguían al decimosexto presidente del país; si la vida de Brigham hubiese discurrido por un cauce distinto, si sus ambiciones hubiesen sido menos milenaristas y más seculares, resulta fácil imaginarlo en la Casa Blanca. Es indudable que tenía lo que hace falta para llegar a ser presidente, y habría sido un presidente memorable, un dirigente nacional del tipo de Lyndon Johnson, por ejemplo, o de Franklin Roosevelt, o incluso del propio Lincoln.)

En abril de 1865 vio su fin el sueño ilusorio y confortante de Brigham de una destrucción mutua del Norte y el Sur con la rendición del general Robert E. Lee en Appomattox. La Guerra de Secesión concluyó con una Unión no solo intacta sino más fuerte que nunca en importantes aspectos. Brigham se vio obligado a reconocer que Estados Unidos estaría a partir de entonces cada vez más involucrados en el Gobierno y la administración de Deseret.

Esta eventualidad quedó confirmada en 1869 con el traslado de la espiga de oro a Promontory Summit, cerca del extremo norte del Great Salt Lake, para celebrar la terminación del ferrocarril transcontinental. Lo único que ponía Utah fuera del impío alcance de la nación gentil, su lejanía, podía salvarse ya con un viaje en tren relativamente breve y cómodo. Y en 1869, se produjo también otro acontecimiento importante que señaló el fin del aislamiento de Utah: el primer descenso de los ríos Green y Colorado por el comandante John Wesley Powell, un héroe de la Guerra de Secesión que había perdido el brazo derecho en la Batalla de Shiloh.

La expedición de Powell partió, en lastimosas embarcaciones de madera, de Green River Station (Wyoming) el 24 de mayo de 1869, con el propósito de bajar por el río Green hasta su confluencia con el Colorado,[3] y continuar luego río abajo por los abismos traidores sin cartografiar del Gran Cañón, cruzando así la última gran extensión de territorio inexplorado de Estados Unidos, la última zona en blanco del mapa. Fue un viaje agotador, lleno de peligros y penalidades, con una hostilidad constante entre Powell y algunos de sus hombres.

El 17 de agosto, cerca del extremo inferior del Gran Cañón, los expedicionarios desembarcaron en la orilla del río justo más arriba de lo que resultaría ser la última serie de rápidos peligrosos de todo el descenso. Seneca Howland, su hermano Oramel Howland y William Dunn comunicaron que abandonaban la expedición. Haciendo caso omiso de las peticiones de Powell de que siguiesen con el grupo principal, los tres aventureros descontentos le dijeron que se proponían escalar los mil doscientos metros de pared vertical desde el río

---

3. En aquellos tiempos se llamaba río Grand, no Colorado.

hasta el borde norte del cañón, y recorrer luego a pie los más de 160 kilómetros de desierto que había hasta los asentamientos mormones del sur de Utah.

La expedición ya había recorrido casi mil seiscientos peligrosos kilómetros de río. Los nueve hombres estaban hambrientos y maltrechos y solo les quedaban provisiones para cinco días, provisiones consistentes principalmente en manzanas secas y café. Pero su problema más grave era el enfrentamiento que se había producido entre el comandante Powell y su hermano, mentalmente inestable, el capitán Walter Powell, por una parte, y cinco tramperos poco amigos de la disciplina por la otra: Dunn, los hermanos Howland, Jack Sumner y Billie Hawkins.[4] Como dice Wallace Stegner en su biografía clásica de Powell, *Beyond the Hundredth Meridian*, el comandante y su hermano «representaban la disciplina militar y a la clase de los oficiales», mientras que los cinco tramperos «representaban la independencia de la frontera y un violento rechazo de cualquier tipo de disciplina».

El 28 de agosto, después de ver cómo sus compañeros se precipitaban por Separation Rapids y desaparecían en el recodo del río, los tres desertores, Dunn y los hermanos Howland, iniciaron la ardua escalada del Gran Cañón, provistos de dos rifles y una escopeta, un duplicado de los documentos de la expedición y un reloj de plata que Jack Sumner les había pedido que entregasen a su hermana en caso de que él se ahoga-

---

4. En esta expedición de nueve hombres figuraban también un melancólico veterano de la Guerra de Secesión llamado George Bradley, y un joven de veinte años, Andy Hall. Estos dos mantenían buenas relaciones con las dos facciones enfrentadas. La expedición había embarcado en el río Green con un décimo miembro, el inglés Frank Goodman, pero la embarcación de Goodman zozobró en Disaster Falls y él estuvo a punto de ahogarse, tras lo cual le dijo a Powell el 5 de julio que él «ya había visto peligros suficientes» y abandonó la expedición... mucho antes de que el grupo se adentrase en el Gran Cañón.

se. Dunn y los hermanos Howland subieron por un barranco empinado (que se llamaría luego Separation Canyon) hasta que llegaron al borde norte; allí continuaron por la meseta de Shivwits. A casi cincuenta kilómetros de la orilla del río, subieron por las suaves laderas de un volcán extinto, que hoy se llama monte Dellenbaugh, con el fin de ver dónde estaban exactamente y de trazar una ruta a través del abrupto territorio que se extendía ante ellos. En la cumbre del Dellenbaugh, de unos dos mil metros de altitud, Dunn grabó su nombre en una pared rocosa, y luego los tres se dirigieron presuntamente hacia el norte, camino de los asentamientos mormones, pero nadie lo sabe con seguridad, porque no volvió a saberse nada de ellos.[5]

Powell y el resto del equipo, después de conseguir pasar Separation Rapids sin que sus embarcaciones volcaran, desembarcaron en la orilla, «esperamos unas dos horas, hicimos varios disparos y señales [...] para que los Howland y Dunn regresaran, como podrían haber hecho siguiendo por las paredes del cañón. Lo último que supimos de ellos fue que estaban asomados al borde indicándonos que siguiésemos ruta, cosa que finalmente hicimos», recordaba Jack Sumner.

Dos días después de separarse de los tres desertores, el grupo de Powell llegó sin novedad a la confluencia del río

5. En 1995, se descubrieron pruebas que corroboraban la autenticidad de la inscripción de Dunn en la cima del Dellenbaugh: un joven de Cedar City llamado Wynn Isom estaba buscando puntas de flecha en la ladera oriental del Dellenbaugh, lejos del camino, y percibió «un pequeño brillo» en el suelo, a unos diez metros. Resultó ser un trocito de latón muy deslustrado de unos cinco centímetros de largo y unos dos y medio de ancho, con el nombre William Dunn grabado en cursiva. Por los agujeros de los lados daba la impresión de que había estado fijado a la culata de un arma o a algún objeto de piel perteneciente a Dunn.

Virgin, donde encontraron a un grupo de mormones pescando con red. Los santos alimentaron generosamente a los famélicos exploradores y escoltaron a Powell por las montañas de Beaver Dam hasta St. George, la principal población del sur de Utah. El 8 de septiembre, cuando Powell iba en un carruaje de St. George a Great Salt Lake City, apareció un reportaje en el periódico mormón *Deseret News* con el siguiente titular: LOS INDIOS MATAN A TRES HOMBRES DE LA EXPEDICIÓN DE POWELL.

> Hemos recibido un despacho del servicio telegráfico de Deseret en St. George comunicándonos el asesinato de tres de los hombres que formaban parte de la expedición de exploración de Powell. Según el informe de un indio amigo, parece ser que los encontraron, hace unos cinco días, unos indios pacíficos de la tribu de los shebetts [shivwits] y que estaban muy hambrientos. Los indios les dieron de comer y les indicaron el camino que llevaba a Washington, en el sur de Utah. En su viaje hacia allí vieron a una mujer india que estaba recogiendo semillas y la mataron. Tras lo cual, tres shebetts los siguieron y los mataron a ellos. Se ha enviado a un indio amigo para que recupere sus documentos. El telegrama no nos dice los nombres de los muertos.

Cuando Powell se enteró de la noticia, se negó a creer que a Dunn y a los Howland los hubiesen matado los shivwits, una banda de indios relativamente pequeña y retraída, perteneciente a la nación paiute meridional. Su escepticismo se basaba sobre todo en los informes de que la mujer, que había sido presuntamente violada antes de matarla, estaba sola y desarmada. «Hace muchos años que conozco personalmente a O. G. Howland y puedo decir sin vacilación que esa parte de la historia es una calumnia. No corresponde al carácter amable y leal de ese hombre hacer algo así», explicó Powell.

El primer informe de que Dunn y los hermanos Howland habían sido asesinados por indios fue el misterioso telegrama al que se refería el reportaje del *Deseret News*. Lo había enviado de forma anónima el apóstol mormón Erastus Snow, de St. George, el 7 de septiembre de 1869 por la noche, poco después de que Powell pasara por allí y pidiera a los santos locales que estuviesen pendientes de los miembros de su equipo que faltaban. El telegrama decía:

> A los tres hombres de Powell los mataron los tres indios she-bits hace cinco días a un día de camino de indio de Washington. Los indios informan de que los encontraron exhaustos y les dieron de comer los she-bits y les indicaron la ruta para llegar a Washington. Después de eso vieron a una india que estaba recogiendo semillas y la mataron, tras lo cual los she-bits los siguieron y los mataron a los tres. Dos de los she-bits que mataron a esos hombres están en el campamento indio de Washington con dos de las armas de fuego. El indio George ha ido a ver qué documentos y qué objetos pertenecientes a ellos hay allí.

Jack Sumner (uno de los miembros de la expedición que había salido sin novedad del Gran Cañón con el comandante Powell y que era camarada de William Dunn y de los hermanos Howland), aunque casi nunca estaba de acuerdo con Powell, compartía su escepticismo en este caso y no creía que los indios hubiesen matado a sus compañeros. La noche después de que se separaran, los hombres que se habían quedado en el río con Powell habían hecho cábalas junto a la fogata del campamento sobre «el destino de los tres hombres que habían quedado arriba». Según Sumner, todos los demás miembros del grupo de Powell «parecían creer que los habían matado los indios, pero yo no podía creer que los indios acabasen con ellos, pues había adiestrado a Dunn durante dos años para evitar un ataque sorpresa, y no creía que los diablos rojos atacasen abiertamente a tres hombres armados. Pero tenía ciertas sospechas de que no habían escapado a los diablos blancos incorregibles que infestaban esa región del país. Las noticias que corrían me convencieron de que ese había sido su destino».

Sumner se refería a los mormones del sur de Utah, por supuesto. Estaba enterado de la matanza de Mountain Meadows y de la insistencia de los mormones en que los indios eran los únicos responsables de la muerte de los de Arkansas, a pesar de las muchas pruebas en contra. Cuando Sumner se enteró de que los mormones afirmaban que los indios habían matado a sus amigos, se mostró escéptico. Más tarde informaba: «Vi unos años después el reloj de plata que le había dado a Howland» durante una pelea de borrachos con unos blancos, uno de los cuales «tenía un reloj y se ufanaba de cómo lo había conseguido [...]. Esa prueba no es concluyente, pero todo ello bastó para convencerme de que no eran los indios los responsables del asesinato, si es que tuvieron algo que ver con él».

Un año después de salir del Gran Cañón y de partir de Utah hacia su casa de Chicago, el comandante Powell (convertido ya en una celebridad internacional) regresó a la región para efectuar más exploraciones del río Colorado y de sus afluentes. En el periodo intermedio se había puesto en contacto con él la familia de los hermanos Howland y le había implorado que averiguase qué les había sucedido realmente a Oramel y a Seneca. Con este fin, Powell pidió ayuda a Brigham Young, que le presentó a su hombre de confianza en el sur de Utah, Jacob Hamblin, un insólito misionero indio, para que le sirviese de guía.

El 5 de septiembre, Powell se encontró en Parowan con Brigham, Hamblin y unos cuarenta santos de Ohio, entre los que se contaban dos de los principales autores de la matanza de Mountain Meadows: William Dame y John D. Lee. Todo este grupo acompañó a Powell hasta el puesto mormón de Pipe Springs, donde Powell y Hamblin se despidieron de Brigham y de los otros santos y se dirigieron al sur cruzando la Franja de Arizona con una escolta de indios kaibabs. El 19 de septiembre por la noche, justo al nordeste del monte Dellenbaugh, Hamblin concertó una reunión entre Powell y miembros de la tribu shivwit que presuntamente habían matado a sus hombres.

Según el relato que hizo Powell de la reunión, el jefe shivwit (según la traducción de Hamblin) confesó espontáneamente: «Nosotros matamos a tres hombres blancos». Otro miembro de la tribu explicó luego (sin que Powell pudiese oírlo) que Dunn y los hermanos Howland habían llegado a la aldea de los shivwits

casi muertos de hambre y agotados por la fatiga. Se les dio de comer y se les indicó la ruta para llegar a los asentamientos. Poco después de marcharse, llegó un indio de la región oriental del Colorado a su aldea y les explicó que unos mineros habían matado a una india en una pelea de borrachos y que los hombres debían de ser, sin duda, aquellos mismos [...]. Al oír esto, se enfurecieron mucho y siguieron a aquellos hombres y les tendieron una emboscada y los acribillaron a flechazos.

Es decir, los asesinatos se habían producido a causa de un terrible error. Powell perdonó a los shivwits y no hizo ningún intento de castigarlos ni de tomar venganza.

Un puñado de voces siguieron oponiéndose durante años a esta versión de la tragedia, destacando entre ellas sobre todo la del amigo de Dunn Jack Sumner y la de un entrecano guía del río Colorado llamado Otis «Dock» Marston, que aseguraba que había oído contar a un mormón que había tenido acceso a información confidencial que «fueron los mormones los que mataron a esos hombres». Pero la mayoría de los historiadores e investigadores, tanto mormones como gentiles, incluidas eminencias como Wallace Stegner, rechazaron rotundamente las objeciones de Sumner, Marston y los demás escépticos. Luego, en 1880, un antiguo decano de la Facultad de Ciencias de la Universidad del Sur de Utah, un mormón llamado Wesley P. Larsen, encontró una carta que llevaba noventa y siete años a buen recaudo en un viejo baúl en la aldea de Toquerville. La carta, fechada el 17 de febrero de 1883, indicaba que Dunn y los Howland habían sido asesinados en Toquerville (y dentro de la casa parroquial mormona, nada menos) por uno de los santos locales.

La carta estaba dirigida a John Steele (juez muy respetado y dirigente eclesiástico, así como preeminente doctor y zapatero de Toquerville) y la escribía William Leany, un amigo de Steele de treinta y siete años. Leany había sido un santo intachable (había llegado a ser incluso durante un tiempo guardaespaldas de confianza de Brigham Young) hasta el verano, inestable y cargado de odio, de 1857, inmediatamente antes de la matanza de Mountain Meadows, en que había cometido el pecado imperdonable de proporcionar comida a un miembro gentil de la caravana de Fancher que había pasado por Parowan. El gentil en cuestión era William Aden, el pintor de diecinueve años de Tennessee a quien matarían una semana después cuando intentaba buscar ayuda para los emigrantes cercados.

Aden era hijo de un médico que años antes había salvado a Leany de las garras de una multitud antimormona que amenazaba con matarlo en la población de Paris (Tennessee), donde Leany estaba haciendo tareas misionales. Después de aquello, lo había llevado a su casa, donde había conocido al joven William. Cuando la partida de Fancher había parado a pasar la noche en Parowan, había reconocido al hijo de Aden y lo había invitado a su casa, le había dado de cenar y luego lo había despedido dándole unas cebollas de su huerto. Cuando William Dame se enteró de este acto de traición, envió a un matón a casa de Leany, que arrancó un poste de la valla y le asestó un golpe en la sien, que le fracturó el cráneo y estuvo a punto de acabar con su vida.

Leany tenía sesenta y ocho años en 1883, cuando escribió la larga y laberíntica carta que descubrió el profesor Larsen. Parece ser que la correspondencia con el juez Steele se debió a una sugerencia del propio juez de que tal vez Leany quisiera arrepentirse de ciertos pecados de los que lo acusaban algunos de los hermanos de Toquerville antes de abandonar este mundo. Leany contestó furioso que «Dios me servirá de testigo de que estoy limpio de todo aquello de lo que me acusan y de que ellos son culpables de todo aquello de lo que yo les acuso y de mucho más».

Leany acusaba a sus correligionarios, según revelaba la carta, de «robo, concupiscencia, asesinato y suicidio y abominaciones similares». Recordaba también a Steele que «tú no ignoras ni mucho menos aquellos hechos sangrientos desde el día en que se me rompió en la cabeza el poste de la valla hasta el día en que asesinaron a aquellos tres en nuestra parroquia y el asesino fue ejecutado para evitar que se derramase más sangre». Cinco párrafos después, Leany hacía otra alusión al «asesinato de los tres en una habitación de nuestra propia parroquia».

Desconcertado e intrigado por estas provocativas alusiones al asesinato, Wesley Larsen dedujo de los archivos históricos que los asesinatos a los que aludía Leany se habían producido en 1869. Luego averiguó que ese año solo habían asesinado a tres hombres en el sur de Utah: William Dunn y los hermanos Howland. Pero ¿por qué los buenos santos de

Toquerville podían querer quitar la vida a tres exploradores rebeldes?

Toquerville se fundó en 1858, un año después de la matanza de Mountain Meadows, y casi todas las primeras familias que se asentaron allí tenían por cabeza a hombres que habían participado en la matanza. Muchos de aquellos hombres vivían en Toquerville en 1869 cuando Powell descendió por el Gran Cañón. Un año antes de la expedición de Powell, había sido elegido presidente de Estados Unidos Ulysses S. Grant, y su Gobierno había convertido en una prioridad capturar a los que habían perpetrado la matanza y hacerles comparecer en juicio. Antes incluso de esta nueva operación de captura, se había puesto precio a las cabezas de Isaac Haight, John Higbee y John D. Lee. La recompensa era de cinco mil dólares. En ese momento en que Dunn y los hermanos Howland decidieron abandonar la expedición de Powell y dirigirse a los asentamientos mormones, muchos de los principales ciudadanos de Toquerville vivían en un temor constante a que los detuvieran.

La atmósfera paranoica que impregnaba a la región alcanzó una intensidad particularmente fuerte en el verano de 1869 gracias a Brigham Young, que había hecho un viaje por el sur de Utah en aquella temporada para alimentar el odio a los gentiles. Brigham, tras advertir de que las tropas federales estaban a punto de emprender una nueva invasión de Deseret, ordenó que se colocaran centinelas de guardia en puntos estratégicos a lo largo de la frontera meridional del territorio. Esa era la atmósfera inestable que aguardaba a Dunn y a los Howland cuando se dirigieron hacia el norte desde el monte Dellenbaugh camino de los asentamientos mormones.

Larsen piensa que en algún lugar de la meseta de Shivwits se encontraron con uno o más fugitivos de Mountain Meadows, que supusieron que debían de ser agentes federales o cazadores de recompensas. Su absurda confesión de que eran inofensivos exploradores que acababan de realizar el primer descenso por el Gran Cañón (que todo el mundo en Utah sabía que era infranqueable) no habría hecho sino confirmar sus intenciones traicioneras en opinión de los santos. Así que (de acuerdo con esta versión) los mormones llevaron a Dunn y a los Howland a Toquerville, donde los sometieron a un simulacro de juicio y los ejecutaron sumariamente.

Unos días después de este supuesto linchamiento, apareció casualmente el comandante Powell en St. George, pidiendo a la buena gente de los asentamientos del sur que estuviera al tanto para ver si aparecían aquellos hombres suyos desaparecidos, y entonces los santos de Toquerville se dieron cuenta de que habían cometido un grave error. Para mayor desgracia, Powell era amigo y admirador declarado de los mormones, en marcado contraste con casi todos los agentes del Gobierno gentil de Washington. Los habitantes de Toquerville, cada vez más asustados por lo que habían hecho, enviaron un telegrama anónimo al apóstol Erastus Snow, atribuyendo los asesinatos a su cabeza de turco habitual, los indios. Cinco meses más tarde, esos mismos santos mataron al desdichado que se había ofrecido voluntario para realizar las ejecuciones, decidiendo sacrificar al verdugo con el fin de «evitar que se derramase más sangre», como decía Leany en su carta. Luego, lo mismo que habían hecho después de la matanza de Mountain Meadows, los conspiradores juraron no decir nada a nadie sobre aquel hecho abominable.

Larsen supone que esta última víctima, el presunto verdugo, tal vez fuese un mormón llamado Eli N. Pace. «Creo que Pace tenía tres esposas, una de las cuales era hija de John D. Lee. Es posible que Pace matase a los hombres de Powell porque creía que eran cazadores de recompensas que estaban persiguiendo a su suegro, por el que había una recompensa de cinco mil dólares por entonces», dice el doctor Larsen. Refuerza la conjetura de Larsen el hecho de que Eli Pace muriese el 29 de enero de 1870, «en circunstancias muy misteriosas»: una investigación realizada por los mormones locales determinó que Pace se había suicidado, pero su familia se opuso firmemente a esta conclusión y exigió otra investigación más rigurosa. La segunda investigación, dirigida por el propio Erastus Snow y sopesada por un jurado de tres hombres, uno de los cuales era Isaac Haight, corroboró la conclusión inicial, lo que no sorprendió a nadie que no fuese pariente próximo de Pace. El asunto se dio por zanjado por parte de la iglesia y de la judicatura local, que eran una y la misma cosa.

La hipótesis de Larsen de que a Dunn y a los hermanos Howland los mataron mormones y no indios ha sido rechazada por la mayoría de los historiadores, lo mismo que todas las sugerencias previas de que los indios no eran responsables. El punto de vista mayoritario se basa casi por completo en los relatos de Jacob Hamblin y del comandante John Wesley Powell, que describen, con convincente detalle, cómo los shivwit confesaron de forma espontánea que habían matado a los hombres de Powell. Pero resulta que esas versiones de los hechos deberían abordarse con una buena dosis de escepticismo.

Hamblin tenía fama de integridad impecable entre los santos de Utah, que lo llamaban «el honrado Jake». El registro histórico demuestra claramente, sin embargo, que Hamblin no tenía el menor reparo en «mentir por el Señor» cuando consideraba que eso favorecía los objetivos del «Reino de Dios». Y no solo eso, sino que el registro histórico también demuestra que Hamblin estaba dispuesto a mentir descaradamente solo por enriquecerse y merece la pena reseñar que John D. Lee tenía también sus propios motes para Hamblin: Jake Dedos Sucios y Demonio del Infierno.

En septiembre de 1857, después de la matanza de Mountain Meadows, Hamblin organizó el asalto y saqueo de la caravana de William Dukes, uno de los primeros grupos de emigrantes que cruzaron el sur de Utah después de la matanza. Pese a pagar a guías mormones 1.815 dólares para que los guiasen en su paso por la región, la partida de Dukes fue atacada por una banda de paiutes que dejó a los emigrantes continuar hacia California, pero que les robó todo lo que llevaban de valor, incluidas más de trescientas cabezas de ganado. Los emigrantes se dieron cuenta además de que muchos «indios» tenían los ojos azules, el pelo rizado y trozos de piel blanca junto a los ojos y detrás de las orejas. En realidad, los ladrones estaban dirigidos por mormones que se habían pintado la cara para parecer paiutes, siguiendo las instrucciones de Jacob Hamblin (era, por supuesto, el mismo truco que habían utilizado los santos en la matanza de Mountain Meadows y en muchas otras ocasiones).

A los paiutes les pagaron por su participación en el asalto con unas cuantas cabezas del ganado robado, pero Hamblin se reservó para él la mayor parte del botín, asegurando que guardaba aquel gran rebaño, muy valioso, para devolvérselo a la partida de Dukes cuando los emigrantes pudiesen regresar a Utah y tomar posesión de él. Pero cuando William Dukes descubrió el engaño de Hamblin y reclutó a un alma valerosa para que fuese a reclamar el ganado robado, Hamblin ocultó la mayor parte en las montañas y lo mantuvo allí hasta que el representante de los emigrantes renunció y se marchó casi con las manos vacías.

Aunque Hamblin no estuvo presente en Mountain Meadows en el ataque a la caravana de Fancher y no participó directamente en la matanza, mintió descaradamente sobre lo que sabía para proteger a la Iglesia mormona. Así que, cuando informó de que los shivwits habían confesado que eran los autores de los asesinatos de los hombres del comandante Powell en 1869, hay pocas razones para confiar en su palabra. John Wesley-Powell también estaba presente cuando los indios confesaron, y corroboró la versión de los hechos de

Hamblin, pero ¿comprendió lo que decían los shivwits? ¿O se limitó a repetir la traducción de Hamblin?

Donald Worster (prestigioso profesor de la Universidad de Kansas) considera en su excelente biografía de Powell, *A River Running West*, que Powell sabía lo suficiente de los dialectos numics que hablaban las tribus paiutes meridionales para saber si Hamblin traducía correctamente. Si Hamblin hubiese inventado la confesión, argumenta Worster, tuvo que haberlo hecho «sin que Powell sospechase y esa invención tendría que haber formado parte de una conspiración bien organizada dirigida desde arriba. Ninguna de esas hipótesis parece plausible».

Wesley Larsen difiere, y no es de extrañar, de la opinión de Worster y de la de la mayoría que comparte ese punto de vista. Larsen, mormón devoto, no tiene ningún problema para creer que pudo producirse un engaño como parte de «una conspiración bien organizada dirigida desde arriba»; la ocupación de Utah por los santos está llena de conspiraciones de este tipo. Además, como señala Larsen: «Powell no conocía bien el idioma paiute, desde luego. El dialecto de los shivwits era bastante distinto, lo suficiente para que tuvieran problemas para hacerse entender incluso por otras tribus de la región [...]. Powell solo habría entendido lo que le traducía Hamblin, que era, claro, por lo que en realidad estaba traduciendo Hamblin».

Y la pintoresca crónica de Powell de su trascendental encuentro con los shivwits debe abordarse también con una saludable dosis de escepticismo. El éxito de ventas de Powell del que se extrae el relato, *The Exploration of The Colorado River and Its Canyons*, se admite universalmente que incluye numerosos adornos y exageraciones, y que omite al mismo tiempo muchos hechos importantes. Powell llega incluso a incluir en su libro anécdotas procedentes de tres visitas distintas al territorio de Utah: la expedición original de 1869, la excursión de 1870, cuando se encontró con los shivwits, y la exploración ampliada de la meseta de Colorado desde 1871 a 1873; exagerando para lograr una narración más dramática, presenta descaradamente acontecimientos de 1872 como si hubiesen sucedido en 1870.[6]

La mayor razón para dudar de la versión aceptada de lo que les sucedió a los hombres de Powell tal vez sea que no puede soportar siquiera la prueba del sentido común. Tanto los *mormoni* como los *mericats* se daban habitualmente mucha prisa para vengar las depredaciones de los indios, pero nadie intentó nunca castigar a los shivwits que supuestamente mataron a Dunn y a los hermanos Howland; no se hizo en realidad ningún intento serio de recuperar sus valiosas armas, los instrumentos científicos y los documentos de manos de los indios. Esto pese al hecho de que el telegrama enviado por un santo anónimo el 7 de septiembre de 1869, que fue la primera información sobre el crimen, afirmaba además que «dos de los she-bits que mataron a esos hombres están en el campamento indio de Washington con dos de las armas de fuego». El campamento indio estaba a unos quince kilómetros de

6. El agrimensor, ingeniero e historiador aficionado Robert Brewster Stanton (1844-1922) escribió en su fascinante libro *Colorado River Controversies*:

«Cuando conocí el informe del comandante Powell, en que expone su crónica de esa primera expedición, me pareció la historia más fascinante que había leído en mi vida. Después incluso de terminar el levantamiento topográfico del ferrocarril y descubrir que muchas de sus descripciones de las condiciones del cañón y del río eran, por decir poco, engañosas, la narración de las aventuras del grupo siguió pareciéndome igual de bella y fascinante [...]. Pero a pesar de todo eso, experimenté una de las mayores decepciones de mi vida cuando años después me enteré [...] de que una gran parte de lo que se atribuye a la partida exploradora de 1869 correspondía a las experiencias y notas de la expedición de 1871 y 1872.»

Cuando Stanton entrevistó en 1889 a Jack Sumner, este le dijo, «con un poso de amargura en la voz [...]: "Hay muchísimas cosas en ese libro que no se ajustan a la verdad", y apartó la vista».

St. George, pero ningún santo llegó a hacer el breve viaje ladera arriba para detener a los supuestos autores, ni siquiera para preguntarles dónde habían dejado los cadáveres de los hombres de Powell.

Curiosamente, el telegrama no incluía mención alguna de quién lo había redactado ni desde dónde se había enviado; Larsen señala que muy bien podía proceder de Toquerville, donde la oficina de telégrafos estaba situada en la propia casa parroquial donde se habían producido presuntamente los asesinatos. «Resulta extraño —añade— que después de que el apóstol Snow recibiera el telegrama, ninguno de los habitantes de la zona intentase llevar a los indios ante la justicia. Nunca he oído que se dejase en paz a los indios después de cometer un hecho como ese durante ese periodo de la historia de Utah.»

Cuesta creer también que tres shivwits hubiesen sido capaces de sorprender y matar a tres curtidos montañeses bien armados. La tribu shivwit no tenía armas de fuego de ningún género. Se les consideraba una banda de «recolectores de semillas y comedores de bichos» dócil y muy pobre. Por otra parte, Dunn y los hermanos Howland tenían dos rifles y una escopeta y estaban siempre ojo avizor ante la posibilidad de una emboscada después de llevar tratando con los indios muchos años. William Dunn, antes de incorporarse a la expedición de Powell, había sido herido cuatro veces por los comanches y, como consecuencia de ello, estaba especialmente alerta y pendiente de otros posibles ataques.

Aunque puede que no haya pruebas concluyentes de que los tres hombres desaparecidos de la expedición de Powell fuesen asesinados por los habitantes de Toquerville, hay aún menos pruebas fiables de que, como informó Hamblin, los shivwits los acribillaran a flechazos. Así que resulta difícil de aceptar lo que dicen los historiadores, que afirman alegremente (y son muchos los que lo hacen) que los indios mataron a William Dunn, Oramel Howland y Seneca Howland, sobre todo teniendo en cuenta la desdichada historia de los mormones (plenamente documentada) de atribuir falsamente a los indios delitos cometidos en realidad por los santos de los Últimos Días.

En cuanto a los shivwits, diez años después de su encuentro con Powell y Hamblin, los santos les obligaron a abandonar su vasto territorio ancestral de la Franja de Arizona porque lo necesitaban para que pastase allí el ganado mormón. Los mormones reubicaron a los shivwits en una minúscula reserva de los arrabales de St. George, de apenas diez kilómetros de ancho por diez de largo.

En los años que siguieron a la matanza de Mountain Meadows, casi todos los santos culpables huyeron a asentamientos remotos, con el fin de eludir a sus perseguidores gentiles... pero no lo hizo John D. Lee, que se había convertido en el hombre más rico del sur de Utah en este periodo y que se resistía a abandonar las comodidades de sus siete hogares y de sus dieciocho esposas. En 1869, sin embargo, después de que el presidente Ulysses S. Grant intensificase los esfuerzos federales para capturar a los culpables, Brigham Young empezó a preocuparse mucho por la posibilidad de que detuviesen a Lee, por lo que le aconsejó que vendiese sus propiedades y desapareciese.

Sin embargo, Lee rechazó la propuesta y siguió en su viejo territorio, prefiriendo limitarse a escapar a las montañas de la zona cuando se acercaban por allí agentes federales o cazadores de recompensas. Durante su pequeña excursión con John Wesley Powell en septiembre de 1870, Brigham ordenó finalmente a Lee que se alejara de los condados de Washington e Iron y estableciera su residencia en una región más remota. Brigham temía que si capturaban a Lee pudiera revelar secretos que comprometieran a toda la iglesia. Según la biografía de Lee de Juanita Brooks, durante la excursión que hicieron en 1870 a la Franja de Arizona, el profeta le dijo: «Reúne a tus esposas y a tus hijos, elige algún valle fértil y establécete allí».

Lee, indicando claramente que no le satisfacía gran cosa la propuesta, replicó con escaso entusiasmo: «Bueno, si ese es tu deseo y tu consejo...».

«Ese es mi deseo y mi consejo», ordenó Brigham con impaciencia. Un mes más tarde, por si acaso, expulsó a Lee de la iglesia, desterrándolo luego al extremo superior del Gran Cañón para que atendiera allí un servicio de transbordador en el río Colorado, y llamó a este solitario asentamiento Hondonada Solitaria (Lonely Dell); hoy se llama Transbordador de Lee (Lee's Ferry). Tras este cambio de fortuna, once de las esposas de Lee se divorciaron de él y solo dos de las restantes llegaron a reunirse con él en el desolado puesto destacado que lleva ahora su nombre.[7] El hecho de que Lee y otros sospechosos de la matanza se hubiesen ocultado no disuadió a las autoridades de Washington de su propósito de hacer justicia; los federales, por el contrario, aumentaron aún más la presión, dejando claro que no permitirían que se olvidara el asunto sin que los culpables recibiesen su castigo.

En noviembre de 1874, un jefe de la policía federal llamado William Stokes acorraló a Lee en el asentamiento de Panguitch, donde estaba visitando a una de las esposas que le quedaban. Stokes descubrió al fugitivo escondido en un gallinero debajo de un montón de paja y lo detuvo. Compareció en juicio en Beaver (Utah) ocho meses después, pero el jurado se

7. En la actualidad, Lee's Ferry sirve como punto de partida para la mayoría de los viajes de descenso por el Gran Cañón. Como consecuencia de ello, pasan por la Hondonada Solitaria de John D. Lee miles de visitantes todos los años, pocos de los cuales saben gran cosa del hombre cuyo nombre está vinculado a ese histórico asentamiento.

estancó y no llegó a emitir ningún veredicto. La opinión pública consideró el desenlace un equivalente decimonónico del veredicto de O. J. Simpson de 1995. Los periódicos expresaron una cólera furiosa de un extremo a otro del país, generando un huracán de sentimiento antimormón que inquietó no poco a Brigham y a sus consejeros de Great Salt Lake City. Brigham aceptó lo inevitable y adoptó una nueva estrategia pragmática, que era tan inteligente como cruel. Dejó de afirmar que los indios eran los responsables de la matanza y decidió echar toda la culpa a Lee, ofreciendo a su hijo adoptivo como chivo expiatorio.

Lee compareció en juicio por segunda vez en 1876. En esta ocasión, la Primera Presidencia de los Santos de los Últimos Días escogió cuidadosamente a los miembros del jurado, todos mormones, para garantizar que fuera juzgado Lee y solo él. Jacob Hamblin, que había estado lejos de Mountain Meadows cuando se produjo la matanza, resultó ser el principal testigo de la acusación. Su testimonio convincente pero perjuro, de la brutalidad de Lee selló el destino del acusado. «Las preguntas se habían preparado tan meticulosamente —escribió Juanita Brook— los abogados habían sido tan pacientes y delicados con los testigos, que todos los pecados juntos de los cincuenta hombres presentes recayeron sobre los hombros de John D. Lee.» El 20 de septiembre, tras considerar las declaraciones de los testigos y las pruebas que Brigham había aportado muy selectivamente a la acusación, el jurado escogido por él consideró a Lee culpable de asesinato en primer grado.

El tribunal condenó a Lee a muerte, satisfaciendo con ello la exigencia de justicia de los gentiles, o, al menos, la apariencia de que se hacía justicia. «Había que sacrificar a alguien», confesó más tarde uno de los miembros del jurado, aludiendo al pasaje del *Libro de Mormón* en el que Nefi mata a Labán (el mismo pasaje que había impulsado a Dan Lafferty a matar):

«Es preferible que muera un hombre a que caiga en la incredulidad una nación entera».

Mientras estaba en prisión esperando que lo ejecutaran, Lee dedicó el tiempo que le quedaba a escribir la historia de su vida, que se publicó póstumamente con el título de *Mormonism Unveiled* y que se convirtió en un éxito de ventas a escala nacional. Al final del libro Lee escribía:

> Me guie en todo lo que hice, que se califica de criminal, por las órdenes de los jefes de la Iglesia de Jesucristo de los Santos de los Últimos Días. Nunca he desobedecido a sabiendas las órdenes de la iglesia desde que me incorporé a ella en Far West (Missouri) hasta que Brigham Young y sus esclavos me abandonaron.

El 23 de marzo de 1877 por la mañana, bajo la mirada vigilante de sus guardias, Lee bajó de un carruaje al suelo arenoso de Mountain Meadows, la primera vez que regresaba en veinte años al lugar de la matanza. El condenado, conforme a su voluntad, se sentó en el ataúd que poco después ocuparía su cadáver y escuchó a un funcionario que recitó oficialmente su sentencia de muerte. Luego se levantó y se dirigió tranquilamente a las ochenta personas que se habían desplazado hasta allí para verlo morir. «Tiene que haber una víctima y soy yo —declaró con una mezcla de resignación y reproche—. He sido sacrificado de un modo cobarde y ruin.»

Cuando Lee terminó de hablar, el funcionario le vendó los ojos y él se sentó de nuevo al borde del ataúd abierto, rogando al pelotón de fusilamiento: «¡Apuntad al corazón! ¡Procurad que las balas no mutilen mi cuerpo!». Unos segundos después, un estampido ensordecedor estremeció la paz de la mañana y cuatro balas le atravesaron el pecho. John D. Lee se desplomó hacia atrás y cayó en el ataúd, con los pies aún plantados en el prado, mientras el estampido de los disparos de los rifles resonaba en las montañas circundantes.

20

Bajo el estandarte del cielo

> Los partidarios de las libertades civiles han insistido cohe-
> rentemente en el deber sagrado de convertir el país en un lugar
> de tolerancia religiosa sin precedentes. Pero ante las realidades
> del pluralismo religioso (la multiplicación de las sectas y un fer-
> vor excesivo por principios religiosos aparentemente extraños),
> han reaccionado con escaso entusiasmo.
>
> R. Laurence Moore,
> *Religious Outsiders and the Making of Americans*

John D. Lee fue famoso en su época no solo por su participación en la matanza de Mountain Meadows sino también como
curador y oráculo de grandes dotes. Curó a muchos mormones enfermos mediante la imposición de manos. Eran muchos
los santos que estaban asombrados por la exactitud de sus
profecías... y sobre todo por su predicción final. Según unas
memorias de la familia, poco antes de que lo ejecutasen, Lee
profetizó: «Si yo soy culpable del crimen por el que se me
condena, moriré y nunca volverá a oírse hablar de mí. Si no
soy culpable, Brigham Young morirá este año. Sí, dentro de
seis meses».

El 23 de agosto de 1877, exactamente cinco meses después de la muerte de Lee, Brigham cayó enfermo de fiebres,

dolores gastrointestinales, diarrea y vómitos. Seis días después, «el viejo jefe», como lo llamaba Lee, había muerto. Lo más probable es que muriese de peritonitis.

Brigham había acariciado la esperanza de que ofreciendo a Lee en sacrificio apaciguaría a los poderes gentiles de Washington y proporcionaría a los santos un poco de alivio al menos en el acoso de que los hacían objeto los funcionarios federales. Estaba muy equivocado. Desde que Rutherford B. Hayes se instaló en el Despacho Oval en 1877 hasta el final del periodo presidencial de Grover Cleveland en 1897, cada uno de los sucesivos presidentes del país aumentó la presión sobre la Iglesia mormona para que prohibiese la poligamia y se sometiese a las leyes federales.

John Taylor, que sustituyó a Brigham como presidente, profeta, vidente y revelador de los santos, se negó a ceder ante el Gobierno de Washington. Fue, en realidad, más inflexible incluso de lo que lo había sido el viejo jefe. Taylor creía apasionadamente en Joseph Smith y en sus doctrinas desde su primer encuentro, cuando Joseph le había cogido de la mano y había hecho que «una corriente eléctrica» recorriese todo su cuerpo. En la lúgubre tarde en que había perecido Joseph en la cárcel de Carthage, Taylor había estado al lado del profeta, y había resultado gravemente herido. Taylor era el más auténtico de los auténticos creyentes, y no estaba dispuesto a comprometer los principios más sagrados del Reino de Dios para apaciguar a los opresores gentiles de la iglesia.

«Dios descargará su mano sobre esta nación —proclamó Taylor en 1879—. Habrá más derramamiento de sangre, más ruina, más devastación que la que se haya visto jamás [...]. No queremos que se nos imponga esa institución de la monogamia llamada "el mal social".»

Un año después, la contumacia y la cólera de Taylor eran aún más intensas. «Cuando se dictan leyes tiránicas que nos prohíben practicar libremente nuestra religión, no podemos someternos», proclamó el 4 de enero de 1880, en una asamblea dominical en Great Salt Lake City.

> Dios es más grande que Estados Unidos, y si el Gobierno choca con el cielo, nos alinearemos bajo el estandarte del cielo y contra el Gobierno. Estados Unidos dice que no podemos casarnos más que con una esposa. Dios dice otra cosa diferente [...]. La poligamia es una institución divina. Ha sido transmitida directamente por Dios. Estados Unidos no puede abolirla. Ninguna nación de la Tierra puede impedirla, ni siquiera todas las naciones de la Tierra juntas. Estos son mis sentimientos, y todos los que estéis de acuerdo conmigo en esta posición levantad la mano derecha. No obedeceré a Estados Unidos. Obedeceré a Dios.

Todos los presentes en el salón de la asamblea alzaron las manos al cielo. Taylor era un hombre de gran integridad, había consagrado toda su vida a la iglesia. Sus palabras tenían mucha influencia entre los santos.

Al presidente Hayes, en Washington, no le impresionó gran cosa la retórica de Taylor. Después de su visita personal a Great Salt Lake City en 1880, instó al Congreso a promulgar leyes que asegurasen que el «derecho al voto, a ocupar cargos y a formar parte de jurados en el territorio de Utah quede limitado a quienes no practiquen ni respalden la poligamia». En los quince años siguientes el Congreso siguió sus instrucciones aprobando leyes que establecían exactamente eso y más. Tras la aprobación de la ley Edmunds en 1882, se podía procesar a los mormones no solo por practicar la poligamia, cosa que era difícil de probar, sino también por «cohabitación ilícita», que no lo era.

A partir de entonces, se denominó peyorativamente a los polígamos de Utah «cohabs» y llegaron enjambres de agentes federales a efectuar «cacerías» en prácticamente todas las poblaciones del territorio. A finales de la década de 1880, habían encarcelado a unos mil santos, pero, aun así, los mormones seguían desafiantes. Ir a la cárcel por poligamia se convirtió en algo de lo que podía uno ufanarse.

A los dirigentes mormones les preocupaba aquel acoso, aunque no manifestaran su preocupación a los hermanos. John Taylor despachó a un creciente número de santos no solo a asentamientos remotos de zonas desérticas del oeste del país (como Lee's Ferry), sino también a México y a Canadá, para crear refugios seguros donde pudiese un hombre tener esposas plurales sin temor al acoso y a la detención. Surgieron así prósperas colonias de *cohabs* en lugares como Cardston (Canadá, provincia de Alberta, al norte de la frontera de Montana) y al pie de la Sierra Madre occidental de México. Luego, en 1885, hubo una orden judicial para la detención de Taylor, que obligó a esconderse al propio profeta. Al cabo de un año se burló de los federales casándose con Josephine Roueche, su decimosexta esposa, de veintiséis años. Él tenía entonces setenta y ocho.

Pero cuanta más firmeza demostraban los santos en su oposición al control federal, más decidido parecía Washington a meterlos en cintura. En marzo de 1887, el Congreso aprobó la legislación más dura que se había aprobado hasta entonces contra los mormones, la ley Edmunds-Tucker. Cuatro meses después de que muriera John Taylor, que aún seguía escondido, y un día después de que le diesen sepultura, los abogados federales iniciaron una serie de actuaciones legales destinadas a provocar la quiebra de la Iglesia mormona. El 19 de mayo de 1890, lograron su propósito: el Tribunal Supremo falló contra los santos, permitiendo al Gobierno expropiar los bienes de la iglesia.

La mormonidad entera se tambaleaba al borde del abismo. Tras morir Taylor en 1887, había sido nombrado cuarto profeta mormón un apóstol de ochenta y dos años llamado

Wilford Woodruff, que reconoció con gran pesar que el Reino de Dios no tenía más opción que someterse a las exigencias de Washington. Woodruff explicó que el 23 de septiembre de 1890 se había acostado y se había pasado «toda la noche debatiendo con el Señor sobre lo que se debería hacer con lo de la situación económica actual de la iglesia».

Por la mañana convocó a cinco dirigentes mormones de confianza y les informó, «con el ánimo quebrantado» de que Dios le había revelado que era necesario abandonar «la práctica de ese principio por el que los hermanos han demostrado que estaban dispuestos a entregar sus vidas». Para conmoción y absoluto horror de los presentes, el presidente Woodruff explicó que era «la voluntad del Señor» que la iglesia dejase de propugnar la doctrina del matrimonio plural.

La trascendental revelación de Woodruff se formalizó el 6 de octubre de 1890 en un documento breve que se conocería como el «Manifiesto Woodruff» o simplemente «el Manifiesto». Decía en parte:

> Considerando que el Congreso ha promulgado leyes que prohíben los matrimonios plurales, leyes que el tribunal de última instancia ha declarado constitucionales, declaro aquí mi intención de someterme a dichas leyes, y de hacer uso de mi influencia entre los fieles de la iglesia que presido para que obren del mismo modo [...].
>
> Y declaro públicamente que es mi consejo a los santos de los Últimos Días que se abstengan de contraer matrimonios que estén prohibidos por las leyes del país.
>
> WILFORD WOODRUFF,
> presidente de la Iglesia de Jesucristo
> de los Santos de los Últimos Días

El Manifiesto fue un golpe que hizo estremecerse a la mormonidad hasta sus raíces, pero no puso fin a la poliga-

mia... solo la hizo pasar a la clandestinidad. Durante los veinte años siguientes, miembros de la Primera Presidencia mormona aconsejaron en privado a los santos que siguieran con
la poligamia, pero discretamente, y altas jerarquías de la iglesia contrajeron numerosos matrimonios plurales en secreto.
Cuando salió a la luz esta casuística, hubo un alarido de indignación a escala nacional. En octubre de 1910, el *Salt Lake
Tribune* (creado como alternativa furiosamente antimormona
al *Deseret News*, propiedad de la iglesia) publicó los nombres
de unos doscientos santos que habían tomado esposas plurales después del Manifiesto, entre los que se contaban seis
miembros del Quórum de los Doce Apóstoles.

Cuando se hizo público el engaño de las jerarquías eclesiásticas sobre la poligamia, no fueron solo los gentiles los que se
indignaron, sino que hubo un buen número de mormones destacados que también se enfadaron, iniciándose así un movimiento decidido dentro de la iglesia para aplicar el Manifiesto y
erradicar de una vez la poligamia. En la década de 1920, la mayoría de los santos, incluidas las jerarquías, estaban ya en contra
de la poligamia y apoyaban que se procesase a los *cohabs*.

Pero un número significativo de santos fervorosos estaban convencidos de que Wilford Woodruff había cometido
un gran error con el Manifiesto y que ajustarse a él iba en
contra de los principios más sagrados de la religión. Estos
polígamos recalcitrantes alegaban que el Manifiesto no había
revocado la sección 132 de *Doctrina y convenios*, la revelación
que había tenido Joseph Smith en 1843 sobre el matrimonio
plural, solo suspendía la práctica por la existencia de circunstancias especiales (y presumiblemente temporales). Insistían
en que la sección 132 seguía siendo una parte válida de las
Escrituras mormonas (como sigue siéndolo hoy, en realidad).

Estos fundamentalistas mormones, como ellos mismos orgullosamente se llamaban, se inspiraban sobre todo en una
revelación que había otorgado el Señor a su héroe difunto

John Taylor el 26 de septiembre de 1886, cuando estaba escondido por el acoso de los agentes federales cazadores de *cohabs*.[1] Esa revelación, quizá la más polémica de la historia de la Iglesia mormona, se había producido como respuesta a una pregunta que el presidente Taylor le había formulado a Dios, la de si se debería desechar su revelación anterior a Joseph sobre la sagrada doctrina del matrimonio plural. La respuesta de Dios fue clara y rotunda:

> Así dice el Señor: «Todos los mandamientos que doy deben ser obedecidos por aquellos que se llaman por mi nombre, a menos que sean revocados por mí o por mi autoridad [...]. Yo no he revocado esta ley ni la revocaré, porque es eterna y para entrar en mi gloria hay que cumplir sus condiciones; así sea, Amén».

Taylor estaba escondido, en la época en que tuvo esta revelación, en casa de un santo llamado John W. Woolley. Lorin, hijo de Woolley, había visto durante la noche una extraña luz «que apareció debajo de la puerta de la habitación del presidente Taylor, y se sobresaltó al oír dentro voces de hombre. Eran tres voces distintas». A las ocho de la mañana, cuando Taylor salió de su habitación, según recordaba Lorin, «casi no podíamos mirarlo, por la luminosidad de su persona».

El joven Woolley preguntó a Taylor quién había estado hablando con él durante la noche. «He tenido una conversación muy agradable toda la noche con el hermano Joseph», contestó alegremente el profeta, y luego añadió que la tercera voz que había oído Lorin era la del propio Jesucristo.

Taylor convocó inmediatamente una reunión de hermanos de confianza para analizar su revelación. Asistieron a ella,

---

1. Dan Lafferty pertenece al grupo de fundamentalistas modernos que aún se inspiran en el tercer profeta mormón. «Me impresionó favorablemente la integridad de John Taylor—dice Dan—. Y es probable que me haya dado fuerzas a veces en momentos difíciles el pensar en él.»

además de Taylor, John W. Woolley, Lorin C. Woolley y diez santos más, entre los que figuraban Samuel Bateman y su hijo Daniel R. Bateman.[2] Taylor compartió con ellos lo que Dios le había revelado, y emplazó a todos los presentes, «bajo convenio, que todos y todas defenderían el principio del matrimonio celestial o plural y que consagrarían sus vidas, su libertad y su patrimonio a ese fin, y que sostendrían y respaldarían personalmente el principio».

El profeta mormón advirtió a los doce asombrados santos que estaban con él: «Algunos de vosotros seréis zarandeados, marginados y expulsados de la iglesia por vuestros hermanos debido a vuestra integridad y fidelidad a este principio, y algunos de vosotros tal vez tengáis que dar la vida por ello, pero, ay, ay de los que os causen esos problemas». Taylor eligió luego a cinco de aquellos santos, entre ellos a Samuel Bateman, John W. Woolley y Lorin C. Woolley, y les otorgó autoridad no solo para celebrar matrimonios celestiales sino para ordenar también a otros para que pudieran hacerlo, y conseguir así «que no pasase un solo año sin que naciesen niños según el principio del matrimonio plural».

Esta reunión histórica (cuya autenticidad ha sido furiosamente discutida por las autoridades generales de la Iglesia oficial desde entonces) duró ocho horas. Cuando estaba ya terminando, Taylor profetizó que «en la época del séptimo presidente de esta iglesia, la iglesia entrará en una servidumbre temporal y espiritual, y ese día vendría ese uno poderoso y fuerte del que se habla en la sección 85 de *Doctrina y convenios*».

Y así fue como se sembraron las semillas del fundamentalismo mormón. Cuatro años más tarde, cuando la Iglesia oficial votó a favor del Manifiesto poniendo fin a la poligamia, la

---

2. Samuel y Daniel Bateman eran el tatarabuelo y el bisabuelo respectivamente de DeLoy Bateman.

sociedad mormona empezó a dar los primeros pasos vacilantes hacia su incorporación a la corriente general del país... de una forma lenta y ambivalente al principio, y luego con una contundente determinación. Pero los fundamentalistas se negaron a participar en eso. Siguieron entregados a las doctrinas de Joseph Smith, sobre todo a la del matrimonio plural. Juraron respaldar con fiera resolución el pacto de John Taylor, a pesar del camino emprendido por el resto de la mormonidad o el resto del mundo. Hoy, ese mismo voto lo han hecho los hermanos fundamentalistas del siglo XXI y su fervor no es menos resuelto.

El 27 de septiembre de 1886 es una fecha sagrada para los fundamentalistas mormones, los correligionarios de Dan Lafferty, los habitantes de Colorado City y Brian David Mitchell (el que secuestró a Elizabeth Smart). A partir de entonces, los polígamos fieles han estado esperando anhelantes la llegada de ese «uno poderoso y fuerte» que, como profetizó Joseph, «pondrá en orden la casa de Dios».

CUARTA PARTE

Tanto la revelación como las ideas delirantes son tentativas de solucionar problemas. Artistas y científicos comprenden que ninguna solución nunca es definitiva, sino que cada nuevo paso creador señala el camino del problema artístico o científico siguiente. Sin embargo, los que abrazan revelaciones religiosas y sistemas de ideas delirantes suelen considerarlos inquebrantables y permanentes [...].

La fe religiosa es una respuesta al problema de la vida [...]. La mayor parte de la humanidad desea o necesita algún sistema de creencias que lo abarque todo, lo que entraña proporcionar una respuesta a los misterios de la vida, y no se desanima necesariamente por descubrir que su sistema de creencias, que proclama como «la verdad», es incompatible con las creencias de otros. La fe de un hombre es el delirio de otro [...].

El que una creencia se considere o no delirio, depende en parte de la intensidad con que se defienda y, en parte, del número de personas que se adscriban a ella.[1]

ANTHONY STORR,
Feet of Clay

1. Citado con permiso de The Free Press, sección de Simon & Schuster Adult Publishing Group, de *Feet of Clay: Saints, Sinners, and Madmen. A Study of Gurus*, de Anthony Storr. *Copyright* © 1996 Anthony Storr.

21

Evangeline

Mi madre había nacido en el mundo del Utah mormón de principios del siglo xx, un lugar que era radicalmente distinto del resto del país en muchos aspectos. Hacía mucho tiempo que los mormones tenían un sentimiento fuerte y espectacular de ajenidad y de unidad: no solo se consideraban el pueblo moderno elegido por Dios sino también un pueblo cuya fe y cuya identidad se habían forjado en el curso de una historia larga y sangrienta, y de una rotunda prohibición. Eran un pueblo aparte, un pueblo con mitos y objetivos propios y con una historia de asombrosa violencia.

MIKAL GILMORE,
Shot in the Heart

Durante más de quince años, en realidad desde que Rulon Jeffs se convirtió en jefe de la Iglesia Fundamentalista de Jesucristo de los Santos de los Últimos Días, los habitantes de Colorado City tuvieron como soporte la convicción de que él era el «uno poderoso y fuerte», el emisario ungido del Señor en la Tierra, un profeta a quien Dios había otorgado vida eterna. Pero Tío Rulon llevaba mucho tiempo gravemente enfermo y el 8 de septiembre de 2002 dejó de latirle el corazón y un médico lo declaró muerto. Hace cuatro días de eso.

Ahora, cuando la conciencia de la realidad de la muerte de su dirigente empieza a asentarse, los habitantes de la ciudad intentan desesperadamente conciliar su fe en la inmortalidad del fallecido con el hecho innegable de que ha muerto. Hoy, un viernes por la tarde caluroso y despejado, se han reunido en Colorado City más de cinco mil personas (fundamentalistas devotos casi todos, pero también algunos gentiles y mormones de la Iglesia oficial) que han venido desde lugares tan alejados como Canadá y México a presentar sus respetos y a enterrar a Tío Rulon.

Los hombres y muchachos que salen muy serios en fila del servicio fúnebre que acaba de terminar en el Centro de Reunión LeRoy Johnson, visten sus mejores galas dominicales. Las mujeres y las muchachas llevan vestidos hasta los tobillos de tonos pastel rosa y azul, que podrían proceder directamente del siglo XIX; llevan el cabello estirado hacia atrás, recogido en largas y castas trenzas, alzado en fabulosas crestas laboriosamente peinadas por delante, que recuerdan el romper del oleaje. Encima de las muchedumbres afligidas brillan iluminadas por la luz oblicua las paredes verticales de Canaan Mountain, perfiladas sobre el cielo azul de otoño.

Se calcula que Tío Rulon, a quien solo le faltaban dos meses para cumplir cien años, deja atrás a setenta y cinco afligidas viudas y un mínimo de sesenta y cinco hijos. Hay mucha imprecisión respecto a cómo van a arreglárselas sin él sus parientes y sus seguidores. Pesa sobre la comunidad una vaga atmósfera de angustia.

Hubo también este mismo tipo de nerviosismo en Colorado City en 1986, cuando falleció a los noventa y ocho años el profeta que precedió a Tío Rulon, LeRoy Johnson, el adorado Tío Roy. También se pensaba que Tío Roy viviría eternamente. Cuando él murió, asumió la jefatura de la secta Tío Rulon, pero rechazaron enérgicamente su derecho al manto de Tío Roy los leales a un destacado obispo llamado Marion

Hammon. Sus seguidores, que eran casi un tercio de la comunidad, abandonaron en masa el redil, se trasladaron a una zona del desierto que quedaba al otro lado de la autopista y fundaron una iglesia fundamentalista propia que se llamaría «la Segunda Parroquia» (la iglesia original se llamaba «la Primera Parroquia»). Estas dos congregaciones se acusaban mutuamente de apostasía e impiedad y lanzaban cada una de ellas apasionadas advertencias sobre la condenación eterna a la que se encaminaba sin remisión la otra. Y así es, más o menos, como siguen hoy las cosas.

Ahora, después de la muerte de Tío Rulon, la Primera Parroquia está amenazada por nuevas escisiones, aunque Warren Jeffs, el segundo hijo de la cuarta esposa de Rulon, que tiene cuarenta y seis años, se ha apresurado a empuñar las riendas de la iglesia. Como su padre llevaba varios años gravemente enfermo, Warren se había hecho cargo ya de algunas cosas y llevaba tiempo actuando en todo, salvo en el nombre, como profeta. Pero Warren (un hombre alto y huesudo, de nuez prominente, voz aguda y un sentimiento de su propia perfección a los ojos de Dios que da un poco de miedo) no ha disfrutado de nada remotamente parecido al afecto que se profesaba en Colorado City y en Bountiful (Columbia Británica) a Tío Rulon y a Tío Roy. Casi nadie llama en ninguno de los dos lugares Tío Warren a Warren Jeffs.

«Mi padre, y sobre todo Tío Roy, eran profetas cálidos y afectuosos que enseñaron la poligamia por las razones justas —dice uno de los hermanos mayores del nuevo profeta—. Warren no tiene ningún amor a la gente. Su método para controlarlos es inspirar temor y miedo. Mi hermano predica que tienes que ser perfecto en la obediencia. Tienes que tener el espíritu veinticuatro horas al día, siete días a la semana, porque si no es así, te separarás de Dios e irás al infierno. Warren es un fanático. Para él no hay más que blanco o negro.»

Muchos de la Primera Parroquia tenían la esperanza de que sucediese a Tío Rulon un patriarca admirado de noventa y cinco años llamado Fred Jessop, conocido como Tío Fred. Cuando nombraron profeta a Warren en vez de a él, se habló mucho de que los seguidores de Tío Fred se sentirían tan decepcionados que abandonarían la Primera Parroquia y formarían otra secta. Pero el hermano de Warren al que hemos citado piensa que esa facción puede tomarse su tiempo antes de decidir una ruptura, porque no cree que Warren vaya a estar sentado mucho tiempo en el sillón del profeta:

«Están esperando. Creen que solo es cuestión de tiempo que Dios quite de en medio a este hombre malo, deje intacta la Primera Parroquia con uno de los suyos en el poder. Y yo estoy de acuerdo con ellos. Creo que Warren recibirá su merecido. No sé cómo sucederá, ni cuándo, pero creo que sufrirá una muerte prematura. Lo siento en los huesos.»

De momento, Warren sigue aún muy presente entre los vivos y ha estado dando pasos para consolidar su poder.[1] En

1. Las autoridades del estado sometieron a una investigación progresiva a Warren Jeffs durante la primavera y el verano de 2003 a raíz de que se descubriese que el profeta había delinquido al tener hijos con dos al menos de las menores con las que había contraído matrimonio espiritual. En agosto de 2003 el fiscal general de Utah, Mark Shurtleff, proclamó ante los medios: «No me importa decirle a Warren Jeffs que voy a por él». Shurtleff (que es un mormón de la Iglesia oficial) añadió: «Hemos visto pruebas convincentes de que se están cometiendo esos delitos, que se está haciendo daño a menores y que los que pagan la factura son los contribuyentes».

Jeffs contestó desde el púlpito unos días después durante un sermón dominical, advirtiendo a sus seguidores: «Nos están atacando. Necesitamos la protección del Señor». Luego proclamó que Dios le había ordenado suspender los servicios religiosos y las bodas para castigar a la congregación por sus «iniquidades» (la primera vez que se suspendían los servicios religiosos desde la redada de la policía en Short Creek de cincuenta años antes). Jeffs había cancelado poco antes, ese mismo verano, las celebraciones del 4 de Julio en Hildale-Colorado City, había dado orden de que se retirasen los aros en las canchas de baloncesto de la comunidad y había prohibido

Bountiful (Columbia Británica) ha despojado de la jefatura a Winston Blackmore (con quien hace tiempo que se lleva mal y de quien desconfía) y ha amenazado con expulsarlo de la congregación. Ha puesto en su lugar a un hombre sumiso llamado Jimmy Oler (hermanastro de Debbie Palmer, la mu-

---

vestir prendas de color rojo. Los preocupados observadores tenían la impresión de que el nuevo profeta se estaba volviendo cada vez más fanático y paranoico.

En septiembre, temiendo una detención inminente si seguía en Estados Unidos, Jeffs cruzó la frontera y se refugió en Bountiful. Ha estado escondido allí prácticamente desde entonces, aunque se le haya visto en Colorado City en noviembre en el funeral de un respetado presbítero y haya ido allí varias veces más a tomar más esposas plurales. «Aunque Warren prohibió los matrimonios al resto de la comunidad—explica DeLoy Bateman—, eso no le ha impedido a él venir aquí a buscar más vírgenes jóvenes y bonitas con las que casarse, algunas de hasta dieciséis años [...]; da la sensación de que necesite una nueva virgen casi a la semana. Y los padres de esas chicas se sienten orgullos de dar a sus hijas adolescentes al profeta.»

Durante las prolongadas ausencias de Warren Jeffs de Colorado City se ha estado trabajando sin parar para construir un alto muro de ladrillo como de fortaleza alrededor de sus dependencias, situadas en el centro de la población. Otros trabajadores han informado de que Jeffs está construyendo otro recinto amurallado en un lugar secreto un poco apartado, tal vez en la frontera de Nevada, en el remoto desierto del Oeste. Aunque las autoridades gubernativas están deseosas de llevar a Jeffs ante la justicia, les preocupa muchísimo que si intentan detenerlo «pudiese producirse un baño de sangre—dice Bateman—. Cosa que muy bien podría suceder. Si tuviese que hacer un cálculo, yo diría que hay un 50 % de probabilidades de que Warren pusiese en marcha algo como lo que pasó en Waco o en Jonestown si la policía viniese aquí e intentase cogerlo. Creo que puede pasar eso, la verdad. Da miedo. Warren es una persona muy fanática, y sus seguidores son auténticos creyentes».

Jeffs, antes de huir a Canadá en septiembre de 2003, comunicó que había tenido una revelación divina en la que Dios había amonestado así a los habitantes de Colorado City: «Cuidado, por lo que hacéis en secreto os castigaré abiertamente. Y debéis buscar mi protección arrepintiéndoos de vuestros pecados y edificando mi reino, mi almacén, mi sacerdocio en la Tierra. Y si no lo hacéis, enviaré una plaga sobre mi pueblo para purgarlo de los réprobos que hay en él. Y los justos padecerán con los inicuos [...]. Yo, el Señor, lo he dicho así y ha de obedecerse mi palabra [...]. No haya más tibios entre nosotros».

jer que incendió su casa para escapar de Bountiful) como nuevo obispo de la rama canadiense de la iglesia. Pero la mitad al menos de la comunidad de Bountiful sigue fiel a Blackmore. Si decidiese crear una secta independiente, es probable que muchos fundamentalistas canadienses cortaran sus vínculos con la iglesia de Warren en Colorado City para seguirlo a él.

Pero este género de cismas no son en modo alguno un fenómeno nuevo. Si echamos un vistazo a la historia del fundamentalismo mormón comprobaremos que sus seguidores llevan escindiéndose en sectas rivales desde que el primer grupo de polígamos recalcitrantes se escindió de la Iglesia mormona oficial hace un siglo.

Las raíces polígamas de Colorado City, anteriormente Short Creek, se remontan a John D. Lee y al solitario puesto destacado al que lo desterró Brigham Young después de la matanza de Mountain Meadows. Lee's Ferry está situado en un amplio recodo del río Colorado, después de los rápidos finales del cañón Glenn, un poco más arriba de donde el turbulento río se precipita en las profundidades del Gran Cañón. En el siglo XIX, como era el único lugar en muchos kilómetros por donde se podía cruzar el torrente, este sector del desierto tenía una gran importancia estratégica para el Reino de Deseret. Los santos que viajaban entre Utah y las colonias mormonas de Arizona y México (así como el esporádico buscador de oro gentil) dependían de Lee para cruzar el río en su pequeña batea de madera. Antes de que lo detuvieran y lo ejecutaran, Lee se ganaba una magra subsistencia prestando este servicio de transbordo.

Cuando detuvieron y encarcelaron a Lee en 1874, la Iglesia oficial mormona reclutó a un santo llamado Warren M. Johnson para que se reubicase con sus dos esposas y sus hijos en la ribera norte del río Colorado y ayudara a Emma, la esposa de Lee, a seguir prestando aquel servicio crucial. El 12 de junio de 1888, una de las esposas de Johnson dio a luz a un niño en Lee's Ferry. Le pusieron de nombre LeRoy Sunderland Johnson, pero en años posteriores, cuando se convirtió en profeta de la iglesia fundamentalista, todo el mundo lo llamaría Tío Roy.

Después del Manifiesto, a los polígamos les resultaron especialmente atractivos el aislamiento y la lejanía de Lee's Ferry, que no tardaría en convertirse en un refugio de *cohabs*, igual que otro asentamiento aislado de la Franja de Arizona, Short Creek, que se fundó en 1911. En los primeros decenios del siglo xx se crearon sólidos vínculos entre los habitantes polígamos de Short Creek y los de Lee's Ferry, un grupo que incluía a Warren Johnson y sus descendientes. En 1928, cuando un mejor acceso permitió el paso de muchos más forasteros por Lee's Ferry, algunos miembros del clan Johnson, incluido LeRoy, levantaron el campamento y se trasladaron a Short Creek, que seguía estando lejos del camino trillado y era mucho menos probable que atrajese la atención de los cazadores de *cohabs*.

A mediados de la década de 1930, dirigía el movimiento fundamentalista un polígamo acérrimo llamado John Y. Barlow. Barlow vivía en el norte de Utah, pero cuando se enteró de que Short Creek se había convertido en un imán para las familias consagradas a la Obra, estableció una estrecha relación con la comunidad en general y con LeRoy Johnson en particular. Barlow trasplantó a algunos miembros de su familia a Short Creek en 1940, y una de sus hijas se casó con Johnson. DeLoy Bateman es casualmente nieto de John Y. Barlow. Otro descendiente de Barlow, Dan Barlow, es hoy alcalde de Colorado City.

En los hogares de los habitantes actuales de Colorado City y de Bountiful es frecuente ver los retratos de ocho dirigentes eclesiásticos. Suelen estar muy bien enmarcados y son las estrellas más destacadas de la constelación del fundamentalismo mormón: Joseph Smith, Brigham Young, John Taylor, John W. Woolley, Lorin C. Woolley, John Y. Barlow, LeRoy Johnson y Rulon Jeffs. Los fundamentalistas creen que las supuestas llaves de la autoridad sacerdotal (el poder otorgado por Dios para guiar a los justos) se entregó sucesivamente a cada uno de estos profetas, empezando por Joseph y siguiendo luego hasta llegar a Tío Rulon (y ahora, tras la muerte de Rulon, a Warren Jeffs). Así es, más o menos, como ven las cosas los habitantes de Colorado City y de Bountiful. Pero otras comunidades fundamentalistas rinden honores a un panteón de profetas muy distinto.

En 1949, cuando murió John Y. Barlow, la jefatura fundamentalista se transfirió a un respetado acólito llamado Joseph Musser, que fue víctima de una serie de ataques que lo dejaron lisiado, lo que fue motivo del primer cisma importante del movimiento. Musser recibió tratamiento de un rústico y sociable naturópata y colega de poligamia llamado Rulon Allred, y acabó dependiendo completamente de él. En 1951 Musser, ya gravemente enfermo, nombró a Allred «segundo consejero» (su presunto heredero), pasando por alto las firmes objeciones de quienes creían que debía sucederle como profeta LeRoy Johnson, tal como indicara antes de morir John Y. Barlow.

El odio entre los partidarios de Tío Roy y los de Allred era tan fuerte que el movimiento fundamentalista se escindió en dos sectas rivales. En 1954, a raíz de la muerte de Musser, Tío Roy asumió la jefatura del grupo mayor, que siguió en Short Creek y se autodenominó Iglesia Fundamentalista de Jesucristo de los Santos de los Últimos Días, o simplemente Plan de Esfuerzo Unido (PEU). Allred se convirtió en profeta del otro grupo, llamado Hermanos Apostólicos Unidos, con sede en Salt Lake Valley, unos 450 kilómetros al norte.[2]

---

2. El padre polígamo de Rulon Allred, Byron C. Allred, fue un mormón eminente que había sido antes portavoz de la Cámara de Representan-

Después de la escisión, los de Short Creek tuvieron muy pocas relaciones con sus homólogos del grupo de Allred. Tío Roy y sus seguidores, que procuraron por todos los medios volar bajo para eludir el radar de la cultura gentil, raras veces llamaron la atención del mundo exterior. Los Hermanos Apostólicos Unidos no fueron tan afortunados. Rulon Allred estaba tratando a unos pacientes en su consultorio de Murray, un barrio de Salt Lake City, el 10 de mayo de 1977 por la tarde, cuando entraron dos mujeres jóvenes, dispararon contra él y se fueron tranquilamente.

Las asesinas de Allred resultaron ser miembros de otra secta fundamentalista extinguida llamada Clan LeBaron. Fundada por un individuo llamado Dayer LeBaron, que pertenecía a una de las colonias mormonas de México, la secta había mantenido en tiempos una relación flexible con el grupo de Allred. Cuando Rulon Allred fue declarado culpable de poligamia en Utah en 1947 y quebrantó la libertad condicional, los de LeBaron le dieron incluso refugio en México durante un tiempo.

Dayer LeBaron tenía siete hijos. Tres de los siete hermanos LeBaron acabarían pretendiendo en un momento u otro ser el «uno poderoso y fuerte». Todos se consideraban profetas ordenados por Dios comparables a Moisés, que harían que la Iglesia mormona volviera al buen camino que había abandonado después del Manifiesto de 1890.

A Benjamin, el hermano mayor, le gustaba rugir a pleno pulmón en público para demostrar que era «el león de Is-

---

tes de Idaho. Había huido de los cazadores de polígamos y se había instalado en México, donde nació Rulon en 1906. A Alex Joseph y a John Bryant (jefes de comunidades polígamas independientes a quienes visitaron Dan y Ron Lafferty en el verano de 1984, poco antes de que asesinaran a Brenda y a Erica Lafferty) los introdujo en el fundamentalismo mormón Rulon Allred. En realidad, tanto Joseph como Bryant eran fieles seguidores de Allred hasta que rompieron con él y se establecieron por su cuenta.

rael». En un incidente legendario, que ocurrió a principios de la década de 1950, se tumbó boca abajo en un cruce de mucha circulación de Salt Lake City, paralizando el tráfico, e hizo doscientas flexiones. Cuando la policía consiguió convencerlo por fin de que saliera del centro de la calle, proclamó orgullosamente: «Nadie puede hacer tantas. Eso demuestra que soy el uno poderoso y fuerte».

Poco después de eso, internaron a Ben en el hospital psiquiátrico del estado de Utah.

En la década de 1960, con Ben internado en una institución psiquiátrica, destacaron como guías del grupo otros dos hermanos LeBaron: Joel, amable y de voz suave, y Ervil, que pesaba noventa y seis kilos, medía 1,90 y sabía guardar rencor. Personaje deslumbrante, eran muchas las mujeres, por lo demás razonables, que le encontraban irresistiblemente atractivo. Una hermana suya, Alma, decía que Ervil «solía soñar con tener veinticinco o treinta esposas para poder multiplicarse y llenar la Tierra [...]. Quería ser como Brigham Young, un gran hombre».

Ervil se consideraba también un escritor brillante y autor de escritos revelados. Según Rena Chynoweth (que se convertiría en su decimotercera esposa en 1975 y que, dos años después, apretaría el gatillo del arma que mató a Rulon Allred),[3] Ervil escribía textos escriturales obsesivamente, en sesiones maratonianas que podían durar una semana o más. «Se pasaba muchos días seguidos sin afeitarse ni bañarse, escri-

3. Chynoweth se esforzó mucho por ocultar su participación en el asesinato de Allred. Aunque fue acusada del crimen en 1978, mintió bajo juramento en el juicio y quedó impune. Doce años después escribió unas memorias sinceras y despreocupadas sobre los LeBaron, tituladas *The Blood Covenant* (fuente de estas citas), en las que reveló su culpabilidad. Cuando el libro se publicó en 1990, los descendientes de Allred emprendieron una acción civil contra ella y ganaron un juicio por muerte injusta de 52 millones de dólares contra ella.

biendo veinte horas diarias», recordaba, sosteniéndose «bebiendo sin parar tazas de café. Cuando sudaba, eso era todo lo que podías oler saliendo de sus poros: café».

Tanto Ervil como Joel poseían un carisma excepcional, y ambos pretendían ser el «uno poderoso y fuerte». Tal vez por eso fuese inevitable que acabasen chocando.

La ruptura final se inició en noviembre de 1969, cuando Joel, el hermano mayor y nominal profeta presidente, expulsó a Ervil de la secta por insubordinación. Al poco tiempo, Ervil tuvo una revelación en la que Dios le explicó que Joel (según todas las versiones un hombre de una benevolencia excepcional, a quien sus seguidores suelen describir como «un santo») se había convertido en un obstáculo para su obra y debía ser eliminado. El 20 de agosto de 1972, en el asentamiento polígamo de Los Molinos, que Joel había fundado ocho años antes en la Baja California, un miembro del grupo leal a Ervil le descerrajó dos tiros, uno en el cuello y otro en la cabeza.[4]

Después de ordenar la muerte de Joel, Ervil inició una serie de asesinatos inspirados por Dios, con el resultado de por lo menos otras cinco personas asesinadas y más de quince heridas durante 1975. En marzo de 1976 lo detuvieron por estos delitos y lo encerraron en una cárcel mexicana, pero sus seguidores siguieron haciendo lo que él les mandaba. Actuando desde una oficina de correos del sur de California, distribuían folletos contra los impuestos, la Seguridad Social, el control de armas y otros polígamos rivales. Y cuando Jimmy Carter se presentó a las elecciones para la presidencia en 1976, los subordinados de Ervil emitieron incluso un decreto amenazando de muerte al candidato por sus puntos de vista liberales.

---

4. Los Molinos fue también donde se casó en 1986 Linda Kunz a los trece años con Tom Green (de treinta y siete años), el polígamo de Utah condenado en 2001 por ufanarse en *Dateline NBC* de su forma de vida polígama.

Ervil salió en libertad menos de un año después de haber sido encarcelado. La explicación oficial fue «falta de pruebas», aunque todo el mundo supuso que había tenido más que ver con su libertad el pago de sobornos. Unos meses después de salir en libertad, había matado a una hija desobediente y poco después preparó el asesinato de Rulon Allred, a cuyos seguidores esperaba convencer para que se unieran a su grupo, la Iglesia del Cordero de Dios.

Ervil se las arregló para seguir en libertad hasta 1979, cuando fue finalmente detenido en México. Lo extraditaron a Estados Unidos, donde fue juzgado y condenado a cadena perpetua en la prisión estatal de Utah de Point of the Mountain, en la misma sección de máxima seguridad donde está ahora Dan Lafferty. En 1981, cuando empezó a darse cuenta de que las posibilidades que tenía de llegar a salir de la cárcel algún día eran nulas, Ervil se fue volviendo cada vez más frenético e irracional. Según Rena Chynoweth, «empezó a tener revelaciones de un milagro que lo liberaría. Creía que la ira de Dios iba a echar abajo los muros de la cárcel como las murallas de la antigua Jericó, porque las autoridades temporales paganas se habían atrevido a encarcelar al revelador y profeta elegido por Dios».

En agosto de 1981, Ervil LeBaron apareció muerto en su celda a los cincuenta y seis años, víctima al parecer de un ataque cardíaco. Pero antes de morir había escrito un texto laberíntico de cuatrocientas páginas, que destilaba veneno en cada línea, titulado «El libro de las nuevas alianzas». El texto era básicamente una lista de todos los individuos que, en opinión de Ervil, habían sido desleales con él y que, por lo tanto, merecían morir. Este catálogo de odio iba acompañado de mordaces descripciones semicoherentes del carácter concreto de cada traición. El libro era en esencia una barroca lista negra. Se publicaron unos veinte ejemplares, que acabaron casi todos en manos de los seguidores más devotos de Ervil.

Estos fervientes corderos de Dios, que era como ellos se llamaban, procedían principalmente de las filas de los cuarenta y cinco hijos de Ervil, una progenie que siguió fanáticamente devota a su padre mucho después de su muerte. Dirigidos por uno de ellos llamado Aaron LeBaron, que solo tenía trece años cuando murió Ervil, esta banda de muchachos, muchachas y adultos jóvenes (la mayoría de los cuales habían sido objeto de abusos físicos y/o sexuales por parte de miembros mayores de la secta que luego los habían abandonado) decidieron vengar la muerte de Ervil derramando sistemáticamente la sangre de las personas enumeradas en «El libro de las nuevas alianzas». Un fiscal asignado al caso bautizó a este grupo de niños sin padre como la «generación del Señor de las Moscas» del clan LeBaron.

En 1987 fueron asesinados dos hombres de la lista negra. Luego, el 27 de junio de 1988 (144 aniversario del martirio de Joseph Smith), cayeron en una emboscada y fueron abatidas a tiros otras tres personas de la lista, junto con la hija de ocho años de una de ellas. Estos cuatro últimos asesinatos, que se produjeron con cinco minutos de diferencia uno del otro y en distintos lugares de Texas, entre los que había hasta 480 kilómetros de distancia, estaban meticulosamente programados para que se produjesen casi a la hora exacta en que Joseph fue asesinado en la cárcel de Carthage. Los Corderos de Dios se ufanarían después de ser responsables de las muertes de diecisiete personas en total. Como todas sus víctimas habían sido asesinadas en un acto de expiación por la sangre, explicaban los corderos, su exterminio estaba justificado a los ojos del Señor.

En 1993 dos hijos y una hija de Ervil fueron condenados a cadena perpetua por su participación en algunos de esos crímenes. Dos años más tarde fue detenido en México Aaron LeBaron, el cerebro de la banda. Fue extraditado a Utah y, en 1997, condenado a cuarenta y cinco años de cárcel. Sigue sin conocerse el paradero de algunos vástagos más de LeBaron, que desempeñaron papeles secundarios en los asesinatos.

La presencia mormona en México, que sigue siendo fuerte aún hoy, se remonta a 1886, cuando un grupo de santos polígamos compraron dos mil hectáreas a la orilla del río Piedras Verdes, unos 240 kilómetros al suroeste de El Paso (Texas), para escapar de los cazapolígamos que recorrían Utah por entonces. Cuando se trasladó al sur de la frontera en 1902 el primer LeBaron, residían ya 3.500 mormones en los alrededores de este asentamiento situado al pie de la Sierra Madre occidental, y que se llamaba Colonia Juárez.

En 1944, Dayer LeBaron (padre de Joel y de Ervil) tuvo una revelación en la que Dios le ordenó comprar un trozo de desierto cubierto de mesquite a unos cincuenta y cinco kilómetros de Colonia Juárez. Despejó el terreno, plantó judías y llamó al lugar Colonia LeBaron. Se convirtió enseguida en la base de operaciones de la secta fundamentalista en expansión de Dayer.

Una linda adolescente llamada Lavina Stubbs se trasladó a Colonia LeBaron en 1958, después de pasar los primeros quince años de su vida en Short Creek. El apellido Stubbs era (y es) uno de los pedigrís más prestigiosos de Short Creek/Colorado City. Pero el padre de Lavina tuvo una pelea con Tío Roy, se convirtió en miembro del grupo de LeBaron y se trasladó a México. Un año más tarde, a la tierna edad de dieciséis años, Lavina, que había llamado la atención del profeta Joel LeBaron, se convirtió en una de sus esposas plurales.

«Estuve casada con Joel catorce años gozosos —dice Lavina—. Era un hombre absolutamente recto, uno de los hombres más grandes que han vivido en este mundo.»

Antes de abandonar Short Creek, la madre de Lavina había querido que su hija se casase con el padre de DeLoy Bateman, pero el profeta le ordenó que se convirtiese en esposa plural de otro, a quien ella despreciaba.

«Estuvieron a punto de obligarme a que me casara allí con un hombre al que no podía soportar —recuerda—. Me libré por los pelos. Fue un milagro que mi padre nos sacase de allí cuando lo hizo y Dios me permitiese casarme con Joel.»

Pero a Joel lo mataron a tiros en 1972, por orden de Ervil, y la vida de Lavina inició un prolongado periodo de dificultades, que aún no ha terminado. Atribuye sus mayores sufrimientos a Kenyon Blackmore, primo hermano de Winston Blackmore, antiguo jefe de la comunidad polígama de Bountiful (Columbia Británica). En 1983, Kenyon Blackmore se casó con Gwendolyn, la hija de veintidós años de Joel y Lavina LeBaron. El matrimonio no solo hizo aflorar lo peor de ambas partes, sino que ha llenado de amargura la vida de casi todas las personas con quienes se ha relacionado.

Entre esas almas desdichadas se cuenta una mujer canadiense llamada Annie Vandeveer Blackmore. Cuando Kenyon Blackmore se casó con la joven Gwendolyn LeBaron ya estaba casado con Annie. Por entonces Annie llevaba en realidad veinticuatro años casada con Kenyon... pero él no se acordó de decirle que había tomado una segunda esposa.

«¿Ves ese cuadro de la pared? —pregunta Annie con una sonrisa amarga, señalando una portada enmarcada del ejemplar del 29 de septiembre de 1956 de la *Weekend Magazine* de Canadá, en que aparecen dos bellas vaqueras de diecisiete años en dos caballos espléndidos—. Así conocí a Kenyon.»

Las dos vaqueras son Annie y su hermana gemela, fotografiadas en el rancho de su familia cerca de Winnipeg (Manitoba). Después de ver la portada, Kenyon Blackmore, que tenía entonces veinte años, y que era un ávido jinete de una conocida familia de polígamos del oeste de Canadá, decidió al momento casarse con al menos una de aquellas encantadoras gemelas.

«Después de leer este artículo —dice Annie— empezó a escribirnos cartas y se convirtió en amigo mío por correspondencia. Estaba a punto de ir de misionero a África del Sur, pero me escribió todo el tiempo que pasó allí y, cuando regresó al cabo de dos años, hizo un viaje hasta Winnipeg para verme. Seis meses más tarde, en diciembre de 1959, nos casamos.»

Nueve meses después de la boda, Annie dio a luz una niña, Lena, la primera de los siete hijos que tendría con Kenyon, y se trasladaron a Provo para que él pudiera ir a la Universidad Brigham Young.

En 1966 Kenyon empezó a trabajar de profesor en Bountiful y allí, según Annie, «empezó a insistir en tomar esposas plurales. Antes de casarnos él me había hablado de sus parientes polígamos, pero en aquella época eso no significaba nada para mí. Yo no me había convertido al mormonismo hasta que conocí a Ken. No sabía mucho de la poligamia ni de todo lo demás. Era solo la hija de un granjero, una chica de campo de Manitoba».

Annie intentó abordar la idea con mentalidad abierta.

«Me educaron para ser conciliadora —dijo—. Procuré complacer a Ken toda mi vida, hacer todo lo que él quería. Pero es que sencillamente no podía aceptar el matrimonio plural.»

El que Annie se negase a aceptar la poligamia no contuvo a Kenyon. Empezó a perseguir de forma abierta y obstinada a una chica especialmente atractiva a la que deseaban muchos hombres de Bountiful: Alaire, hija adoptiva del tío de Kenyon, Ray Blackmore, que era el obispo que presidía la comunidad. Las propuestas amorosas de Kenyon, que no contaban con el apoyo del obispo de Bountiful ni con el del profeta de Colorado City, enfurecieron a Ray, que ordenó a sus hijos que expulsaran a Kenyon de la ciudad... tras lo cual Alaire se casó con Ray, su propio padre.[5]

Durante los quince años siguientes Kenyon anduvo con su creciente familia de un lado a otro por el Oeste de Norteamérica, trabajando como peón de rancho, con el cuero y como carpintero, sin asentarse nunca en ningún sitio más de uno o dos años. Annie empezó a darse cuenta poco a poco, según dice, de que «los chicos y yo no significábamos gran cosa para él. Ken hacía lo que quería, con quien quería, siempre que quería. Se iba y estaba ausente semanas seguidas sin llamar siquiera, no me decía dónde estaba».

Lena, hija mayor de Annie y Kenyon, que ahora tiene cuarenta y dos años, confirma que era un mal padre.

«Papá es un miserable hijo de puta —dice rotundamente—, aunque yo no me di cuenta hasta que tenía treinta y tantos años. Es un hombre egoísta, muy egoísta, que no se preocupa por nadie más que por él.»

Kenyon maltrataba a todos sus hijos, pero se encarnizó especialmente con Lena. Cuando tenía once años, cogió una gruesa correa del ventilador de un tractor y le dio con ella una paliza brutal, «sin que hubiese ninguna razón desde mi punto de vista —recuerda Lena—. Vivíamos entonces en Las Cruces [Nuevo México]. Todavía tengo las cicatrices en las piernas».

En los primeros años de la década de 1980, la suerte de Kenyon pareció dar un giro positivo. Se trasladó con su familia a la piadosa comunidad de Salem, en el condado de Utah, y se asoció allí con un afable mormón llamado Bernard Brady. Kenyon convirtió a Brady al fundamentalismo y ambos empezaron a vender valores de fondos de inversión que servían como refugios fiscales e invirtieron al mismo tiempo en la

5. Cuatro años después de que Ray Blackmore se casara con su hija adoptiva Alaire, tomó a Debbie Palmer (la mujer que quemó su casa en Bountiful) como esposa plural.

legendaria Mina del Sueño, que domina la ladera que hay encima de Salem. No tardaron en afluir a la cuenta bancaria de Blackmore y de Brady millones de dólares. Se compraron una lujosa mansión cada uno de ellos junto a la mina. Les iban las cosas muy bien.

Durante este periodo, Kenyon hacía viajes de negocios frecuentes, en los que recorría el Oeste de Norteamérica en busca de inversores. En 1983, en uno de esos viajes, fue a México y se casó en secreto con Gwendolyn Stubbs LeBaron, la encantadora hija de Lavina Stubbs y del difunto Joel LeBaron.

Kenyon le presentó también entonces a Bernard Brady a un viejo amigo suyo de Canadá, el profeta Onías, a quien había conocido cuando trabajaba de maestro en Bountiful, diecisiete años atrás. Onías, que acababa de trasladarse al condado de Utah para construir su Ciudad de Refugio junto a la Mina del Sueño, estaba a punto de abrir su Escuela de los Profetas e invitó a Brady a incorporarse a ella. Halagado y agradecido, Brady le devolvió el favor reclutando para la escuela a cinco hermanos de una «destacada» familia del condado de Utah: Tim, Watson, Mark, Dan y Ron Lafferty. Poco después de eso se produjo un chirriante frenazo en la breve carrera de Kenyon con la buena suerte.

Brenda y Erica Lafferty fueron asesinadas en American Fork el 24 de julio de 1984, y la policía consideró inmediatamente a Kenyon Blackmore y a Bernard Brady los principales sospechosos, junto con todos los demás que estuviesen incluso remotamente relacionados con la Escuela de los Profetas. Pero los agentes de la ley habían llegado realmente a conocer bien a Brady y Blackmore mucho antes de los asesinatos de los Lafferty: en 1983 un jurado federal había declarado culpables a Blackmore, Brady y otros diecinueve socios de múltiples delitos de fraude, responsabilizándolos de haber estafado más de 32 millones de dólares a 3.800 inversores, una estafa que fue descrita como «típica estafa Ponzi» por el fiscal federal que se encargó del caso.[6]

Entre los afectados por la estafa se contaba la nueva suegra de Blackmore, Lavina Stubbs LeBaron, madre de Gwendolyn. «Dios santo —recuerda Lavina—, perdí un montón de dinero en aquel plan estúpido de Kenyon. Vendí la casa y todo lo demás, y le di todo el dinero a él. Desapareció todo, hasta el último céntimo.»

Aunque parezca asombroso, no culpa a Kenyon Blackmore por dejarla sin un céntimo. Según ella, Kenyon «tenía buena intención. Él intentaba beneficiarnos a todos, pero sencillamente las inversiones salieron mal o algo pasó. Yo no me enfadé con Ken por eso, no. No me enfadé con él hasta que se llevó a mi hija y a todos mis nietos a América Central y les hizo todas aquellas cosas terribles».

El socio de Kenyon en el delito, Bernard Brady, fue detenido, juzgado y enviado finalmente a una prisión federal por seis años. Pero Blackmore, cuando se enteró de las acusaciones, optó por esconderse en vez de entregarse a la policía. Se

6. El *Wall Street Journal* ha calificado Utah de «capital mundial del fraude», y en ningún lugar se cometen más delitos de cuello blanco en todo el estado que en el condado de Utah. Según el agente del FBI Jim Malpede, el FBI está investigando en cualquier momento dado estafas por un total de 50 a 100 millones de dólares perpetradas por estafadores asentados en el condado, como Kenyon Blackmore. El que haya una incidencia extraordinariamente elevada de esta clase de delitos se debe directamente al porcentaje extraordinariamente elevado de habitantes del condado de Utah que son mormones. Cuando otros santos invitan a los santos a invertir en planes dudosos, suelen confiar plenamente. Michael Hines, director ejecutivo del Departamento de Valores de Utah, explicó al *Deseret News* que en el condado de Utah es frecuente que los estafadores enreden a sus víctimas pidiéndoles que valoren la inversión propuesta mediante la oración. «La gente tiene que darse cuenta —advierte Hines— de que Dios no es un buen asesor de inversiones.»

escapó a México, donde lo estaban esperando Gwendolyn y Lavina para acogerlo en Colonia LeBaron.

La primera esposa de Kenyon, Annie Blackmore, aún no sabía por entonces nada de Gwendolyn, la segunda esposa. «Dios había ordenado a Ken que no me dijese nada de ella —dice Annie con acritud—. La única razón de que descubriese que se había casado con ella fue que bajé a México a intentar convencerlo de que regresara a Utah.»

La experiencia fue demasiado humillante para Annie. No solo descubrió que Kenyon tenía una nueva esposa que era de la misma edad que la hija mayor de ambos, sino que la joven acababa de dar a luz a una hija de Kenyon. La pequeña había nacido en la Colonia LeBaron tres días antes de que Dan Lafferty degollase a Brenda y a Erica Lafferty, y le habían puesto de nombre Evangeline.

Annie no consiguió convencer a Kenyon de que regresara a Utah con ella, y volvió sola, muy afectada. Pero no podía renunciar a él.

«Yo estaba comprometida con el matrimonio —dijo—. No quería ser una rajada.»

Así que en enero de 1985 volvió a México y pidió de nuevo a Kenyon que volviese a casa. Y esta vez él accedió.

Pero en cuanto cruzaron la frontera en El Paso (Texas), los agentes del FBI rodearon a Kenyon y lo esposaron. El que había dado el chivatazo había sido un cuñado suyo (uno de los inversores a quienes había estafado). Kenyon no tenía alternativa, así que accedió tras su detención a llegar a un acuerdo con el Gobierno y lo encerraron en un calabozo federal de Tallahassee (Florida).

Al salir de la prisión a finales de 1991 Kenyon Blackmore regresó a su pueblo natal, Cardston (Alberta). Annie lo había dejado por entonces y había pedido el divorcio, pero Kenyon intentó reunirse con su hija mayor, Lena, en Cardston, centro neurálgico de la mormonidad canadiense. Lena intentó otorgar a su padre el beneficio de la duda, pero se sentía incómoda con Gwendolyn, la esposa que había suplantado a su madre, y con los dos hijos que habían tenido Gwendolyn y Kenyon.

«Era preocupante ver cómo mi padre y ella estaban educando a aquellos niños —dice Lena—. Los tenían sometidos a una dieta natural muy rara. Y Ken no les dejaba usar jabón ni limpiarse la boca. Los críos parecían desnutridos y olían mal. También mi padre y su mujer. La verdad es que apestaban. Era repugnante.»

Lena podría haber sido capaz de aguantarlo todo, pero luego su padre le robó el coche.

«Yo tenía una camioneta nueva que estaba muy bien —dice—. Y tenía algunos problemas económicos. Así que papá dijo que se encargaría él de los pagos y del seguro si le dejaba utilizarla durante un tiempo.»

Pero Kenyon, después de hacerse cargo de la camioneta de Lena, no se molestó en efectuar los pagos según lo prometido, cosa que ella no descubrió hasta que el banco la amenazó con quitársela. Llamó a la policía montada de Canadá, que a su vez avisó al funcionario de libertad vigilada de Kenyon, y se emitió una orden de detención.

«Ken descubrió que esta vez había mordido en hueso —dice Lena—. Al enterarse de que lo perseguía otra vez la justicia, huyó al sur con Gwendolyn y sus hijos, a su viejo refugio, la Colonia LeBaron.»

Una vez en México, Kenyon tomó una tercera esposa, que era casualmente hermanastra de Gwendolyn. Poco después, abandonó la Colonia LeBaron con ambas esposas y todos sus hijos y se largó a América Central. En los años siguientes tuvo cuatro hijos más con cada esposa. Mantuvo a todos los que tenía a su cargo, a su manera, haciendo trabajos esporádicos, vendiendo alimentos naturales, trabajando de masajista y con pequeñas estafas.

«Conseguía dinero de muchas formas», dice Evangeline Blackmore, la hija mayor de Ken y Gwendolyn, y que es ahora una chica de dieciocho años, alta, rubia y de aire exótico, que habla inglés con leve acento mexicano, explica que Kenyon «compraba y vendía oro de vez en cuando. Cuando estábamos en México, hacía sillas de montar y otros artículos de cuero para vaqueros mexicanos. Pero sobre todo estafaba a la gente. Mi padre es un estafador muy bueno».

Kenyon Blackmore había tenido siempre ideas religiosas extrañas, pero esas ideas pasaron a hacerse notoriamente más extremadas después de salir de la cárcel, cuando desapareció en las sombras de América Central con sus dos esposas Le-Baron.

«Las LeBaron parecían fomentar las extrañas creencias de papá —dice Lena—. Estaban convencidas de que él poseía cualidades divinas. Alimentaban su fantasía y él alimentaba la de ellas.»

Mientras arrastraba a sus jóvenes esposas y a su rebaño de hijos semisalvajes de un lado para otro en América Central, Kenyon recibió una serie de revelaciones en las que Dios le explicó que él era «el último profeta antes del regreso de Jesucristo». Dios le dijo, incluso, que Jesús volvería a la Tierra en forma de hijo nacido de la semilla pura de Kenyon y del vientre virginal de su hija. Cumpliendo la orden del Señor, en junio de 1996, cuando Evangeline cumplió doce años, la tomó por esposa... es decir, empezó a violarla de forma regular. Según Evangeline, su padre creía que debía empezar a tener relaciones sexuales con ella cuando cumpliese los doce años «porque fue a esa edad cuando quedó embarazada María, la primera madre de Jesús». Kenyon estaba convencido, según ella, de que «no era bastante buena la sangre de ningún otro» para engendrar al Hijo del Hombre.

Evangeline recuerda que antes de imponerle esta relación, Kenyon le decía que «yo iba a ir al infierno porque no era sumisa y obediente». Como seguía resistiéndose, «me tiraba al suelo, me pegaba y me tapaba la boca cuando yo gritaba». Finalmente, para evitar que le pegase, empezó a ceder pasivamente a los ataques incestuosos de su padre, de sesenta años.

«Yo apenas tenía doce —explica Evangeline con una asombrosa compostura—. No sabía lo que me estaba pasando, pero sabía que no me gustaba. Me sentía sucia. Mi padre no me dejaba hacer amistades, ni siquiera me dejaba hablar con nadie.»

Durante el calvario de Evangeline a manos de su padre, este ayunaba a menudo y obligaba a la familia a ayunar con él.

«Él andaba siempre con dietas líquidas de zumo de naranja puro o agua de limón», dice Evangeline. Había llegado a creer que «si conseguía purificar lo suficiente su cuerpo, podría mover montañas y atravesar las paredes». También creía que casi todo el mundo era corrupto y malvado menos él. Evangeline recuerda a Blackmore hablando «de encontrar una tribu india inocente e ingenua y convertirles a sus creencias». Luego, mejorar sistemáticamente su sangre impregnando a todas las mujeres indias «con su propia semilla pura».

Después de ser violada por su padre durante casi todo un año, Evangeline quedó embarazada, pero abortó a los dos meses. En 1997, cuando de nuevo no consiguió concebir, Kenyon se deshizo de ella, abandonándola en Guatemala. Le faltaban dos meses para cumplir los trece años.

«Viví por mi cuenta unos cuatro meses —recuerda—. Cuando no tenía ya para comer me fui a vivir con unos amigos de Guatemala capital.»

Al cabo de unos seis meses estos conocidos guatemaltecos consiguieron ponerse en contacto con su abuela Lavina, en Colonia LeBaron, y Lavina fue a Guatemala en coche a recoger a su nieta.

Evangeline vive ahora en el Medio Oeste de Estados Unidos. Está casada y tiene un niño. Le va bien, en términos generales. Pero está sumamente preocupada por sus hermanos pequeños, seis de los cuales son niñas, que viajan todavía con Kenyon Blackmore y que deben de andar por algún sitio de América Central o América del Sur. Dice que su padre se propone «casarse» con todas sus hijas cuando cumplan los doce años.

«Estoy preocupada por mis hermanas —dice Evangeline—. No quiero que acaben violadas. Yo todavía no he conseguido quitármelo de encima. Es algo que... me obsesiona, algo que está siempre ahí.»

La hermana mayor de Evangeline cumplió los doce años en mayo de 2001. La siguiente, en febrero de 2003; otra, en julio de 2004.

22

Reno

Joseph Smith dejó a sus seguidores una herencia problemática, la convicción de que tenía que ser «el Reino o nada», y la creencia de que cualquier acto que fomentase o protegiese la obra de Dios estaba justificado. Algunos han intentado desechar Mountain Meadows como un acontecimiento aislado, una aberración en la por lo demás historia ejemplar de Utah y del mormonismo; pero fue, en mucho mayor grado, la culminación plena de las doctrinas radicales de Smith. El compromiso inflexible de Brigham Young con el Reino de Dios forjó a partir de la teología de Joseph Smith una cultura de violencia que legaría a sus sucesores una herencia enojosa. La obsesión especial del primer mormonismo por la sangre y por la venganza creó la sociedad que hizo posible la matanza, puede que inevitable. Esas obsesiones tuvieron consecuencias devastadoras para la propia familia de Young. El nieto del profeta, William Hooper Young, le abrió el vientre con un cuchillo a una presunta prostituta en Nueva York en 1902, y escribió las palabras «expiación por la sangre» en el apartamento de su padre.

WILL BAGLEY,
Blood of the Prophets

El 24 de julio de 1984, hacia las dos de la tarde, Dan Lafferty le cortó el cuello a Brenda Lafferty y la dejó desangrarse en el suelo de la cocina en un viscoso charco carmesí. Como ya había matado a la hijita de Brenda, la primera mitad de la revelación estaba cumplida. Ron Lafferty llevó luego a Dan, Chip Carnes y Ricky Knapp a casa de Chloe Low, situada en una calle apartada sin pavimentar de Highland (Utah). El plan inmediato era «eliminar» a Low, tal como había ordenado Dios en la segunda parte de la revelación de Ron. Luego debían dirigirse a la cercana residencia de Richard Stowe (presidente de la diócesis mormona de Highland) y degollarlo también. Una vez cumplido así el mandamiento divino, quedaría despejado el camino para empezar a trabajar en la Ciudad de Refugio, que debía construirse junto a la Mina del Sueño en previsión de los Últimos Días.

Llegaron a casa de Low y Ron aparcó la furgoneta Impala en una calle lateral, donde no la pudieran ver, y él y Dan se acercaron a la casa a ver quién había dentro. Casualmente, no había nadie: los Low se habían ido a la casa de verano de Bear Lake, junto a la frontera entre Utah e Idaho, a pasar el Día del Pionero. Ron regresó al coche y les dijo a Carnes y a Knapp: «Bueno, no hay nadie, así que vamos a entrar a ver si encontramos alguna arma y algo de dinero o cualquier otra cosa que nos vaya bien». Ron guardó la furgoneta en el garaje de los Low, cogió su escopeta del calibre 20 y le pidió a Carnes que hiciese de centinela, mientras Knapp y él iban a la casa, donde los esperaba Dan. Ron conocía muy bien la casa de los Low, porque había estado como invitado muchísimas veces en los últimos doce años. Desmontaron una ventana y él, Dan y Knapp desactivaron el sistema de alarma, entraron en la casa y la saquearon. Mientras estaban en el interior, aparecieron dos chicos de la vecindad en un ruidoso todoterreno. Carnes, que empuñaba un Winchester 30-30 y llevaba un pasamontañas a pesar del sofocante calor de julio, salió rápidamente de la furgoneta y se escondió en unos matorrales cercanos, mientras aquellos críos del vecindario se acercaban a la puerta de

entrada y se pasaban un rato llamando una y otra vez. Dan y
Ron oyeron las llamadas de los chicos, pero siguieron tranquilamente su búsqueda de cosas de valor sin hacerles caso. Al
cabo de unos minutos los chicos dejaron de llamar a la puerta
y se fueron con gran estruendo en una nube de humo azulado.

Dan, Ron y Knapp robaron un billete de cien dólares,
un reloj, las llaves del coche y unas cuantas joyas, y luego, en un
acto de despecho, Ron destrozó la colección de figurillas de
porcelana de Dresde (Alemania) que tenía Chloe Low y que
sabía que ella estimaba mucho por razones sentimentales.
Los ladrones salieron por una ventana de atrás, recogieron
a Carnes, que seguía escondido entre la maleza, y se alejaron
del lugar.

La tarea siguiente, según sus planes, era matar a Richard
Stowe. Conducía Knapp. Ron le iba dando instrucciones sobre cómo llegar a casa de Stowe, pero la ruta era complicada
y Knapp se saltó uno de los desvíos. Según Dan:

«Ron le gritó a Ricky algo así: "¡Eh, ahí es donde tenías
que girar!". Pero por entonces ya no había mucho entusiasmo
por seguir cumpliendo la revelación.»

Los cuatro hombres discutieron brevemente si debían dar
la vuelta para ir a casa de Stowe. Carnes se estaba poniendo
muy nervioso y suplicó a Ron que olvidase el resto de la revelación.

«Si el Señor quisiera que matases hoy a alguien más —argumentó—, ya estarías allí.»

Para su sorpresa y su inmenso alivio, Ron se mostró de
acuerdo con el razonamiento y le dijo a Knapp que siguiera
en la misma dirección, que los llevaría a la Interestatal 15.

Si hubiesen dado la vuelta para ir a la residencia del presidente Stowe aquella tarde, lo habrían encontrado en casa, a
diferencia de Chloe Low. Estaba aprovechando el día de fiesta para trabajar en casa con su hijo, usando un tractor para
quitar un tramo de escaleras de hormigón. Es imposible saber

lo que habría pasado si los hermanos Lafferty hubiesen ido a la propiedad de Stowe, pero, considerando el número de armas que llevaban con ellos, no es difícil imaginar el baño de sangre que se habría producido si Ricky Knapp no hubiese pasado de largo por el desvío.

Pero lo hizo, así que en vez de volver para matar a Stowe, los cuatro hombres se dirigieron a Salt Lake City, donde Knapp salió de la interestatal 15 y enfiló hacia el oeste por la interestatal 80. Mientras seguían por ella, Dan tenía la escopeta recortada del calibre 12 en el regazo, dispuesta por si les paraba la policía. Su destino era Reno (Nevada).

Mientras la Impala corría por la autopista, Knapp consiguió por fin reunir suficiente valor para preguntar a Ron y a Dan qué había pasado exactamente en el apartamento de American Fork de Allen y Brenda Lafferty. Según Dan, él le describió a Knapp con todo detalle cómo había matado a Brenda y a su hijita, le contó los asesinatos exactamente como los contaría más tarde en el capítulo 16 de este libro, que también coincide en todos los detalles importantes con su testimonio jurado en el juicio que se celebró en 1996. Dan dice que les dejó bien claro a Knapp y a Carnes que había sido él, Dan, quien había manejado el cuchillo que había acabado con la vida de Brenda y de Erica.

Pero Chip Carnes recuerda este episodio de una forma distinta. En su propia declaración jurada en el mismo juicio de 1996 insistió de una forma absolutamente creíble en que fue Ron y no Dan quien les explicó a Knapp y a él los asesinatos durante el largo y sofocante viaje desde Salt Lake a Nevada. La historia de Ron difería de la de Dan en un aspecto crucial. Según Carnes:

> Dijo que en cuanto entró en la casa, le pegó [a Brenda] con todas sus fuerzas y ella cayó otra vez al suelo. Y que la había llamado zorra y, bueno, le había dicho todo lo que pensaba de ella.

Y él dijo que ella le pedía y le suplicaba, bueno, que parase. Y él dijo que había seguido pegándole sin parar. Y dijo que ella no se estaba quieta en el suelo.

Así que, mientras Dan la sujetaba en el suelo, dijo que él se levantó y cortó el cable del aspirador y se lo enrolló al cuello, hasta que Dan le dijo... bueno, le dijo que se había desmayado.

Y él dijo que entonces le quitó el cordón y Dan y él la cogieron y la llevaron a la cocina y la pusieron en el suelo y la degollaron. Dijo que le había hecho un corte de oreja a oreja y nos enseñó cómo lo había hecho [...].

Poco después de eso, Ron había sacado un cuchillo que tenía él [...], lo llevaba en la bota. Y empezó a darse con él en la rodilla, diciendo: «Yo la maté. La maté, maté a la zorra. No puedo creer que la matara». Luego empezó a presumir de que se le había hinchado un nudillo, bueno, que a lo mejor se lo había roto, en fin, pegándola.

Carnes declaró que cuando Ron se había ufanado de haberle cortado el cuello a Brenda de oreja a oreja, había descrito también con repugnante detalle que, después de haberle cortado el cuello con el cuchillo, le echó la cabeza hacia atrás y

le abrió el cuello para que manara la sangre libremente. Y luego dijo que le había dado el cuchillo a Dan. Se volvió y me miró, y luego miró a Dan y dijo: «Gracias, hermano, por encargarte de la niña, porque creo que yo no habría sido capaz». Y Dan le contestó diciendo: «No fue ningún problema».

Dan no discute los datos esenciales de las dos últimas frases de la declaración de Carnes, pero sostiene que el resto es invención. Insiste en que fue él y no Ron quien mató a Brenda, e indica que él no tenía ninguna razón para mentir en eso... a diferencia de Carnes. Cuando la policía detuvo a

Carnes, le dijeron que lo acusarían de asesinato y procura-
rían que lo condenasen a muerte si no les daba alguna prueba
que condujese a la condena de Ron y de Dan por asesinato
en primer grado. Si el testimonio de Carnes resultaba bastante útil para la acusación, le aseguraron, «haremos un buen
arreglo contigo».

Dan Lafferty dice que se quedó «un poco sorprendido» de
que Chip Carnes interpretase mal la participación de Ron en
los asesinatos, «salvo que la acusación lo empujase de alguna
forma a decir eso. O puede que simplemente se confundiese.
De todos modos, no culpo a Chip. La situación era muy tensa,
y cuando se lo expliqué en el coche a él y a Ricky, es probable
que mucho de lo que les dije no tuviese demasiado sentido».

Es posible que la cuestión de quién usó el cuchillo sea un
matiz relativamente intrascendente; cuando irrumpieron por
la fuerza en el apartamento de Brenda en American Fork, las
manos de los dos hermanos se mancharon de sangre literal y
metafóricamente. Los asesinatos fueron una tarea de equipo.
Ron y Dan fueron igual de culpables. Una joven de gran corazón y su hijita pequeña resultaron muertas y no habría nada
que cambiase eso ya cuando Ron, Dan, Carnes y Knapp corrían hacia el Oeste en la blanca claridad cegadora de las sali-
nas de Bonneville.

Los fugitivos llegaron a la frontera del estado de Nevada
hacia las seis de la tarde. En cuanto dejaron atrás Utah, salieron de la interestatal y alquilaron un bungalow en un hotel
barato de la población fronteriza de Wendover. Había sido
una larga jornada. Todos estaban cansados y hechos polvo.
Dan lavó en la bañera las prendas de ropa manchadas de sangre y luego fueron los cuatro hasta un salón de juegos pequeño y cutre que también era tienda, compraron cerveza y pe-
rritos calientes, y regresaron a cenar al motel.

Hacia las once estaban sentados en la habitación del motel
tomando cerveza y, según Carnes, «de pronto, Ron decidió

que era hora de irse». Lo recogieron todo rápidamente, lo metieron en la furgoneta y se fueron. Conducía Knapp. Inmediatamente vio por el retrovisor luces parpadeantes. Era la patrulla de carretera de Nevada.

Knapp paró en el arcén y salió del coche a hablar con el agente, mientras los otros se quedaban dentro con las armas preparadas dispuestos a abrir fuego si les parecía que el poli se había dado cuenta de quiénes eran y de por qué los buscaba la policía. Pero el agente no llegó a darse cuenta de que eran fugitivos. En vez de intentar detenerlos, se limitó a decirle a Knapp que llevaba las luces de atrás apagadas y que el coche perdía gasolina. Knapp, sin hacer el menor gesto que pudiese resultar sospechoso, le aseguró con educación que lo arreglarían todo enseguida. El poli le dijo que tenía que volver a cruzar la frontera hasta Utah y salir de su jurisdicción porque no quería que anduviera así en Nevada, y después se perdió en la noche.

Los cuatro fugitivos lanzaron un suspiro colectivo de alivio y cambiaron los fusibles de las luces posteriores. Los fusibles volvieron a fundirse en cuanto las encendieron, sin embargo, así que volvieron al motel a esperar que se hiciera de día. Ron y Dan dejaron todas sus pertenencias en la furgoneta y se echaron a descansar un poco, pero Knapp y Carnes estaban demasiado afectados por su encuentro con aquel policía para pensar siquiera en dormir. Así que salieron de la habitación para ir a comprar tabaco.

«Estuvimos paseando —dijo Carnes; el joven de veintitrés años tenía ya una impresión muy desagradable de lo que estaba pasando—. Le expliqué a Ricky cómo me sentía con lo que, bueno, lo que había sucedido. Y él me dijo que tenía una sensación muy parecida.»

Carnes le confesó luego a Knapp que quería largarse de allí:

—Yo me largo. En cuanto ellos se duerman yo me largo.

Carnes y Knapp volvieron a la habitación del motel, procurando disimular, para que los hermanos Laffertty no sospecharan lo que pasaba.

«En cuanto estuve seguro de que se habían dormido —dijo Carnes—, cogí las llaves y le dije a Ricky: "Ya nos veremos". Ricky dijo: "Espera un momento. Me voy contigo".» Carnes y Knapp empujaron la Impala por la carretera hasta que los hermanos no pudieran oírles encender el motor. Luego arrancaron y se alejaron rápidamente de allí. Knapp condujo, pisando suavemente el pedal del freno para que las luces se mantuvieran encendidas y no volviese a pararles ningún policía.

Se dirigieron hacia el oeste por la interestatal 80, luego se desviaron hacia el norte por la 93, camino de Twin Falls (Idaho), y acabaron tomando una ruta de vuelta, principalmente por carreteras secundarias, hasta Cheyenne (Wyoming), donde vivía Gary, el hermano de Carnes. Durante el viaje siguieron encontrando pruebas del crimen en la furgoneta: el cuchillo de deshuesar con el que habían matado a Brenda y a Erica, una bolsa de basura con ropa ensangrentada que Dan había lavado en la bañera del motel, una maleta verde en la que había dos navajas de afeitar... y según iban encontrándolas iban tirándolas por la ventanilla.

Carnes y Knapp llegaron a casa de Gary Carnes en Cheyenne el jueves por la mañana. Cuatro días más tarde la policía localizó la Impala aparcada delante, entró en la casa y los detuvo. Como habían caído en la órbita de los hermanos Lafferty y se habían enredado en su cruzada asesina, existían bastantes probabilidades de que tanto Carnes como Knapp fuesen declarados culpables y condenados a muerte. Los policías se lo explicaron y ambos accedieron rápidamente a contar todo lo que sabían a cambio de una promesa de indulgencia. Los agentes pudieron recuperar así el arma asesina y casi todas las otras pruebas que los fugitivos habían ido tirando en su viaje por Nevada, Idaho y Wyoming. Knapp y Carnes también proporcionaron a los policías una clave importante sobre el paradero de los hermanos Lafferty al revelarles que habían hablado de irse a Reno.

Bernard Brady, inversor de la Mina del Sueño y socio de Kenyon Blackmore, que había presentado a los hermanos Lafferty al profeta Onías, llegó a casa del trabajo el miércoles 25 de julio por la tarde, según recuerda, y se encontró «todos aquellos coches de policía delante de mi casa, por toda la calle, arriba y abajo, había coches de policía por todas partes. Así que entré a ver qué pasaba y la casa estaba llena de policías. Mi familia estaba sentada en el sofá. Les habían dicho que si se movían les pegaran un tiro. Estaban aterrorizados».

La horda de agentes de policía estaba literalmente destrozando la casa en busca de pruebas. En cuanto Brady entró por la puerta, un hosco agente le dijo que «me sentara y no abriera la boca».

Irritado al ver que lo trataban como a un sospechoso, Brady dijo que quería ver la orden de registro.

«Me la enseñaron —dice— y me di cuenta de que se habían equivocado de dirección. La orden les autorizaba a registrar una dirección del otro lado de la calle y dos casas más abajo, no mi casa. Así que me acerqué a uno de los policías y le dije que estaban efectuando un registro ilegal. Él se lo dijo al *sheriff*, que volvió a insistir en que la orden era válida de todos modos. Y siguieron destrozando la casa.»

Resultó ser un registro fructífero. Los agentes encontraron en un cajón la declaración jurada que Brady había autentificado el 9 de abril, en la que decía que le habían enseñado la revelación de la eliminación, pero que él no quería tener nada que ver con el asunto. Se llevaron también como prueba unas carpetas relacionadas con la Escuela de los Profetas, así como el ordenador, en el que Ron había escrito casi todas las revelaciones que había recibido, aunque no la de la eliminación. Pero la policía consiguió poco después una orden de registro de una casa deshabitada donde Ron había estado de ocupa antes de que Dan y él se embarcasen en su viaje. En uno de los armarios había una camisa de franela, y en el bolsillo de la camisa había una nota escrita con la clara caligrafía de Ron. Resultó ser la copia original de la revelación de la eliminación.

Cuando los hermanos Lafferty se acostaron en su habitación del motel de Wendover aquella noche del 24 de julio, tarde, cayeron los dos en un profundo sueño. Al despertar a la mañana siguiente, descubrieron que Knapp y Carnes se habían esfumado con la Impala y con todo lo que había dentro, dejándolos sin blanca, con poco más que la ropa que llevaban puesta. Dan explica que, en vez de enfadarse, «me pareció que tal vez fuese una suerte, en cierto sentido. Desde luego, no se lo reproché, la verdad, pensé que tenía que ser así y que por eso Ron y yo nos habíamos dormido tan profundamente». Después de considerar las opciones que tenían, Ron propuso que se separaran, que cruzaran Nevada haciendo autoestop y que se encontraran en Reno, en John Ascuaga's Nugget, un casino de Sparks en el que habían estado en su viaje anterior de aquel verano.

Dan hizo autoestop en la Interestatal 80 y lo recogió enseguida un camionero que llevaba un vehículo de dieciocho ruedas y que le dejó en Reno. Pasó aquella noche acurrucado en una locomotora de vapor histórica, expuesta en un parque de la ciudad, y luego pasó el día siguiente merodeando por el Nugget hasta que llegó Ron.

Cuando se encontraron, Ron y Dan estaban a la entrada del casino, según explica Dan, «y salió tambaleándose aquel tipo grande que se llamaba Bud y se puso a vomitar en la acera. Y al hacerlo, se le cayó la cartera al suelo. Era una de las carteras más gordas que he visto en mi vida». Dan, en vez de guardarse la cartera, se la devolvió a Bud, que, agradecido, dejó a los hermanos dormir en su piso aquella noche y los invitó luego a hacer esquí acuático con él a la mañana siguiente. Pasaron el día relajándose en las profundidades cristalinas del lago Tahoe, tomando cerveza y comiendo bocadillos de Bud. Luego los invitó a una gran cena en Truckee aquella noche y los llevó de vuelta al centro de Reno en coche.

Ron y Dan pasaron las dos semanas siguientes dando vueltas por Sparks y por Reno, yendo y viniendo en el autobús de dos pisos gratuito, subsistiendo gracias a la generosidad promocional de la industria del juego. Se hicieron amigos del conductor del autobús, que los dejó dormir en él por la noche, «lo que fue una auténtica bendición», según Dan. Después del último viaje del día, el conductor hacía esconderse a Dan y a Ron debajo de los asientos y llevaba el vehículo a un solar cerrado y seguro del centro de Reno, donde quedaba aparcado toda la noche. Según Dan, «los asientos largos y almohadillados de la parte de atrás del autobús eran magníficos para dormir, considerando las alternativas».

Se pasaban el rato casi todos los días en las salas cavernosas con aire acondicionado del Casino Peppermill. Dan recuerda que «en el Peppermill tenían una pantalla grande en la que se veían las olimpiadas [de Los Ángeles] mientras estábamos allí, y también tenían cupones que podías coger todos los días si tenías un documento de identidad, con los que te daban unas cuantas fichas para jugar y otro cupón para un plato de nachos gratis. Yo no tenía documento de identidad, pero Ron sí, y lo que hacíamos era jugar con las fichas gratuitas para ganar dinero suficiente para comprar comida, lo que sucedía algunas veces, pero normalmente no».

Cuando llevaban un par de días en Reno, se acercó a ellos un «tipo raro», según Dan, que «tenía barba y gafas de color rosa para que no le vieras los ojos». Este individuo les dio a los hermanos un porro de «una hierba excelente», les hizo «unas cuantas preguntas extrañas» y luego le prestó a Dan su documento de identidad, con lo que Dan también pudo conseguir fichas gratis para jugar y comer nachos. A partir de entonces, dice Dan, «tuvimos por lo menos dos raciones de nachos al día, aunque eso era a menudo todo lo que comíamos».

«Teníamos bastante hambre la mayor parte del tiempo —confiesa Dan—, pero justo cuando necesitábamos comida, alguien nos ofrecía algo de comer. Una pareja nos invitó a su casa, a una barbacoa, un sábado. Y un chaval que estaba pescando en el riachuelo que cruza Reno, nos llevó a tomar sopa y ensalada en una de las ofertas especiales del casino cuando de verdad lo necesitábamos.»

Y cada pocos días, aquel desconocido de las gafas psicodélicas «venía a vernos y a darnos de fumar y a preguntar cómo nos iba». Dan sigue creyendo todavía hoy que este individuo era un ángel enviado por Dios para que cuidara de ellos.

Durante su visita anterior a Reno aquel mismo verano, Ron y Dan habían conocido a una mujer llamada Debbie, que trabajaba de crupier de *blackjack* en Circus Circus. Se había hecho amiga de los hermanos y los dejaba dormir en su piso; ellos le habían devuelto el favor cuidando a su hijo pequeño cuando ella se iba a trabajar. Según Dan, «tuvimos una experiencia milagrosa bastante curiosa mientras estuvimos con ella»: Debbie le había comprado un perrito al niño y el animal se había puesto muy malo de parvovirus canino, una enfermedad muy parecida al moquillo, que suele ser mortal. Dan le impuso las manos al perro en la cabeza y lo bendijo.

«Y al parecer se curó instantáneamente —dice—. Recuerdo lo impresionada que se quedó Debbie [...]. Yo también, pero procuré quitarle importancia, como si no fuese nada del otro mundo.»[1]

1. Aunque pudiera parecer una manifestación más de las creencias fundamentalistas extremas de Dan, lo de las bendiciones es un ritual abso-

Cuando los dos hermanos regresaron a Reno después de los asesinatos, en la huida, Ron propuso que pararan en Circus Circus y buscaran a Debbie. Dan le advirtió que había escrito sobre Debbie en su diario (un diario que suponía que por entonces estaría ya casi con toda seguridad en manos de la policía), así que era probable que estuviese vigilada. «Sabes que si vamos nos detendrán», le dijo a Ron. «Que yo recuerde —dice Dan—, Ron no dijo nada; en realidad, siguió caminando.»

---

lutamente normal entre los santos de los Últimos Días de la Iglesia Oficial. Los mormones imponen las manos en la cabeza a un familiar o a otro santo y formulan una bendición para curar o para proporcionar consuelo y alivio en momentos de tensión. Son innumerables los mormones que han atestiguado que se curaron de graves enfermedades mediante imposición de manos. Como escribió Kenneth Anderson en un artículo del *Los Angeles Times* en 1999:

«Esta mezcla peculiar de doctrinas místicas (que además carecen de apoyo histórico) por una parte, y de racionalismo pragmático, por otra, es un rasgo fuerte de los mormones contemporáneos como individuos. La cultura mormona elevada se ha caracterizado desde hace mucho tiempo, por ejemplo, por incluir a ingenieros y físicos sobresalientes, todo lo rigurosamente racionales que es posible en su trabajo mundano, pero devotos en su adhesión a muchas creencias históricas que no resistirían la prueba de la ciencia racional, y que además creen en ideas profundamente místicas, aunque ellos no las considerarían tales. Mi propio padre era químico y decano de la universidad, un profesor de ciencias racional y de gran dedicación. Sin embargo, en la Iglesia mormona su función [...] ha sido durante muchos años impartir bendiciones, imponer las manos en la cabeza de los fieles y decirles lo que le inspirase Dios, que registraba, transcribía y guardaba el individuo como una guía meditativa de los designios divinos respecto a él o ella en la vida. Es indudable que esto se parece mucho al misticismo irracional para un extraño, pero mi padre estaba muy lejos de ser un místico irracional. Tampoco se trata de que bifurcase su vida racional de su experiencia mística y tuviese una especie de desconexión existencial entre ambas. Por el contrario, su experiencia de impartir aquellas bendiciones mormonas es que el proceso de "seguir al espíritu" es en sí mismo "razonable", de una forma absolutamente característica de la actitud mormona de considerar el misticismo una práctica racional».

Siguieron camino del casino, donde suponían que estaría
Debbie haciendo su turno, y donde Dan sospechaba que estaría esperándoles la policía. Así que, según recuerda, dijo: «Si
es este el momento, vale».

Los hermanos Lafferty fueron a Circus Circus el 7 de
agosto a primera hora de la tarde, pero no vieron a Debbie
repartiendo cartas en ninguna de las mesas de *blackjack*. Dan
le preguntó a Ron: «"¿Quieres que vaya a preguntar por ella?",
lo que yo sabía que haría saltar la trampa». Ron le dijo que
sí que lo hiciera. Cuando Dan se acercó a un encargado y le
dijo que quería hablar con Debbie, dice Dan, «el tipo abrió
mucho los ojos y desapareció rápidamente». Ron y Dan fueron luego a uno de los comedores del casino y se pusieron a la
cola para el bufé. Cuando estaban en la cola, según Dan, «vi
que se acercaban unos tipos que parecían del FBI, y se ponían
en las esquinas a mirar y tal». Poco después, un enjambre de
agentes de policía «se abalanzaron sobre nosotros por detrás
y nos pusieron pistolas en la cabeza, diciendo: "Si os movéis
os volamos los sesos". Yo sonreí. Era divertido». Los dos hermanos Lafferty se entregaron sin resistencia y los encerraron
en la cárcel de Reno con unas medidas de seguridad excepcio-
nales.

23

Juicio en Provo

El examen crítico de las vidas y creencias de los gurús demuestra que nuestras etiquetas psiquiátricas y nuestras nociones de lo que es enfermedad mental y lo que no lo es son deplorablemente inadecuadas. ¿Cómo se distingue, por ejemplo, una fe extraña y heterodoxa de las ideas delirantes? [...]. Los gurús son gente aislada, que se apoya en sus discípulos, sin ninguna posibilidad de que una iglesia los discipline ni que los contemporáneos los critiquen. Están por encima de la ley. El gurú usurpa el lugar de Dios. Si los gurús han padecido la enfermedad maniaco-depresiva, esquizofrenia o cualquier otra forma de enfermedad mental reconocida y diagnosticable, es interesante pero intrascendente en último término. Lo que diferencia a los gurús de los maestros más ortodoxos no son sus cambios de estado de ánimo maniaco-depresivos, ni sus trastornos mentales, ni sus creencias delirantes, ni sus visiones alucinatorias, ni sus estados de éxtasis místico: es su narcisismo.[1]

ANTHONY STORR,
Feet of Clay

1. Citado con permiso de Free Press, división de Simon & Schuster Adult Publishing Group, de *Feet of Clay: Saints, Sinners, and Madmen. A Study of Gurus*, de Anthony Storr. *Copyright* © 1996 Anthony Storr.

Es 5 de agosto de 2002, lunes por la mañana. Fuera del juzgado del cuarto distrito judicial de Utah, comerciantes y hombres de negocios se dirigen resueltos al trabajo en el centro de Provo. Es temprano pero el calor se alza ya del suelo en oleadas visibles. En el interior del juzgado, el reloj de la pared marca las 9:21, cuando el alguacil grita bruscamente:

—¡Pónganse en pie! ¡Presidirá el juicio el honorable Steven Hansen!

Cesan los murmullos del público y se abre al momento una puerta lateral por la que cuatro ayudantes del *sheriff* armados introducen en la sala a Ron Lafferty, de sesenta y un años, ataviado con el mono color naranja con las palabras INTERNO CDU a la espalda.

El cabello castaño rojizo de Ron, veteado de gris y que le clarea en la coronilla, está pulcramente recortado. También está perfectamente rasurado, salvo por un denso bigote a lo Yosemite Sam. Durante los últimos meses, según los rumores de la cárcel, ha estado haciendo obsesivamente levantamiento de pesas y ejercicio; los voluminosos antebrazos y los recios hombros parecen confirmar el rumor. Ron se sienta a la mesa de los abogados de la defensa, con las manos embarazosamente esposadas a la espalda, y mira desafiante al juez.

Los guardias que lo flanquean parecen nerviosos y vigilantes, se toman sus responsabilidades muy en serio. El interno al que custodian ha sido condenado a muerte por asesinar vilmente a una joven y a su hija pequeña. Saben muy bien que, a estas alturas, no tiene ya mucho que perder.

—Buenos días, señor Lafferty —dice el juez Hansen, en un tono formal pero amistoso.

—¿Qué hay, estúpido Stevie? —replica Ron con una risilla insolente.

El juez ha empezado a explicar al interno por qué lo han

convocado para que abandone la galería de los condenados a muerte y comparezca ante el juez esta mañana, pero Ron le corta.

—¡Ya sé de qué se trata, subnormal!

El juez, inmutable, informa a Ron de que el fiscal ha solicitado una orden para su inminente ejecución y que dispone de treinta días para decir si piensa alegar algo contra la condena y la sentencia o no. Si no lo hace, se fijará una fecha para la ejecución. El juez Hansen le explica también a Ron que el estado nombrará a un nuevo asesor para que lo asesore durante el resto del proceso de apelación. Ron indica que su primera elección como nuevo letrado sería Ron Yengich, el abogado que organizó el polémico acuerdo que salvó la vida del falsificador y asesino Mark Hofmann, el buen amigo y compañero de celda de Dan Lafferty. Luego Ron Lafferty proclama enfáticamente que se propone «hacer uso de todas las apelaciones a las que pueda recurrir». Deja claro que va a luchar hasta el final contra el intento del estado de matarlo.

Han pasado más de diecisiete años desde que en el mismo juzgado condenaron a Ron por primera vez a muerte por fusilamiento por asesinar a Brenda y a Erica Lafferty; pero aquí está, todavía beligerantemente entre los vivos. Sus maniobras legales en curso garantizan que el calvario de la familia de Brenda se renueve regularmente.

«Los juicios, que siguen y siguen arrastrándose, han sido duros —confiesa LaRae Wright, la madre de Brenda—. Algunos de nuestros hijos han tenido toda una lucha. Y sobre todo mi marido. Pero así son las cosas. Ahora estamos haciéndolo bien. Y nos alegramos de que Brenda esté en un sitio mejor, fuera de este mundo cruel.»

«Brenda tendría ahora cuarenta y dos años —dice Betty

Wright McEntire, la hermana mayor de Brenda—. Aún la echamos mucho de menos. Cuando se celebró el primer juicio, los fiscales nos pidieron que no asistiéramos. Estaban preocupados por mi padre. Creían que no lo aguantaría.»

Inmediatamente después de los asesinatos, los agentes sacaron casi todas las cosas de Brenda del apartamento que había compartido con Allen Lafferty como elementos de prueba.

«Los policías lo examinaron todo y dejaron las cosas que no necesitaban para la investigación en un almacén —dice Betty—. Pero Allen no pagó el alquiler, así que la empresa llamó y fuimos a American Fork mi madre y yo a hacernos cargo de las cosas de Brenda. Más tarde, mi padre se puso a mirar las cosas, los diarios, los cuadernos de recortes y los objetos personales de Brenda. Y entonces fue cuando se desmoronó. Lloraba y lloraba y no paraba de llorar.

»Leyendo lo que ella había escrito en los diarios, mi padre empezó a pensar: "¿Por qué no hice algo para salvarla? ¿Por qué no la saqué de allí?". Creía que, como era su padre, debería haber sido capaz de protegerla de algún modo y no lo había hecho. Y su hijita había muerto, y su primera nieta también. Creo que estuvo debatiéndose con eso mucho tiempo.»

En los casos de asesinato que desembocan en pena de muerte hay que tomar, como es lógico, muchas precauciones para evitar la posibilidad de una ejecución equivocada. Pero las largas y lentas maquinaciones de la jurisprudencia del país han hecho poco por aliviar el sufrimiento interminable del padre, la madre y los hermanos de Brenda.

En 1985, durante el primer juicio, el abogado de oficio de Ron había intentado montar una defensa basada en la locura, con la esperanza de una condena por homicidio y no por asesinato en primer grado. Pero Ron se había opuesto a esa estratagema, aunque constituyese una posibilidad razonable de salvarlo del pelotón de fusilamiento. Se había negado a que se presentasen en su favor testimonios psiquiátricos. En esa ocasión el juez J. Robert Bullock estaba preocupado por la posibilidad de que Ron no se hiciese cargo del todo de la probable consecuencia de su negativa a considerar una defensa basada en la locura, así que preguntó:

—¿Comprende usted, señor Lafferty, que probablemente esté dejando solo dos opciones al jurado: considerarle culpable de asesinato en primer grado o no culpable?

—Sí, señoría —contestó Ron.

—¿Y comprende usted que si hay un veredicto de culpabilidad habrá una audiencia para determinar la pena, y que en esa audiencia el jurado podría imponer la pena de muerte? —preguntó luego el juez Bullock.

—Lo comprendo —contestó Ron—. Pero en buena conciencia no puedo llegar a un acuerdo, señoría. Considero que es una admisión de culpabilidad.

Ron siguió insistiendo rotundamente en que no estaba loco y que no iba a permitir que su abogado dijese lo contrario para negociar y conseguir que la acusación de asesinato se rebajase a homicidio.

Atado de pies y manos por la obstinación de Ron, su abogado tuvo que cancelar los planes que tenía de presentar varios testigos cuyo testimonio habría proporcionado una base suficiente para sostener que el acusado era un chiflado religioso. El único testigo al que pudo recurrir la defensa fue la madre de Ron, Claudine Lafferty, que no pudo aguantar la tensión y se echó a llorar en el estrado, y luego cometió perjurio cuando declaró que no sabía que Ron y Dan habían hablado abiertamente en su presencia de matar a su nuera y a su nieta. El único sorprendido probablemente fuese Ron cuando regresó el jurado, tras deliberar solo tres horas y cuarenta y cinco minutos, y comunicó que lo consideraban culpable de todas las acusaciones, incluidas las dos de asesinato en primer grado.

Después de la condena se le proporcionó a Ron un nuevo equipo de abogados, que apelaron al tribunal federal del distrito y al Tribunal Supremo del estado de Utah. Ambos recursos fueron rechazados, pero sus abogados insistieron. En 1991 su caso había aterrizado en el tribunal de apelaciones del distrito federal de Denver (Colorado). Este tribunal, en una sentencia que conmocionó a la mayoría de Utah, anuló las condenas de Ron de 1985. El tribunal del décimo distrito explicó que rechazaba las conclusiones del tribunal inferior porque este había metido la pata desde el principio, aplicando una norma incorrecta al considerar que Ron era mentalmente apto para comparecer en juicio. Aunque los jueces del décimo distrito estaban de acuerdo en que Ron había entendido las acusaciones formuladas contra él y sus posibles consecuencias, llegaron a la conclusión de que «era incapaz, como consecuencia de su sistema paranoico delirante, de interpretarlas de forma realista». A los jueces les preocupaba la creencia de Ron de que, como él respetaba las leyes divinas, no tenía por qué responder ante las leyes de los hombres. Creían que esto era un indicio muy claro de que el acusado no estaba en su sano juicio. Si el estado de Utah quería mantenerlo encerrado, decían los jueces, iba a tener que juzgarlo otra vez, desde el principio, pero determinando antes, en primer lugar, si estaba loco o cuerdo según los criterios legales aceptados.

La sentencia del décimo distrito tuvo una repercusión profunda en Ron Lafferty y en los familiares de sus víctimas, obviamente, pero es posible que tuviese repercusiones aún mayores, por la forma en que los tribunales del país tratarían a partir de entonces los delitos violentos inspirados por la fe religiosa. Como explicó la fiscal general de Utah, Jan Graham: «Nos preocupa lo que significa esta decisión no solo en el caso Lafferty, sino en otros casos». La fiscal prevenía de que podría sentar un precedente que «inmunizaría» a los fanáticos religiosos de su persecución por la justicia.

Los teólogos consideraron también otras posibles consecuencias de la sentencia del décimo distrito. Como señaló la prestigiosa escritora sobre temas religiosos Peggy Fletcher Stack, del *Salt Lake Tribune*: «Decir que alguien que habla con Dios está loco tiene enormes implicaciones para todo el mundo religioso. Impone un criterio secular de cordura, y significa que las religiones son todas locuras». Este tema es especialmente importante para los santos de los Últimos Días, dada la excepcional importancia que los mormones han atribuido siempre a comunicarse directamente con el Todopoderoso. Su fe se basa en hablar con Dios. Tener que anular la condena de Ron Lafferty y concederle un juicio nuevo no hizo muy feliz al estado de Utah, pero, aun así, cumplió la voluntad del tribunal del décimo distrito, cuya primera fase exigía una rigurosa valoración de la capacidad mental de Ron. Se celebró para ello, a finales de 1992, una audiencia en la que tres médicos, tras examinar a Ron, convencieron al tribunal del cuarto distrito de Provo de que no estaba capacitado para comparecer en juicio.

Después de considerar a Ron incapacitado lo trasladaron del corredor de la muerte de Point of the Mountain al hospital del estado de Utah, pero el estado no tenía ninguna intención de cejar en sus esfuerzos por condenarlo y ejecutarlo por asesinato. Siguieron dieciséis meses de psicoterapia, que incluía someter a Ron a un tratamiento de medicamentos antidepresivos y antipsicóticos, y luego se celebró, en febrero de 1994, otra audiencia para determinar su capacidad. En esta ocasión, el equipo de psiquiatras reunido por la acusación resultó más persuasivo que el reunido por la defensa, y el juez Steven Hansen dictaminó que Ron era ahora lo bastante capaz para volver a ser juzgado por matar a Brenda y a Erica Lafferty.

Ron y Dan, después de su detención, habían procurado al principio negarse a cooperar con la acusación. Cuando les ha-

393

cían preguntas sobre los asesinatos, los hermanos mantenían siempre una actitud reservada y evasiva. Desde el momento de su detención hasta sus condenas de 1985 ninguno de los dos confesaría nada. Pero a mediados de la década de 1990 la actitud y el enfoque de Dan habían cambiado. Aceptó que iba a pasar el resto de su vida en la cárcel; en realidad, creía que su condena y encarcelamiento eran elementos cruciales del plan divino para los hombres y, como consecuencia, pasó a mostrarse muy dispuesto a hablar sincera y abiertamente (deseoso incluso) sobre todo lo ocurrido el 24 de julio de 1984.

Según la versión de los hechos de Dan (una narración que fue considerada muy creíble en su mayor parte por casi todos los que la conocen), fue él quien degolló no solo a Erica Lafferty sino también a Brenda. Dan insiste en que Ron no mató a nadie en realidad. Pero aunque Ron no hubiese manejado el arma asesina, el relato de Dan lo situaba claramente en el apartamento cuando se produjeron los crímenes. Además, Dan explicaba ahora (con repugnante detalle) cómo Ron había pegado brutalmente a Brenda, desoyendo sus súplicas, hasta convertir su rostro en un amasijo de carne ensangrentada y desfigurada. El vívido testimonio de Dan no dejaba la menor duda de que los dos hermanos eran culpables por igual de los asesinatos de American Fork. En cuanto el jurado tuvo la oportunidad de escuchar el testimonio de Dan en el nuevo juicio, Ron ya no podría pretender (como había hecho en el juicio de 1985) que no había tenido nada que ver con los asesinatos.

Estaba previsto que se iniciase el nuevo juicio en marzo de 1996. A los abogados de Ron solo les quedaba una opción legal para intentar salvarlo del pelotón de fusilamiento: una defensa basada en la locura... la misma que habían querido emplear en el juicio de 1985 y a la que Ron se había opuesto. Cuando se acercaba la fecha del juicio, Ron seguía diciéndole a todo el mundo que estuviese dispuesto a escucharlo que él no tenía nada de loco; pero esta vez dejó de impedir activamente a sus abogados que alegaran en el juicio que lo estaba.

Que Ron viviese o muriese dependía enteramente de si podían convencer al jurado de que sus creencias religiosas (incluido su convencimiento de que Dios le había ordenado eliminar a Brenda y a Erica Lafferty) no solo eran creencias sinceras, sino que eran además tan extremadas como para constituir un instrumento delirante de una mente enferma.

Esa defensa planteaba inevitablemente las mismas difíciles cuestiones epistemológicas que se habían planteado después de la sentencia del tribunal del décimo distrito en 1991: si consideraban a Ron Lafferty mentalmente enfermo por obedecer la voz de su Dios, ¿no estaba también mentalmente enfermo todo el que creyese en Dios y buscase orientación mediante la oración? En una república democrática que aspira a proteger la libertad religiosa, ¿quién podía tener derecho a proclamar que las creencias irracionales de un individuo son legítimas y encomiables mientras que las de otro son locura? ¿Cómo puede una sociedad fomentar la fe religiosa por una parte, y por la otra condenar a un hombre por atenerse celosamente a su fe?

Al fin y al cabo, Estados Unidos es un país gobernado por un cristiano renacido, el presidente George W. Bush, que cree ser un instrumento divino y define las relaciones internacionales como un choque bíblico entre las fuerzas del mal y del bien. El funcionario de justicia de más alto rango de la nación, el fiscal general John Ashcroft, es un acérrimo seguidor de una secta cristiana fundamentalista (las Asambleas Pentecostales de Dios), que inicia la jornada en el Departamento de Justicia con una devota reunión en la que reza con el personal a su cargo, que se hace ungir periódicamente con óleo santo y suscribe una noción apocalíptica del mundo que tiene mucho en común con las creencias milenaristas elementales que sostienen los hermanos Lafferty y los habitantes de Colorado City. El presidente, el fiscal general y otros dirigentes de este país instan a menudo al pueblo a tener fe en el poder de la oración y a confiar en la voluntad de Dios. Que es precisamente lo que estaban haciendo ellos, dicen Dan y Ron Lafferty, cuando se derramó tanta sangre en American Fork el 24 de julio de 1984.

Durante las audiencias previas al juicio, la conducta de Ron en la sala sirvió para respaldar la tesis de sus abogados de que era mentalmente incapaz. Se presentó con un cartel de tela pegado a la culera del mono de la cárcel que decía: SOLO SALIDA. Los abogados explicaron que llevaba aquel cartel para ahuyentar al ángel Moroni, que Ron creía que era un espíritu maligno homosexual que intentaba invadir su cuerpo a través del ano. Creía que aquel mismo espíritu sodomizador había tomado posesión ya del cuerpo del juez Hansen, y ese era el motivo de que insistiese en gritarle obscenidades al juez y dirigirse a él con epítetos como «puto de mierda» y «jodido mariquita».

La defensa intentaría salvar la vida de Ron solicitando el testimonio técnico de tres psiquiatras y un psicólogo que declararían que, después de haber examinado al acusado, estaban absolutamente convencidos de que padecía un trastorno mental. La acusación, por su parte, procuraría conseguir la ejecución de Ron presentando a un psiquiatra y tres psicólogos que alegarían con no menos convicción que Ron estaba completamente cuerdo y que sabía exactamente lo que hacía cuando había participado en los asesinatos de Erica y de Brenda Lafferty.

El primer testigo que compareció fue C. Jess Groesbeck, médico psiquiatra, testigo de la defensa, que declaró que Ron había sobrepasado el límite de la cordura cuando su esposa Dianna lo había abandonado llevándose con ella a sus hijos.

«Es evidente que no pudo soportar perderla», declaró el doctor Groesbeck.

Así se inició lo que Groesbeck denominó alternativamente «trastorno psicoafectivo» y «trastorno delirante».

Basaba este diagnóstico en que las extrañas creencias de Ron no podían «modificarse con la razón» y «son tan fantásticas y están tan alejadas de cualquier posibilidad de aceptación racional por alguien de la misma cultura, que se pueden calificar de delirantes». Cuando Dianna Lafferty lo dejó, consideraba el doctor Groesbeck, Ron sufrió «una pérdida total de autoestima o autoimagen» que le impulsó a compensarla «creando una visión de sí mismo y del mundo nueva pero irreal».

Mike Esplin, el principal abogado de Ron, le preguntó a Groesbeck:

—Basándose en sus valoraciones, ¿cree usted que esos trastornos mentales afectan a su capacidad de comprender o apreciar las acusaciones y alegaciones que se presentan contra él?

—Sí —contestó Groesbeck—. En primer lugar, ni siquiera es capaz de apreciar la realidad; por ejemplo, la acusación que el estado formula contra él. Y, en segundo lugar, creo que, aunque pueda entender algunos de estos hechos, su sistema delirante es muy fuerte [...]; por ejemplo, está absolutamente convencido de que todas las pruebas que se han presentado contra él han sido amañadas, son una trampa. Y creo que eso es producto de su pensamiento delirante. Debido a lo cual, en mi opinión [...], no cumple con los criterios que determinan la capacidad necesaria para poder apreciar las acusaciones.

El siguiente testigo de la defensa, un psicólogo clínico y forense llamado Robert Howell, ratificó la opinión del doctor Groesbeck de que Ron padecía un trastorno delirante, «una enfermedad esquizofrénica» que lo incapacitaba mentalmente para comparecer en juicio.

Esplin preguntó al doctor Howell si había «visto pruebas de delirio en el señor Lafferty».

Howell contestó: «Oh, sí, desde 1985 y luego constantemente, hasta hoy». Indicó que muchos de los delirios de Ron se relacionaban con «el estado y la familia»: Ron no comprendía por qué lo estaba juzgando el estado en vez de su propia familia. Según el doctor Howell, consideraba que la cuestión de si era culpable o inocente era «un asunto de familia», que como mejor podía resolverse era dejando «que lo resuelva él con Allen, el marido de la difunta».

El doctor Howell pasó luego a describir otras conductas delirantes de Ron: que creyese que Moroni intentaba invadir su cuerpo a través del recto; que oyese a veces a Jesucristo hablar con él; que percibiese un zumbido cuando estaban presentes espíritus; o que viese salir chispas de las yemas de sus dedos.

Cuando le tocó el turno a la acusación, el equipo de testigos técnicos que llamó el fiscal al estrado pasó rápidamente a arrojar agua fría sobre la tesis de que esa conducta demostraba que Ron estaba loco o que fuese por alguna otra razón incapaz de comparecer en juicio.

El primero de estos especialistas fue Noel Gardner, psiquiatra relacionado con la Facultad de Medicina de la Universidad de Utah. El doctor Gardner admitió que la creencia de Ron en «viajeros», malos espíritus, escudos reflectores y cosas similares se debía a «ideas muy raras, muy extrañas. La primera vez que leí la descripción que hacía de ellas la defensa en su memorando [...] creí que este hombre se había vuelto psicótico, por lo extrañas que parecían. Pero lo interesante es que si se efectúa una exploración en profundidad para ver de dónde proceden esas ideas, y cómo las utiliza y piensa en ellas, se ve claramente que no son ideas psicóticas [...]. Son muy coherentes con lo que aprendió de niño».

Gardner explicó que Ron describía a los «viajeros» como entidades espirituales con capacidad para «habitar en diferentes cuerpos en diferentes momentos». E indicó que esa creencia no difería mucho en realidad de la idea de la reencarnación, y que Ron sencillamente utilizaba «algunas etiquetas muy insólitas» para un «conjunto de ideas bastante convencional. Hay millones, literalmente, probablemente miles de millones de personas que creen en el mundo de los espíritus».

Ron «habla de lo que él llama "escudos reflectores" —explicó el doctor Gardner— que nos protegen o defienden de las fuerzas malignas. Y hablar de eso tiene la virtud de que podría ser indicio de un conjunto de ideas psicóticas y paranoicas. Pero, en realidad, Ron describe esas fuerzas, en gran medida, con el mismo lenguaje que emplearía la gente religiosa normal. Por ejemplo, le pregunté en qué se diferenciaban y en qué se parecían esos espíritus a la idea de los ángeles guardianes, y le dije que me había criado en una familia en la que creíamos en los ángeles guardianes».

Ron contestó que sus «escudos reflectores» eran muy parecidos a los ángeles guardianes, lo que al doctor Gardner le pareció «no muy psicótico». Le pareció casi igual que la idea cristiana habitual de erigir defensas «contra las tentaciones o influencias de Satanás. No es tan diferente en muchos sentidos de un texto ordinario del Nuevo Testamento [...] y es evidente que muchas de sus ideas proceden de las enseñanzas religiosas mormonas de su infancia».

Creighton Horton, ayudante del fiscal general de Utah, preguntó al doctor Gardner incitándolo a seguir por esa vía:

—¿Está mentalmente enfermo quien cree en un ente divino que lo guía, o que Dios le envía ángeles guardianes para protegerlo?

—Yo diría que no —contestó Gardner—. Es indudable que casi todos los habitantes de este país creen en Dios. En este país la mayoría de la gente dice que reza a Dios. Es una experiencia común. Y aunque las etiquetas que emplea el señor Lafferty son, sin duda alguna, insólitas, las formas mentales en sí son en realidad cosas muy comunes [...] a todos nosotros.

HORTON: «En lo que le ha contado el acusado, ¿le ha dicho que cree que los viajeros pueden entrar en los seres humanos?».

GARDNER: «Sí, él cree que los viajeros pueden entrar en los seres humanos».

HORTON: «¿Existe un paralelismo judeocristiano de eso?».

GARDNER: «La idea de que los cristianos deberían rezar para que el Espíritu Santo llene sus vidas, entre en ellos y controle sus vidas, los posea [...] es una idea muy común [...]. Y la creencia de que las personas pueden estar influidas por el mal y que Satanás es un ser personal que puede influir en nosotros, y que puede hacerse con el control de nuestra mente e influir en nuestro comportamiento, también es muy común entre los cristianos y entre personas religiosas no cristianas».

Gardner recordó al tribunal que hay una serie de religiones en las que se practican los exorcismos para ahuyentar a los malos espíritus que han tomado posesión de las personas.

—La gente que practica exorcismos —preguntó Horton—, ¿está enferma necesariamente por el hecho de creer en los malos espíritus?

—Por supuesto que no —contestó Gardner.

Gardner se extendió a continuación sobre la diferencia que existe entre la creencia en principios religiosos estrambóticos y el delirio clínico.

—Una creencia falsa —insistió— no es necesariamente la base de una enfermedad mental.

Destacó que la mayor parte de la humanidad profesa «ideas que no son particularmente racionales [...]. Por ejemplo, muchos de nosotros creemos en algo que se denomina "transustanciación". Consiste en que cuando el sacerdote celebra la misa, el pan y el vino se convierten en la carne y la sangre reales de Cristo. Desde un punto de vista científico, es una idea muy extraña, irracional, absurda. Pero la aceptamos por la fe, todos los que lo creemos. Y como ha pasado ya a ser algo tan familiar y corriente, ni siquiera nos damos cuenta, en realidad, de su carácter irracional. O la idea del nacimiento virginal, que desde un punto de vista médico es sumamente irracional, pero que es artículo de fe desde un punto de vista religioso».

Gardner explicó que lo que hace que las creencias de Ron Lafferty sean «tan sorprendentes no es que sean extrañas o incluso irracionales, porque todas las personas religiosas tienen ideas irracionales. Lo que las hace diferentes es que son exclusivamente suyas». Y aunque Ron había construido su propia teología idiosincrásica, Gardner insistía en que lo había hecho «de un modo no muy psicótico [...], la creó con todo lo que a él le parecía bien. Dice: "Me da una sensación de paz, simplemente, y entonces sé que es verdad", y se convierte en una parte de su artículo de fe personal y exclusivo. Eso no es producto de un cerebro trastornado, esquizofrénico».

El abogado de la defensa, Mike Esplin, cuando le dieron la posibilidad de interrogar al doctor Gardner, intentó conseguir que admitiera que, como la teología de Ron era tan estrambótica y «no se basaba en la realidad», tenía que ser psicótica. Pero el psiquiatra se mantuvo firme.

—Hay muchas ideas irracionales que se comparten en la comunidad que no son psicóticas —contestó—. Todos profesamos ideas que no se basan en la realidad.

Luego, en una fascinante digresión, puso como ejemplo su propia formación en una familia protestante conservadora que seguía las enseñanzas del arzobispo James Usher, teólogo irlandés del siglo XVII. Las creencias de su familia, explicó Gardner al tribunal, eran un tanto fundamentalistas, no mormonas. Su padre, que era un médico inteligente y muy culto, «muy respetado como persona y como científico en la comunidad», hizo creer a sus hijos que «el mundo fue creado literalmente en seis días, hace seis mil años». Gardner recordaba que, cuando era pequeño, su padre lo había llevado al Museo Americano de Historia Natural de Nueva York y se había burlado de las piezas expuestas, insistiendo en que el mundo no era tan antiguo como explicaban las placas del museo, que la evidencia arqueológica y geológica que indicaba que la Tierra tenía millones de años era simplemente «una mentira de Satanás» para engañar a los crédulos. Según Gardner, la terca creencia de su padre en que el mundo había sido creado hacía seis mil años en seis días era «una idea bastante irracional», pero él había aprendido la idea del mismo modo que aprendemos todas las ideas: de su familia y de la cultura en la que se había educado. Y por esos mismos medios, añadió, su padre le inculcó la misma idea irracional a él cuando era un niño. «Aprendí que la Tierra tenía seis mil años, lo mismo que aprendí que dos más dos son cuatro.»

La teología de Ron Lafferty, afirmó Gardner, es sumamente extraña, pero no se debe a la esquizofrenia ni a ninguna enfermedad cerebral. Las creencias de Ron están arraigadas en cosas que le enseñaron cuando era niño su familia y su comunidad, lo mismo que lo están las creencias de Gardner. Y aunque la teología de Ron equivale a «una extraña colección de ideas», en frase de Gardner, esas ideas tienen, sin embargo, «una especie de coherencia cohesiva que no difiere de la coherencia de otros sistemas de creencias no verificables, otros tipos de religiones».

A continuación declaró un psicólogo del condado de Utah llamado Richard Wootton, mormón practicante que había estudiado en la Universidad Brigham Young. El abogado de la defensa, Mike Esplin, esperaba convencer al jurado de que las creencias de Ron eran tan disparatadas que demostraban que estaba loco, y preguntó a Wootton qué opinaba de lo que decía Ron de que el ángel Moroni no solo era un «viajero» homosexual que invadía a las personas a través del ano, sino que la razón de que una imagen de Moroni adorne casi todos los templos mormones modernos era que el ángel hizo un trato con Brigham Young en 1844, después de la muerte de Joseph Smith. Según Ron, Moroni accedió a convertir a Brigham en el dirigente de la Iglesia mormona si Brigham prometía colocar una imagen de oro suya en la aguja más alta del templo mormón.

El doctor Wootton aceptó que esa creencia de Ron era extraña, pero insistió en que no lo era más que muchas otras ideas que las personas religiosas, incluidos los fieles de su propia fe, el mormonismo, consideran verdaderas. Las diversas culturas aceptan muchísimas cosas que fuera de ellas parecerían disparatadas o demenciales, argumentó Wootton. Cuando le pidieron que diese un ejemplo, mencionó la multitud de visiones y demás experiencias sobrenaturales que había tenido Joseph Smith a lo largo de su vida. «Algunas personas ajenas a esa religión —dijo Wootton— podrían considerar que se trataba de un delirio.»

Si comparáramos las revelaciones de Ron y su fe en los espíritus con «material de la doctrina mormona —prosiguió el doctor Wootton— se descubrirá que las afirmaciones que hizo él no eran tan extremadas como algunos podrían pensar». Wootton explicó al tribunal que los espíritus eran un tema de conversación frecuente entre los mormones normales: «Nosotros decimos que los espíritus están "al otro lado". No es raro que se hable de lo que está "al otro lado del velo" y lo que está "al otro lado" en el mundo espiritual».

Wootton reconoció que Ron «tiene tendencia a tomar cosas de carácter religioso y llevarlas al extremo. Sin embargo, añadiría que conozco a muchísimas personas que hacen lo mismo y nunca cometen crímenes. Así que no es insólito en-

403

contrar a personas que llevan a un extremo ciertas ideas religiosas, o ideas de otro tipo».

El último especialista que declaró como testigo de la acusación fue Stephen Golding, un psicólogo forense que en 1980 fue coautor de un libro muy alabado sobre los parámetros jurídicos de la capacidad mental y que ayudó a escriturar la metodología principal para determinar la capacidad para comparecer en juicio. Mike Esplin, desafiando al doctor Golding durante su interrogatorio, señaló que *Diagnostic and Statistical Manual of Mental Disorders* (4.ª edición, que suele denominarse *DSM-IV*)[2] afirmaba que «las falsas creencias» son por definición delirios. Como todo el mundo parece estar de acuerdo en que las creencias de Ron Lafferty no se basaban en los hechos y por lo tanto eran falsas, Esplin pidió a Golding que le dijese por qué se negaba a calificar a Ron Lafferty de demente.

«No se puede tomar una palabra de un manual diagnóstico y sacarla de contexto —contestó Golding—. Casi todos los sistemas de fe religiosa que conozco se componen en un 90 % de artículos de fe que no pueden remitirse a hechos. Así que, de acuerdo con la definición que utiliza usted, serían todos falsos. Serían todos delirios.»

El que las creencias de Ron fuesen verdaderas o falsas, explicó, era irrelevante para determinar si estaba cuerdo. Había que recurrir a otros criterios.

«La visión del mundo del señor Lafferty —dijo el doctor Golding— no difiere de la de otros tipos de fanáticos religiosos o políticos de este país, de Irán, de Montana, de muchos lugares.»

2. Publicado por la American Psychiatric Association, el *DSM-IV* funciona como la Biblia de los profesionales de la salud mental.

Esplin continuó presionando a Golding, argumentando que la rama de fanatismo religioso de Ron era tan excesiva que debía considerarse un síntoma de inestabilidad psicológica. Golding afirmó: «Yo no creo que los fanáticos sean forzosamente enfermos mentales». Explicó que había «fanáticos de todas las clases y de todos los colores» en el mundo, políticos, religiosos y de otros géneros: «Un fanático es simplemente alguien que cree en algo de una forma ferviente y extrema» y está dispuesto a «llegar muy lejos para imponer esas creencias, para actuar conforme a ellas [...]. Por ejemplo, la organización terrorista palestina Hamas. Hamas significa "celo"». Golding insistió: «Creo que mi postura, la expondré de nuevo, es que la existencia de un sistema de creencias religioso, personal o político no es, en sí mismo, indicio de enfermedad mental».

En determinado momento, el ayudante del fiscal general Michael Wims, como parte de los esfuerzos de la acusación por presentar a Ron como un individuo fanático pero absolutamente cuerdo, pidió al doctor Noel Gardner que comparase a Ron con esquizofrénicos a quienes hubiese examinado. Gardner se mantuvo firme en que Ron se parecía muy poco a aquellos individuos gravemente enfermos. «No puedes entrevistar al señor Lafferty sin percibir la vibración y la intensidad de su afecto —declaró—. Es un hombre que sabe apreciar un buen chiste.» Gardner recordó que Ron se reía mucho y «la risa es siempre algo que constituye una experiencia compartida [...]. Una cosa que puedo decir después de trabajar con centenares de esquizofrénicos a lo largo de mi vida es que los esquizofrénicos no tienen un humor compartido con la gente que les rodea. Carecen casi siempre completamente de él. De vez en cuando tienen su propio humor peculiar, se ríen solos de cosas que no tienen nada que ver con su entorno. Pero un indicador bastante sensible de la psicosis es si la gente tiene en grado suficiente la misma realidad compartida no solo para entender los hechos de la realidad propia, sino ese sentido y esa significación sutil y social que es la ironía».

El doctor Gardner dejó muy claro que Ron Lafferty «es un hombre que disfruta relacionándose con otras personas y que busca esa relación. Los esquizofrénicos no buscan por naturaleza las relaciones externas. Son individuos aislados, solitarios, muy encerrados en sí mismos».

Gardner señaló: «El señor Lafferty tenía muchos libros en su celda. Muéstreme un esquizofrénico del hospital del estado que tenga libros y que los lea. ¿Sabe por qué? No pueden concentrarse. Sus pensamientos les mantienen constantemente distraídos. No puedes encontrar a esquizofrénicos capaces de leer libros y comentar luego detalles de su contenido. El señor Lafferty lo hace maravillosamente. Puede indicarte que aceptó esta idea, que rechazó esta otra... como todos nosotros.

»En fin, cuando lees en el periódico que el señor Lafferty tuvo revelaciones de Dios para que hiciera algo, da la impresión de que está loco», admitió el doctor Gardner. Pero él no creía que Ron estuviese loco, ni muchos menos, teniendo en cuenta que las revelaciones se produjeron en el marco de la Escuela de los Profetas: un grupo de individuos devotos de ideas afines que se reunían periódicamente para valorar esas revelaciones. «Eso es muy distinto —dijo Gardner— de la psicosis de quien cree que Dios habla con él cuando es esquizofrénico. Y la diferencia es esta: hay seis personas que compartían la misma realidad, hacían lo mismo; rezaban juntos, leían juntos, hablaban entre ellos, sopesaban si una cosa procedía realmente de Dios o no, si era auténtica o no.

»Esa es exactamente la tradición de la iglesia cristiana —afirmó Gardner— en la que la gente intenta determinar si los espíritus con los que se encuentran "son de Dios o no". Es una experiencia comunal, el mundo real de seis o siete personas que se reúnen, comparten las mismas ideas, hablan de ellas en el mundo real. No hay esquizofrénicos que se sienten en grupo y hablen de experiencias compartidas.»

Si Ron no estaba loco, o al menos no más que cualquier otro que crea en Dios, ¿qué era? ¿Por qué las ideas religiosas de los hermanos Lafferty los habían convertido en asesinos implacables? El doctor Gardner explicó que aunque Ron no era un psicótico, manifestaba los síntomas de una afección psicológica denominada «trastorno narcisista de la personalidad» o TNP. Según el *DSM-IV*, el TNP se caracteriza por

[...] una pauta dominante de grandiosidad (en la fantasía o en la conducta), necesidad de admiración y falta de empatía [...], indicadas por cinco (o más) de las siguientes características:

1. Sensación exagerada de la propia importancia [...].

2. Obsesión con fantasías de éxito ilimitado, poder, inteligencia, belleza o amor ideal.

3. Creerse «especial» y que solo pueden entenderle otras personas especiales o de elevada condición o que solo debería relacionarse con ellas [...].

4. Exige una excesiva admiración.

5. Tiene una sensación de titularidad, de derechos especiales [...].

6. Se aprovecha de forma egoísta de otros para conseguir sus fines.

7. Carece de empatía.

8. Suele tener envidia a otros o cree que otros se la tienen a él.

9. Manifiesta actitudes o conductas arrogantes, altivas, paternalistas o despectivas.

Aunque el trastorno narcisista de la personalidad ni siquiera se enumeraba como diagnóstico oficial en el *Diagnostic and Statistical Manual of Mental Disorders* antes de 1980, se calcula que el 1 % de la población del país lo padece; el TNP es una dolencia desconcertantemente común. De hecho, en un grado notable, los narcisistas alimentan los motores culturales, espirituales y económicos de la sociedad occidental, como reconoció sin ambages el doctor Gardner en el estrado de los testigos. «Muchas personas de éxito son narcisistas», dijo subrayando que el narcisismo es especialmente frecuente entre los hombres de negocios, abogados, médicos y académicos de éxito. Esas personas tienen la sensación de ser importantísimas, explicó Gardner. Y creen que «son más listos y mejores que todos los demás. Están dispuestos a trabajar un número increíble de horas para conseguir la confirmación que apoye sus delirios de grandeza».

Gardner citó como ejemplo a algunos colegas suyos de la Facultad de Medicina de Utah: «Puedo recorrer la Facultad de Medicina y señalarlos a la cabeza de muchos departamentos [...] trabajan tres o cuatro veces más que el resto [...]. Así que se puede tratar de algo adaptativo, en el sentido de que los convierte en sumamente capaces. Por otra parte, menoscaba en realidad su capacidad de establecer relaciones de intimidad y de proximidad, porque carecen de empatía y no pueden comprender la importancia de las experiencias vitales de otras personas, así que se dedican a trabajar y no hacen caso a sus esposas ni a sus hijos, porque están consagrados a esa idea grandiosa de sí mismos, que puede hacerles triunfar [...], pero que obstaculiza sus interacciones sociales e interpersonales».

El doctor Gardner subrayó que los delirios de grandeza y la falta de empatía eran las señales distintivas del TNP, y Ron Lafferty tenía sin duda alguna delirios de grandeza y era emotivamente frío... Ron ya había declarado voluntariamente que la muerte de Brenda no había despertado en él ningún sentimiento, y había insistido en que él era una persona especialmente importante para Dios, que Dios lo había ungido a él, Ron Lafferty, para ser el «uno poderoso y fuerte».

Aunque no se enumera el deseo exagerado de imponer la justicia entre las características definitorias del trastorno narcisista de la personalidad en el *DSM-IV*, probablemente debería incluirse. Los narcisistas explotan en una indignación farisaica siempre que creen que otros quebrantan las normas, actúan injustamente o consiguen más parte del pastel que la que les corresponde. Sin embargo, no tienen reparos en quebrantar ellos mismos las normas, porque saben que ellos son especiales y que las normas no se aplican en su caso. Ron, por ejemplo, se apresuraba a censurar a todos los que en su opinión se comportaban de forma egoísta e injusta; de hecho, en el caso de Brenda y de Erica Lafferty, no vaciló en asumir el papel de juez, jurado y verdugo. Sin embargo, nadie gritó más fuerte que él contra la persecución injusta cuando otros lo acusaron de desmanes morales, éticos o legales.

Los narcisistas suelen reaccionar mal cuando se enfrentan a personas que rechazan la legitimidad de sus extravagantes pretensiones. Pueden hundirse en la depresión o ponerse furiosos. Gardner explicó en el juicio que cuando se denigra o minusvalora a los narcisistas, «se sienten muy mal [...]. Tienen la sensación de que son personas grandiosas, perfectas y bellas, o bien que no valen absolutamente nada. Así que si rechazas sus delirios de grandeza, y estas son palabras del manual de diagnóstico, "reaccionan con la humillación o la cólera". Su reacción a la crítica es muy fuerte. Y yo creo que se trata de una característica que queda muy claramente demostrada en el caso del señor Lafferty».

Gardner describió a Ron como un individuo cuya «visión grandiosa de sí mismo había quedado gravemente menoscabada por el divorcio y por el rechazo de su comunidad. Estaba excomulgado. Y en esos momentos de sentarse en silencio y pensar, se le ocurrían una serie de ideas que le daban una sensación de alivio y de liberación. Eran lógicas y razonables. Puede que no se basasen en los hechos, pero tenían un carácter lógico, porque servían a sus propósitos de una forma muy lógica».

Esplin preguntó con escepticismo: «¿Es lógico para él?».

«Para él —afirmó el doctor Gardner—. Cualquier psiquiatra que lo considerase, diría que se trata de una serie de defensas que utiliza para no sentir tanto el dolor de la pérdida. Es decir, que ha creado unas ideas que lo alivian. Muchas personas dirían, al estudiar la religión, que es una serie de ideas creadas por la gente como una forma de consuelo, porque vivimos en un mundo muy incierto y con frecuencia trágico.»

Muchas personas alegarían también que prácticamente todos los que han introducido una nueva estructura de creencias religiosas en el mundo (desde Jesús a Mahoma, Joseph Smith y Ron Lafferty) se ajustan al diagnóstico del trastorno narcisista de la personalidad. En opinión de psiquiatras y psicólogos, todo individuo que se proclama profeta o gurú (que dice tener comunicación con Dios) está, casi por principio, mental o emotivamente desequilibrado en algún grado.[3] Como escribió William James en *Las variedades de la experiencia religiosa*:

> No cabe duda de que en realidad una vida religiosa, cuando se consagra uno en exclusiva a ella, tiende a hacer al individuo excepcional y excéntrico. No me refiero al creyente normal, que sigue las normas convencionales de su país, sea budista, cristiano o mahometano. Su religión se la han hecho otros, se la han comunicado por tradición, está determinada por formas fijadas por imitación y conservadas por la costumbre. De poco

3. Muchos han afirmado, claro, que la psiquiatría no es también más que una variedad de fe secular: religión para los no religiosos.

nos valdría estudiar esta vida religiosa de segunda mano. Tenemos que investigar más bien las experiencias originales, que son las que establecieron las pautas de toda esta masa de sentimientos inducidos y de conducta imitada. Esas experiencias solo podemos hallarlas en individuos para quienes la religión no constituye un hábito insulso, sino más bien una fiebre intensa. Pero esos individuos son «genios» en el terreno de la religión. Y como muchos otros genios que han producido frutos lo bastante eficaces para conmemorarlos en las páginas de la biografía, esos genios religiosos han manifestado a menudo síntomas de desequilibrio nervioso. Los dirigentes religiosos, tal vez incluso más que otros genios, han estado sometidos a visiones psíquicas anormales. Han sido invariablemente criaturas de sensibilidad emotiva exaltada. Han llevado a menudo una vida interior discordante y han padecido de melancolía durante parte de su carrera. No han conocido ninguna medida, siendo susceptibles a las obsesiones y a las ideas fijas. Y han caído a menudo en trances, han oído voces, han visto visiones y han mostrado toda suerte de peculiaridades que se consideran normalmente patológicas. Además, estas características patológicas de su carrera han contribuido a menudo a proporcionarles su influencia y su autoridad religiosa.

Pero si todos los que se proclaman profetas son narcisistas, pocos narcisistas creen ser profetas de Dios. Y menos aún son asesinos. Estos fueron algunos de los matices que pidió el fiscal al jurado que considerara cuando intentó convencerlo de que Ron Lafferty solo era narcisista y muy religioso, pero no estaba loco, por lo que debían condenarlo a muerte por su papel en los asesinatos de Brenda y de Erica Lafferty.

El 10 de abril de 1996, tras cuatro semanas de declaraciones y después de deliberar cinco horas, el jurado se mostró de acuerdo con el fiscal: declararon a Ron culpable de asesinato en primer grado y de las demás acusaciones relacionadas, una repetición exacta del veredicto de su primer juicio de once años antes.

El juez Steven Hansen convocó de nuevo al jurado el 31 de mayo para imponer la sentencia. Antes de hacerlo, preguntó a Ron si quería decir algo. Ron contestó: «Adelante y haz lo que tienes que hacer, mariquita político, porque eso es lo que eres, un jodido marica, Stevie Wonder». Ron siguió varios minutos en esa vena, llamando al juez, entre otras cosas, «jodido imbécil» que «viene a trabajar disfrazado».

Cuando el juez Hansen preguntó tranquilamente si Ron había hecho su declaración final, el acusado dijo: «Bueno, mi declaración final es que puedes besarme el culo, amigo [...]. Eso lo expresará muy bien. No merecería la pena extenderse más. Qué demonios, probablemente hablo para mí en este momento».

Una vez confirmado que Ron había terminado de dirigirse al tribunal, el juez declaró: «Se dictamina y ordena que el acusado sea condenado a muerte». Luego preguntó a Ron si prefería que lo ejecutasen «con un pelotón de fusilamiento o con una inyección letal intravenosa».

—No prefiero ni lo uno ni lo otro. Prefiero vivir. Eso es lo que prefiero.

—Si no me indica usted lo que prefiere —explicó el juez Hansen—, le impondré la inyección letal como método de ejecución.

—Ya he sufrido la inyección letal del mormonismo —respondió Ron—. Y me gustaría probar algo distinto esta vez... Me quedaré con el pelotón de fusilamiento. ¿Qué tal eso? ¿Está lo bastante claro?

—Está claro —dijo el juez. Y condenó a Ron a morir fusilado por sus crímenes... subrayando el hecho de que los fundamentalistas mormones no son, ni mucho menos, los únicos estadounidenses modernos que creen en la expiación por la sangre.

El abogado Mike Esplin presentó una serie de recursos en defensa de Ron, consiguiendo llevar el caso hasta el Tribunal Supremo del país. En noviembre de 2001, los magistrados del órgano judicial supremo de la nación desestimaron el recurso de Ron garantizando prácticamente que el estado de Utah lo ejecutaría. Ron Yengich, un abogado astuto y agresivo, sustituyó a Esplin en la defensa en septiembre de 2002. La ejecución esperará hasta que Yengich agote todos los recursos legales, pero se espera que se cumpla en el año 2004. Casi nadie, incluido Dan Lafferty, cree que Ron tenga ninguna posibilidad de escapar de la muerte a manos de un pelotón de fusilamiento.

«Creo que no existe ninguna posibilidad realista de que mi hermano evite la pena de muerte», confirmó Dan en noviembre de 2002. Él cree que la ejecución de Ron es una pieza clave del plan divino para la humanidad. En realidad, cree que puede ser una señal de que el Armagedón está a la vuelta de la esquina... o, según sus palabras, «una señal de que se acerca la Gran Fiesta».

24

El Día Grande y Terrible

CREIGHTON HORTON (ayudante del fiscal del distrito de Utah): Lo que dice usted, básicamente, es que Ron tuvo una revelación que indicaba que había personas a quienes el Señor quería que se eliminase y que usted lo ayudó a matar a esas personas.

DAN LAFFERTY: Creo que no hay nada erróneo en esa declaración; digamos que sí.

CREIGHTON HORTON: ¿Indicó usted también a nuestros investigadores que no se avergonzaba de que lo consideraran un fanático religioso?

DAN LAFFERTY: Yo no tengo ningún problema con eso.[1]

En agosto de 1995, durante las series interminables de trámites y audiencias que precedieron al nuevo juicio de Ron Lafferty, dio la casualidad de que en una ocasión llevaron a Dan y a Ron al mismo tiempo al juzgado de Provo para comparecer ante el juez Steven Hansen. Se miraron y Ron saludó cordialmente a su hermano.

—Hola, hermano, ¿qué pasa?

—Me alegro de verte —contestó Dan con una sonrisa.

1. Esta conversación se produjo en el juzgado de Provo el 2 de abril de 1996, con Dan Lafferty en el estrado de los testigos, durante el nuevo juicio de Ron Lafferty.

Era la primera vez en once años que los hermanos hablaban. Desde que los habían encerrado en la prisión del condado de Utah. A pesar del intercambio cordial de saludos en el juzgado del juez Hansen, en 1995 Dan había llegado a creer que Ron era un «hijo del demonio», un agente de Satanás que estaba decidido a matarlo para impedirle cumplir el resto de la misión vital que Dios le había encomendado.

En realidad, Dan tenía buenas razones para creer que Ron quería acabar con su vida, porque era precisamente lo que había intentado la última vez que habían estado juntos, y había estado a punto de conseguirlo. Había sucedido eso en diciembre de 1984, cinco meses después de los asesinatos, cuando compartían una celda en la cárcel del condado de Utah mientras esperaban juicio. Dan estaba echado en su catre intentando dormir, según recuerda, cuando «tuve una sensación rara, abrí los ojos, y cacé a Ron abalanzándose sobre mí». Ron, sorprendido in fraganti, se detuvo y volvió a su catre.

«Pero entonces —dice Dan—, curiosamente me preguntó si creía que él sería capaz de matar a alguien tan grande como yo. Y le contesté: "Sí, creo que sí".»

A partir de aquel momento Dan decidió andar con ojo. El resto de aquella noche trascurrió sin incidentes, pero al día siguiente, cuando estaba tranquilamente en su celda, dice Dan, Ron «me atizó de improviso en la sien izquierda un directo que me dejó atontado pero no me tumbó». Cuando se volvió para enfrentarse a su agresor, Ron le lanzó un chaparrón de puñetazos, le aplastó la nariz, le aflojó varios dientes y le rompió una costilla. Dan mantuvo las manos quietas y no ofreció resistencia. Dice que Ron no paró de pegarle hasta que le dolían ya demasiado las manos para seguir. «Había sangre por todo el suelo y por las paredes.»

Dan atribuyó entonces el ataque a problemas que tenía Ron con «malos espíritus».

Después de esta paliza los carceleros separaron a los hermanos, los colocaron en celdas contiguas. Poco tiempo después, Ron pasó a Dan un papel por entre los barrotes. Contenía una revelación que Ron decía que acababa de escribir, en la que Dios ordenaba que Dan se dejase matar por él. Después de rezar pidiendo orientación, dice Dan, «tuve la sensación de que debía acatar lo que decía la revelación, y hablamos de cómo podría hacerse. Nos pareció que lo mejor sería que yo me colocase de espaldas pegado a los barrotes y le dejase rodearme el cuello con una toalla y estrangularme».

Dan recuerda que en cuanto accedió a dejar que Ron lo matara, «sintió la necesidad urgente de hacer de vientre», y lo interpretó como una señal más de que la revelación era válida y debía acatarla. Consideró que ir al retrete formaba parte del meticuloso plan divino, para que «no lo pusiera todo perdido al morir y relajar los músculos [...]. En realidad hay un espasmo en las tripas, pero los músculos de la vejiga se relajan cuando te estrangulan». Cuando terminó en el retrete, dijo «adiós a Ron y empecé a pensar que iba a ver a Dios mientras me ponía de espaldas a los barrotes y Ron me rodeaba el cuello con la toalla».

Ron, con un pie apoyado en el suelo y el otro en las rejas, apretó la toalla con todas sus fuerzas, impidiendo que afluyera oxígeno al cerebro de Dan y haciendo que le estallaran miles de vasos sanguíneos de los ojos. Dan recuerda que, justo antes de perder el conocimiento, «experimenté un instante de desesperación muy intenso [...]. Lo siguiente que recuerdo es que volvía en mí en el suelo de la celda e identificaba poco a poco el entorno», mientras Ron intentaba «explicar por qué no había llegado a hacerlo».

Resulta que cuando Dan perdió el conocimiento y se quedó inerte apoyado en las rejas, Ron sintió que Dios le decía que si Dan tomaba otra vez aliento era señal de que tenía que vivir. Cuando vio que el pecho de Dan se elevaba y se le llenaban los pulmones un instante después, lo dejó caer al suelo. A Dan se le habían puesto los ojos de un color rojo claro por los vasos sanguíneos rotos y tenía una escoriación en la piel en la parte posterior del cuello, a causa de la reja horizontal, pero seguía respirando y recuperó el conocimiento.

Según Dan, al día siguiente «Ron empezó a mostrar indicios de sentirse atormentado, más incluso que antes. Paseaba sin cesar de un lado a otro de la celda, hablando solo en un susurro y diciendo que conseguiría otra oportunidad y que entonces lo haría bien. Un par de días después me pasó otra revelación que decía que tenía que dejar que me matara otra vez, pero cuando recé preguntando por ello, tuve la impresión de que no tenía que someterme y dejar que lo hiciese otra vez». Cuando Dan le dijo que no estaba dispuesto a aceptar la revelación, «me pareció que Ron se ponía cada vez peor debido a sus demonios personales y al tormento por el que estaba pasando».

Poco después de eso, el 29 de diciembre, Ron se colgó de una estantería de toallas cuando se llevaron a Dan de su celda para interrogarlo. Es seguro que habría muerto si Dan hubiese regresado unos minutos más tarde. Cuando llegaron los sanitarios ya no respiraba ni tenía pulso.

«Su recuperación en el hospital fue bastante milagrosa al parecer, lo que dio mucho que hablar —dice Dan—. Yo también me pregunté [...]; ahora, después de tantos años, creo que entiendo al menos en parte por qué han sucedido las cosas como han sucedido.»

Durante el nuevo juicio de Ron de 1996, la acusación convenció a un jurado formado por doce personas de que Ron no era un psicópata, que sabía perfectamente lo que hacía cuando había participado en los asesinatos de Brenda y de Erica Lafferty, y que era por tanto perfectamente capaz de comparecer en juicio. «¿Está loco Ron? —pregunta el ayudante del fiscal general Michael Wins, seis años después de la condena—. Sí, por supuesto, está loco. Loco como una zorra.»

Muchos ciudadanos de Utah comparten el criterio de Wins de que los arrebatos de Ron en el juicio y sus extrañas declaraciones religiosas no eran sinceros en absoluto. La gente cree que se hacía el loco para evitar una sentencia de muerte. Y también opinan que sus pretensiones de haber recibido revelaciones de Dios eran una burda tentativa de manipulación y de engaño. Pero casi nadie duda de la sinceridad de la fe religiosa de su hermano. Casi todos los habitantes de Utah consideran la teología de Dan Lafferty espantosa y ridícula al mismo tiempo, pero admiten que él parece un creyente sincero.

La verdad es que lo que Dan cree hoy no es exactamente lo que creía cuando mató a Brenda y a Erica.

«Cuando llegué al monasterio... cuando llegué aquí a la cárcel... mis creencias sufrieron esa importante evolución», dice.

No se adhiere ya a los principios del fundamentalismo mormón.

«Cambié de dioses —dice—. Abandoné la Iglesia mormona oficial para entrar en el fundamentalismo y ahora he abandonado el fundamentalismo.»

Últimamente, su teología es un inquietante pupurri del Antiguo Testamento, el Nuevo Testamento, el *Libro de Mormón*, las Escrituras fundamentalistas y las maquinaciones hipercinéticas de su propia mente.

«Cuando pones el corazón en la búsqueda de la verdad —dice Dan—, llega un momento en que empiezas a ver las contradicciones que hay en lo que te han enseñado. Empiezas a darte cuenta de que hay algo que tienes la sensación de que no está bien y que no parece bien. Hay algo que empieza a oler mal [...]. Yo solía considerarme un fanático religioso, pero me doy cuenta de que me echaron de la Iglesia oficial porque era en realidad un fanático de la verdad. Tengo la necesidad de resolver contradicciones, y eso fue lo que hizo que me excomulgaran.»

Dan sostiene que todas las religiones modernas son fraudulentas, no solo la Iglesia mormona.

«La religión organizada es odio disfrazado de amor, lo que te lleva otra vez inevitablemente a la religión como era al principio, antes de que se corrompiese. Te convierte en fundamentalista. Te das cuenta de cómo perdió la iglesia las claves al renunciar a sus principios fundamentales. Y entonces te das cuenta de que tus creencias evolucionan hacia el fundamentalismo.

»Pero luego descubrí que tampoco había soluciones en el fundamentalismo. Ves algunas de las mismas contradicciones. Por suerte me di cuenta de esto por la época en que vine aquí, al monasterio. Entonces fue cuando empezó a destilarse todo lentamente y a integrarse.»

En el núcleo central de la fe transformada de Dan figura su reciente convencimiento de que es Elías, el profeta bíblico conocido por sus hábitos solitarios y su inquebrantable devoción a Dios. Dan está seguro de que, como Elías, su tarea consistirá en anunciar el Segundo Advenimiento de Cristo en los Últimos Días. Él cree que:

«En mi papel de Elías, soy como Juan el Bautista. Elías significa 'precursor', el que prepara el camino. Juan el Bautista preparó el camino para el Primer Advenimiento de Cristo. Yo estoy aquí para preparar el camino para el retorno del Hijo del Hombre».

Dan cree, como creía cuando era mormón fundamentalista, que el hecho más destacado de la existencia es la división inmutable de la humanidad entre los que son intrínsecamente justos y los que son intrínsecamente malvados.

«Algunas personas fueron elegidas para ser hijos de Dios —explica—. Y otros se convirtieron en hijos del demonio.

O eres un hermano, un hijo de Dios, o eres un gilipollas, un hijo del demonio. Y no puedes hacer nada por cambiarlo.

»Hay dos padres, Dios y el demonio. Y todos los hijos de Dios tienen algo que no tiene ninguno de los hijos del demonio, que es el don del amor. El demonio no pudo programar a sus hijos para el amor, porque el amor es algo que él no tiene ni entiende. Está fuera de su capacidad de conocimiento. Lo único que tienen los hijos del demonio es codicia, odio, envidia y celos.»

Según Dan, en determinado momento Cristo reunió a todos sus hijos y declaró:

«"Quiero celebrar una fiesta que durará mil años. ¿Os interesa? ¿Queréis festejar conmigo en este mundo mil años?". Y nosotros dijimos: "Demonios, sí". Así que Él dijo: "Vale, esa es la parte buena. Ahora la parte mala: el que algo quiere, algo le cuesta... Durante seis mil años voy a dejar que la Tierra se convierta en un infierno hasta que la convierta en cielo. Y el infierno es, por definición, donde controlan el asunto el demonio y sus hijos. Así que lo que voy a hacer es dejar que el demonio pueble la Tierra con todos sus gilipollas, y luego os iré echando a vosotros, mis hijos, por la Tierra en grupitos pequeños. Y cada hora que paséis en ese 'infierno en la Tierra' con los gilipollas, estaréis acumulando méritos para la Gran Fiesta. Durará unos seis mil años, pero luego tendréis todos los méritos que necesitaréis para nuestra fiesta. Y entonces llegaré Yo y cosecharemos la Tierra, básicamente eliminaremos a todos los gilipollas y dejaremos despejada la pista de baile para nuestra fiesta de mil años".

»Cristo les dijo a sus hijos: "Sé que la vida es una locura puñetera, pero estoy aquí para deciros que hay en ella un propósito. Trabajamos para el Reino de Dios. Y nuestra manera de hacerlo es simplemente pasar nuestro periodo aquí. Y cada hora que pasas aquí, estás acumulando méritos para la Gran Fiesta. Esa es la promesa. Esa es la alianza. Será una locura durante un tiempo, pero al final, por mediación de Elías, vendré yo".»

Tal como lo ve Dan: «Dado que estamos todos aquí en el "infierno en la Tierra", donde controlan todo lo que está organizado el demonio y sus hijos, era natural que los hijos del demonio nos engañasen para que adorásemos a su dios gilipollas. Pero antes de que entre en escena el dios del amor, será importante ayudar de algún modo a sus hijos, los hijos del amor, para que se den cuenta de quién es ese tío cojonudo que vendrá a ayudarlos en el día que se llama en la Biblia el "Día Grande y Terrible del Señor". Grande para sus hijos. Terrible para los gilipollas. Que se conoce también en la parábola del trigo y la cizaña como "la siega".[2]

»Se ha profetizado que el "Día Grande y Terrible" llegará cuando Cristo envíe a sus ángeles como segadores para que expulsen de su reino a todos los que no son suyos y los maten; y eso es en parte lo que profeticé. —explica Dan—, cuando tomé las vidas de Brenda y Erica. Ya sé que puede parecer un poco macabro o algo así, pero creo que es la interpretación correcta. No creo que los ángeles de esta profecía sean seres con alas que bajan volando del cielo, sino más bien lo que

2. Esta alegoría bíblica, que se conoce más comúnmente como la parábola de la mala hierba («cizaña» es sinónimo de una mala hierba que infesta los trigales), aparece en Mateo 13, 24. Explica que una noche, cuando todo el mundo dormía, Satanás sembró cizaña en los trigales del Reino del Cielo. Jesús dio instrucciones a sus seguidores de dejar que la cizaña creciese con el trigo «hasta la siega. En ese momento, diré a los segadores: "Recoged primero la cizaña y atadla en haces para echarla al fuego; luego recoged el trigo y llevadlo a mi granero"». Merece la pena mencionar que Dan Lafferty no era, ni mucho menos, el único fanático enamorado de esta parábola. Brian David Mitchell, el mormón fundamentalista que secuestró en 2002 a Elizabeth Smart, una niña de catorce años, la cita en su obra *The Book of Immanuel David Isaiah*: «[...] ha habido corrupción y perversión en el sacerdocio, pues Satanás entró inadvertidamente y sembró cizaña entre el trigo [...]».

Joseph y Brigham llamaban "ángeles vengadores". Hombres que viven aquí en la Tierra y que se cuidarán de las cosas de su padre como hice yo, cuando se enteren de quién es su padre y hayan sido debidamente instruidos.»

Dan cree que Dios lo ha designado a él, como Elías, para explicar a los justos «quién es su padre» en el momento adecuado, y poner en marcha así el reinado de mil años del Reino del Señor.

«Estoy seguro de que seré yo quien identificará a Cristo cuando vuelva», dice.

Según él, cuando llevaba uno o dos años en la cárcel, «tuve aquella experiencia [...]. No sabía lo que significaba entonces. Estaba simplemente paseando por la celda. Era en pleno día, y oí una voz. No se parecía en nada a las revelaciones que se consiguen a través de la Escuela de los Profetas. Estaba paseando y oí aquella voz que me decía: "Escribe esto: la luna brillará desde el mediodía hasta las nueve" [...]. Eso fue todo lo que oí. Y durante varios años pensaba en aquello y me decía: "¿Qué demonios significaría?". Y finalmente lo comprendí y tenía sentido. Me di cuenta de lo que significaba hace poco, en el último año o así: la señal de Cristo será que brillará la luna en el cielo desde el mediodía hasta las nueve de la noche. ¿Cómo sucederá eso? No lo sé. Pero estoy seguro de que cuando suceda no se confundirá con ninguna otra cosa».

Aplicando su lógica singular al asunto, Dan ha llegado también a la conclusión de por qué intentó estrangularlo Ron con una toalla en 1984: lo hizo porque el demonio le había revelado que Dan era Elías y tenía la misión de anunciar al mundo la llegada de Jesús. Dan supone que el demonio explicó a Ron lo de esa importante misión mucho antes de que Dios se lo explicase a Dan.

«Yo creo que en determinado momento —explica Dan— Ron recibió instrucciones de que era importante matarme. La razón fundamental era que su padre [el demonio] estaba intentando evitar lo inevitable.»

Al demonio se le había entregado el mundo por seis mil años, pero esos seis mil años están a punto de terminar, según Dan. Así que «no debería sorprender a nadie que el demonio no quisiese ceder el control cuando llegue el momento». Y el demonio cuenta con poder prolongar su reinado por el procedimiento de hacer que Ron mate a Dan/Elías y le impida anunciar el regreso de Cristo.

«Estoy seguro de que esa es la razón de que Ron intentase quitarme la vida —declara Dan—. Porque la Biblia dice que si Elías no cumple su misión, Cristo no puede regresar.»

Dan añade que debería haberse dado cuenta de que Ron era uno de los siervos de Satanás en la primavera y el verano de 1984, cuando los dos andaban por el Oeste en la Impala, porque (en contra de lo que decidieron los especialistas que declararon a petición del fiscal en el nuevo juicio de Ron en 1996) su hermano estaba «mostrando indicios de esquizofrenia [...]. Cuando viajamos juntos y nos conocimos más, era un fenómeno bastante frecuente que Ron se quedase como ausente, como si se hubiese ido mentalmente a alguna parte. Sospecho que en esos momentos estaba oyendo voces».

Y Dan supone que esas voces eran instrucciones del demonio.

Además, está seguro de que Ron sigue decidido a matarlo y está esperando pacientemente una oportunidad para hacerlo. «Estoy seguro de que aún sigue oyendo voces que le dicen que me mate.»

Dan está al tanto de todos los rumores que circulan en la cárcel. Y lo que se rumorea en el corredor de la muerte, dice, es que «Ron está en muy buena forma y ha estado haciendo ejercicio como un boxeador que se prepara para disputar un título». Dan da por supuesto que Ron alberga la esperanza de tener otra oportunidad de encontrarse con él, y cuando esa oportunidad se presente «quiere estar en condiciones de cuidarse del asunto».

Dan cree, por su parte, que Dios no permitirá que Ron lo mate. En realidad, el nuevo régimen de entrenamiento de Ron lo anima, porque ve en él un indicio de que el Final de los Tiempos es inminente: cree que el Príncipe de la Oscuridad debe percibir que «es casi el momento de iniciar la siega», y eso lo empuja a poner a Ron en buena forma para que haga un intento desesperado final de matar a Dan e impedir así la llegada del Día Grande y Terrible. Porque Satanás sabe que si se permite vivir a Dan no habrá nada que impida el regreso de Cristo, y «el demonio y todos sus hermanos y hermanas serán aniquilados con mucho "llanto y crujir de dientes"».

Pero hasta ese momento maravilloso en que «la luna brillará desde el mediodía hasta las nueve» y él pueda gritar desde los tejados que Cristo ha regresado, Dan pasa el tiempo en las cámaras grises de la unidad de máxima seguridad de la prisión, donde lleva la mitad de su vida adulta. Pero ¿y si la luna no brilla desde el mediodía hasta las nueve? ¿Y si matar a Brenda y a Erica Lafferty no formase parte en realidad del plan divino, sino que fuese simplemente un crimen de una crueldad tan estremecedora que resulte imperdonable? ¿Y si Dan, en resumen, lo hubiera entendido todo mal? ¿Se le ha ocurrido que en realidad puede tener muchísimo en común con otro fundamentalista de convicción fanática, Osama bin Laden?

«Me lo he preguntado —admite Dan—. ¿Podría ser así? ¿Es así como soy yo? La respuesta es no. Porque Osama bin Laden es un gilipollas, un hijo del demonio. Yo creo que su verdadera motivación no es una búsqueda de la sinceridad y la justicia. Que puede que fuesen sus motivaciones en su vida anterior. Lo que lo motiva ahora es la avaricia, el beneficio y el poder.»

¿Y qué decir de los subalternos de Osama, esos santos guerreros que sacrificaron sus vidas por Dios estrellando los reactores Jumbo contra el World Trade Center? Es indudable que su fe y su convicción eran tan fuertes como las de Dan. ¿Cree él que la sinceridad de su fe justificó el acto? En caso contrario, ¿cómo puede saber Dan que lo que hizo él no es en todos los aspectos tan descarriado como lo que hicieron los seguidores de Bin Laden el 11 de septiembre, pese a la evidente sinceridad de su fe?

Cuando Dan se para a considerar esta posibilidad, hay un instante en el que parece cruzar su rostro una sombra de duda. Pero es solo un instante. Luego desaparece.

«Tengo que admitirlo, los terroristas estaban siguiendo a su profeta —dice Dan—. Estaban dispuestos a hacer esencialmente lo que hice yo. Veo el paralelismo. Pero la diferencia entre esos tíos y yo es que ellos seguían a un falso profeta y yo no.

»Yo creo que soy una buena persona —insiste Dan—. Nunca he hecho nada malo intencionadamente. Nunca lo he hecho. A veces, cuando he empezado a preguntarme si lo que hice pudo ser un error terrible, he mirado hacia atrás y me he dicho: "¿Qué habrías hecho distinto? ¿Sentí que me guiaba la mano de Dios el 24 de julio de 1984?". Y entonces recuerda con claridad: "Sí, me guiaba la mano de Dios". Así que sé que hice lo que tenía que hacer. Cristo dice: "Si quieres saber si algo es verdad, cree. Y Yo te ayudaré a conocer la verdad". Y eso fue lo que hizo conmigo.

»Estoy seguro de que Dios sabe que lo amo. Creo que todo funcionará, y que toda esta extraña historia tendrá un final feliz. He tenido demasiados atisbos a través del fino tejido de esta realidad para creer otra cosa. Aunque he intentado no creer, me es imposible.»

Tranquilo por el convencimiento de que ha llevado una vida recta, Dan Lafferty está seguro de que no seguirá mucho tiempo pudriéndose aquí, en máxima seguridad. Está convencido de que «cualquier día ya» oirá el clamor de la trompeta anunciando los Últimos Días, tras lo cual será liberado de su infierno de registros en los que hay que desnudarse y de comida carcelaria y de alambradas, y pasará a ocupar el lugar que le corresponde en el Reino de Dios.

25

La religión estadounidense

Las crónicas de los mormones y de la Iglesia mormona [...]
tienden hacia uno de dos extremos. Por una parte, las crónicas
del mormonismo desde la fundación de la Iglesia por Joseph
Smith en la década de 1820 han destacado lo sensacional, lo
escabroso, lo escandaloso, lo herético y lo excitante, por la razón de que, bueno, hay mucho más en la historia, la cultura y la
doctrina mormonas que es sensacional, escabroso, escandaloso,
herético y excitante que en la cultura general del país entonces
y ahora [...].

Por otra parte, otras crónicas de los mormones (crónicas de
la gente más que de los artículos de su extraña fe) suelen destacar la virtud alegre, esa bondad estricta y en general tranquila y,
sin embargo, pragmática, de sus fieles, su capacidad de mantener unidas a las familias y educar hijos honrados y proporcionar
los consuelos de la comunidad en el desconcertante mundo moderno con más éxito que muchos otros.

Estas crónicas acostumbran a pasar por alto con un discre-
to silencio por los principios en ocasiones embarazosos de la
fe, que, especialmente si uno fuese mormón, podrían haberse
considerado un factor importantísimo para hacer posible ese
éxito moral. Si los enemigos del mormonismo se han preguntado a menudo: «¿No podemos impedir ser mormones a los
mormones?», los presuntos admiradores de los mormones
como pueblo se han preguntado a menudo, al menos implíci-

427

tamente: «¿No podríamos tener mormones... pero sin mormonismo?».

Kenneth Anderson,
«A Peculiar People: The Mystical and Pragmatic
Appeal of Mormonism», *Los Angeles Times,*
28 de noviembre de 1999

Una auténtica experiencia religiosa directa [...] tiene que ser una heterodoxia para quienes son testigos de ella, pareciendo el profeta un simple loco solitario. Si su doctrina es tan contagiosa como para difundirse a otros, se convierte en una herejía definida y etiquetada. Pero si sigue resultando tan contagiosa como para triunfar a pesar de la persecución, acaba convirtiéndose en ortodoxia. Y cuando una religión se convierte en ortodoxia, su tiempo de espiritualidad interior ha terminado. Se seca el manantial. Los fieles viven exclusivamente de segunda mano y lapidan también a los profetas. La nueva iglesia, pese a la bondad humana que pueda fomentar, puede considerarse a partir de entonces aliada incondicional de cualquier tentativa de ahogar el espíritu espontáneo, de poner fin a los burbujeos posteriores del manantial del que, en días más puros, extrajo ella su propio caudal de inspiración.

William James,
Las variedades de la experiencia religiosa

Casi todos los fundamentalistas mormones comparten la confianza de Dan Lafferty en que el Armagedón es inminente. En Colorado City, el nuevo profeta Warren Jeffs está absolutamente seguro de ello. A pesar de que la profecía de su padre, Tío Rulon, de que un huracán de fuego limpiaría el mundo en el año 2000 no llegara a cumplirse, los acontecimientos del 11 de septiembre de 2001 han renovado el optimismo de Warren.

Warren ha condenado en declaraciones públicas la sanguinaria actuación de los terroristas islámicos, pero predica a los fieles de Bountiful y de Colorado City que los ataques a Nueva York y a Washington fueron un majestuoso portento y un motivo de gran esperanza. Explica emocionado a sus seguidores que la erupción del terrorismo contra Estados Unidos es una señal inequívoca de que el Final de los Tiempos está ya muy cerca y que muy pronto el pueblo elegido por Dios será elevado a la experiencia de la Gloria Eterna. En Canadá se han instalado en los pasillos de la escuela de Bountiful docenas de fotografías recortadas de revistas de los aviones estrellándose contra las torres, para que ninguno de los estudiantes dude de que se acercan los Últimos Días.

En cuanto a la Iglesia mormona oficial, siempre ha sostenido que «la hora está cerca» y que habrá plagas y desolación antes del Segundo Advenimiento de Cristo. Las autoridades eclesiásticas de Salt Lake City llevan mucho tiempo instando a los mormones a que almacenen víveres y medios de subsistencia para un año con el fin de que puedan estar preparados en el momento en que se inicie ese periodo de privación. Pero aparte de citar la sección de las Escrituras que predice el fin del mundo siete mil años después de su creación, los jerarcas de la Iglesia mormona se muestran cautos respecto a cuándo se producirá exactamente el Apocalipsis.

Mientras tanto, hay más de sesenta mil misioneros de la iglesia en todo el mundo en cualquier momento dado que consiguen nuevos conversos a un ritmo asombroso. El respetado sociólogo Rodney Stark hizo enarcarse muchas cejas en 1984 al predecir que habría 265 millones de mormones en el planeta en el año 2080 d. C. En 1998 reconsideró sus cálculos teniendo en cuenta las tasas más recientes de crecimiento y revisó la predicción al alza. Ahora cree que la Iglesia mormona tendrá más de 300 millones de fieles en las últimas décadas de este siglo. Si la expansión de la fe mormona continúa a su ritmo actual, dentro de sesenta años gobernar Estados Unidos resultará «imposible sin la cooperación mormona», según el eminente investigador Harold Bloom, profesor Sterling de Humanidades de la Universidad de Yale... y admirador declarado de Joseph Smith y de los mormones. Bloom escribió en 1992, en un libro muy influyente, *La religión en los Estados Unidos*:

> Hay dos aspectos de la visión de los santos que son, en mi opinión, absolutamente fundamentales: ningún otro movimiento religioso estadounidense es tan ambicioso, y ningún rival se aproxima ni siquiera remotamente a la audacia espiritual que conduce sin cesar hacia la plasmación de un designio titánico. Los mormones se proponen convertir a la nación y al mundo, pasar de unos diez millones de fieles a seis mil millones.

Bloom hace una audaz predicción en el mismo libro sobre lo que harán las jerarquías de la Iglesia mormona cuando consigan suficiente influencia política:

> ¿Y quién puede creer que los mormones se habrían apartado de la práctica del matrimonio celestial si no hubiese sido por presión federal? [...]. Yo profetizo alegremente que algún día no muy lejano del siglo XXI, los mormones tendrán poder político y económico suficiente para sancionar de nuevo la poligamia. Sin ella, en una u otra forma, nunca se cumplirá del todo la visión de Joseph Smith.

La predicción de Bloom no solo es alarmante, sino que parece también exagerada. La Iglesia mormona del siglo XXI es muy distinta de la del siglo XIX. Como le decía a Juanita

Brooks en una carta en 1945 el historiador Dale Morgan, «fue el magnetismo personal de Joseph lo que atrajo a la gente a él en principio», pero cuando se fundó la iglesia y empezó a funcionar, la religión «adquirió una existencia casi independiente. Adquirió una dignidad procedente de las vidas de sus conversos. Se convirtió en una fuerza social que aportó energía a las vidas de innumerables personas a las que arrastró en su curso».

Los mormones han ganado tanto abandonando la poligamia que es difícil imaginar que las autoridades eclesiásticas vuelvan a introducirla. No son ya teólogos y profetas desmelenados los que trazan el camino que sigue la mormonidad, sino que hoy día los que lo hacen son más bien los hombres de negocios y los publicistas. La Iglesia mormona tiene unos ingresos anuales estimados en unos seis mil millones de dólares, y es el patrono que aporta más puestos de trabajo del estado de Utah. Durante la mayor parte del siglo, la iglesia ha ido tendiendo de forma lenta pero inexorable hacia la normalidad común de la masa media del país.

Pero esta tendencia de la corriente principal de la Iglesia mormona tiene una consecuencia claramente irónica. A medida que la religión mormona supere las facetas más problemáticas de la teología de Joseph Smith y logre hacerse cada vez menos peculiar, es indudable que los fundamentalistas atraerán cada vez a más conversos de las propias filas crecientes de la Iglesia mormona. Comunidades como Colorado City y Bountiful seguirán obteniendo seguidores de entre los santos más fervientes, porque siempre habrá mormones que ansíen recuperar el espíritu y la pasión ardorosa de la visión del profeta fundador... mormones como Pamela Coronado.

Coronado, que tiene cuarenta y pocos años, viste en este momento un mono descolorido con peto y está arrancando el empapelado de la habitación delantera de una vieja casa de campo destartalada que ha comprado hace poco el profeta

431

Onías. Es una mujer alta y grácil, de ojos azules y penetrantes que transmiten una gran seguridad en sí misma desde debajo de un nimbo de rizos rubios. Pamela y su marido, David Coronado, se hicieron seguidores de Onías a principios de 1984, inmediatamente después de fundarse la Escuela de los Profetas en el condado de Utah.

«Conocimos a Bob Crossfield, Onías, en una de sus reuniones —recuerda Pamela—. Fuimos porque nos habíamos tropezado con *The Book of Onias* en una librería de viejo y habíamos leído las revelaciones de Bob. Los dos pensamos inmediatamente: "¡Parecen las revelaciones de Joseph Smith! Es exactamente igual que *Doctrina y convenios*". Nos impresionó mucho.»

David Coronado quedó tan impresionado que escribió a la Philosophical Library, la imprenta que le había impreso el libro a Onías, para saber cómo podía ponerse en contacto con el autor y profeta.

«Le dijeron que Bob acababa de trasladar su base de operaciones a la zona de Provo, justo donde vivíamos nosotros —dice Pamela—. Así que fuimos a una reunión. Fue en casa de la familia Lafferty, en Provo, y allí conocimos a Bob y a los Lafferty. Así fue como empezamos a participar en la Obra.»

Pamela se había criado en Provo, en una familia mormona tradicional.

«Mi padre fue uno de los primeros que compraron acciones de la Mina del Sueño», declara orgullosa, aunque sus padres no fuesen fundamentalistas en ningún sentido. En 1978, cuando cumplió veintiún años, Pamela fue de misión a Francia, y, según dice, su experiencia de misionera «hizo que empezara a poner en entredicho la dirección que seguía la iglesia. Yo estaba allí todos los días dando testimonio de la verdad del *Libro de Mormón* y de Joseph Smith, y estaba muy bien, pero siempre que llegaba el momento de dar testimonio del profeta como "el único profeta viviente y verdadero del Señor", me costaba mucho trabajo decir lo que tenía que decir. La verdad es que no creía en él, ni creía en el camino por el que estaba conduciendo a la iglesia».

El presidente y profeta de la Iglesia mormona era entonces Spencer W. Kimball, que acababa de lanzar ondas de choque por toda la mormonidad con una revisión completa de la doctrina de la iglesia para permitir que hombres de piel negra tuviesen acceso al sacerdocio.

Pamela regresó a Provo cuando terminó su periodo misional y empezó a trabajar en la enseñanza en el Centro de Instrucción de Misioneros, donde conoció a David Coronado. Se casaron ocho meses después. Resultó que David había nacido en la Colonia LeBaron, en México, y era un descendiente del tristemente célebre clan LeBaron. Durante el periodo de apogeo de la actividad criminal de Ervil LeBaron, uno de sus enloquecidos seguidores le pegó un tiro a la madre de David con la intención de acabar con su vida, lo que la había impulsado a emigrar a Estados Unidos con David y sus ocho hermanos para escapar a la matanza. David, atribulado por este legado de violencia, cuando llegó a la edad adulta pasó a creer que la versión fundamentalista del mormonismo era el verdadero camino hacia Dios. Tras casarse con Pamela (cuyas dudas sobre la Iglesia oficial no habían hecho más que aumentar desde su regreso de la misión), ella pasó también a compartir de todo corazón su perspectiva fundamentalista. Cuando conocieron al profeta Onías en 1984, estaban más que dispuestos a incorporarse a «la Obra».

Pero seis meses después, Dan Lafferty asesinó a Brenda y a Erica Lafferty, poniendo patas arriba el mundo de los Coronado.

«Aquí todo el mundo se asustó cuando pasó lo de los Lafferty —dice Pamela—. Fue una gran conmoción. Como teníamos relaciones con la familia Lafferty, la gente pensó que

433

teníamos que ser malos. Nos excomulgaron. Durante un tiempo, mi familia temió por nuestras vidas.»

Pero ni el horror de los asesinatos de los Lafferty ni el acoso y la persecución que siguieron socavaron la fe de los Coronado en Onías y en la Obra. Tanto David como Pamela están convencidos de que abrir el sacerdocio mormón a los negros fue una terrible apostasía. Y los dos creen firmemente en el principio del matrimonio plural... aunque no se hayan entregado a la poligamia.

«Lo hemos considerado muchas veces —dice Pamela—. Hay muchas, muchas mujeres que podrían haber formado parte de nuestra familia, amigas íntimas hacia las que la familia se sentía atraída y que se sentían atraídas por ella, pero cuando llegó el momento... bueno, simplemente no se produjo. Y es que por entonces era demasiado complicado, la verdad.»

Pamela deja de arrancar el empapelado, posa las herramientas y entra en la cocina para preparar el almuerzo para su hija Emmylou y para el profeta Onías.

«Yo podría vivir de acuerdo con el Principio más fácilmente ahora que soy más vieja —dice alegremente—. He madurado muchísimo. Me doy cuenta de que mis hijos se beneficiarían de las habilidades de otra mujer. No quiero decir con eso que no hubiese momentos difíciles. Pero también puedo imaginar lo estupendo que podría ser.»

Pamela parece vacilar un instante. Dice que es un error creer que unirse a la Obra es sobre todo lo del matrimonio plural, o mantener a los negros fuera del sacerdocio, u otras cuestiones de doctrina. Esos temas, insiste, son solo «las razones superficiales» de su fe. Dice que la base real de su fe «es espiritual. Se refiere todo al espíritu que existe en tu corazón».

El profeta Onías interviene al oír esto.

«La Iglesia oficial ha perdido prácticamente el espíritu —dice—. Vas y les oyes el domingo, oyes las cosas que dicen en la Conferencia General, y te das cuenta de que la mayoría no sienten nada.»

En marcado contraste con esto, el espíritu arde para Pamela con llama candente. Es palpable la energía que saca de ella. Casi notas el calor que emana de su piel.

«Te lo aseguro —dice Pamela, apretándose el pecho con las manos, resplandeciente—, cuando sientes ese espíritu, el espíritu auténtico... no hay nada como eso. Te llenas de fuego por dentro.»

Y ese fuego se está propagando con gran eficacia a la siguiente generación de fundamentalistas. Emmylou, la hija de Pamela, que está en plena adolescencia, extiende en la mesa del comedor los planos de una casa que ha diseñado.

«La cogí en internet, y está adaptada al Principio —declara tímidamente, y luego indica los numerosos rasgos especiales de la casa—: El exterior será de tierra apisonada o tal vez de adobe. Tiene 25 metros de largo por 23 de ancho, en una sola planta. Esta parte de aquí, del centro, estará abierta, como un patio. En este lado es donde están las habitaciones de los niños, una para los chicos y otra para las chicas. Además, hay un cuarto para los más pequeños. La habitación del padre, el dormitorio principal, está aquí. Y estas son las habitaciones de las madres, una esposa aquí y otra esposa allá. Y lo estupendo es que hay espacio para añadir aquí otra habitación para una tercera esposa.»

El entusiasmo aumenta a medida que describe los elementos especiales que ha proyectado. Al final del recorrido virtual le brillan los ojos. Es el hogar de sus sueños, adaptado a lo que imagina que es la vida perfecta... la vida que anhela vivir cuando sea mayor.

26

La montaña de Canaán

En la meseta la vista no solo se siente invitada sino obligada a apreciar las cosas grandes. Es probable que no tenga desde ningún punto elevado el reducido alcance de veinte o veinticinco kilómetros de radio que tiene en las llanuras, el radio suele ser aquí de ochenta y a veces hasta de cien kilómetros [...]. Y eso es divisar mucho, sobre todo si no hay nada humano a la vista. Las aldeas están escondidas en los cañones y al pie de los barrancos. Solo se ve la belleza rota, ajada y erosionada por el viento del páramo. La belleza es muerte. Donde han desaparecido la hierba, los árboles y los matorrales y el mundo está desnudo, puedes ver cómo se destruye y se reconstruye el globo. Puedes ver la muerte y pronosticar el nacimiento de las eras. Puedes ver los pequeños fragmentos de escombros que ha dejado el tiempo histórico y que se resisten a desaparecer. Si eres un mormón que aguarda la baza de los Últimos Días mientras trabaja en la construcción del Reino, se te puede perdonar que esperes que lleguen ya en cualquier momento esos Últimos Días. El mundo está muerto y se desintegra ante tus ojos.

WALLACE STEGNER,
Mormon Country

Las paredes verticales de la montaña de Canaán se elevan sin preámbulos hacia el cielo desde un tranquilo parque urbano del borde de Colorado City-Hildale. Son una enorme escarpadura de piedra de un rojo ladrillo veteada del barniz del desierto, que se eleva en vertical seiscientos metros por encima de este bastión fundamentalista. La lisa mesa de la cumbre parece un mundo perdido, una isla en el cielo, separada de la civilización, en la que crecen la manzanita y los lirios mariposa, los rosales silvestres y la yuca e imponentes pinos ponderosa.

«Mi hermano David y yo solíamos subir hasta aquí siempre que podíamos cuando éramos críos —dice DeLoy Bateman—. Daba la sensación de que era el único sitio donde la religión no podía controlarnos.»

DeLoy está encaramado en el borde de la cumbre y contempla el pueblo donde ha nacido y se ha criado, que se extiende abajo. Estamos a finales de julio y el termómetro marca más de 40 °C a la sombra. DeLoy (que parece indiferente al calor agobiante, aunque lleva unos pantalones largos de poliéster, camisa de manga larga y la ropa interior larga de los mormones) es un apóstata de la Iglesia Fundamentalista de Jesucristo de los Santos de los Últimos Días y no le inspira el menor respeto su nuevo profeta, Warren Jeffs, pero sigue viviendo en esta comunidad xenófoba, en el centro de la población, y duda de que llegue a vivir alguna vez muy lejos de allí.

DeLoy ya no practica el matrimonio plural. La segunda de sus dos esposas se fue y vive ahora en St. George; los hijos que tuvo con ella se han quedado con DeLoy en Colorado City y ella viene a visitarlos todas las semanas.

«Desde que no creo en lo que enseña la religión —explica—, no puedo justificar la poligamia.»

Y no es solo la religión fundamentalista lo que ha abandonado DeLoy: afirma que ha abandonado del todo la religión, todas. A diferencia de la mayoría de los que han rechazado las enseñanzas de la Iglesia Fundamentalista de Jesucristo de los Santos de los Últimos Días, él no se convirtió al mormonismo oficial ni a una rama del cristianismo ni a una fe «new age». DeLoy se ha convertido en ateo. Ya no cree en Dios.

No ha sido una transformación fácil.

«He tenido toda la vida esa necesidad de creer en algo —dice—. He sentido, como todo el mundo, la necesidad de saber por qué nos pusieron aquí. La religión me proporcionaba esas respuestas. Y hay muchísimas cosas de la religión que están bien. La verdad es que todo lo que he aprendido en la vida procede de esta religión. Me hizo lo que soy. Y estoy orgulloso de lo que soy. Llevo esta religión en la sangre. Quiero decir que, bueno, mírame.»

Extiende los brazos a los lados, con las palmas hacia arriba, mira hacia abajo riendo la ropa que viste y hace inventario con un bufido reprobatorio:

«Aunque ya no creo, sigo vistiendo igual, llevo la ropa interior larga sagrada. Intento no hacerlo, pero no hay manera de que pueda dejarla, incluso los días calurosos de verano como hoy. Tengo la sensación, no sé por qué, de que no está bien no llevarla. Me siento desnudo. —Se ríe de nuevo. Y añade—: Eso debería ser para ti un indicio del poder de esta religión».

DeLoy vuelve a dirigir la vista hacia la ordenada cuadrícula de casas y campo que se extiende al pie de la montaña.

«Los de fuera no lo aceptan fácilmente, pero hay muchas cosas positivas en este pueblo. La gente que vive en aquellas casas de allá abajo es *sumamente* trabajadora y fuerte. Sí, la verdad es que estoy muy vinculado a Colorado City [...], creo que es una comunidad realmente buena para criar una familia.»

DeLoy dice esto, y es sincero, a pesar de que ha hablado por extenso con varias mujeres de la población que le han informado que de niñas fueron víctimas de abusos sexuales e insisten en que abunda la pedofilia en la comunidad.

«No dudo de lo que cuentan —admite DeLoy—. Sé muy bien que hay hombres en el sacerdocio que se han acostado con sus propias hijas. Lo cual es espantoso. Pero esas cosas pasan en todas partes y, en realidad, creo que aquí se da menos que en el mundo exterior.»

En cualquier caso, lo que finalmente indujo a DeLoy a apostatar no fueron las costumbres sexuales de esta cultura ni las limitaciones que impone esta forma de vida. Dice que se debió más bien «a que llegó un momento en que ya no podía ignorar que la religión es una mentira. No se trata de que los profetas que controlan a todo el mundo engañen intencionadamente a la gente [...]. Por lo que yo puedo decir, Rulon, Warren, Winston y los demás creen sinceramente en la mentira. No estoy del todo seguro, pero creo que sí. Y no es solo su religión la que es una mentira. En realidad, he llegado al convencimiento de que todas las religiones son mentira. Absolutamente todas. ¿Podría haber un poder supremo ahí fuera en algún sitio? ¿Hay un gran plan detrás del Big Bang, la creación del universo, la evolución de las especies? No sé, supongo que es posible; creo que al menos me gustaría aceptar la posibilidad en mi fuero interno. Pero el sentido común me dice lo contrario».

Aunque DeLoy asegura que fue «muy religioso» durante toda su juventud, tenía también una mente inquisitiva, de una curiosidad implacable.

«Recuerdo que incluso cuando era pequeño —dice— me planteaba ya las contradicciones que había entre la religión que me enseñaban y la verdad científica. Pero Tío Roy nos explicó que la forma de manejar eso era sencillamente procurar no plantearse determinadas preguntas. Así que me adiestré en ignorar las contradicciones. Llegué a ser muy bueno en lo de no permitirme pensar en ellas.»

Como DeLoy era listo y la religión necesitaba educadores para su escuela, cuando cumplió dieciocho años, el profeta (su abuelo adoptivo, Tío Roy) lo envió al Southern Utah State

College de Cedar City, a una hora por carretera, para que se hiciese profesor.

«Me enviaron a mí con él —recuerda la primera esposa de DeLoy, Eunice Bateman, a quien el profeta había mandado poco antes casarse con DeLoy—. No habíamos vivido nunca ninguno de los dos fuera de Colorado City. Nuestro segundo hijo nació un año después de que él empezara a estudiar allí. Yo me sentía distinta de toda la gente de Cedar... me sentía marginada. Añoré mucho Colorado City todo el tiempo que DeLoy estuvo estudiando allí. Claro que estaba muy ocupada criando a los niños, y tenía que pasarle a máquina los trabajos a él y ayudarlo a hacer los deberes en casa.»

A pesar de que se sintió como un pez fuera del agua cuando abandonó su pueblo natal para residir en un mundo más amplio, dice DeLoy, «me encantó la experiencia. Considerando las cosas desde ahora supongo que fue el principio del fin. Seguí otros veinte años en la religión, pero el ir a estudiar a Cedar fue lo que me abrió los ojos. Allí fue donde hice el primer curso de geología. Después de eso, volví aquí y le dije a Tío Roy: "Hay allí un profesor que quiere convencernos de que la Tierra tiene cuatro mil millones de años, pero la religión nos dice que solo tiene seis mil. ¿Cómo puede ser?". Lo que te indica por qué es eso un problema tan grave para la Obra. Coges a alguien como yo, que era siempre todo lo fiel que se podía ser, y lo mandas a que reciba una educación, y el tipo va y te apostata. Pasa una y otra vez. Y cada vez que pasa, hace que los dirigentes se sientan más inclinados a impedir que la gente salga a estudiar».

Cuando DeLoy perdió definitivamente la fe y abandonó el PEU, sus tres hijos mayores estaban casados y ya no vivían en su casa. Estos tres hijos siguen en la religión, pero él se ha esforzado en enseñar a los otros catorce críos que tienen que pensar por sí mismos y poner en entredicho lo que les ha inculcado el PEU.

«A veces me preocupa pensar qué será de los pequeños —reflexiona—. Si nos pasara algo a mí y a mi mujer... si nos muriéramos. Los hijos mayores podrían llevarse a los pequeños a sus casas y cuidar de ellos. Pero volverían a educarlos en la religión. Yo pienso que esos chicos serían felices así, que lo más probable es que nunca se diesen cuenta de la diferencia. Pero estarían empequeñecidos, nunca llegarían a ejercitar la imaginación.»

Para ayudar a sus hijos a prepararse para esta posibilidad, y para inculcarles un saludable escepticismo frente a todo tipo de dogmas religiosos, el 31 de diciembre de 1999, DeLoy y Eunice cargaron a toda su prole en dos furgonetas (siempre que la familia Bateman viaja a algún sitio necesita dos vehículos grandes como mínimo) e hicieron un viaje de tres horas hasta Las Vegas para recibir allí el nuevo milenio.

«Bajamos con todos ellos hasta el centro de Las Vegas Street —explica DeLoy—, que se supone que es uno de los lugares más perversos de la Tierra, y el primer lugar que Dios iba a destruir cuando el reloj diese la medianoche. Fuimos hasta el casino New York-New York y nos quedamos allí fuera en la calle con miles y miles de personas, a ver caer la bola y contar los segundos que faltaban para el año 2000. ¿Y sabes qué? Llegó el milenio y no se acabó el mundo. Yo creo que a los críos los impresionó mucho.»

DeLoy se ríe a carcajadas, moviendo la cabeza.

Ahora que ya no pertenece a la Iglesia Fundamentalista de Jesucristo de los Santos de los Últimos Días, a DeLoy le asombran algunas creencias que inculca la religión a sus fieles.

«Cuando miro atrás y pienso en las cosas que creía —dice—, me quedo asombrado [...]. Por ejemplo, me enseñaron desde niño que los negros eran terribles, que ni siquiera eran humanos. Y no teníamos medio de aprender otra cosa. En el pueblo no había negros. Eran algo completamente extraño para nosotros. No vi a un negro hasta que ya era prác-

ticamente adulto, en un viaje que hice a St. George. Recuerdo
que me quedé mirándolo todo el tiempo que pude [...], nunca
había visto una criatura como aquella. Me parecía una especie
de animal extraño.

»Es algo terrible, ¿sabes? Ahora me siento culpable. Pero
era así como me habían educado desde el primer día, y cuando te educan para que creas algo así, no es tan fácil superarlo.
La otra noche mismo, cuando me fui a la cama y puse un
momento la radio y apareció casualmente Oprah. Y entonces
me di cuenta de que cambiaba inmediatamente de canal. Solo
porque era negra. Incluso me di cuenta de que estaba mal lo
que hacía, pero eso es lo que me enseñó a pensar la religión.
Y es sorprendente lo difícil que resulta quitarte de encima
algo que está tan profundamente arraigado. Lo que es realmente triste es que a los niños siguen enseñándoles las mismas cosas hoy en la religión.»

De hecho, la Iglesia Fundamentalista de Jesucristo de los
Santos de los Últimos Días sigue enseñando que el matrimonio interracial es un pecado tan grande que «la pena, según la
ley divina, es la muerte en el acto».[1]

«La credulidad de la gente es asombrosa —prosigue De-
Loy—. Pero hay que tener en cuenta el enorme consuelo que
es la religión. Te aclara todas las dudas. Elimina las complicaciones. No hay nada que te haga sentirte mejor que hacer lo
que el profeta te manda que hagas. Si tienes algún problema

---

1. El horror al mestizaje es algo que los fundamentalistas mormones
tienen en común con el resto de sus hermanos mormones: incluso después
de que el presidente Spencer W. Kimball tuviese en 1978 la revelación que
modificó radicalmente la doctrina que prohibía acceder al sacerdocio a los
negros, la política oficial de la iglesia ha seguido siendo advertir con firmeza a los santos blancos de que no deben casarse con negros. No nos confun-
damos: la Iglesia oficial mormona moderna puede haberse incorporado ya
a la corriente general del país, pero suele situarse en el borde de la extrema
derecha de esa corriente.

grave (por ejemplo, si debes un montón de dinero a alguien y no tienes medio de pagarlo), vas y hablas con el profeta y puede que te diga: "No tienes por qué devolver ese dinero. El Señor dice que no hay problema". Y si haces lo que dice el profeta, toda la responsabilidad de tus actos queda ya totalmente en sus manos. Puedes decirle al tipo que no le pagas, o incluso matar a alguien o lo que sea, y sentirte la mar de bien. Y esa es la parte grande y real de lo que mantiene unida a esta religión: el no tener que tomar esas decisiones críticas que tenemos que tomar muchos, y ser responsables de nuestros actos.»

DeLoy mira hacia la inmensa extensión del desierto. A lo lejos, en el extremo de la Franja de Arizona, se alzan en el aire, suspendidos por encima de un brillo temblón de espejismo, las siluetas soñolientas del monte Dallenbaugh y el monte Trumbull.

«Si quieres que te diga la verdad —dice, entrecerrando los ojos por el resol—, creo que la gente que sigue en la religión, la gente que vive aquí en Colorado City, probablemente sea más feliz en conjunto que la gente de fuera.»

Mira hacia abajo, a la arena rojiza, frunce el ceño y mueve una piedra con la punta del zapato.

«Pero hay cosas en la vida que son más importantes que ser feliz. Como tener libertad para pensar por ti mismo.»

Comentarios del autor

No hubo tiempos antiguos heroicos, y no hubo ninguna generación antigua pura. No hay nadie aquí más que nosotros, las gallinas, y así ha sido siempre: un pueblo diligente y poderoso, informado, ambivalente, importante, temeroso y con conciencia de sí mismo. Un pueblo que maquina, promueve, engaña y vence; que reza por sus seres queridos y ansía eludir el dolor y evitar la muerte. Es una idea debilitante y tergiversadora la de que la gente rústica conoció personalmente a Dios en un momento del pasado (o incluso que conoció la generosidad o el valor o la literatura), pero que para nosotros es ya demasiado tarde. En realidad, el absoluto puede alcanzarlo todo el mundo en todas las épocas. No hubo jamás una edad más sagrada que la nuestra, ni menos.

ANNIE DILLARD,
For the Time Being

Este libro nació de un deseo de captar la naturaleza de la fe religiosa. Como me he pasado la mayor parte de la vida en el Oeste, en la feliz compañía de santos de los Últimos Días, decidí reducir el tema a un ámbito más manejable estudiando la fe más o menos exclusivamente a través de las lentes del mormonismo. Me crié con mormones en la población de Corvallis (Oregón), que tenía y tiene una robusta comunidad de santos de los Últimos Días. Santos fueron mis amigos y compañeros de juegos de infancia, mis profesores, mis entrenadores deportivos. Yo envidiaba lo que parecía ser la certidumbre invariable de la fe que con tanto entusiasmo profesaban mis mejores amigos mormones. Pero con frecuencia esa fe me desconcertaba. He intentado comprender desde entonces su formidable poder.

Me sentí irresistiblemente inclinado a escribir sobre los santos de los Últimos Días no solo porque ya sabía algo de su teología y admiraba muchos aspectos de su cultura, sino también por las circunstancias absolutamente únicas en las que nació su religión: la Iglesia mormona se fundó hace tan solo 163 años, en una sociedad letrada, en la era de la imprenta. En consecuencia, la creación de lo que se convertiría en una fe de ámbito mundial quedó abundantemente documentada con testimonios de primera mano. Gracias a los mormones, hemos tenido una oportunidad sin precedentes de apreciar (con asombroso detalle) la formación de una religión importante. He de confesar que el libro que leen en este momento no es el libro que me puse a escribir. Tal como lo concebí en principio, iba a centrarse en la relación incómoda, sumamente tensa, entre la Iglesia mormona oficial y su pasado. Había decidido incluso un título: *Historia y creencias*. Mi propósito era investigar las pruebas internas de pensadores espirituales que «caminan en las sombras de la fe», como dice Pierre Teilhard de Chardin. ¿Cómo concilia una mente crítica la verdad científica e histórica con la doctrina religiosa? ¿Cómo sustenta uno la fe cuando se enfrenta con hechos que parecen refutarla? Me sentía fascinado por las paradojas que habitan en esa intersección de duda y fe, y sentía mucho respeto por los escépticos congénitos como Teilhard, que se las arreglaban para salir de la refriega con su fe intacta.

Pero la investigación fue tirando de mí en una dirección ligeramente distinta, y, después de resistirme durante varios meses, decidí seguir esa dirección imprevista y ver adónde me llevaba. El resultado, para bien o para mal, es que escribí *Bajo el estandarte del cielo* en vez de *Historia y creencias*. Quién sabe, tal vez algún día llegue a escribir también ese segundo libro.

Me llevó aproximadamente un año escribir este y más de tres hacer la investigación en que me basé para escribirlo. Viajé muchos miles de kilómetros para visitar los lugares más sagrados de los santos y para entrevistar a muchos mormones individuales, mormones fundamentalistas y mormones apóstatas. (A otros los entrevisté por teléfono.) Algunos me pidieron que protegiese su intimidad, y así lo he hecho, designándolos en estas páginas con seudónimos.

En cuanto a Dan Lafferty, lo visité en noviembre de 2001 en Point of the Mountain, la unidad de máxima seguridad de la Prisión del Estado de Utah. Después de mi entrevista inicial, que duró casi toda una tarde, contestó a innumerables preguntas posteriores, con una sinceridad inquietante, escribiéndome muchas cartas largas y minuciosas. Además, repasé miles de páginas de transcripciones de los tres juicios y las numerosas audiencias que acabaron determinando la culpabilidad de Dan y de su hermano Ron.

Timothy Egan, periodista del *New York Times*, comentó en un artículo titulado «The Empire of Clean»:

> En el Estado Colmena de Utah, casi todas las poblaciones, iglesias y familias de todos los niveles llevan un registro, un diario cotidiano del Sueño Mormón. Se trata generalmente de un libro contable de la vida a dos niveles: uno sobre la lucha y el triunfo, la historia de la creación de Sión en el Oeste de Estados Unidos. El otro más espiritual pero no menos detallado. Saben exactamente quién pasó hambre en Orderville en 1912 y quién cometió adulterio en 1956, pero también saben si al antepasado de alguien del siglo xv se le ha dado un pasaporte válido para la

vida eterna. Todos los dramas de las caravanas de carros, todas las entradas horribles de la epopeya, el error matador de la migración de carretilla, cada campeonato de baloncesto ganado a los chicos indios del condado de Carbon, está anotado en alguna parte. Ningún estado dispone de más cronistas de la historia ni de mejores archivos, guardados en cámaras de seguridad climatizadas, que Utah [...]. Los mormones han convertido en una artesanía cotidiana mantener vivo el pasado. Los santos dicen muy satisfechos que hay un registro de todo.

Me serví de esa rica historia, agotando mi cuenta bancaria en librerías cercanas y lejanas. Hice también varias visitas a los archivos de la Sociedad Histórica del Estado de Utah de Salt Lake City y a la biblioteca Harold B. Lee de la Universidad Brigham Young de Provo. En mis lecturas me impresionaron sobre todo tres escritores, por su interpretación de la historia mormona: Fawn Brodie, autora de *No Man Knows My History*; Juanita Brooks, autora de *The Mountain Meadows Massacre*; y D. Michael Quinn, autor de *Early Mormonism and the Magic World View*, *The Mormon Hierarchy: Origins of Power* y *The Mormon Hierarchy: Extensions of Power*.

Estos tres historiadores nacieron en el seno de la Iglesia mormona y su fe (o la pérdida de ella en el caso de Brodie) informó y potenció su erudición, que se distingue por su honestidad valerosa e inflexible. Brodie murió en 1981 y Brooks, en 1989; pero Quinn, que tiene actualmente cincuenta y ocho años, es un académico fecundo en la plénitud de su capacidad intelectual. Su prosa carece de la elocuencia de la de Brodie y del vigor narrativo y sin adornos de la de Brooks, debido a lo cual sus libros han tenido menos difusión entre la generalidad del público. Pero la influencia de su obra prodigiosa ha sido inmensa entre los historiadores mormones. Y ningún escritor desde Fawn Brodie ha provocado una condena tan resuelta por parte de las autoridades generales de la iglesia.

Quinn estudió como pregraduado en la Universidad Brigham Young, se doctoró luego en Yale y volvió como un inspirado profesor de historia a la Brigham Young. Primero provocó la ira de las jerarquías de la iglesia en 1981, cuando pronunció una conferencia ya famosa en la Student History Association de la universidad. Se titulaba «Reflexiones de un historiador mormón sobre su condición», y era la respuesta a un ataque reciente a los académicos que como él se atrevían a publicar una obra que era crítica con la versión oficial ampliamente expurgada de la iglesia acerca de la historia mormona. «La trágica realidad —declaró en la conferencia— es que ha habido ocasiones en que los dirigentes, profesores y escritores de la iglesia no han dicho la verdad que conocían sobre problemas del pasado mormón, sino que han ofrecido a los santos una mezcla de tópicos, verdades a medias, omisiones y desmentidos plausibles en vez de la verdad.»

Quinn aseguraba que «una presunta historia de la iglesia que "estimula la fe" y que oculta polémicas y dificultades del pasado mormón socava en realidad la fe de los santos de los Últimos Días, que acaban enterándose de los problemas por otras fuentes. Una de las demostraciones más dolorosas de este hecho ha sido la constante difusión de la poligamia no autorizada entre los santos de los Últimos Días durante los últimos setenta y cinco años, a pesar de los esfuerzos concertados de los dirigentes eclesiásticos para impedirlo». Quinn señalaba que, después de renunciar oficialmente a la doctrina del matrimonio plural en 1890, las altas jerarquías siguieron practicando en realidad la poligamia durante muchos años de forma encubierta. Y esta actitud hipócrita, insistía, ha llevado a muchos mormones a abrazar el fundamentalismo.

«El argumento básico de los enemigos de la iglesia oficial —decía Quinn— es histórico, y si pretendemos edificar el Reino de Dios ignorando o negando los aspectos problemáticos de nuestro pasado, estamos dejando desvalidos a los santos. Siendo como soy alguien que ha recibido amenazas de muerte de antimormones porque me consideraban un historiador enemigo, resulta descorazonador que me consideren subversivo hombres a quienes apoyo como profetas, videntes y reveladores.»

El texto de la conferencia de Quinn, que tuvo una gran resonancia entre los intelectuales mormones, se publicó en la primera página de un periódico estudiantil marginal, lo que enfureció a las autoridades generales mormonas de Salt Lake City y encendió una feroz polémica que llegó hasta las páginas de la revista *Newsweek*. Fue el principio de la caída en desgracia de Quinn en la iglesia que él amaba. En 1988 lo presionaron para que dimitiera de su cargo de profesor titular de la Universidad Brigham Young. En 1993, a raíz de una audiencia de un «consejo disciplinario» que alcanzó amplia difusión, se convirtió en uno de los seis intelectuales mormones destacados a los que la Iglesia mormona excomulgó por apostasía.

«La iglesia quería enviar un mensaje muy público a los disidentes —dice Quinn—. Su objetivo era la intimidación. Silenciar al disidente.»

La expulsión de la iglesia fue un golpe duro.

«Aunque pongas todo tipo de objeciones a la política de la iglesia —dice—, cuando eres mormón creyente, el que te excomulguen es una forma de muerte. Es como asistir a tu propio funeral. Sientes la pérdida de esa sensación de comunidad. La echo mucho de menos.»

El prestigio de Quinn en la Iglesia mormona no aumentó precisamente por el hecho de que a mediados de la década de 1980 revelase que es gay. Las autoridades generales mormonas siguen haciendo que la iglesia sea un lugar muy difícil para los homosexuales. A pesar de la arraigada homofobia del mormonismo y de la rigurosa y lúcida valoración que hace Quinn de sus fallos, su fe en la religión de Joseph Smith se mantiene incólume.

«Soy un creyente radical —dice—, pero creyente de todos modos.»

Parece ser uno de esos raros pensadores espirituales que, como dice Annie Billard, poseen «una especie de capacidad anaeróbica para fortalecerse y prosperar en la paradoja».

«Desarrollé a edad muy temprana lo que yo llamo un "testimonio complejo"—confiesa Quinn—. En vez de una visión en blanco y negro del mormonismo, tengo una especie de fe del Antiguo Testamento. Los escritores del Antiguo Testamento presentaban a los profetas como recipientes muy humanos, con defectos y virtudes. Sin embargo, Dios los elige para que sean sus dirigentes en la Tierra. Así es como veo yo el mormonismo: no es una iglesia perfecta. Tiene enormes defectos, tanto en la institución como en sus dirigentes. Son solo humanos. Y no tengo ningún problema para aceptarlo. Todo eso forma parte de mi fe.

»En la primera página del *Libro de Mormón*, Joseph Smith escribió que si el libro contenía errores o faltas, "serán errores de los hombres". Y lo mismo se afirma de diversas formas en el texto que sigue: "Que los errores son posibles e incluso probables en este libro sagrado". Yo siempre he creído que el mormonismo era la única iglesia verdadera. Pero no creo que haya sido nunca infalible. Y desde luego no creo que tenga el monopolio de la verdad.»

Uno de los hechos que provocaron la excomunión del doctor Quinn fue la publicación en 1987 de *Early Mormonism and the Magic World View*, un estudio fascinante y basado en una investigación exhaustiva de la relación de Joseph Smith con el misticismo y el ocultismo. En el prefacio a una edición revisada del libro de 1998, Quinn comentaba sagazmente que «a muchos académicos les resulta embarazoso un investigador que reconozca, incluso brevemente, que cree en lo metafísico». Sostenía, sin embargo, que los autores tenían la responsabilidad intelectual y ética de «exponer su propio marco de referencia cuando escriben sobre lo metafísico», cosa que procedía a hacer sucintamente describiendo su fe mormona. Y respecto a esa fe, escribía: «No me disculparé de nada ante los humanistas seculares ni los polemistas religiosos».

Y da la casualidad de que a mí ese comentario de Quinn me pareció convincente. Él me convenció de que los que escriben sobre religión tienen el deber con sus lectores de exponer con claridad su propio marco de referencia teológico. Así que este es el mío:

No sé lo que es Dios ni lo que Dios tenía pensado cuando se puso en movimiento el universo. De hecho, no sé siquiera si Dios existe, aunque confieso que a veces me sorprendo rezando, en ocasiones de gran temor, o desesperación, o asombro ante un despliegue de belleza inesperada.

Hay actualmente unas diez mil sectas religiosas, cada una de ellas con su cosmología propia, cada una de ellas con su respuesta propia al sentido de la vida y de la muerte. La mayoría afirman que las otras 9.999 no solo están completamente equivocadas, sino que además son instrumentos del mal. Ninguna de las diez mil me ha convencido aún de que dé el salto necesario de la fe. Al carecer de convicción, he aceptado el hecho de que la incertidumbre es un corolario inevitable de la vida. La abundancia de misterio es simplemente parte del trato... lo que no me parece que sea algo que haya que lamentar. Aceptar el carácter básicamente inescrutable de la existencia es, de todos modos, preferible sin duda a su opuesto: capitular ante la tiranía de la fe intransigente.

Y aunque siga sin ver claro el propósito de nuestra estancia aquí, y el sentido de la eternidad, he llegado sin embargo a entender unas cuantas modestas verdades: la mayoría de nosotros tememos la muerte; la mayoría de nosotros ansiamos entender cómo llegamos aquí y por qué... lo que quiere decir que la mayoría de nosotros anhelamos conocer el amor de nuestro creador. Y sentiremos sin duda ese anhelo, la mayoría, mientras sigamos vivos.

JON KRAKAUER,
enero de 2003

Apéndice a la segunda edición en inglés

La primera edición de *Obedeceré a Dios* se publicó en julio de 2003. Dos semanas antes de que saliese a la venta, la Iglesia de Jesucristo de los Santos de los Últimos Días emitió una «respuesta» preventiva al libro, obra de un funcionario eclesiástico de alto rango llamado Richard Turley. Difundida por periódicos, canales de televisión, emisoras de radio y otros medios de comunicación de Estados Unidos, la extensa crítica de Turley vilipendiaba mi libro como «una visión rotundamente unilateral y negativa de la historia mormona».

La desdeñosa crítica de cinco páginas de Turley iba acompañada de una condena breve y apasionada de *Obedeceré a Dios*, obra de Mike Otterson, director de relaciones con los medios de comunicación de la iglesia, que lo calificaba de «ataque frontal a la veracidad de la Iglesia moderna», que divulga «viejos estereotipos». Según Otterson, a los lectores de mi libro «podría perdonárseles que llegasen a la conclusión de que todos los santos de los Últimos Días, incluido tú, amable vecino mormón, son proclives a la violencia. Y así, Krakauer se emplaza involuntariamente en el mismo campo que los que creen que todos los alemanes son nazis, todos los japoneses son fanáticos y todos los árabes son terroristas».

Cuando me pregunté por qué habría ofendido tanto mi libro a Turley y a Otterson, y consideré qué podría haberles movido a describirlo en unos términos tan desaprobatorios, recordé que la historia de la Iglesia mormona es en buena medida una historia de persecución religiosa. Los mormones han sufrido un mayor acoso y mayores malos tratos a manos de sus compatriotas que ningún otro credo del país, y esta crónica de relaciones envenenadas tal vez explique, al menos en parte, el que los dirigentes de la iglesia me hayan tachado de fanático antirreligioso y hayan tachado mi libro de ser un ataque violento a su fe. El odio dirigido hacia los mormones en el pasado ha dejado heridas que persisten tan en carne viva y son tan dolorosas que quien describa la iglesia de Joseph Smith en términos que no sean halagüeños es probable que sea calificado de antimormón. Esa hipersensibilidad a la crítica no es rara entre judíos, católicos y otras minorías religiosas que han estado sometidas en este país a persecución y han sido víctimas de una inmensa crueldad. Así que no debería constituir ninguna sorpresa que los mormones puedan reaccionar del mismo modo.

Pero aclarar verdades históricas desagradables no es fanatismo. En las páginas que siguen, me he propuesto defender *Obedeceré a Dios* de las acusaciones concretas formuladas por la Iglesia mormona a través de Turley, cuya crítica se reproduce aquí en su integridad. Después de considerar sus argumentos y mi respuesta, los lectores podrán determinar mejor por sí mismos, espero, si mi libro difama a los mormones y tergiversa la historia mormona, como aseguran las autoridades de su iglesia.

CRÍTICA DE RICHARD E. TURLEY HIJO,
DIRECTOR EJECUTIVO DEL DEPARTAMENTO
DE FAMILIA E HISTORIA DE LA IGLESIA DE
JESUCRISTO DE LOS SANTOS DE LOS ÚLTIMOS DÍAS

Un libro que se cita a menudo, *Historians' Fallacies: Toward a Logic of Historical Thought* (Nueva York, Harper and Row, 1970), de David Hackett Fischer, condena a quienes hacen generalizaciones basándose en un estudio insuficiente.

«Hay una historia, tal vez apócrifa, de un científico que publicó una generalización asombrosa e inverosímil sobre la conducta de las ratas. Un incrédulo colega acudió a su laboratorio y le pidió cortésmente que le enseñara las notas de los experimentos en los que se basaba la generalización. "Aquí están", dijo el científico, sacando un cuaderno de entre un montón de papeles de su escritorio. Y señalando luego una jaula que había en el rincón, añadió: "La rata está ahí"» (p. 109).

Jon Krakauer, autor de *Obedeceré a Dios* (Nueva York, Doubleday, 2003), deseoso de demostrar su propia hipótesis, hace uso del anómalo caso de asesinato de los hermanos Lafferty en 1984 para «examinar el pasado violento del mormonismo» y considerar «el punto débil de la fe autóctona de mayor éxito de Estados Unidos». Aunque el libro pueda atraer a las personas crédulas que se lanzan a morder ese cebo como la trucha la mosca del anzuelo, los lectores serios que quieran entender a los santos de los Últimos Días y su historia no tienen por qué perder el tiempo con él.

El libro de Krakauer, que se centra sobre todo en unos asesinatos cometidos por unos hermanos que habían sido expulsados de la iglesia, es en realidad una condena de la religión en general. Su agnóstico autor escribe: «No sé lo que es Dios ni lo que Dios tenía pensado cuando se puso en movimiento el universo. De hecho, no sé siquiera si Dios existe, aunque confieso que a veces me sorprendo rezando, en ocasiones de gran temor, o desesperación, o asombro ante un despliegue de belleza inesperada». Parece creer que Dios es incognoscible en esta vida. «Al carecer de convicción —dice, hablando de su fracaso en la búsqueda de una fe—, he aceptado el hecho de que la incertidumbre es un corolario inevitable de la vida.» Reconoce que comparte con la mayoría de la humanidad el miedo a la muerte, un ansia de «entender cómo llegamos aquí y por qué», y el anhelo de «conocer el amor de nuestro creador». Sin embargo, cree que «sentiremos sin duda ese anhelo, la mayoría, mientras sigamos vivos». La consecuencia de su sistema de creencias, o su falta de creencias, es un tema que impregna todo el libro: «Aceptar el carácter básicamente inescrutable de la existencia es [...] preferible sin duda a su opuesto: capitular ante la tiranía de la fe intransigente», es decir, de la religión.

«Hay un aspecto oscuro en la devoción religiosa que suele pasarse por alto o negarse con demasiada frecuencia —postula en el prólogo—. Tal vez no haya fuerza más poderosa para impulsar a la gente a ser cruel e inhumana (para incitar al mal, por emplear el vocabulario del devoto) que la religión.» Hablando del «fundamentalismo islámico» que tuvo como consecuencia los asesinatos del 11 de septiembre de 2001, continúa diciendo que «los hombres cometen actos odiosos en nombre de Dios desde que la humanidad empezó a creer en deidades, y existen extremistas en todas las religiones». Considera que «la historia no carece» de musulmanes, «cristianos, judíos, sijs e incluso budistas a quienes sus Sagradas Escrituras hayan impulsado a asesinar a inocentes [...]. La violencia basada en la fe existía mucho antes de Osama bin Laden, y seguirá con nosotros mucho después de su fallecimiento» (p. 21).

El autor confiesa: «En toda empresa humana, habrá siempre una fracción de los que participan en ella que se sentirá llamada a realizar esa actividad de una forma tan concentrada y con una pasión tan pura que les consumirá por completo. No hay más que pensar en individuos que se sienten impulsados a consagrar sus vidas, a convertirse en concertistas de piano, por ejemplo, o a escalar el monte Everest». El autor, que no aporta ninguna metodología científica para medir el extremismo, afirma que este «parece predominar sobre todo entre los inclinados por temperamento o por educación a los objetivos religiosos».

Esta afirmación simplista conduce a la hipótesis de su libro: «La fe es la antítesis misma de la razón; la exaltación es un elemento básico de la devoción espiritual. Y cuando el fanatismo religioso suplanta al raciocinio, todo es posible de pronto. Puede suceder cualquier cosa. Absolutamente cualquier cosa. El sentido común no significa nada frente a la voz de Dios..., como atestiguan vívidamente los actos de Dan Lafferty». El caso Lafferty, tema central del libro, se convierte simplemente en un ilustrador de esta teoría.

Para apoyar su tesis de que «las raíces de su delito están profundamente arraigadas en la historia de una religión estadounidense practicada por millones», Krakauer expone una visión rotundamente unilateral y negativa de la historia mormona.

Refiriéndose al conocido juicio de Joseph Smith en 1826, por ejemplo, Krakauer afirma: «Un cliente descontento había denunciado a Joseph acusándolo de estafa». Esta afirmación demuestra que Krakauer no está familiarizado con los aspectos básicos del juicio en cuestión, así como su tendencia a forzar las pruebas en un sentido negativo. En realidad, la denuncia no la había presentado «un cliente descontento», sino unos perseguidores que habían arrastrado a Joseph ante el juez por ser una persona de conducta desordenada que había defraudado presuntamente a su patrono Josiah Stowell. Pero como ha dicho un investigador moderno, un jurista que ha estudiado cuidadosamente el caso, Stowell «negó rotundamente que hubiese sido engañado o defraudado» (Gordon A. Madsen, «Joseph Smith's 1826 Trial: The Legal Setting», *Brigham Young University Studies*, 30 [primavera de 1990, p. 105)]. Como consecuencia, se consideró a Joseph inocente y se desestimaron las acusaciones presentadas contra él.

Krakauer también fuerza la verdad al escribir sobre acontecimientos de la Iglesia moderna. Asistió al festival del cerro Cumorah de Palmyra (Nueva York), y lo describe diciendo que posee «la energía de un concierto de Phish, pero sin borracheras, peinados estrambóticos [...] ni nubes de humo de marihuana». Sin citar una fuente, afirma exageradamente que «tarde o temprano, la mayoría de los santos de los Últimos Días hacen una peregrinación allí». Aunque el festival sea popular, la mayoría de los santos de los Últimos Días no han asistido a él y la mayoría nunca asistirán.

El autor demuestra cierto conocimiento de la doctrina y la estructura administrativa de la iglesia, pero comete errores que indican su dominio pobre general del tema que trata. Se refiere, por ejemplo, a Mark E. Petersen, miembro del Quórum de los Doce Apóstoles, como «presidente de los santos de los Últimos Días», un error evidente. Krakauer demuestra también su ignorancia del *Libro de Mormón* y de la Biblia cuando califica a Labán de «magnate ovejero asquerosamente rico y maquinador que aparece en las páginas del *Libro de Mormón* y en el Antiguo Testamento». El Labán del Antiguo Testamento, que es tío y suegro del patriarca Jacob y hermano de Rebeca, vivió muchos cientos de años antes que el Labán del *Libro de Mormón*.

Krakauer, aceptando una afirmación no informada, dice que Nauvoo, ciudad que fue sede de la iglesia desde 1839 hasta 1846, poseía «derechos soberanos y poderes únicos no solo en Illinois sino en todo el país», como consecuencia de «una carta sumamente insólita». Su interpretación no tiene en cuenta la investigación reciente. El libro de Glen M. Leonard *Nauvoo: A Place of Peace, a People of Promise* (Salt Lake City, Deseret Book; Provo, Brigham Young University Press, 2000) indica correctamente:

> Durante los dos años anteriores, la cámara legislativa de Illinois había otorgado la carta municipal a la ciudad de Galena, una población de la minería del plomo, situada en la frontera norte del estado, a la nueva capital del estado, Springfield, y a Quincy, la caritativa vecina de Nauvoo en el condado de Adams. Anteriormente, solo se habían otorgado cartas municipales a Chicago y Alton, ambas en 1837. Cada una de esas cartas sucesivas se había basado en las anteriores, creándose así una pauta de familiaridad para los le-

gisladores de Illinois. El comité que había proyectado la de Quincy se había remitido a las de Chicago y Alton y a una de St. Louis (Missouri). La propuesta de Nauvoo agrupó normas que imitaban a las ya aprobadas en las tres cartas más recientes, las de Galena, Quincy y Springfield. Un extenso tratado sobre la autoridad legislativa del consejo municipal de Nauvoo se tomó literalmente de la carta de Springfield, una práctica común y legítima (p. 101).

Krakauer reconoce que aunque Joseph Smith «veneraba la Constitución de Estados Unidos [...] demostró repetidamente de palabra y de obra que tenía muy poco respeto por las creencias religiosas de los no mormones, y que no era probable que respetase los derechos constitucionales de otros credos». Pero investigadores serios de la personalidad de Joseph Smith consideran que tenía en general un gran respeto hacia los derechos de los demás. Hablando a sus seguidores en un oficio dominical junto al templo aún en construcción de Nauvoo, el 9 de julio de 1843, decía: «Si se ha demostrado que he estado dispuesto a morir por un mormón, me atrevo a declarar ante el cielo que estoy igualmente dispuesto a morir por un presbiteriano, un anabaptista o un fiel de cualquier otra confesión. Es el amor a la libertad lo que inspira mi alma, la libertad civil y religiosa» (Andrew F. Ethat y Lyndon W. Cook [eds.], *The Words of Joseph Smith*, Provo, Religious Studies Center, Brigham Young University, 1980, p. 229).

Krakauer también acepta la tesis de que Orrin Porter Rockwell intentó asesinar al antiguo gobernador de Missouri Lilburn W. Boggs después de que Joseph Smith profetizara supuestamente la muerte de Boggs. Luego dice: «Rockwell no tuvo ningún problema para eludir la detención. Ni él ni ningún otro santo compareció nunca ante la justicia por tal hecho». Sin embargo, Harold Schindler, en su biografía de Rockwell aclamada por la crítica, llega a la conclusión de que el que Rockwell disparara contra Boggs «es una cuestión aún por demostrar [...]. Si hubiera sido Rockwell quien hizo el fatídico disparo, da la impresión de que la decisión habría sido solo suya» (*Orrin Porter Rockwell: Man of God, Son of Thunder*, Salt Lake City, University of Utah Press, 1983, pp. 72-73). Al final detuvieron a Rockwell basándose en un «testimonio endeble», fue encarcelado durante varios meses y alimentado con lo «que solo podría describirse como comida de cerdos» (pp. 75-90). Fue acosado repetidas veces y casi linchado. «A medida que transcurrían las semanas, el fornido mormón de otros tiempos fue marchitándose hasta quedar reducido a poco más que una aparición. Tenía el cabello largo y enmarañado, estaba lleno de parásitos en aquella celda húmeda que era como una tumba; tenía la barba sucia y apelmazada de sudor y polvo, los ojos hundidos en los huecos oscuros del rostro.» Después de meses de sufrimiento, lo llevaron por fin ante un juez, que le comunicó que el «jurado acusador se había negado a emitir una acusación contra él» por el cargo original, pero había decidido condenarlo por intentar huir. «Rockwell volvió a su celda para considerar su absurdo dilema: estaba libre de una acusación, pero lo juzgarían por escapar de la cárcel cuando la ley admitía que no debería haber sido encarcelado.» Finalmente, el jurado lo consideró culpable de tentativa de fuga y lo condenó a cinco minutos de cárcel. No tardaron en dar orden de ponerlo en libertad y pudo ser «un hombre libre por primera vez en nueve meses» (pp. 90-99).

Krakauer, que vuelve a aceptar sin más una historia emocionante (que figura en la biografía de Joseph Smith de Fawn Brodie, una fuente básica de su libro), escribe: «En el verano de 1831 la familia Johnson acogió a Joseph y Emma Smith en su casa como huéspedes, y poco después el profeta empezó a acostarse con la joven Marinda. Desgraciadamente, parece ser que la relación no pasó inadvertida y un grupo de indignados ciudadanos (entre los que había varios mormones) decidieron castrar a Joseph para que no siguiese cometiendo tales actos de depravación en el futuro». Aunque Marinda probablemente se convirtiese en una esposa plural de Joseph Smith más tarde, Brodie y Krakauer exponen solo parte de los hechos... la parte que satisface un ansia de sensacionalismo.

Consideremos el análisis más equilibrado de Todd Compton, *In Sacred Loneliness: The Plural Wives of Joseph Smith*, Salt Lake City, Signature Books, 2001:

El motivo de este incidente ha sido objeto de discusión. Clark Braden, un testigo posterior, hostil e indirecto, afirmó en un polémico debate público que Eli, el hermano de Marinda, dirigió a una multitud contra Smith porque el profeta había tenido relaciones demasiado íntimas con Marinda. Esta tradición sugiere que Smith pudo haberse casado con Marinda en este primer periodo, y hay algunos factores circunstanciales que apoyan esa posibilidad. El intento de castración podría considerarse prueba de que esa multitud creía que Joseph había incurrido en una conducta sexualmente impropia. Como la tentativa la refiere Luke Johnson, no hay ninguna buena razón para dudarlo. Además, habían planeado la operación previamente, ya que llevaban con ellos un médico para que la realizara. Las primeras revelaciones sobre la poligamia se habían producido en 1831, según el historiador Danel Bachman. Además, Joseph Smith solía casarse con mujeres que habían vivido en su casa o en cuya casa había vivido él.

Sin embargo, hay muchos otros factores que contradicen esa teoría. En primer lugar, Marinda no tenía ningún hermano llamado Eli, lo que parece indicar que la acusación de Braden, siendo como es tardía, puede considerarse amañada y poco fiable. Además, dos versiones antagónicas de Hayden y S. F. Whitney dan una razón completamente distinta como causa del incidente, con una cabeza rectora completamente distinta, Simonds Ryder, un exmormón, aunque participen también los hermanos Johnson. En estas versiones, el motivo de la violencia es económico: los hermanos Johnson estaban entre la multitud debido al «horrible hecho de que se había organizado una conjura para arrebatarles su propiedad y ponerla bajo el control de Smith». La castración, en este escenario, podría haber sido solo una amenaza, concebida para intimidar a Smith y hacerle abandonar Hiram [donde vivían los Johnson].

Después de describir el acontecimiento, Marinda solo escribió: «Creo que debo dar aquí testimonio de que durante todo el año que Joseph fue huésped en la casa de mi padre nunca vi nada en su vida diaria ni en su conversación que me hiciesen dudar de su misión divina». Aunque cabe la posibilidad de que Marinda se convirtiese en la primera esposa plural de Smith en 1831, las pruebas de ese matrimonio, que se basan principalmente en el difunto Braden, muy poco de fiar como testigo, no son concluyentes. Salvo que se encuentren otras pruebas más dignas de crédito, es mejor partir del supuesto de que Joseph y Marinda no se casaron ni tuvieron relaciones en 1831 (pp. 231-232).

Refiriéndose a los funcionarios federales que escaparon de Utah en la época inicial, Krakauer admite que «muchos de los cuales eran muy corruptos y habían ido a Utah con el propósito de enriquecerse con chanchullos», una valoración que, aunque dura, se basa al menos, en cierta medida, en los hechos. Krakauer dice a continuación que la mayoría de esos funcionarios abandonaron Utah por miedo a que si se quedaban «recibirían una visita inesperada de Porter Rockwell y acabarían muertos... cosa que de hecho les sucedió a un número no documentado de agentes federales». No explica cómo se ha enterado de dichas muertes o de qué pruebas fidedignas dispone de que se produjeron, cuando, según admite él mismo, no están documentadas.

Como la matanza de Mountain Meadows se ajusta tan bien a la tesis de Krakauer, le otorga un espacio generoso, aunque lo haga de nuevo sin examinar por sí mismo los hechos críticamente. Acepta, por ejemplo, la idea tendenciosa de que en la reunión de Brigham Young y los jefes indios el 1 de septiembre de 1857 se decidió la muerte de la partida Fancher porque «Brigham dio explícitamente a los indios todo el ganado de los emigrantes del Viejo Camino Español, es decir, el excelente rebaño de Fancher, que los paiutes habían contemplado codiciosamente cuando habían acampado cerca de los emigrantes una semana antes. El mensaje del profeta a los jefes indios era bastante claro: quería que atacasen la caravana de Fancher. Al día siguiente por la mañana, los paiutes salieron de la ciudad de los santos a primera hora y se dirigieron presurosos hacia el sur de Utah».

Como otros autores que quieren creer esa teoría, Krakauer pasa por alto datos cruciales. La versión de Dimick Huntington de sus relaciones con los indios (el quid de este argumento) indica que alguien (tal vez Brigham Young o el propio Huntington) dio a los amerindios el ganado del camino meridional. Pero no hay nada en el registro histórico que atribuya esta dirección a la partida Fancher. Otras pruebas demuestran que a los indios del norte se les daba también el ganado del camino del norte. En otras palabras, ese supuesto «revólver humeante» que es el eje de las recientes publicaciones sobre la matanza a las que se ha dado tanto bombo, equivale a poco más que una expresión generalizada de la estrategia bélica de los santos en la época, consistente en permitir a los indios quedarse con el ganado a cambio de su alianza. Eso dista mucho de ordenar la matanza de un grupo de hombres, mujeres y niños. Además, existen pruebas firmes que indican que los indios que participaron en la célebre reunión no participaron en la matanza.

Krakauer, como otros autores recientes, debe afrontar de algún modo el hecho de que Brigham Young, cuando se enteró de que existía la posibilidad de que la caravana fuese atacada, envió una carta ordenando a los habitantes de Missouri y de Utah que no se metieran con los emigrantes. La carta es clara en sus expresiones, aunque algunos autores deseosos de reunir datos circunstanciales contra Brigham Young intenten hacer que *no* signifique *sí*, diciendo que la orden de no atacar a los emigrantes significaba en realidad lo contrario. Para desautorizar todavía más la carta, Krakauer afirma: «La carta original de Brigham ha desaparecido (junto con casi todos los demás documentos oficiales relacionados con la matanza de Mountain Meadows). Las citas que se incluyen proceden de una copia de la carta que salió a la luz en 1884, cuando un funcionario mormón la encontró en las páginas de un "Libro de cartas de la Iglesia"».

Aunque la carta se citaba en realidad en 1884, no salió a la luz entonces, y su «texto real» no es objeto de «ciertas dudas». La mayor parte de la correspondencia de Brigham Young se copió inmediatamente después de que se redactase y antes de enviarla. Las copias (equivalentes a las fotocopias de hoy) se hicieron presionando las letras escritas a tinta originales entre páginas humedecidas de un libro encuadernado con piel de cebolla. La humedad hacía que la tinta fresca de los originales impregnase la piel de cebolla, creando imágenes especulares de las letras. Una imagen especular perfecta de la célebre carta de Young está exactamente donde debería, en el libro de cartas de 1857 de Brigham. Es una copia contemporánea, y la acusación del juicio que llevó a la condena y posterior ejecución de John D. Lee en la década de 1870 la tuvo a su disposición y la utilizó.

Respecto a un tema más reciente, Krakauer alude a unas célebres falsificaciones de Mark Hofmann en la década de 1980 y asegura que «más de cuatrocientos de sus documentos falsos los adquirió la Iglesia de los Santos de los Últimos Días (que los creyó auténticos), y los ocultó luego en una cámara acorazada para evitar su difusión pública». Esto es una burda exageración. En realidad, casi todos los documentos de Hofmann que se adquirieron eran documentos insignificantes del Gobierno o de tipo legal. Aunque se les asignó una prioridad baja en la catalogación debido a su intrascendencia, no se ocultaron luego en «una cámara acorazada» en un intento deliberado de «evitar su difusión pública». Véase Richard E. Turley, *Victims: The LDS Church and the Mark Hofmann Case*, Urbana y Chicago, University of Illinois Press, 1992.

Podríamos dar otros ejemplos, pero bastan estos para demostrar que Krakauer tergiversa la historia mormona para contar su «historia de fe violenta». La de los santos de los Últimos Días del siglo xix era (lo mismo que lo es la inmensa mayoría de los santos de hoy) gente amante de la paz que deseaba practicar su religión con un espíritu de no violencia que permitiese «a todos los hombres el mismo privilegio, dejarles rendir culto como, donde y a lo que quisieran» (*The Articles of Faith of the Church of Jesus Christ of Latter-day Saints*, art. 11, publicado por primera vez en 1842).

Aunque discrepo firmemente de casi todas las puntualizaciones que hace Richard Turley en su crítica, identifica cinco errores de carácter secundario en *Obedeceré a Dios* que me gustaría reconocer:

- Aludiendo a un comentario que hago sobre el Festival del cerro de Cumorah en el capítulo 6, Turley me reprocha: «Sin citar una fuente, afirma exageradamente que "tarde o temprano, la mayoría de los santos de los Últimos Días hacen un peregrinaje allí" [sic]. Aunque el festival sea popular, la mayoría de los santos de los Últimos Días no han asistido a él y la mayoría nunca asistirán».

  En este caso, Turley parece haber interpretado mis palabras erróneamente con toda intención: yo no he escrito que la mayoría de los santos de los Últimos Días hagan un peregrinaje *al festival* (que se celebra siete noches cada verano). Lo que he escrito es: «Hoy, no menos que en el siglo xix, el cerro de Cumorah es uno de los lugares más sagrados de toda la mormonidad y tarde o temprano la mayoría de los santos de los Últimos Días hacen una peregrinación allí». Me refería claramente al lugar, a la montaña en sí, no al festival. Sin embargo, con el fin de evitar equívocos, se ha revisado el pasaje para que diga: «El cerro de Cumorah es uno de los lugares más sagrados de la mormonidad, y peregrinan aquí grandes multitudes de los santos de los Últimos Días».

- Turley, citando un pasaje del capítulo 7, señala que aludo a Mark E. Peterson, miembro del Quórum de los Doce Apóstoles, como «presidente de los santos de los Últimos Días, un error evidente».

  Elder Turley tiene razón: es un error evidente. No lo advertimos ni yo ni mi corrector, cuando en interés de la brevedad parafraseé a Robert Crossfield, que hablaba del «presidente Mark E. Peterson de Salt Lake City». Crossfield sabe sin duda que Peterson nunca fue presidente de la Iglesia, lo mismo que lo sé yo; «presidente» es, sin embargo, un título honorífico que suele otorgarse a todos los apóstoles de los santos de los Últimos Días y Crossfield utilizaba ese título como muestra de respeto al presbítero Peterson. Enturbié descuidadamente las aguas al eliminar las comillas de su declaración.

- Refiriéndose a un pasaje del capítulo 15, Turley afirma: «Krakauer demuestra también ignorancia del *Libro de Mormón* y de la Biblia cuando califica a Labán de "magnate ovejero asquerosamente rico y maquinador que aparece en las páginas del *Libro de Mormón* y en el Antiguo Testamento"».

  Turley tiene razón: he confundido al Labán del *Libro de Mormón* con el Labán del Antiguo Testamento. Acepto la corrección.

- Turley afirma, refiriéndose a un pasaje del capítulo 10: «Krakauer también acepta la tesis de que Orrin Porter Rockwell intentó asesinar al antiguo gobernador de Missouri Lilburn W. Boggs después de que Joseph Smith profetizara supuestamente la muerte de Boggs. Luego dice: "Rockwell no tuvo ningún problema para eludir la detención. Ni él ni ningún otro santo compareció nunca ante la justicia por tal hecho"».

Turley señala correctamente que entendí mal parte de esto: Rockwell fue detenido el 8 de agosto de 1842, estuvo encarcelado durante nueve meses y fue finalmente puesto en libertad sin que se le condenase por disparar contra Boggs. He revisado el texto para que indique el hecho de que Rockwell no eludió la detención, pero sostengo la afirmación que se hace en el libro de que Rockwell fue casi con seguridad el presunto asesino. Para una descripción completa de este famoso suceso, recomiendo encarecidamente la magnífica biografía de Howard Schindler *Orrin Porter Rockwell: Man of God, Son of Thunder*, la misma que cita Turley para criticar mi retrato de Rockwell. Como escribe Schindler:

Una de las viritudes de Rockwell era su inquebrantable sinceridad: él no mentía. Teniendo eso en cuenta, es significativo que no se haya encontrado testimonio alguno que demuestre que refutase la acusación [de que había disparado contra Boggs]; solo negó que Joseph hubiese ordenado el crimen. Por otra parte, al menos dos personas afirmaron que había confesado la tentativa de asesinato. Según una de ellas, Rockwell explicó años después al general Patrick E. Connor en Utah: «Disparé por la ventana y creí que le había matado, pero solo le había herido. ¡La verdad, sentí mucho no haber matado a aquel hijo de puta!».

• Turley se queja, citando un pasaje del Prólogo: «Krakauer alude a unas célebres falsificaciones de Mark Hofmann en la década de 1980 y asegura que "más de cuatrocientos de sus documentos falsos los adquirió la Iglesia de los Santos de los Últimos Días (que los creyó auténticos), y los ocultó luego en una cámara acorazada para evitar su difusión pública". Esto es una burda exageración».

La queja de Turley es válida en parte. La mayoría de los documentos falsos no se guardaron en una cámara acorazada, sino más bien en otros lugares inaccesibles a las miradas inquisitivas de periodistas e investigadores, y se ha corregido el texto del libro para que lo indique. La Iglesia mormona tiene una política bien documentada de eliminación de los documentos que considera delicados, sin embargo, y la parte de mi declaración más relacionada con ello no necesita enmienda alguna. Como el propio Turley admite en su propio análisis del incidente de Hofmann (un libro titulado *Victims: The LDS Church and the Mark Hofmann Case*, publicado en 1992), la iglesia fue engañada para que adquiriese 445 falsificaciones de Hofmann como mínimo. La iglesia compró en secreto algunos de esos documentos falsos bajo la supervisión de la Primera Presidencia, que creía que eran auténticos. Otros documentos falsos se obtuvieron de coleccionistas que actuaban de acuerdo con la Primera Presidencia, y que se los donaron posteriormente a la iglesia. Gran número de esos documentos se archivaron en lugares donde el conocimiento de su existencia podía limitarse a un reducido número de hombres del círculo más íntimo de la Iglesia.

Además, uno de los grupos de documentos más importantes del caso Hofmann (la llamada «colección McLellin», de documentos y publicaciones que se consideró que podrían ser muy perjudiciales para la iglesia) apareció en realidad en la cámara de seguridad de la Primera Presidencia, tan eficazmente ocultos que pasaron casi totalmente desapercibidos. En 1985, durante una reunión clandestina con un miembro de la Primera Presidencia, Mark Hofmann declaró que había descubierto los documentos personales del apóstol William McLellin, compañero íntimo de Joseph Smith que fue excomulgado en 1838, a raíz de un enfrentamiento con el profeta, documentos que se habían perdido hacía mucho. Hofmann ofreció esa falsa colección a la iglesia, y funcionarios de los más altos niveles de la jerarquía mormona dispusieron subrepticiamente lo necesario para que Hofmann recibiera 185.000 dólares. Pero Hofmann, después de recibir el dinero y a pesar de sus repetidas promesas de hacerlo, no entregó los documentos, debido, según se supo más tarde, a que aún no había iniciado la difícil tarea de falsificarlos. Cuando se le ordenó finalmente que entregase la colección prometida o devolviese de inmediato los 185.000 dólares, le dio miedo y mató a dos desprevenidos mormones con bombas de cañería en un intento desesperado de salir del apuro. Lo detuvieron al poco tiempo y la fiscalía le permitió declararse culpable de asesinato en segundo grado, lo que le sirvió para evitar una probable sentencia de muerte y permitió a la Iglesia mormona evitar un juicio público que habría empañado gravemente su reputación y la de sus máximas jerarquías. Y así es como Mark Hofmann se convirtió en compañero de celda de Dan Lafferty en la Prisión del Estado de Utah, donde residen ambos hoy.

Irónicamente, seis meses después de la detención de Hofmann, la Iglesia mormona hizo lo que el libro de Turley describe como un «descubrimiento sorprendente». Un examen de la cámara de seguridad de la Primera Presidencia por los funcionarios eclesiásticos desenterró la auténtica colección McLellin, la de verdad. Los funcionarios llegaron a la conclusión de que la Iglesia mormona había obtenido los documentos auténticos de McLellin en 1908 y los había escondido en los recovecos más profundos de su tristemente célebre cámara de seguridad. Resultó, pues, que Hofmann había matado a dos personas por su incapacidad para satisfacer las peticiones de la iglesia de una colección de documentos que la iglesia ya tenía en su poder. Como reconoció con embarazoTurley, «la iglesia ya tenía en su poder los diarios manuscritos de McLellin durante todo este tiempo».

Cabe suponer que la cámara de seguridad de la Primera Presidencia guarda otros documentos históricamente importantes, aunque Turley no aporte ninguna información sobre ellos ni reconozca siquiera que tales documentos existen.

Agradezco al presbítero Turley que haya indicado los cinco errores enumerados, que se rectificaron en cuanto me di cuenta de ellos: todos los ejemplares de *Obedeceré a Dios* impresos a partir del 7 de julio de 2003 incluyen las correcciones.

Discrepo totalmente de las otras críticas que constituyen el cuerpo principal de la recensión de Turley. Algunos de los «errores» que menciona solo son sinceras diferencias de opinión. Y algunas de sus alegaciones parecen formar parte de un intento deliberado y tendencioso de desacreditarme:

- Refiriéndose al trascendental juicio de Joseph Smith de 1826, Turney declara:

  Krakauer afirma: «Un cliente descontento había denunciado a Joseph acusándolo de estafa». Esta afirmación demuestra que Krakauer no está familiarizado con los aspectos básicos del juicio en cuestión, así como su tendencia a forzar las pruebas en un sentido negativo. En realidad, la denuncia no la había presentado «un cliente descontento», sino unos perseguidores que habían arrastrado a Joseph ante el juez por ser una persona de conducta desordenada que había defraudado presuntamente a su patrono Josiah Stowell. Pero como ha dicho un investigador moderno, un jurista que ha estudiado cuidadosamente el caso, Stowell «negó rotundamente que hubiese sido engañado o defraudado» (Gordon A. Madsen, «Joseph Smith's 1826 Trial: The Legal Setting», *Brigham Young University Studies*, 30 [primavera de 1990], p. 105). Como consecuencia, se consideró a Joseph inocente y se desestimaron las acusaciones presentadas contra él.

Si alguien tergiversa los hechos es Turley. Una revisión de los archivos judiciales demuestra que la detención y el juicio se debieron a una denuncia presentada por Peter G. Bridgam, sobrino de Stowe, que acusó a Joseph Smith de ser «una persona rebelde y un impostor». Y, en contra de lo que sostiene Turley, estos archivos indican que Joseph quedó impune.

El análisis más equilibrado y autorizado del juicio hasta la fecha («Re-thinking the 1826 Judicial Decision», artículo del intelectual mormón Dan Vogel, que puede leerse en <mormonscripturestudies.com/ch/dv/1826.asp>) refuta de forma convincente la conjetura de Gordon A. Madsen, citada por Turley, de que «se consideró a Joseph inocente y se desestimaron las acusaciones presentadas contra él». Turley está en lo cierto, sin embargo, cuando dice que Josiah Stowell «negó rotundamente que hubiese sido engañado o defraudado». De hecho, nadie pone en duda el que Stowell creyese sinceramente las afirmaciones de Joseph de que era un descubridor de tesoros y vidente dotado de poderes mágicos. Según el testimonio histórico, Stowell declaró bajo juramento que «tenía la máxima fe implícita en la capacidad del preso [es decir, de Joseph]».

Así pues, no solo consideró el tribunal a Joseph culpable casi con seguridad en 1826, sino que el testimonio sin ambigüedades de Stowell no deja duda alguna de que Joseph trabajaba como vidente poco antes de fundar la Iglesia mormona. Lo que destaca el astuto comentario del historiador Dale Morgan es que «desde el punto de vista de la historia mormona, es intrascendente que el tribunal actuase basándose en la acusación técnica de que era "una persona rebelde y un impostor"; lo importante es la evidencia alegada, su importancia en la vida de Joseph Smith antes de que proclamase su pretensión de ser profeta de Dios».

- El presbítero Turley, refiriéndose a mi afirmación del capítulo 10 de que Nauvoo tenía «derechos soberanos y poderes únicos no solo en Illinois sino en todo el país», como consecuencia de una «carta sumamente insólita», afirma erróneamente que mi información «no tiene en cuenta la investigación reciente». En realidad, baso el pasaje en cuestión principalmente en dos ensayos publicados en *Kingdom on the Mississippi Revisited: Nauvoo in Mormon History*. En el primero, «The Kingdom of God in Illinois: Politics in Utopia», el historiador Robert Bruce Flanders dice que, aunque la carta municipal de Nauvoo era «una carta típica de la época y el lugar, fue manipulada en la práctica para conseguir un Gobierno municipal semiindependiente que parecía rivalizar con la soberanía del propio estado». En el segundo ensayo, «The Nauvoo Charter: A Reinterpretation», James L. Kimball (bibliotecario jefe de la principal biblioteca mormona de Salt Lake City) explica que Nauvoo se fundó como resultado de concesiones especiales otorgadas a la ciudad por la Asamblea General de Illinois el 16 de diciembre de 1840 mediante una carta municipal.

Se otorgaba al Ayuntamiento de Nauvoo, entre otros poderes, autoridad para aprobar cualquier ley no contraria a la Constitución de Estados Unidos ni a la Constitución de Illinois. La disposición eximía a los padres de la ciudad de la obligación de observar las leyes estatales en la promulgación de ordenanzas, convirtiendo así la capital mormona verdaderamente en un estado dentro de un estado [...]. La mayoría de los mormones que han escrito sobre el tema califican la carta de «la más liberal que se haya otorgado en una ciudad estadounidense» [...].

La carta de Nauvoo tenía una provisión que era significativamente distinta de las de todas las otras seis cartas del periodo, y era la sección que permitía al consejo municipal no solo nombrar a funcionarios municipales (algo que incluían muchas otras cartas), sino también «destituirlos del cargo a voluntad». Este rasgo ilustra significativamente el deseo de los mormones de protegerse contra cualquier contingencia que pudiese parecer contraria a su existencia como pueblo en una ciudad que habían creado ellos [...]. Joseph Smith afirmó: «La carta municipal de Nauvoo procede de mi propio plan e invención. La idea para la salvación de la iglesia». Tengan el valor que tengan estas afirmaciones, las provisiones de la carta de Nauvoo no eran, como han dicho algunos historiadores, «insólitas» [...]. El fallo de la carta municipal estaba, más que en su contenido, en la forma en que la interpretó y utilizó el consejo municipal.

- El presbítero Turley, refiriéndose a un pasaje del capítulo 11 de mi libro, dice:

Krakauer, que vuelve a aceptar sin más una historia emocionante (que figura en la biografía de Joseph Smith de Fawn Brodie, una fuente básica de su libro), escribe: «En el verano de 1831 la familia Johnson acogió a Joseph y Emma Smith en su casa como huéspedes, y poco después el profeta empezó a acostarse con la joven Marinda. Desgraciadamente, parece ser que la relación no pasó inadvertida y un grupo de indignados ciudadanos (entre los que había varios mormones) decidieron castrar a Joseph para que no siguiese cometiendo tales actos de depravación en el futuro». Aunque Marinda probablemente se convirtiese en una esposa plural de Joseph Smith más tarde, Brodie y Krakauer exponen solo parte de los hechos... la parte que satisface un ansia de sensacionalismo.

Si el presbítero Turley me permite corregirle, diré que mi fuente principal sobre la casi castración de Joseph en 1832 por una multitud enfurecida de Ohio no fue el admirable libro de Fawn Brodie (que ha sido vilipendiado por los dirigentes mormones desde su publicación), sino más bien un testimonio directo escrito por Luke Johnson, el hermano mayor de Marinda Johnson, publicado en el *Deseret News* el 19 de mayo de 1858. Me basé también en una descripción del ataque aportada por el propio Joseph Smith que aparece en la autobiográfica *Historia de la Iglesia* que escribió. Me sorprende por ello que Turley me acuse de inclinarme a lo «excitante» para narrar un acontecimiento del que se ha informado a menudo en publicaciones sancionadas por la Iglesia mormona. ¿Cree él que Joseph Smith y el *Deseret News*, que es propiedad de la iglesia, se proponían «satisfacer un ansia de sensacionalismo» cuando publicaron descripciones del suceso de Ohio?

Turley me reprende por secundar la opinión de que el ataque pudo haber estado motivado por el hecho de que la multitud creyese que «el profeta había establecido una relación demasiado íntima con Marinda», en palabras de Todd Compton. Pero el propio Turley admite (en su cita de Compton) que hay una coincidencia generalizada en el hecho de que Joseph Smith adoptó el hábito de establecer relaciones sexuales con «mujeres que habían vivido en su casa o en cuya casa él había vivido». Y el propio diario del profeta confirma que Marinda fue de hecho entregada más tarde a Joseph como esposa plural.

Turley apoya una teoría alternativa propuesta por Compton, una teoría que no tiene nada que ver con relaciones sexuales: Turley parece insinuar que el ataque se debió a que los hermanos de Marinda creían que Joseph estaba maquinando para arrebatarles su casa y sus propiedades. Aunque es verdad que Joseph huyó de Ohio en 1838 en mitad de la noche, para no volver más, después de que se emitiese una orden de detención en que se le acusaba de fraude bancario, la acusación de fraude no se presentó hasta seis años después del intento de castración. En último análisis, los indicios circunstanciales de que la multitud actuaba inducida por rumores de que Joseph estaba intentando apoderarse de la casa de la familia Johnson son mucho más débiles que los que sugieren que lo que la movía a actuar eran los rumores de que Joseph había tenido relaciones íntimas con Marinda Johnson.

- El presbítero Turley, refiriéndose al capítulo 18 de *Obedeceré a Dios*, se queja de que, «como la matanza de Mountain Meadows se ajusta tan bien a la tesis de Krakauer, le otorga un espacio generoso, aunque lo haga de nuevo sin examinar por sí mismo los hechos críticamente». En realidad, he examinado personalmente los datos, con sumo cuidado, y me ha parecido que la versión de la tragedia que ofrecen John D. Lee, Juanita Brooks y Will Bagley (mis fuentes primordiales del capítulo 18) es mucho más creíble que la que han ofrecido Turley y otros portavoces de la Iglesia mormona a lo largo de los años.

La jerarquía mormona aún sostiene, como ha hecho siempre, que su Iglesia no tiene absolutamente ninguna responsabilidad en la matanza de Mountain Meadows. El 11 de septiembre de 1999 (el 142.º aniversario de la tragedia), la iglesia celebró una compleja ceremonia pública en Mountain Meadows para inaugurar un nuevo monumento a las víctimas de la matanza. Hacia el final de la ceremonia, el presidente Gordon B. Hinckley subrayó que, aunque la iglesia había construido y pagado el monumento, «lo que nosotros hemos hecho aquí no debe considerarse nunca un reconocimiento por parte de la iglesia de cualquier complicidad en lo que ocurrió aquel fatídico día».

En opinión de Richard Turley yo soy un enemigo fanático de la religión que escribí *Obedeceré a Dios* como «una condena de la religión en general» y la fe mormona en particular. Me entristece que el presbítero Turley, hablando en nombre de la jerarquía mormona (y por extensión por la iglesia como un todo), haya decidido hacer un enfoque tan reduccionista de mi libro. Creo que es imposible comprender los actos criminales de los hermanos Lafferty, o de cualquier otro fundamentalista mormón, sin hacer antes un esfuerzo serio para entender sus creencias teológicas, y eso exige como mínimo una comprensión rudimentaria de la historia mormona (aunque sea inquietante), junto con ciertos antecedentes de las complejas doctrinas del notable fundador de la religión. La vida de Joseph Smith y la historia de su iglesia pueden enfocarse desde muchísimas perspectivas, claro está. Y ese es precisamente el motivo de que a la jerarquía mormona le desagrade tanto mi libro.

Los hombres que dirigen la Iglesia mormona moderna consideran sagrada la historia de su religión y hace mucho que intentan mantener un férreo control de propietario sobre la forma en que se expone esa historia al mundo. Han llegado incluso a afirmar explícitamente que creen que las exposiciones de la historia mormona deberían ser laudatorias en vez de críticas y deberían minimizar, omitir o negar aspectos delicados o desagradables de esa historia. Como proclamó el apóstol Boyd Packer (hoy segundo en la línea sucesoria para el cargo de presidente y profeta) en un infausto discurso que pronunció en 1981: «Existe la tentación [...] de querer decirlo todo, sea digno y fomente la fe o no. Algunas cosas que son verdad no son demasiado útiles [...]. Un escritor o un profesor, en un esfuerzo por ser objetivo, imparcial y erudito puede estar concediendo inadvertidamente el mismo tiempo al adversario [...]. En la iglesia no somos neutrales. Somos parciales. Hay una guerra en marcha, y nosotros participamos en ella». Se trata de una guerra por la mente y el alma de todos los habitantes de la Tierra... una guerra que los santos de los Últimos Días libran con todos los recursos que tienen a su alcance.

Disentir de las doctrinas oficiales es algo que no se tolera en la Iglesia mormona. Los santos fieles y devotos que se atreven a plantear cuestiones espinosas sobre la doctrina o la historia de la iglesia se enfrentan a la excomunión o al ostracismo. La Primera Presidencia mormona ha creado un organismo de investigación interno con un nombre apropiadamente orwelliano: Comité de Miembros para Fortalecer la Iglesia, que lleva fichas secretas de los mormones que osan criticar a la iglesia. Ese organismo está dirigido por dos miembros del Quórum de los Doce Apóstoles y examina las cartas al director, las actividades políticas, las declaraciones hechas a periodistas y los escritos publicados por miembros de la iglesia, entre otras cosas. Se reclutan incluso estudiantes de la Universidad Brigham Young para que espíen a profesores sospechosos. «No hay en el país ningún otro credo de tamaño comparable que controle de ese modo a sus seguidores —escriben Richard y Joan Ostling en su *Mormon America: The Power and the Promise*, un libro rigurosamente equilibrado—. Las fichas son solo un aspecto de un meticuloso sistema de disciplina interna a través del cual el mormonismo moderno opera más como un pequeño culto que como una religión importante.»

Debido a que la jerarquía mormona está tan obsesionada por controlar cómo se interpreta y expone el pasado mormón, las historias aprobadas por la iglesia tienden a estar extensamente censuradas. En 1997, por ejemplo, la iglesia publicó un manual (lo hizo en veintidós idiomas y se consideró de lectura obligada para prácticamente todos los mormones adultos) titulado *Doctrina de los presidentes de la iglesia: Brigham Young*, en el que se describía a este gran dirigente mormón como monógamo, pese al hecho de que pocos estudiosos, mormones o no, discutirían que Young estuvo en realidad casado con veinte mujeres como mínimo y puede que lo estuviese con más de cincuenta. Hasta un repaso sucinto de otras publicaciones sancionadas por la iglesia revelaría un inquietante saneamiento similar del registro histórico. Los periodistas e historiadores que publican versiones de la historia mormona que se apartan de las implacablemente expurgadas patrocinadas por la iglesia son rutinaria y vigorosamente atacados, *ad hominem*... como lo he sido yo por escribir *Obedeceré a Dios*.

Hay permanentemente sesenta mil misioneros mormones recorriendo el globo, estrechamente supervisados por las jerarquías eclesiásticas desde Utah, que intentan convertir el mundo al mormonismo. Estos misioneros y sus superiores afirman agresivamente que la Iglesia de Jesucristo de los Santos de los Últimos Días es la «única iglesia verdadera» de la humanidad y que todas las demás religiones son falsas. Si los santos de los Últimos Días son sinceros cuando formulan tan audaces pretensiones (si los mormones aspiran a convencer a los no creyentes de que su religión es más válida que las otras y que las doctrinas de Joseph Smith fueron verdaderamente transmitidas por Dios), me parece que la iglesia debería abrir todos sus archivos a todas las partes interesadas y fomentar activamente un examen riguroso y sin trabas del rico y fascinante pasado mormón.

Pero los hombres que guían la Iglesia mormona y a sus doce millones de miembros piensan inflexiblemente de otro modo y hacen todo lo que su considerable poder les permite para mantener aspectos cruciales de la historia de la iglesia ocultos en las sombras. Es difícil de entender cómo puede beneficiar semejante política a los mormones o a los gentiles.

Jon Krakauer,
diciembre de 2003

Agradecimientos

Este libro se ha beneficiado de la docta atención que le han prestado muchas personas de Doubleday Broadway, Anchor-Vintage y Villard. Deseo dar las gracias en especial a Charlie Conrad, Bill Thomas, Steve Rubin, Alison Presley, Kathy Trager, John Fontana, Caroline Cunningham, Bette Alexander, Suzanne Herz, Michael Palgon, David Drake, Alison Rich, Rachel Pace, Jackie Everly, John Pitts, Claire Roberts, Louise Quayle, Carol Lazare, Laura Welch, Brian McLendon, Marty Asher, LuAnn Walther, Deb Foley y Jennifer Marshall.

Gracias a John Ware por ser un agente tan magnífico, a Bonnie Thompson por su meticulosa corrección y a Jeff Ward por los mapas.

Bill Briggs, Pat Joseph, Carol Krakauer, David Roberts y Sharon Roberts leyeron el manuscrito del libro y me hicieron valiosas críticas cuando más las necesitaba.

También estoy en deuda con Ruth Fecych, David Rosenthal, Ann Godoff, Mark Bryant y Scott Moyers, que leyeron un primer borrador parcial del manuscrito y me hicieron comentarios acertadísimos.

No habría podido completar mi tarea si no hubiera contado con la gran ayuda de DeLoy Bateman, Eunice Bateman, Virginia Bateman, David Bateman, Jim Bateman, Holly Bateman, Ellen Bateman, Fern Bateman, Diana Bateman, Roger

Bateman, Sarah Bateman, Maria Bateman, Kevin Bateman, Randy Bateman, Jason Bateman, Craig Chatwin, D. Michael Quinn, Debbie Palmer, Jolene Palmer, Jay Beswick, Flora Jessop, Linda Walker, Terri Trick, Sue S. Wilson, Lorna Craig, Wesley Larsen, Wynn Isom, Mareena Blackmore, Bernice DeVisser, Gayla Stubbs, Lenora Spencer, Mary Taylor, Robert Crossfield, Barry Crowther, Betty McEntire, LaRae Wright, Debbie Babbitt, Thomas Brunker, Kris C. Leonard, Michael Wims, Creed H. Barker, Nora S. Worthen, Tasha Taylor y Stan Larsen.

Para la investigación, he contado con la obra de los colegas periodistas Peggy Fletcher Stack, Carolyn Campbell, Michael Vigh, Greg Burton, Tom Zoellner, Fabian Dawson, Dean E. Murphy, Daniel Woods, Angie Parkinson, Will Bagley, Pauline Arrillaga, Chris Smith, Mike Gorrell, Ann Shields, Kevin Cantera, Holly Mullen, Paul Angerhofer, Geoffrey Fattah, Rebecca Boone, Brandon Griggs, Phil Miller, Brian Maffly, Susan Greene, Suzan Mazur, Julie Cart, Dave Cunningham, Dave Wagner, Jennifer Gallagher, Susan Zinder, Dawn House, Hilary Groutage Smith, Robert Matas, Robert Gehrke, Maureen Zent, Tom Gorman, Bob Mims, Tom Wharton, John Llewellyn, John Dougherty, Marianne Funk, Joan Thompson, Lee Davidson, Susan Hightower, Ellen Fagg, Mike Carter, Jennifer Dobner, Pat Reavy, Jerry D. Spangler, Elaine Jarvik, James Thalman, Derek Jensen, Lucinda Dillon, Lee Benson, Ted C. Fishman, Chris Jorgensen, Alf Pratte, Dave Jonsson, Elizabeth Neff, Brooke Adams, Matt Canham, Stephen Hunt, Taylor Syphus, David Kelly, Jeffrey P. Haney, Dennis Wagner, Patty Henetz, Mark Havnes, Bob Bernick, Adam Liptak, Norman Wagner, Tim Fitzpatrick, Maureen Palmer y Helen Slinger.

Agradezco también el estímulo, la compañía y los sabios consejos de Becky Hall, Neal Beidleman, Chhongba Sherpa, Tom Hornbein, Pete Schoening, Klev Schoening, Harry

Kent, Owen Kent, Steve Komito, Jim Detterline, Conrad Anker, Dan Stone, Roger Schimmel, Beth Bennett, Greg Child, Renée Globis, Roger Briggs, Colin Grissom, Kitty Calhoun, Jay Smith, Bart Miller, Roman Dial, Peggy Dial, Steve Rottler, David Trione, Robert Gully, Chris Archer, Rob Raker, Larry Gustafson, Steve Swenson, Jenni Lowe, Gordon Wiltsie, Doug Chabot, Steve Levin, Chris Reveley, Andrew McLean, Liesl Clark, John Armstrong, Dave Hahn, Rob Meyer, Ed Ward, Matt Hale, Chris Gulick, Chris Wejchert, Mark Fagan, Sheila Cooley, Kate Fagan, Dylan Fagan, Charlotte Fagan, Karin Krakauer, Wendy Krakauer, Sarah Krakauer, Andrew Krakauer, Tim Stewart, Bill Costello, Mel Kohn, Robin Krakauer, Rosalie Stewart, Alison Stewart, Shannon Costello, Maureen Costello, Ari Kohn, Miriam Kohn, Kelsi Krakauer, A. J. Krakauer, Mary Moore, Ralph Moore, David Quammen, Laura Brown, Pamela Brown, Helen Apthorp, Bill Resor, Story Clark, Rick Accomazzo, Gerry Accomazzo, Alex Lowe, Steve McLaughlin, Marty Shapiro, Caroline Carminati, Brian Nuttall, Drew Simon, Walter Kingsbery, Eric Love, Josie Heath, Margaret Katz, Lindsey Delaplaine, Rosemary Haire, Nancy McElwain, Andy Pruitt y Jeff Stieb.

Todo mi agradecimiento también a John Winsor, Bridget Winsor, Harry Winsor, Charlie Winsor, Paul Fuller, Mary Gorman, Amy Beidleman, Nina Beidleman, Reed Beidleman, Kevin Cooney, Annie Maest, Emma Cooney, Mike Pilling, Kerry Kirkpatrick, Charley LaVenture, Sally LaVenture y Willow LaVenture por los consejos y la ayuda cruciales que me proporcionaron en México.

Notas

Las notas que siguen documentan las fuentes más importantes de cada capítulo, pero sin enumerar la fuente de cada cita y cada dato. Las citas sin referencia corresponden a entrevistas del autor con la persona mencionada.

PRÓLOGO

Las citas atribuidas a Allen Lafferty corresponden a la transcripción del juicio de Ron Lafferty de 1996. Los datos sobre los asesinatos de Brenda y Erica Lafferty, así como los de la detención y condena de Ron y de Dan Lafferty, proceden sobre todo de las entrevistas y la correspondencia con Dan Lafferty y de las transcripciones de los juicios; y, en menor medida, de artículos publicados en *Salt Lake Tribune*, *Deseret News* y *Provo Daily Herald*. La información de la nota al pie sobre Shoko corresponde al artículo de Kyle B. Olson «Aum Shinrikyo: Once and Future Threat?», publicado en *Emerging Infectious Diseases*, julio de 1999.

I. LA CIUDAD DE LOS SANTOS

Buena parte de los datos sobre la Iglesia de los Santos de los Últimos Días moderna proceden de *Mormon America: The Power and the Promise*, de Richard N. Ostling y Joan K. Ostling; y de *The*

Mormon Hierarchy: Extensions of Power, de D. Michael Quinn. Las citas en las que Joseph Smith describió el matrimonio plural como parte de «la doctrina más sagrada e importante que se haya revelado al hombre en la Tierra» y enseñó que un hombre necesitaba tres esposas como mínimo para alcanzar «la plenitud de la exaltación», se citan en la página 558 de *An Intimate Chronicle: The Journals of William Clayton*, edición de George D. Smith. La cita que sigue a continuación («todos aquellos a los que ha sido revelada esta ley [...]») procede de la sección 132 de *Doctrina y convenios*.

2. SHORT CREEK

La información sobre Colorado City-Hildale y el PEU procede de varias visitas a la comunidad y de entrevistas con numerosos miembros y exmiembros de la Iglesia Fundamentalista de Jesucristo de los Santos de los Últimos Días. Me he basado también en *The Polygamists: A History of Colorado City*, de Ben Blistine; en *Kidnapped from That Land: The Government Raids on the Short Creek Polygamists*, de Martha Sonntag Bradley; y en artículos publicados en el *Salt Lake Tribune*, el *Deseret News*, el *Kingman Daily Miner*, el *St. George Spectrum* y *Salt Lake City Weekly*. La cita atribuida al apóstol Boyd K. Packer sobre las amenazas contra la Iglesia de los Santos de los Últimos Días figura en *The Mormon Hierarchy: Extensions of Power*. La cita atribuida a Linda Walker procede de correspondencia personal entre Walker y el autor.

3. BOUNTIFUL

La información de este capítulo procede sobre todo de entrevistas con Debbie Palmer, y de una visita a Bountiful. La cita de 1979 de Eldon Tanner, de *Ensign Magazine* figura en *The Mormon Hierarchy: Extensions of Power*.

4. Elizabeth y Ruby

He tomado los datos sobre el secuestro de Elizabeth Smart de «The Book of Immanuel David Isaiah», de Brian David Mitchell; de artículos publicados en el *New York Times*, el *Salt Lake Tribune*, el *Deseret News*, *Time* y *Newsweek*, así como de informes de la Associated Press, ABC News y NBC News. Y la información sobre Ruby Jessop procede de Jay Beswick, Flora Jessop y Lorna Craig.

5. El Segundo Gran Despertar

Me he basado sobre todo en *No Man Knows My History*, de Fawn Brodie; *Early Mormonism and the Magic World View*, de D. Michael Quinn; *By the Hand of Mormon*, de Terryl L. Givens; *Joseph Smith and the Beginnings of Mormonism*, de Richard L. Bushman; *History of the Church*, de Joseph Smith hijo; «Rethinking the 1826 Judicial Decision», un artículo de Dan Vogel publicado en internet; y «Joseph Smith's 1826 Trial», un artículo de Gordon A. Madsen publicado en *BYU Studies*.

6. Cumorah

Las principales fuentes son el *Libro de Mormón* y *By the Hand of Mormon*.

7. Una voz aún pequeña

Entrevistas con Robert Crossfield, Bernard Brady y Debbie Palmer; *The First Book of Commandments* y *The Second Book of Commandments*, ambos de Crossfield; y en *Doctrina y convenios* de los Santos de los Últimos Días. Los datos sobre la Mina del Sueño y su historia corresponden sobre todo a *John H. Koyle's Relief Mine*, de Ogden Kraut; y a artículos del *Salt Lake Tribune*.

8. *El Pacificador*

Principales fuentes: Dan Lafferty y *El Pacificador*, de Udney Hay Jacob. Las citas atribuidas a Matilda Lafferty corresponden a la transcripción del juicio de Ron Lafferty de 1996.

9. Haun's Mill

Me he basado sobre todo en *The 1838 Mormon War in Missouri*, de Stephen C. LeSueur; *Mormonism Unveiled, or the Life and Confessions of the Late Mormon Bishop, John D. Lee*, edición de William Bishop; y *No Man Knows My History*. La reseña del *Libro de Mormón* que publicó en 1830 el *Daily Advertiser* de Rochester se cita en *No Man Knows My History*, e igualmente el discurso de 1838 en que Joseph Smith se compara con Mahoma. La correspondiente nota al pie acerca de los paralelismos entre mormonismo e islam, se basa en la información del artículo de Arnold H. Green y Lawrence P. Goldrup: «Joseph Smith, an American Muhammad? An Essay on the Perils of Historical Analogy», publicado en *Dialogue: A Journal of Mormon Thought* (las citas atribuidas a Eduard Meyer y a George Arbaugh figuraban en este artículo).

10. Nauvoo

Principales fuentes: *Kingdom on the Mississippi Revisited. Nauvoo in Mormon History*, edición de Roger D. Launius y John E. Hallwas; *Cultures in Conflict: A Documentary History of the Mormon War in Illinois*, de John E. Hallwas y Roger D. Launius; *Orrin Porter Rockwell: Man of God, Son of Thunder*, de Harold Schindler; y *No Man Knows My History*.

11. EL PRINCIPIO

Principales fuentes: *No Man Knows My History*; *In Sacred Loneliness: The Plural Wives of Joseph Smith*, de Todd Compton; *Mormon Polygamy: A History*, de Richard S. Van Wagoner; *Mormonism Unveiled, or the Life and Confessions of the Late Mormon Bishop, John D. Lee*; y *An Intimate Chronicle: The Journals of William Clayton*, edición de George D. Smith. Las citas de Marinda Johnson figuran en *In Sacred Loneliness*. La cita atribuida a Luke Johnson sobre el intento de castrar a Joseph Smith en Ohio figura en el artículo «History of Luke Johnson», publicado por el *Deseret News* del 19 de mayo de 1858. El pasaje de las memorias de Lucy Walker figura en *No Man Knows My History*.

12. CARTHAGE

Principales fuentes: *An Intimate Chronicle: The Journals of William Clayton*; *No Man Knows My History*; *Mormon Polygamy: A History*; *Kingdom on the Mississippi Revisited: Nauvoo in Mormon History*; *Cultures in Conflict: A Documentary History of the Mormon War in Illinois*; *Doctrine and Covenants*; y *Among the Mormons: Historic Accounts by Contemporary Observers*, de William Mulder y A. Russell Mortensen. La carta de William Clayton que describe el dictado de la revelación de Joseph Smith sobre el matrimonio plural figura en *An Intimate Chronicle*.

13. LOS HERMANOS LAFFERTY

Principal fuente: Dan Lafferty.

14. Brenda

Basado en entrevistas con Betty Wright McEntire, LaRae Wright, Penelope Weiss y Dan Lafferty; y, en menor grado, en la transcripción del juicio de Ron Lafferty en 1996.

15. El uno poderoso y fuerte

Principales fuentes: Robert Crossfield, Bernard Brady, Dan Lafferty, Betty Wright McEntire y Pamela Coronado. Me baso también en *The First Book of Commandments*, *The Second Book of Commandments*, *Libro de Mormón* y las fotocopias de las revelaciones de Ron Lafferty.

16. Eliminación

Principales fuentes: Dan Lafferty, Betty Wright McEntire y LaRae Wright; y también la transcripción del juicio de Ron Lafferty de 1996. Los datos de la nota al pie sobre el consumo de marihuana entre los mormones a principios del siglo xx corresponden a *Prophet of Blood: The Untold Story of Ervil LeBaron and the Lambs of God*, de Ben Bradlee y Dale Van Atta; un artículo de 1985 de D. Michael Quinn, «LDS Church Authority and New Plural Marriages, 1890-1904», publicado en *Dialogue: A Journal of Mormon Thought*; y artículos del *Salt Lake Tribune*.

17. Éxodo

Principales fuentes: *The Mormon Hierarchy: Origins of Power*, de D. Michael Quinn; *Among the Mormons: Historic Accounts by Contemporary Observers*; *Orrin Porter Rockwell: Man of God, Son of Thunder*; *Cultures in Conflict: A Documentary History of the Mormon War in*

Illinois; *Blood of the Prophets: Brigham Young and the Massacre at Mountain Meadows*, de Will Bagley; *The Year of Decision: 1846*, de Bernard DeVoto; y *Mormonism Unveiled, or the Life and Confessions of the Late Mormon Bishop, John D. Lee*. La cita atribuida al congresista de Illinois John Alexander McLernand condenando la poligamia figura en *Mormon Polygamy: A History*. La cita atribuida al doctor Roberts Bartholow en la correspondiente nota al pie figura en un artículo de 1979 de Lester E. Bush, «A Peculiar People: The Physiological Aspects of Mormonism, 1850-1975», publicado en *Dialogue. A Journal of Mormon Thought*.

18. MOUNTAIN MEADOW

Principales fuentes: *Blood of the Prophets: Brigham Young and the Massacre at Mountain Meadows*; *The Mountain Meadows Massacre*, de Juanita Brooks; *Mormonism Unveiled, or the Life and Confessions of the Late Mormon Bishop, John D. Lee*; *A Mormon Chronicle: The Diaries of John D. Lee, 1848-1876*, edición de Robert Glass Cleland y Juanita Brooks; *Orrin Porter Rockwell: Man of God, Son of Thunder*; *Forgotten Kingdom: The Mormon Theocracy in the American West, 1847-1896*, de David L. Bigler; y *Desert Between the Mountains: Mormons, Miners, Padres, Mountain Men, and the Opening of the Great Basin, 1772-1869*, de Michael S. Durham. Las vívidas descripciones del ataque al grupo de Fancher, atribuidas a las supervivientes Sarah Frances Baker Mitchell y Nancy Huff, figuran en *Blood of the Prophets: Brigham Young and the Massacre at Mountain Meadows*.

19. CHIVOS EXPIATORIOS

Figuran entre mis principales fuentes documentales las enumeradas para el capítulo anterior (18), más el artículo de 1993 de Wesley P. Larsen «The "Letter" or Were the Powell Men Really Killed by Indians?», publicado en la revista *Canyon Legacy*; *Colorado River*

Controversies, de Robert Brewster Stanton; *Beyond the Hundredth Meridian: John Wesley Powell and the Second Opening of the West*, de Wallace Stegner; *The Exploration of the Colorado River and Its Canyons*, de John Wesley Powell; *Indian Depredations*, de Peter Gottfredson; y *The «Tribune» Reports of the Trials of John D. Lee for the Massacre at Mountain Meadows, November 1874-April 1877*, edición de Robert Kent Fielding. Me baso también en entrevistas con Wesley P. Larsen y Wynn Isom. La cita atribuida a D. Michael Quinn que describe cómo los soldados de la Unión apuntaban con sus cañones a la casa de Brigham Young durante su ocupación de Salt Lake City en la Guerra de Secesión procede de una entrevista de Ken Verdoia con Quinn.

20. BAJO EL ESTANDARTE DEL CIELO

Principales fuentes: *The Four Hidden Revelations*, recopilación de mandatos divinos revelados a John Taylor y a Wilford Woodruff, publicada por la Iglesia Fundamentalista de Jesucristo de los Santos de los Últimos Días; *Mormon Polygamy: A History*; y «LDS Church Authority and New Plural Marriages, 1890-1904». La profecía de John D. Lee sobre la muerte de Brigham Young figura en *Blood of the Prophets: Brigham Young and the Massacre at Mountain Meadows*. La cita atribuida a John Taylor (de la que se ha tomado el título del libro) procede de un artículo de autor anónimo: «A Den of Treason: That's What John Taylor Made the Assembly Hall Last Sunday», publicado en el *Salt Lake Daily Tribune* el 6 de enero de 1880.

21. EVANGELINE

Principales fuentes: DeLoy Bateman, Craig Chatwin, Debbie Palmer, Lavina Stubbs, Lenora Spencer, Annie Vandeveer Blackmore, Lena Blackmore y Evangeline Blackmore. Me baso también en *The Blood Covenant*, de Rena Chynoweth; y en *Prophet of Blood: The Untold Story of Ervil LeBaron and the Lambs of God*.

22. Reno

Principales fuentes: Dan Lafferty, Bernard Brady y la transcripción del juicio de Ron Lafferty de 1996.

23. Juicio en Provo

Fuente principal: transcripción del juicio de Ron Lafferty en 1996. Me baso también en las entrevistas con Betty Wright McEntire, LaRae Wright, Dan Lafferty, Thomas Brunker, Kris C. Leonard y Michael Wims; y en artículos del *Salt Lake Tribune*, el *Deseret News* y el *Daily Herald* de Provo.

24. El Día Grande y Terrible

Fuente principal: Dan Lafferty.

25. La religión estadounidense

Información recogida en mis visitas a Colorado City y a Bountiful y en las entrevistas con Pamela Coronado, Emmylou Coronado, Robert Crossfield, DeLoy Bateman, Craig Chatwin y Debbie Palmer. Las predicciones de Rodney Starks sobre el crecimiento de la Iglesia de los Santos de los Últimos Días se citan en *Mormon America: The Power and the Promise*. Los pasajes seleccionados de la carta de 1945 de Dale Morgan a Juanita Brooks figuran en *Juanita Brooks: Mormon Woman Historian*, de Levi S. Peterson.

26. La montaña de Canaán

Mi fuente es DeLoy Bateman.

Comentarios del autor

El ensayo de Timothy Egan «The Empire of Clean» figura en su libro *Lasso the Wind: Away to the New West.* Las citas atribuidas a D. Michael Quinn corresponden a mis entrevistas con él y a su conferencia de 1981 «On Being a Mormon Historian». Y he tomado la cita atribuida a Annie Dillard de su libro *For the Time Being.*

Bibliografía

«A Den of Treason: That's What John Taylor Made the Assembly Hall Last Sunday», *Salt Lake Daily Tribune* (6 de enero de 1880).

ALTMAN, Irwin y GINAT, Joseph, *Polygamous Families in Contemporary Society*, Cambridge, Cambridge University Press, 1996.

American Psychiatric Association, *Diagnostic and Statistical Manual of Mental Disorders* (DSM-IV), 4.ª ed. Washington D.C., American Psychiatric Association, 1994.

ANDERSON, Kenneth, «The Magic of the Great Salt Lake», *Times Literary Supplement*, 24 de marzo de 1995.

—, «A Peculiar People: The Mystical and Pragmatic Appeal of Mormonism», *Los Angeles Times*, 28 de noviembre de 1999.

ARBAUGH, George Bartholomew, *Revelations in Mormonism: Its Character and Changing Forms*, Chicago, University of Chicago Press, 1932.

ARMSTRONG, Karen, *The Battle for God*, Nueva York, Ballantine Books, 2001.

—, *Buddha*, Nueva York, Viking Penguin, 2001.

—, *A History of God: The 4,000-Year Quest of Judaism, Christianity and Islam*, Nueva York, Ballantine Books, 1994.

ARRINGTON, Leonard J., *Adventures of a Church Historian*, Urbana, University of Illinois Press, 1998.

—, *Brigham Young: American Moses*, Nueva York, Alfred A. Knopf, 1984.

ARRINGTON, Leonard J. y BITTON, Davis, *The Mormon Experience:*

A History of the Latter-day Saints, Nueva York, Alfred A. Knopf, 1979.

BAGLEY, Will, *Blood of the Prophets: Brigham Young and the Massacre at Mountain Meadows*, Norman, University of Oklahoma Press, 2002.

BANCROFT, Hubert Howe, *History of Utah, 1540-1886*, San Francisco, History Company, 1889.

BAYLE, Pierre, *Historical and Critical Dictionary: Selections*, traducción, introducción y notas de Richard H. Popkin, Indianápolis, Bobbs-Merfill Company, 1965.

BELSHAW, Michael, «The Dunn-Howland Killings: A Reconstruction», *Journal of Arizona History*, vol. 20 (invierno de 1979).

BIGLER, David L., *Forgotten Kingdom: The Mormon Theocracy in the American West, 1847-1896*, Logan, Utah State University Press, 1998.

BISHOP, William (ed.), *Mormonism Unveiled, or the Life and Confessions of the Late Mormon Bishop, John D. Lee*, Albuquerque, Fierra Blanca Publications, 2001.

BISTLINE, Benjamin, *The Polygamists: A History of Colorado City*, Colorado City (Arizona), Benjamin Bistline, 1998.

BLOOM, Harold, *The American Religion: The Emergence of the Post-Christian Nation*, Nueva York, Simon & Schuster, 1992. [Hay trad. cast.: *La religión en los Estados Unidos*, México, Fondo de Cultura Económica, 1994.]

BRADLEY, Ben Jr. y VAN ATTA, Dale, *Prophet of Blood: The Untold Story of Ervil LeBaron and the Lambs of God*, Nueva York, G. P. Putnam's Sons, 1981.

BRADLEY, Martha Sonntag, *Kidnapped from That Land: The Government Raids on Short Creek Polygamists*, Salt Lake City, University of Utah Press, 1996.

BRINGHURST, Newell G., *Brigham Young and the Expanding American Frontier*, Boston, Little, Brown and Co., 1986.

—, *Fawn McKay Brodie: A Biographer's Life*, Norman, University of Oklahoma Press, 1999.

—, *Saints, Slaves, and Blacks: The Changing Place of Black People Within Mormonism*, Wesport, Greenwood Press, 1981.

— (ed.), *Reconsidering «No Man Knows My History»: Fawn M. Brodie and Joseph Smith in Retrospect*, Logan, Utah State University Press, 1996.

BRODIE, Fawn M., *The Devil Drives: A Life of Sir Richard Burton*, Nueva York, W. W. Norton, 1967.

—, *No Man Knows My History: The Life of Joseph Smith, the Mormon Prophet*, 2.ª ed., Nueva York, Alfred A. Knopf, 1995.

BROOKE, John L., *The Refiner's Fire: The Making of Mormon Cosmology, 1644-1844*, Cambridge, Cambridge University Press, 1994.

BROOKS, Juanita, *Emma Lee*, Logan, Utah State University Press, 1984.

—, *John Doyle Lee: Zealot, Pioneer Builder, Scapegoat*, Logan, Utah State University Press, 1992.

—, *The Mountain Meadows Massacre*, prólogo y epílogo de Jan Shipps, Norman, University of Oklahoma Press, 1991.

BURTON, Richard F., *The City of the Saints and Across the Rocky Mountains to California*, edición, introducción y notas de Fawn M. Brodie, Nueva York, Alfred A. Knopf, 1963.

BUSH, Lester E. Jr., «A Peculiar People: The Physiological Aspects of Mormonism 1850-1975», *Dialogue: A Journal of Mormon Thought*, vol. 12, n.º 3 (otoño de 1979).

BUSHMAN, Claudia L. (ed.), *Mormon Sisters: Women in Early Utah*, Logan, Utah State University Press, 1997.

BUSHMAN, Richard L., *Joseph Smith and the Beginnings of Mormonism*, Urbana, University of Illinois Press, 1984.

CAMPBELL, Carolyn, «Fugitive Witness: Tom Green's Ex-wife Defends Her Decision to Let Her Daughter Marry Her Husband», *Salt Lake City Weekly*, 22 de febrero de 2001.

CARD, Brigham, NORTHCOTT, Herbert C., E. FOSTER, John, PALMER, Howard y K. JARVIS, George (eds.), *The Mormon Presence in Canada*, Edmonton, University of Alberta Press, 1990.

CHYNOWETH, Rena y SHAPIRO, Dean M., *The Blood Covenant*, Austin, Diamond Books, 1990.

CLELAND, Robert Glass y BROOKS, Juanita (eds.), *A Mormon Chronicle: The Diaries of John D. Lee, 1848-1876*, 2 vols., San Marino (California), Huntington Library, 1955.

COMPTON, Todd, *In Sacred Loneliness: The Plural Wives of Joseph Smith*, Salt Lake City, Signature Books, 1997.

CORBETT, Pearson Harris, *Jacob Hamblin: The Peacemaker*, Salt Lake City, Deseret Book Co., 1952.

CRAPANZANO, Vincent, *Serving the Word: Literalism in America from the Pulpit to the Bench*, Nueva York, New Press, 2000.

CROSSFIELD, Robert (Onías), *The First Book of Commandments*, Salem (Utah), United Order Publications, 1998.

—, *The Second Book of Commandments*, The United Order Publications, Salem (Utah), 1999.

DELLENBAUGH, Frederick S., *A Canyon Voyage: The Narrative of the Second Powell Expedition down the Green-Colorado River from Wyoming, and the Explorations on Land, in the Years 1871 and 1872*, University of Arizona Press, Tucson, 1996.

DEVOTO, Bernard, *The Year of Decision: 1846*, Little, Brown and Co., Boston, 1943.

DEWEY, Richard Lloyd, (ed.), *Jacob Hamblin: His Life in His Own Words*, Nueva York, Paramount Books, 1995.

DILLARD, Annie, *For the Time Being*, Nueva York, Alfred A. Knopf, 1999.

—, *Holy the Firm*, Nueva York, Harper & Row, 1977.

DOBYNS, Henry F. y EULER, Robert C., «The Dunn-Howland Killings: Additional Insights», *Journal of Arizona History*, vol. 21 (primavera de 1980).

DOLNICK, Edward, *Down the Great Unknown: John Wesley Powell's 1869 Journey of Discovery and Tragedy Through the Grand Canyon*, Nueva York, Harper Collins, 2001.

DOUGHERTY, John, «Polygamy in Arizona: The Wages of Sin», *Phoenix New Times* (10 de abril de 2003).

DURHAM, Michael S., *Desert Between the Mountains: Mormons, Miners, Padres, Mountain Men, and the Opening of the Great Basin, 1772-1869*, Norman, University of Oklahoma Press, 1999.

EGAN, Timothy, *Lasso the Wind: Away to the New West*, Nueva York, Vintage, 1999.

EMBRY, Jessie L., *Black Saints in a White Church: Contemporary African American Mormons*, Salt Lake City, Signature Books, 1994.

FERGUSON, Charles W., *The Confusion of Tongues: A Review of Modern Isms*, Garden City (Nueva York), Doubleday, Doran & Co., 1928.

FIELDING, Robert Kent, *The Unsolicited Chronicler: An Account of the Gunnison Massacre, Its Causes and Consequences, Utah Territory, 1847-1859—A Narrative History*, Brookline (Mass.), Paradigm Publications, 1993.

—, (ed.), *The «Tribune» Reports of the Trials of John D. Lee for the Massacre at Mountain Meadows, November 1874-April 1877*, Higganum (Conn.), Kent's Books, 2000.

FISHMAN, Ted C., «Unholy Voices?», *Playboy*, vol. 39, n.° 11 (noviembre de 1992).

GILMORE, Mikal, *Shot in the Heart*, Nueva York, Anchor, 1995.

GIVENS, Terryl L., *By the Hand of Mormon: The American Scripture That Launched a New World Religion*, Nueva York, Oxford University Press, 2002.

GOTTFREDSON, Peter, *Indian Depredations*, Salt Lake City, 1919.

GREEN, Arnold H. y GOLDRUP, Lawrence P., «Joseph Smith, an American Muhammad? An Essay on the Perils of Historical Analogy», *Dialogue: A Journal of Mormon Thought*, vol. 6, n.° 1 (primavera de 1971).

GREEN, Tom, «Why We Talk to the Media», <www.polygamy.com/Mormon/Why-We-Talk-To-The-Media.html>.

GREENE, Graham, *The End of the Affair*, Nueva York, Viking, 1961. [Hay trad. cast.: *El fin del romance*, Barcelona, Edhasa, 2000.]

GUNNISON, J. W., *The Mormons, or Latter-Day Saints, in the Valley of the Great Salt Lake: A History of Their Rise and Progress, Peculiar Doctrines, Present Condition, and Prospects, Derived from Personal Observation, During a Residence Among Them*, Filadelfia, Lippincott, 1860; y Brookline (Mass.), Paradigm Publications, 1993.

HALLWAS, John E. y LAUNIUS, Roger D. (eds.), *Cultures in Conflict: A Documentary History of the Mormon War in Illinois*, Logan, Utah State University Press, 1995.

HARDY, B. Carmon, *Solemn Covenant: The Mormon Polygamous Passage*, Urbana, University of Illinois Press, 1992.

Holzapfel, Richard Neitzel, y Cottle, T. Jeffery, *Old Mormon Palmyra and New England: Historic Photographs and Guide*, Santa Ana (California), Fieldbrook Productions, 1991.

Iglesia de Jesucristo de los Santos de los Últimos Días, *«The Book of Mormon»*, *«The Doctrine and Covenants»*, *«The Pearl of Great Price»*, edición en un volumen, Salt Lake City, Church of Jesus Christ of Latter-day Saints, 1981.

Iglesia Fundamentalista de Jesucristo de los Santos de los Últimos Días, *The Four Hidden Revelations*, Salt Lake City, Fundamentalist Church of Jesus Christ of Latter Day Saints, s.f.

Jacob, Udney Hay, *An Extract, from a Manuscript Entitled «The Peace Maker», or the Doctrines of the Millennium: Being a Treatise on Religion and Jurisprudence. Or a New System of Religion and Politics*, Nauvoo (Illinois), J. Smith, 1842.

James, William, *The Varieties of Religious Experience: A Study in Human Nature, Being the Gifford Lectures on Natural Religion Delivered at Edinburgh in 1901-1902*, Nueva York, Modern Library, 1999. [Hay trad. cast.: *Las variedades de la experiencia religiosa*, trad. J. F. Yvars, Barcelona, Península, 1986.]

Jeffs, Rulon, *History of Priesthood Succession in the Dispensation of the Fullness of Times, and Some Challenges to the One Man Rule. Also Includes Personal History of President Rulon Jeffs*, Hildale (Utah), Twin City Courier Press, 1997.

—, *Purity in the New and Everlasting Covenant of Marriage*, Sandy (Utah), President Rulon Jeffs, 1997.

—, *Sermons of President Rulon Jeffs*, vols. 1-8, Hildale (Utah), Twin City Courier Press, 1996.

—, (ed.), *Sermons of President LeRoy S. Johnson*, vols. 1-8, Hildale (Utah), Twin City Courier Press, 1997.

Jenkins, Philip, *Mystics and Messiahs: Cults and New Religions in American History*, Nueva York, Oxford University Press, 2000.

Johnson, Luke, *«History of Luke Johnson»*, *Deseret News* (19 de mayo de 1858).

Kraut, Ogden, *John H. Koyle's Relief Mine*, Pioneer Press, Salt Lake City, 1978.

—, *Polygamy in the Bible*, Salt Lake City, Pioneer Press, 1983.

LARSEN, Wesley P., «The "Letter", or Were the Powell Men Really Killed by Indians?», *Canyon Legacy*, n.° 17 (primavera de 1993).

LARSON, Stan, *Quest for the Gold Plates: Thomas Stuart Ferguson's Archaeological Search for the Book of Mormon*, Nueva York, Oxford University Press, 1991.

LAUNIUS, Roger D. y E. HALLWAS, John (eds.), *Kingdom on the Mississippi Revisited: Nauvoo in Mormon History*, Urbana, University of Illinois Press, 1996.

LAUNIUS, Roger D. y THATCHER, Linda (eds.), *Differing Visions: Dissenters in Mormon History*, Urbana, University of Illinois Press, 1994.

LEBARON, Garn Jr., «Mormon Fundamentalism and Violence: A Historical Analysis», <www.exmormon.org.violence.html>.

LESUEUR, Stephen C., *The 1838 Mormon War in Missouri*, Columbia, University of Missouri Press, 1990.

LIMERICK, Patricia Nelson, *The Legacy of Conquest: The Unbroken Past of the American West*, Nueva York, W. W. Norton, 1988.

LINDEN, Eugene, *The Future in Plain Sight: The Rise of the «True Believers» and Other Clues to the Coming Instability*, Nueva York, Plume, 2002.

LINDSEY, Robert, *A Gathering of Saints: A True Story of Money, Murder and Deceit*, Nueva York, Simon & Schuster, 1988.

MAILER, Norman, *The Executioners Song*, Nueva York, Vintage, 1998. [Hay trad. cast.: *La canción del verdugo*, Barcelona, Anagrama, 1995.]

MARSTON, Otis «Dock», «Separation Marks: Notes on the "Worst Rapid" in the Grand Canyon», *Journal of Arizona History*, vol. 17 (primavera de 1976).

MENAND, Louis, *The Metaphysical Club: A Story of Ideas in America*, Nueva York, Farrar, Straus and Giroux, 2001.

MITCHELL, Brian David, «The Book of Immanuel David Isaiah», <www.sltrib.com/2003/Mar/03142003/Manifesto/book.pdf>.

MITCHELL, Sallie [Sarah Frances] Baker, «The Mountain Meadows Massacre—An Episode on the Road to Zion», *American Weekly* (1 de septiembre de 1940).

MOORE, R. Laurence, *Religious Outsiders and the Making of Americans*, Nueva York, Oxford University Press, 1987.

MORGAN, Dale (ed.), *Utah Historical Quarterly*, vol. 15 (1947). Número especial dedicado a diversos informes directos de la expedición de John Wesley Powell al río Colorado en 1869.

MULDER, William y MORTENSEN, A. Russell (eds.), *Among the Mormons: Historic Accounts by Contemporary Observers*, Salt Lake City, Western Epics, 1994.

New Mormon Studies CD-ROM: A Comprehensive Resources Library, Salt Lake City, Smith Research Associates, 1998.

NIBLEY, Preston (ed.), *Pioneer Stories*, Salt Lake City, Bookcraft, 1976.

O'DEA, Thomas f., *The Mormons*, Chicago, University of Chicago Press, 1957.

OLSON, Kyle B., «Aum Shinrikyo: Once and Future Threat?», *Emerging Infectious Diseases*, vol. 5, n.º 4 (julio-agosto de 1999).

OSTLING, Richard N. y Joan K. OSTLING, *Mormon America: The Power and the Promise*, San Francisco, HarperSanFrancisco, 1999.

PAGELS, Elaine, *The Gnostic Gospels*, Nueva York, Vintage Books, 1989.

PETERSON, Levi S., «A Christian by Yearning: The Personal Spiritual Journey of a "Backslider"», *Sunstone*, vol. 12:5, n.º 67 (septiembre de 1988).

—, *Juanita Brooks: Mormon Woman Historian*, Salt Lake City, University of Utah Press, 1996.

POWELL, John Wesley, *The Exploration of the Colorado River and Its Canyons*, Nueva York, Penguin, 1997.

QUINN, D. Michael, *Early Mormonism and the Magic World View*, edición revisada y ampliada, Salt Lake City, Signature Books, 1998.

—, «Jerald and Sandra Tanner's Distorted View of Mormonism: A Response to "Mormonism-Shadow or Reality?"», <www.lds-mormon.com/mo2.html>.

—, «LDS Church Authority and New Plural Marriages, 1890-1904», *Dialogue: A Journal of Mormon Thought*, vol. 18, n.º 1 (primavera de 1985).

—, *The Mormon Hierarchy, Extensions of Power*, Salt Lake City, Signature Books, 1997.

—, *The Mormon Hierarchy: Origins of Power*, Salt Lake City, Signature Books, 1994.

—, *On Being a Mormon Historian: A Lecture Before the BYU Student History Association, Fall 1981*, Salt Lake City, Utah Lighthouse Ministry, 1982.

—, (ed.), *The New Mormon History: Revisionist Essays on the Past*, Salt Lake City, Signature Books, 1992.

REILLY, P. T., *Lee's Ferry: From Mormon Crossing to National Park*, Logan, Utah State University Press, 1999.

REMINI, Robert V., *Joseph Smith*, Nueva York, Viking Penguin, 2002.

RUSHO, W. L., *Lee's Ferry: Desert River Crossing*, Salt Lake City, Tower Productions, 1998.

RUSSELL, Bertrand, *Why I Am Not a Christian, and Other Essays on Religion and Related Subjects*, Nueva York, Touchstone, 1957.

SCHINDLER, Harold, *Orrin Porter Rockwell: Man of God, Son of Thunder*, Salt Lake City, University of Utah Press, 1993.

SHIPPS, Jan, *Mormonism: The Story of a New Religious Tradition*, Urbana, University of Illinois Press, 1985.

SHIPPS, Jan y WELCH, John W. (eds.), *The Journals of William E. McLellin: 1831-1836*, Provo, BYU Studies, 1994.

SILLITOE, Linda y ROBERTS, Allen, *Salamander: The Story of the Mormon Forgery Murders*, 2.ª ed., Salt Lake City, Signature Books, 1989.

SMITH, George D. (ed.), *Faithful History: Essays on Writing Mormon History*, Salt Lake City, Signature Books, 1992.

—, (ed.), *An Intimate Chronicle: The Journals of William Clayton*, Salt Lake City, Signature Books, 1995.

SMITH, Joseph, Jr., *History of the Church*, 7 vols., Salt Lake City, Desert News Press, 1932.

SOBEL, Dava, *Galileo's Daughter: A Historical Memoir of Science, Faith, and Love*, Nueva York, Penguin Books, 2000.

STANTON, Robert Brewster, *Colorado River Controversies*, Nueva York, Dodd, Mead & Co., 1932.

STEGNER, Wallace, *Beyond the Hundredth Meridian: John Wesley Powell and the Second Opening of the West*, Nueva York, Penguin, 1992.

—, *Mormon Country*, Lincoln, University of Nebraska Press, 1981.

—, (ed.), *The Letters of Bernard DeVoto*, Garden City (Nueva York), Doubleday, 1975.

STORR, Anthony, *Feet of Clay: Saints, Sinners, and Madmen. A Study of Gurus*, Nueva York, Free Press, 1996.

TANNER, Jerald y TANNER, Sandra (eds.), *Joseph Smith and Polygamy*, Salt Lake City, Utah Lighthouse Ministry, s.f.

—, (eds.), *3,913 Changes in «The Book of Mormon»: A Photo Reprint of the Original 1830 Edition of «The Book of Mormon» With the Changes Marked*, Salt Lake City, Utah Lighthouse Ministry, 1996.

TATE, Lucile C., *Boyd K. Packer: A Watchman on the Tower*, Salt Lake City, Bookcraft, 1995.

TAYLOR, John, *Items on Priesthood, Presented to the Latter-Day Saints*, Salt Lake City, Geo. Q. Cannon & Sons, 1899.

TEILHARD DE CHARDIN, Pierre, *Letters from a Traveller*, Nueva York, Harper & Row, 1962.

THOMAS, John L., *A Country in the Mind: Wallace Stegner, Bernard DeVoto, History, and the American Land*, Nueva York, Routledge, 2000.

TURLEY, Richard E., *Victims: The LDS Church and the Mark Hofmann Case*, Urbana, University of Illinois Press, 1992.

TWAIN, Mark, *Roughing It*, Nueva York, Penguin, 1985.

UPDIKE, John, *Roger's Version*, Nueva York, Alfred A. Knopf, 1987. [Hay trad. cast.: *La versión de Roger*, Barcelona, Plaza y Janés, 1988.]

URE, James W., *Leaving the Fold: Candid Conversations with Inactive Mormons*, Salt Lake City, Signature Books, 1999.

VAN WAGONER, Richard S., *Mormon Polygamy: A History*, Salt Lake City, Signature Books, 1989.

VERDOIA, Ken, «Interview with D. Michael Quinn», *Promontory*, <www.kued.org/productions/promontory/interviews/quinn.html>.

VOGEL, Dan, «Rethinking the 1826 Judicial Decision», <mormon
scripturestudies.com/ch/dv/1826.asp>, 27 de agosto de 2000.

WATERMAN, Bryan y KAGEL, Brian, *The Lord's University: Freedom
and Authority at BYU*, Salt Lake City, Signature Books, 1988.

WATERMAN, Bryan (ed.), *The Prophet Puzzle: Interpretive Essays on
Joseph Smith*, Salt Lake City, Signature Books, 1999.

WESTERGREN, Bruce N. (ed.), *From Historian to Dissident: The Book
of John Whitmer*, Salt Lake City, Signature Books, 1995.

WILLIAMS, Brooke, *Halflives: Reconciling Work and Wildness*, Washington, D.C., Island Press, 1999.

WILLIAMS, Terry Tempest, *Leap*, Nueva York, Pantheon, 2000.

WOOD, James, *The Broken Estate: Essays on Literature and Belief*,
Nueva York, Random House, 1999.

WORSTER, Donald, *A River Running West: The Life of John Wesley
Powell*, Nueva York, Oxford University Press, 2001.

WRIGHT, Lawrence, «Lives of the Saints», *New Yorker* (21 de enero
de 2002).

OTRAS FUENTES